民国时期广东财政税收研究

柯伟明　杨　鸿　编著

SPM 南方传媒　广东人民出版社

· 广州 ·

图书在版编目（CIP）数据

民国时期广东财政税收研究／柯伟明，杨鸿编著. —广州：广东人民出版社，2023.8
ISBN 978-7-218-16952-1

Ⅰ．①民… Ⅱ．①柯… ②杨… Ⅲ．①地方税收—财政史—研究—广东—民国 Ⅳ．①F812.765

中国国家版本馆 CIP 数据核字（2023）第 182581 号

MINGUO SHIQI GUANGDONG CAIZHENG SHUISHOU YANJIU

民国时期广东财政税收研究

柯伟明　杨　鸿　编著

出 版 人：肖风华

责任编辑：唐金英
装帧设计：瀚文工作室
责任技编：周星奎

出版发行：广东人民出版社
地　　址：广州市越秀区大沙头四马路 10 号（邮政编码：510199）
电　　话：（020）85716809（总编室）
传　　真：（020）83289585
网　　址：http://www.gdpph.com
印　　刷：广东鹏腾宇文化创新有限公司
开　　本：787mm×1092mm　1/32
印　　张：13.75　字　数：300 千
版　　次：2023 年 8 月第 1 版
印　　次：2023 年 8 月第 1 次印刷
定　　价：78.00 元

如发现印装质量问题，影响阅读，请与出版社（020-85716849）联系调换。
售书热线：020-87716172

本书为中山大学科研领军人才培育项目

"近代中国包税制与税收转型研究"

（项目号：22wklj02）

阶段性成果之一

目　录

绪　论

一、选题缘起

近代以后，中国开启了现代化的历史进程，逐步从传统农业文明向现代工业文明转变。工业化是与传统生产方式（自给自足的小农经济）不同的一种新型生产方式，其核心是机器化大生产，在此过程中所需的资金如何筹集？对于中国这样一个半殖民地半封建国家而言，现代化的资金从何而来？税收是国家财政的重要收入来源，也是维持政府正常运作及推动各项现代化事业建设的资金保障。政府只有在掌握充足财力的基础上才能够大力发展社会经济，改善民生，乃至维护国家安全。通过税收筹集资金在一个国家现代化进程中具有举足轻重的作用。与此同时，以工业化为主体的现代化带来社会物质财富的迅猛增长，为政府提供了丰富的税源。政府如何将这些税源转化为税收？这需要建立一套与现代社会经济发展相适应的财政体制和税收制度。

传统中国实行中央集权财政体制，财政作为国家权力的象征长期由中央政府掌控，地方没有独立的财权，也即没有现代意义上的"地方财政"。近代以后，清政府在巨大的财政压力下，不得不放松对督抚的征税权力限制，传统的集权财政体制逐渐解体，出现了财权下移的倾向。为了厘清中央与地方的财政关系，清末就有效仿西方国家建立财政分权体制之议，朝野上下围绕国地财政划分问题进行热烈讨论。民国建立以后，北京政府与南京国民政府逐步建立了财政分权体制，中央与地方的财政权限趋于清晰，形成了独立的地方财政体系。在此过程中，部分地区的军阀与地方实力派，出于维护割据统治的需要，选择性地执行中央政策，施行有利自身的财税政策。各地方的财政税收制度改革，也须综合考虑当地的经济结构、社会风俗等状况。因此，民国时期地方财政税收制度具有鲜明的地域特色。不同的政治、经济因素，如何影响地方财政转型？不同地区的财政现代化路径有何差异？这是值得深入探究的问题。

民国时期，广东的社会经济与政治军事状况非常独特。在社会经济方面，广东地处东南沿海，是中国对外交往的重要窗口。广东较早受到西方资本主义的影响，自然经济解体较快，工业化起步较早，逐渐形成了连接国外、辐射内陆的工商业网络。[①] 与此同时，从事工商业与金融业的商人群体日益壮大，在近代广东经济、政治等各领域中发挥重要作用，参与并影响着广东的现代化进程。[②] 在政治军事方面，民国初年 10 余年间，广东内乱频仍，至两广革命根据地统一后，社会秩序才初步稳定。南京国民政府成立后，广东长期与南京国民政府保持若即若离的松散关系，处于"独立"或"半独立"的状态。全面抗战爆发后，广州等地相继沦陷，广东省政府迁至粤北，与敌伪开展斗争，成为华南抗战的支点。不难想见，开放的经济形态、动荡的政军局势、复杂的社会状况，都会深刻地影响近代广东财政的改革取向、制度设计与实践情况。民国时期广东财政税收制度的变迁与实践，交织着传统与现代、中央与地

---

① 张晓辉：《民国时期广东社会经济史》，广州：广东人民出版社，2005年，第 17—19 页。本书出处仅在第一次出现时详注，再次出现则省略作者与出版信息，如存多个版本则保留作者，特此说明。

② 邱捷：《近代广东商人与广东的早期现代化》，《广东社会科学》2002年第 2 期。

方、政府与商民等复杂关系，是深入研究近代中国财政转型历程的重要切入点。本书将在现代化的视野下，从制度和实践两个层面考察广东财政体制由传统到现代转变的过程，重点关注中央政府、地方当局、商人团体等主体的复杂关系与利益博弈，力求揭示近代中国现代化历程的丰富面相。

二、学术史回顾

中央与地方的财政税收关系，是民国财政史研究的重点之一。不少学者从国地财政税收划分入手探讨民国时期中央与地方的财税关系，主要有"消极论"与"积极论"两种观点。消极论者，如杜恂诚认为，由于缺乏独立的金融体系和货币政策，以及财政收支的严重失衡，民国时期的财政划分徒具形式，未能发挥应有的作用。[①] 林枫认为，南京国民政府调整国地财政关系的过程，是国家财力不断强化的过程，也是中央不断背离规范化、法治化设计，越来越注重国家机器强制性的过程。[②] 刘慧宇认为，南京国民政府的国地财政划分虽不够妥善，但已具备了现代财政制度的外壳，是中国财政史上的进步，但财政划分也因国地不同的利益诉求，效果并不理想。[③] 积极论者，如马金华认为："从制度本身来看，近代中国财政划分制度已经具备了西方式的外壳，并且适应着客观环境的变化，从初期粗疏的中央和省地方二级制财政逐步过渡到较为周

---

①　杜恂诚：《民国时期的中央与地方财政划分》，《中国社会科学》1998 年第 3 期。

②　林枫：《也谈民国时期中央与地方财政的划分问题》，《中国经济问题》2001 年第 3 期。

③　刘慧宇：《论南京国民政府时期国地财政划分制度》，《中国经济史研究》2001 年第 4 期。

密的中央、省、县三级制财政。客观地讲,这一制度的建立和实施在中国财政史上是一大进步,也是中国财政体制现代化进程中颇为重要的一步。"①

不少学者则聚焦特定时段,或围绕特定税种,开展专题研究,揭示各阶段国地财政税收关系更为丰富的历史面相。张连红系统分析了国民政府前期的国地财政收支结构,从裁撤厘金、废苛减赋与法币统一的角度考察中央与地方的互动关系,也注意到国内外综合因素对财政统一的制约。② 张神根从国统区经济状况、国民政府加强中央集权的努力等方面考察抗战时期中央与地方财税关系改革的背景及影响。③ 侯坤宏探讨了抗战时期中央财政的组织架构、地方财政的收入状况与实践阻力,指出抗战时期中央与地方财政关系存在"财政中央化"与"庶政地方化"的矛盾。④ 柯伟明探究了营业税、田赋在国家税与地方税之间的变动过程及其对中央财政和地方财政的影响。⑤ 以上研究揭示了民国时期国地财政关系背后的政治、军事博弈,注意到国地财政关系与地方财政收入、地方税制改革、税源归属博弈等问题的内在联系,为我们深入研究特定区域的财政税收状况打下了基础。

---

① 马金华:《民国财政研究:中国财政现代化的雏形》,北京:经济科学出版社,2009 年,第 155 页。

② 张连红:《整合与互动:民国时期中央与地方财政关系研究(1927—1937)》,南京:南京师范大学出版社,1999 年。

③ 张神根:《论抗战后期国民政府对国家与地方财政关系的重大调整》,《历史档案》1997 年第 1 期。

④ 侯坤宏:《抗战时期的中央财政与地方财政》,台北:"国史馆",2016 年。

⑤ 柯伟明:《民国时期营业税制度的变迁》,北京:社会科学出版社,2020 年;柯伟明:《民国时期财政分权体制下田赋归属的变动》,《近代史研究》2021 年第 3 期。

　　中国幅员辽阔，各地的社会经济发展水平不一，财政状况也各具特色。最近 20 多年来，学者们在研究中央层面财政税收的同时，也开始关注和重视地方财税史研究。潘国旗的《民国浙江财政研究》梳理了民国时期浙江财政的收支概况。①尹红群则以 1927—1945 年的浙江为例，分析地方政权扩张的财政动力与影响，认为民国时期的地方财政难以为地方政权的正常运转提供动力，导致基层政权失控、基层社会失序。②冯小红将河北的县级财政置于南京国民政府乡村治理转型的大背景中，探究了乡村治理转型与县财政间的互动关系。③潘健分析了辛亥革命后及抗战时期福建各项财税改革措施的利弊。④此外，江苏、湖北、广西、重庆、河南、黑龙江等地的财政收支、税收征管、省县财政等问题也颇受关注。⑤

　　① 潘国旗：《民国浙江财政研究》，北京：中国社会科学出版社，2007 年。

　　② 尹红群：《民国时期的地方政权与地方财政（1927—1945）——以浙江为例》，浙江大学 2005 年博士学位论文。

　　③ 冯小红：《乡村治理转型期的县财政研究（1928—1937）——以河北省为中心》，复旦大学 2005 年博士学位论文。

　　④ 潘健：《辛亥革命后的福建财政探析》，《福建论坛（人文社会科学版）》2011 年第 8 期；潘健：《抗战时期福建财政研究》，《福建论坛（人文社会科学版）》2018 年第 10 期。

　　⑤ 相关成果多为硕博士学位论文，如刘伟彦：《民国晚期绍兴地区国税征管体制研究（1945—1949）》，厦门大学 2019 年博士学位论文；张红日：《民国时期宁波财政研究》，宁波大学 2009 年硕士学位论文；王向前：《抗战后期松滋县财政研究（1942—1945）》，华中师范大学 2019 年硕士学位论文；韩石：《民国前期黑龙江财政研究（1912—1931）》，哈尔滨师范大学 2019 年硕士学位论文；张海滨：《抗战时期重庆市地方税研究》，西南大学 2019 年硕士学位论文；宋柳：《民国时期湖北省契税研究（1927—1949）》，华中师范大学 2020 年硕士学位论文；高思远：《民国时期江苏省牙税研究》，华中师范大学 2020 年硕士学位论文；等等。

　　就广东财政税收史研究而言，张晓辉主编的《民国时期广东财政政策变迁》与冯海波、廖家勤主编的《民国以来广东财政政策探析》二书以财政政策改革为主线，贯通整个民国时期，历数广东各阶段的代表性财政政策，兼论与之相关的社会经济状况、财政收支状况等问题，是通论民国时期广东财政状况的代表作。① 除通论性著作外，学界多以重要财政官员为研究对象，展开专题研究。周兴樑和丁旭光分别梳理了廖仲恺在广东军政府时期、大元帅大本营时期的财政整理活动。② 吴景平考察了宋子文在广东的理财措施及其影响。③ 张晓辉论述了宋子文在不同历史时期对广东财政金融所作的贡献。④

　　在民国时期的财政体制下，田赋（土地税）、营业税、舶来物产专税等税项是广东的主要财政来源。卢子正的《民国广东征收田赋方法》简要介绍了 20 世纪 30—40 年代广东钱粮改征地税、田赋征实等征收方式。⑤ 夏巨富的《官商博弈：1927 年广州都市土地税的实施及其困境》考察了 20 世纪 20 年代广州国民政府土地税改革，以及在此过程中商人团体的抗

　　① 张晓辉主编：《民国时期广东财政政策变迁》，北京：经济科学出版社，2011 年；冯海波、廖家勤主编：《民国以来广东财政政策探析》，北京：经济科学出版社，2011 年。

　　② 周兴樑：《廖仲恺与民初广东财政》，《廖仲恺研究：廖仲恺国际学术讨论会论文集》，广州：广东人民出版社，1989 年，第 188—204 页；丁旭光：《廖仲恺与广东财政》，《廖仲恺研究：廖仲恺国际学术讨论会论文集》，第 205—219 页。

　　③ 吴景平：《宋子文广东理财述评》，《近代史研究》1990 年第 2 期；吴景平：《宋子文评传》，福州：福建人民出版社，1998 年。

　　④ 张晓辉：《宋子文与民国时期广东财政金融》，《暨南史学》2015 年第 2 期。

　　⑤ 卢子正：《民国广东征收田赋方法》，《广东史志》2000 年第 4 期。

争。① 他的《"新瓶装旧酒"：1931 年厘金废除与广州市营业税开征》考察了厘金废除后广州营业税在地方税收中所扮演的替代角色。② 在民初的财政划分方案中，盐税为国家税，但多被地方势力截留。李晓龙从中央与地方关系的视角，考察民初盐务双轨制在广东的运作及影响。③ 陈济棠统治广东时期，为增辟税源，对舶来皮革、洋纸、洋米等多项商品开征舶来物产专税。1936 年底至 1937 年初，广东各界为应对省内米荒，希望免征洋米专税，引发洋米免税风潮。蔡胜、吴春梅、盛波、田锡全等学者从不同角度分析了洋米免税风潮中中央政府、广东地方当局、国米商与洋米商等主体的利益分歧与博弈。④

除大宗税源外，各类杂税、杂捐亦构成广东财政收入的一大特色。杂税、杂捐的改革，往往牵涉省县财政划分、政府与行业发展、政商征纳关系等多重利益冲突。黄珍德以中山县为例，指出广东各县留支税收较少，导致苛捐杂税盛行，制约自治筹备。⑤ 盛波考察了 20 世纪 20—30 年代广东屠牛捐、牛皮

_____

① 夏巨富：《官商博弈：1927 年广州都市土地税的实施及其困境》，《江西财经大学学报》2017 年第 4 期。

② 夏巨富：《"新瓶装旧酒"：1931 年厘金废除与广州市营业税开征》，《中国社会经济史研究》2017 年第 3 期。

③ 李晓龙：《民初央地关系走向与广东盐务双轨制的运作》，《近代史研究》2022 年第 1 期。

④ 蔡胜、吴春梅：《抗战前夕广东洋米免税风潮述论》，《中国发展》2010 年第 6 期；盛波：《税制调适与利益博弈——以抗战前夕的粤省洋米免税之争为视点》，《鲁东大学学报（哲学社会科学版）》2012 年第 6 期；田锡全：《多重利益分歧与广东免征洋米税风潮》，《社会科学》2016 年第 8 期；田锡全：《1937 年春洋米免税令在广东的实施及其波折》，《复旦学报（社会科学版）》2018 年第 2 期。

⑤ 黄珍德：《国民党训政初期广东筹备自治的财政困境——以中山县为个案》，《民国档案》2013 年第 1 期。

捐的改革历程，涉及捐税存费、征收方式、课税标准及税率标准等方面，并以三次牛皮捐风潮为中心，揭示新章旧俗、利益博弈、政局变动等要素对地方捐税改革的制约作用。① 赵磊、高颖颖考察了广东娱乐税的包征制及其运作过程中政府、包税商、娱乐商、消费者之间的多方互动。②

全面抗战爆发后，广东省政府积极改革财政税收制度，筹措抗战经费。左双文的《华南抗战史》考察了抗战时期广东政治、经济等各方面状况，简要述及广东国统区的赋税征收、抵御敌伪"金融战"的相关政策。③ 黄菊艳的《抗战时期广东经济损失研究》揭示了日本对广东的侵略行径及其给广东带来的经济损失，也涉及广东的财政损失，以及广东整理旧税、开征新税等方面的相关措施。④ 郑泽隆的《军人从政——抗日战争时期的李汉魂》梳理了李汉魂主粤时期的财政整理措施，包括整饬人事、健全机构与整理税捐三个方面。⑤ 廖曼莉的《支撑抗战大业：抗战时期广东省国统区财政变革研究》考察战时广东省县收支概况，对认识战时广东省县财政关系有所推进。⑥

---

① 盛波：《民国时期广东的税制革新——以抗战前屠牛、牛皮捐税为中心》，暨南大学 2013 年硕士学位论文；盛波：《旧俗、新章与利益——以粤省屠牛、牛皮捐税为个案的考察》，《五邑大学学报（社会科学版）》2015 年第 1 期；盛波：《20 世纪 20 年代广东省府与广州市府财税权限纠纷——以屠牛捐、牛皮捐为中心的考察》，《鲁东大学学报（哲学社会科学版）》2014 年第 6 期。

② 赵磊：《包税制下的民国广州娱乐税捐》，《传承》2011 年第 12 期；高颖颖：《近代广东省娱乐税研究》，华中师范大学 2022 年硕士学位论文。

③ 左双文：《华南抗战史》，广州：广东高等教育出版社，2015 年。

④ 黄菊艳：《抗战时期广东经济损失研究》，广州：广东人民出版社，2005 年。

⑤ 郑泽隆：《军人从政——抗日战争时期的李汉魂》，天津：天津古籍出版社，2005 年。

⑥ 廖曼莉：《支撑抗战大业：抗战时期广东省国统区财政变革研究》，暨南大学 2017 年硕士学位论文。

　　由上所述，民国时期广东财政税收史研究已呈现出多样化、多角度的趋势，既有通论性著作，也不乏专题性成果，但仍有进一步研究的空间：一是重要税种研究有待深入。民国时期广东税收种类繁多，厘金、营业税、舶来物产专税等工商税长期是广东地方的重要税收来源。学界对此有所关注，但系统、深入考察其制度流变、征收实践与社会反响的成果仍不多见。此外，盐税、统税、直接税等大宗国家税在广东的实施与演变，也颇值得关注。二是研究视角有待扩展。既往研究多从政府的角度出发，重点梳理制度与政策的变迁，对制度与政策变迁的内在动因及其施行过程中各利益主体的互动与矛盾关注不足。如何深入广东财税制度改革的具体历史进程之中，厘清制度与实践、中央与地方、政府与商民之间的复杂关系，是我们的关注重点。因此，本书将广泛搜集利用有关史料，紧扣广东各个阶段的重要财税问题，在各专题研究中重点关注中央政府、地方当局、商人团体等主体的复杂关系与利益博弈，以期为民国时期地方财政税收史研究提供一些有益的启示。

三、史料运用与主要内容

（一）史料运用

　　（1）馆藏档案。本书主要利用了广东省档案馆的馆藏档案，包括广东省政府、财政厅、建设厅，中国银行广州分行，广东国防公债劝募委员会等机构的往来文书、章程法规、工作总结等。在研究法币改革等具体问题时，也辅以台北"国史馆"藏的国民政府档案中与蒋介石相关的档案。

　　（2）资料汇编。本书利用了一批已经编辑出版的民国档案。如中国第二历史档案馆编的《中华民国史档案资料汇编》（主要为第 5 辑第 1 编《财政经济》），财政部财政科学研究所与中国第二历史档案馆合编的《国民政府财政金融税收档案史料（1927—1937年）》，江苏省中华民国工商税收史编写组与中国第二历史档案馆合编的《中华民国工商税收史料选编》，广东省档案馆编的《民国时期广东省政府档案史料选编》《陈济棠研究史料》，广东省财政科学研究所、广东省立中山图书馆、广东省档案馆合编的《民国时期广东财政史料》等。

（3）报刊史料。本书主要运用民国时期粤港两地出版发行的报刊，并综合运用其他较具影响力的报刊。这些资料记录了各项财政政策实施的具体过程，以及各方对特定政策的看法与反应。主要有《广州民国日报》《中山日报》《香港工商日报》《香港华字日报》《广东省政府公报》《广东省财政公报》《广东省银行季刊》《申报》《新闻报》《财政公报》《工商半月刊》《银行周报》等。

（4）文史资料。广东省、市、县编辑的文史资料，收录了许多重要财政事件亲历、亲闻者的回忆和记述，为我们提供了许多生动具体的历史细节，是档案、报刊史料的有力补充。主要有《广东文史资料》《广东文史资料精编》《广州文史资料》。

（二）**主要内容**

本书对民国时期广东各项财政税收制度改革开展专题性研究，关注中央与地方、政府与商民、制度与实践等多方关系，考察广东财税体制由传统向现代转变的历史过程。全书共分5章，主要涉及三大方面：（1）旧税制的发展与演变。本书关注以盐税、厘金为代表的旧税制在民国时期广东的发展与演变。分析民国初年，政府如何改革广东盐税的机构设置、征收制度与缉私管理，以及如何在改革过程中处理增税、商情、民食之间的复杂关系。梳理在特殊的国地政治关系下，广东裁撤厘金的历史进程与影响。（2）新税制的建立与改革。本书重点考察营业税、统税、舶来物产专税以及各项直接税在广东的推行状况。探究 20 世纪 30 年代广东"半独立"的政治地位与社会经济状况，如何影响营业税、统税制度的建立及改革走向。以广东特有的舶来物产专税为切入点，考察各项专税制度设计与征收实践之间的差异，分析其中牵涉的政商冲突、商界分合与华洋矛盾。梳理广东直接税的开征与改革过程，探究中央税制如何适应广东复杂的社会经济状况。（3）财政整理与币制改革。本书最后将跳出税收领域，考察广东归政中央后至抗战时期的财政整理、货币统一与公债筹募问题，揭示军事割据地区被纳入国民政府统治范围后，各项政策如何制定推行，以及如何由维持地方割据转向服务整体局势。

第一章　广东盐税改革

　　盐是人们生活的必需品，盐税是政府财政收入的重要来源。20 世纪 20 年代的广东基本上处于军事动乱时期，军费是政府的即时需求。为快速增加财政收入，盐税成为政府改革的重点。当时社会舆论一般主张"取消专商，实行自由"，但"自由制"很难在短期内增加盐税收入。在此背景下，广东政府积极寻求增收之法，改革盐务机构、盐税征收制度和缉私管理制度。盐务机构改革以节支和增收为核心，一方面精简机构和人员，另一方面设立协商会议并尝试集中事权。广东盐税征收制度改革经历了"限配法""优先现税""包商制""自由制"的变化；缉私管理制度的改革旨在加强陆上缉私和海面巡逻。然而，这种以满足政府即时需求为目的的改革却陷入一个尴尬的循环：军事行动需要军费的支持——军费又依赖于盐税——食盐的正税收入取决于缉私——缉私却始终让步于军事行动。这是造成 20 世纪 20 年代广东盐税改革频繁且制度建设缺失的重要原因，也从根本上影响盐税收入的增加。盐税改革并非政府单方面的行为，因为改革必然涉及盐商、民众和军队的利益，也受到各利益主体的制约和影响。20 世纪 20 年代的广东盐税改革表明，军事时期盐税制度的变更和确立往往是政府根据自身财政需求状况，与其他利益主体互动和博弈后的选择。

第一节 广东盐税改革的背景

20 世纪 20 年代广东盐税改革面临着复杂的时代背景。首先，当时社会舆论一般主张实行以"取消专商、实行自由"为宗旨的盐税现代化改革，但在财政赤字极其严重的情况下，现代化改革这一宗旨不一定符合政府增加税收的改革目的，导致改革更加复杂多变；其次，广东盐场杂多，各地税率高低不一，再加上濒临港澳，食盐走私严重，盐税改革的执行困难重重；再次，广东盐商在 20 世纪 20 年代以前即成立了较为成熟的盐商团体，是盐税改革过程中不可忽视的利益群体，盐税改革注定不可能是政府的单方面行为。除此之外，地形复杂、派系纷争、军阀林立也使得盐税改革困难重重。

一、入不敷出：财政赤字与盐税现代化改革

1922 年底，孙中山联合滇、桂、粤等地军阀发动驱逐陈炯明的讨陈战役。次年 3 月，大元帅府成立，但政权极不稳固，[①]各军所需军费与日俱增，而广东经济在战乱后百业凋零，政府

---

① 孙中山在广州成立大元帅府后，其势力范围仅局限于珠江南岸，甚至连广州城都无法控制，北岸大部由滇军杨希闵控制，扼要粤汉铁路的黄沙被沈鸿英手下李易标接管，珠江入海口被桂军刘震寰部占据，而广属以外西江、北江区域更是孙中山无法直接管辖的区域。因此，时有人说："广州军阀部队约 4 万人，孙中山仅得 150—200 人的卫队听命。"参见于广：《孙中山大元帅府时期的盐税改革》，《盐业史研究》2014 年第 4 期；雅各布斯：《鲍罗廷来到广州》，《国外中国近代史研究》第 5 辑，第 196 页，转引自邱捷：《论孙中山在 1923 年的军事斗争》，《孙中山领导的革命运动与清末民初的广东》，广州：广东人民出版社，1996 年，第 151 页。

财政赤字巨大。1923 年 3 月至 12 月，大元帅府财政部和财政厅的正税收入总计为大洋 870 余万元，支出为大洋 1,400 余万元，赤字高达大洋 500 余万元。大元帅府不得不通过借款和变卖官产等方式达到收支平衡，借款获得 300 余万元，变卖官产等方式获得 130 余万元。1924 年，广东省财政厅正税收入为大洋 640 余万元，支出为大洋 1,309 余万元，赤字达到大洋 660 余万元，依靠借款和变卖官产等税外收入获得 620 余万元，得以勉强维持收支。[①] 广东财政步履维艰，时有评论道："粤中财政，久已竭泽而渔"，致使时任省财政厅厅长杨西岩"巧妇难为无米之炊"。[②]

在竭泽而渔的财税中，盐税收入占相当大的比例。1923 年，盐税收入为 300 余万元，占正税收入的 35% 左右。1924 年，盐税收入为 500 余万元，达到正税收入的 50%。[③] 因而称盐税为"财政命脉所系，国家存亡所关"并不夸张。1924 年秋，第二次直奉战争爆发，孙中山酝酿北伐。与此同时，陈炯明依然活跃于东江流域，而广东省内的滇军、桂军等势力也各自为战，难以调度。面对复杂的军情，广东政府的财政压力有

<hr>

① 《陆海军大元帅大本营公报》，沈云龙编：《近代中国史料丛刊》第 3 编第 56 辑，台北：文海出版社，1990 年，1923 年第 35 号，公布，第 1807—1850 页；广东省财政科学研究所、广东省立中山图书馆、广东省档案馆编：《民国时期广东财政史料》第 4 册，广州：广东教育出版社，2011 年，表 12、13、14，第 4019—4022 页；《陆海军大元帅大本营公报》，1923 年第 37 号，公布，第 2046—2056 页；《陆海军大元帅大本营公报》，1924 年第 10 号，公布，第 3511—3517 页。

② 《粤局之善后难》，《申报》1923 年 3 月 20 日第 7 版。

③ 《陆海军大元帅大本营公报》，1923 年第 36 号，公布，第 1928—1938 页；《运署收支数目》，《广州民国日报》1923 年 11 月 6 日第 7 版、11 月 7 日第 7 版、11 月 10 日第 7 版、11 月 13 日第 6 版；《省河盐销中西北三柜盐斤数目总表》，《粤醝月刊》第 75 期（1924 年 7 月），第 89—92 页。

增无减，保证盐税收入的稳定是政府制定盐税政策时的首要考虑因素。

此外，自民国成立以来，社会各界不断批评清政府的专商引岸制，提倡彻底改革盐政，称"专商借报效之力，世袭其业，视引岸犹汤沐邑，驱食户为纳税奴，侵蚀国税，垄断盐利"[①]。1913 年，北洋政府聘请英国人丁恩为稽核所会办兼盐务署顾问，先后制定《盐务署官制》《盐税条例》《缉私条例》等章程条例。以此为开端，各地纷纷开放引地，任商民自由售卖，广东亦不例外。1914 年，广东中、西、北三柜[②]区域悉行开放，每盐一包（200 斤）纳饷 3 元，即准其前往指定地点领照运销，直至 20 世纪 20 年代率行不废。其余东、南、平三柜[③]以及潮桥各埠，民初虽仍由商承，后经改革亦改为自由。[④]"取消专商，实行自由"成为盐政改革的趋势。除此之外，统一税收、平均各区税率、清理抵借款、减轻附加捐税也成为社会和政府改革盐政的重要内容。[⑤]

然而，盐税增收与盐税现代化改革不一定相辅相成，甚至可能产生冲突。尤其是在 20 世纪 20 年代军事频仍的广东地

---

① 张绣文：《三十年来之盐政》，《盐务月报》第 24 期（1943 年 12 月 31 日），第 1 页。

② 中、西、北 3 柜食盐先由下河盐商运盐至省城，再由上河盐商运往各县，统称为省配区，范围包括广府及西江、北江各县。

③ 东、南、平 3 柜多为沿海地区，靠近盐场，由盐商直接就场配运，统称为坐配区。

④ 邹琳：《粤鹾纪要》，沈云龙编：《近代中国史料丛刊》第 1 编第 89 辑，台北：文海出版社，1989 年，第一编，第 6 页。

⑤《国民政府成立后整顿盐税概况》，江苏省中华民国工商税收史编写组、中国第二历史档案馆：《中华民国工商税收史料选编》第 2 辑，南京：南京大学出版社，1995 年，第 20—30 页。

区，两者间的不协调更为突出，盐税政策的制定也更为复杂多变。

二、私盐充斥：多盐场与多元税率

粤盐自乾隆五十四年（1789）改埠归纲后，设总局于省垣，并分设东、南、西、北、中、平6柜以及潮桥1分支，各埠引地分隶6柜。中柜引地为广府及西江各县，一直延至广西富州、怀集、贺县；西柜引地遍布广西辖境及贵州南部；北柜为北江各属，行销范围达粤、湘、赣、桂4省；东柜为东江各县，包括惠州大部以及江西信丰、安远、龙南等14州县；南柜为粤西沿海诸县，包括茂名、海康等9州县以及广西北流、陆川两县；平柜为今广西沿海诸县及部分粤西县属，包括北海、钦州以及百色、玉林等14州县。中、西、北3柜需由下河盐商赴沿海诸场配盐，然后运回省河秤配，再由上河盐商运往各县销售，因而统称为省配。南、平、东3柜靠近盐场，由盐商就场配运，因而被称为坐配。① 潮桥分支以潮州广济桥为界，广济桥上游为桥上区，下游为桥下区。因此，按照行销区域，粤盐分为省配区、坐配区、潮桥桥上区、潮桥桥下区4大区，各区所配场盐不同，税率也存在轻重之分。

省配盐税每担（100斤）计征税饷大洋2元5角，每包（含麻袋5斤，共205斤）征收大洋5元。坐配盐税分为沿海附场盐税和沿海坐配盐税，附场盐税是指距离场区50里内的销区，每担征收税饷大洋7角5分；坐配盐税是指距离场区50

---

① 广东省银行经济研究室编：《广州盐业调查》，《广东省银行经济丛刊》第1种，1937年，第1—2页；曾仰丰：《中国盐政史》，上海：商务印书馆，1937年，第40—41页。

里外的销区，每担征收税饷大洋 1 元 2 角 5 分。潮桥桥上区产盐不多，常借闽盐接济，因此桥上盐税按照省河盐税税率，每担征收税饷大洋 2 元 5 角；潮桥桥下区所配各地与场区较近，因此按照坐配税率，每担征收税饷大洋 1 元 2 角 5 分。①

各区税率不同，一方面难以管理；另一方面在各区之间，尤其是轻重两税交界区，往往易发生越境冲销或是食盐走私。例如，平、南两柜和西柜均有行销广西引地，平、南两柜行坐配，每担征收 1 元 2 角 5 分，西柜每担则征收 2 元 5 角，因此平、南两柜冲销西柜之盐不可数计。又如，博罗县属于东江坐配销区，每担征收 1 元 2 角 5 分，与其仅一水之隔的石龙则属于省配销区，每担征收 2 元 5 角，饱受私盐和冲销之苦。潮桥区桥上与桥下接境处更是如此，潮桥漏税每年甚多。② 由于粤盐久已存在的多元税率，各区的盐税制度也区别制定，或自由，或专商。各区之间互相冲销，导致私盐猖獗，严重影响正税收入。

粤盐不仅销区不一，产区也颇为辽阔。由于广东南部和东部皆濒海，沿岸地带均有盐场。至 1923 年大元帅府成立时，共有盐场地 17 场，且大小不一，畸零星散。碧甲、淡水、大洲 3 场位于惠阳境内，石桥、海甲、小靖 3 场位于陆丰境内，坎白场位于海丰县境内，双恩场位于阳江县境内，白石场位于合浦县境内，乌石场位于海康县境内，电茂场位于电白县境内，海山场、东界场位于饶平县境内，招隆场位于潮阳县境

---

① 另外，销区还包括琼崖盐税特别区，每担征收税饷大洋 1 元；惠来盐税特别区，每担征收税饷大洋 1 元；宝安盐税特别区，每担征收税饷大洋 1 元。《财政部盐务总处经征粤盐各种税饷规程》，《广东省财政公报》1926 年号外，第 29 页。

② 《粤鹾纪要》，第六编，第 29 页。

内，惠来场位于惠来县境内。① 尽管民国成立以后，粤盐行销各属已悉自开放，但各盐场行销区域却有明确限制。省配之盐，分为东场和西场，指定在坎白、大洲、淡水、石桥、博茂、电茂、乌石、三亚场采运；东柜配壁甲、淡水、大洲各场盐；南柜配博茂、乌石各场盐；平柜配白石、三亚各场盐；潮桥则配惠来、海山各场盐。②

各场有固定销区，但各场的产额和销额却无固定数目，常常造成各场供不应求或是供大于求，以致各销区之间互相冲销。以白石场为例，白石场在 20 世纪 20 年代之前属于平柜坐配产区，每年产数不下 25 万包，年销额却仅有 15 万包，余下盐斤或运往西柜盐区与省配盐斤竞争，或经港澳运往省河其他区域走私。相较而言，省配盐斤由于销区广阔，时常供不应求。③ 因此，一方面平柜之盐供大于求，余盐冲销或走私省配盐区；另一方面省配盐区的税盐却常常供不应求，造成盐价高涨，私盐更加猖獗。类似的例子比比皆是，例如 1921 年小靖场产数为 7 万余包，配额却仅有 5 万包；海山场产数为 1.4 万余包，配额却达到 3 万包；等等。④

多盐场和多元税率为广东盐税的改革增添了许多复杂的因素。另外，粤盐还面临着其他不利于改革的条件。首先，广东海岸线漫长，外而港口分歧、岛屿林立，内而陵原综错、河道密集，因此私盐遍布，素难根治；其次，广东军阀遍地，各军私自截收税款之事屡见不鲜；再次，由于派系纷争，政府屡经

① 财政部盐务署盐务稽核总所编：《中国盐政实录》第 1 册第 11 章，上海：财政部盐务署盐务稽核总所，1933 年，第 1—5 页。

② 《广州盐业调查》，第 28—29 页。

③ 《粤鹾纪要》，第三编，第 75—77 页；第四编，第 58 页。

④ 《粤鹾纪要》，第三编，第 75—77 页。

更迭，政治环境十分恶劣。这些因素都使得 20 世纪 20 年代的广东盐税改革困难重重。

三、盐商团体：广东的盐业公会与公堂

广东的盐业团体主要集中于省配和潮桥地区，这些盐业团体内部有清晰的处事章程和人事结构，对内处理盐商之间的矛盾，对外则代表盐商的利益与政府进行交涉。省配地区的盐税一向分下河盐商和上河盐商，下河盐商赴沿海诸场配盐，然后运回省河秤配，再由上河盐商运往中、西、北柜各县销售。在晚清和 1921 年，分别成立下河运商济安公堂和上河盐业公会。潮桥地区则分为桥上区和桥下区，分别组织成立盐业公会和联安堂。[①]

下河盐商运盐，必须有 2 艘以上的程船，并得到 3 家同业运馆联保，才可以在省城设立运馆，继而在盐运使署配领程照。因此，各商为方便起见，联合组织成立济安公堂。济安公堂不设总理或协理，只设评议员，由加入该团体的运馆各推荐 1 人充任，重大事项由评议员多数决议。公堂另设理财科，负责管理堂内财政收支；设公友科，负责召集开会和保管文件；设会计科，负责收支簿记、秤单和保单；设书记科，负责撰写文牍。堂内经费由各盐商按周缴纳。公堂每逢三、八日于午后 1 时开会，主要内容是宣布盐政函件及对一些重大事件进行讨论，若平日有紧急事件，须先期一天通知各评议员。[②]

上河盐业公会成立于 1921 年，其前身是成立于 1914 年的北江盐业公所。民国初年实行自由运销制后，为了规避恶性竞

---

① 《粤鹾纪要》，第四编，第 8—40 页。
② 《广州盐业调查》，第 2 页；《粤鹾纪要》，第二编，第 8—20 页。

争，维持配盐秩序，上河盐商共同组织公会。公会设会长 1 人，副会长 1 人，评议员 16 人，会长负责日常事务，重大事件则由评议员协商。公会开会分为常会和临时会，常会为每周日召开，临时会逢重大事件再行召开。盐商入会须经过资格审查，其章程规定："凡身家殷实，贩盐一年以上，每次贩运在一卡以上者，得为本会会员。本会发起之商店会员应互相联保，以后入会者应有原会员各商店三家连保，无论互相连保及三家连保均应负连带责任。"①

事实上，无论济安公堂或是盐业公会，会员多是一些殷实的旧盐商，并且内部组织清晰，可以说是较为成熟的盐商组织，主要目的是维护旧有的盐业秩序和盐商利益。孙中山大元帅府建立后，税收短绌，盐税成为政府不可多得的饷源，盐税改革势在必行。在改革的过程中，盐商成为不可忽视的利益群体，一定程度上影响了盐税政策实施的效果。因此，政府如何处理与盐商之间的关系至关重要。

第二节　广东盐务机构改革

民国成立以后，北洋政府多次以盐税为抵押举借外债。为保障自身利益，外国势力开始干涉中国盐政改革，将盐务机关分为行政机关和收税机关（稽核机关）。自此，中国盐务机构大体有了新的雏形，广东盐务设两广盐运使署和广东稽核分所，分别负责行政和收税。20 世纪 20 年代以后，广东战事频繁，政府所需军饷日益增多。在这种背景下，有效地节流和增

---

① 《粤嵝纪要》，第二编，第 21—34 页。

收成为盐务机构改革的首要目的。在节流方面，精简机构和人员是主要措施，收税机关（稽核机关）和行政机关的合二为一是大势所趋；在增收方面，设立协商会议和集中事权是主要措施。另外，国民党党组织的渗透也成为这一时期盐务机构改革的特点之一，但囿于经费的限制，也是一套人马两套班子。

一、盐务机构的改革过程

1912 年，中央裁撤盐政院，各省盐务机关组织亦相继废除盐运使司。① 同年，广东成立盐政公所，由沈颐清任监督。不久又改为广东盐政处，由邓承愗任总理，主管两广盐务。1913 年 9 月，因名称只以广东立名，担心广西行盐窒碍，故又恢复清代地方盐官制度，改称两广盐运使公署，区廉任两广盐运使。②

1912 年 9 月，周学熙任财政总长，设立盐务筹备处。时正值财政困绌，政府以盐税为担保向西方募借外债，但由于各省解款数目无几，故在财政部内设立稽核造报所专门负责盐税收入。③ 1913 年 4 月 26 日，北洋政府与英、德、法、俄、日五国银行团订立善后借款合同。依其附带条例，北洋政府于同年 9 月裁撤盐务筹备处，设立盐务署，由财政部总长兼任盐务署督办，财政部次长兼任盐务署署长和稽核总所总办，并将稽核造报所改为稽核所，在总所设中国总办 1 名、洋会办 1 名。各省设立稽核分所，设立 1 名华人经理和 1 名洋人协理，专门负责秤放盐斤和管理盐税的收支。自此，广东盐务机构大体可

---

① 《中国盐政史》，第 125 页。

② 《粤鹾纪要》，第二编，第 4 页。

③ 《中国盐政史》，第 126 页。

以分为行政机关和稽核机关两大系统，分别负责政务和税务。[1]

政务以两广盐运使署为主管机关，另设潮桥运副署及广西榷运局副之。所属机关分场产、运销、验缉3类。场产机关负责产盐及收配征课，设主事为行政长官；运销机关负责配运行销事宜，设运销局管理；验缉机关负责缉私，设置查验厂局及水陆缉私队查缉。税务以广东稽核分所为主管机关，下设支所、收税局等管理收税及秤放等事宜。[2] 其中省级主管机关的统系关系图1-1[3] 所示。

1923年3月，孙中山任命伍学熀为两广盐运使，在与北洋政府发生一系列的纷争后，5月1日任命伍汝康为广东稽核分所经理。[4] 10月27日，将广东稽核分所改为两广盐务稽核所，并于11月6日任命宋子文为稽核所经理。稽核所仍设1名洋人协理，但已经没有实质性的权力。至此，大元帅府完全控制广东的盐税收支权，在组织结构上仍然沿用20世纪20年代之前的设置。[5]

1923年7月17日，大元帅府成立大本营粮食管理处，任命赵士觐为督办。粮食管理处建立的初衷是为了平抑粮食物价，有权从各地收买生活所必须之米、盐、柴，并在平时按均

---

① 南开大学经济研究所经济史研究室编：《中国近代盐务史资料选辑》第1卷，天津：南开大学出版社，1985年，第134—137页。

② 《中国盐政实录》第1册第11章，第1—5页。

③ 广西榷运局下设各验缉厂卡和各榷运分局；潮桥运副署下设各验缉局卡、各缉私督运局和各场知事署。两者的职能都与盐运使署下设职能相同，故不再列表。

④ 《陆海军大元帅大本营公报》，1923年第35号，命令，第1759页。

⑤ 详参于广：《孙中山大元帅府时期的盐税纷争初探》，《中山大学研究生学刊》2013年第3期。

价售卖。① 由于并不受两广盐运使署的约束，当时二者时常发生纠纷。

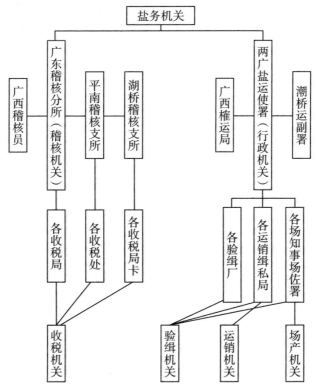

图 1-1　盐务机关的统系关系

资料来源：《粤鹾纪要》，第二编，第 3 页。

①　《陆海军大元帅大本营公报》，1923 年第 40 号，指令，第 2330 页；中山大学历史系孙中山研究室、广东省社会科学院历史研究所、中国社会科学院近代史研究所中华民国史研究室合编：《孙中山全集》第 8 卷，北京：中华书局，1986 年，第 381 页。

1923 年 9 月，两广盐运使邓泽如开征"优先现税"，导致下河盐商减少，省河存盐不足，继而盐价上升。赵士觐上呈孙中山请求由粮食管理处采办沿海余盐 20 万包，以平抑物价、救济省河。① 该提议一出，立刻遭到邓泽如的反对。邓泽如称其已令盐商赴场加速运盐回省：

> 各轮船业已请领程照启程赴运三亚场盐共有三万余包，计期旬日可以回省，另有多数程船领照赴西场配盐者，为数亦在三万包以上，均不日可以返关，计将来陆续运回应配盐斤合之现存实共有十万余包之多，省配引盐断无脱销之虞。②

邓泽如认为，此时如果运 20 万包盐至省河，必然会加剧盐斤堆积，不利于饷盐的销解，从而影响盐运使署的收入，"存韶关之盐，一百余卡；存于黄沙者，共计不下四万余包"③。双方各执一词，争执不休。孙中山起先在 9 月 29 日同意赵士觐的方案，但是又遭到稽核所经理伍汝康的强烈反对。伍汝康称采办沿海余盐会使正饷蒙受损失，不如加收军费 1 元以弥补采

---

① 《函大本营秘书处准函奉大元帅谕发粮食管理处采办沿海余盐一案仅将会议公决应从、缓办情形复请转核文》，《粤鹾月刊》第 68 期（1923 年 9 月），第 21 页。

② 《函大本营秘书处准函奉大元帅谕发粮食管理处拟办沿海余盐一案仅将会议公决应从、缓办情形复请转核文》，《粤鹾月刊》第 68 期（1923 年 9 月），第 22 页。

③ 《函大本营秘书处准函奉大元帅谕发粮食管理处拟办沿海余盐一案仅将会议公决应从、缓办情形复请转核文》，《粤鹾月刊》第 68 期（1923 年 9 月），第 22 页。

办余盐的收入。赵士觐担心伍汝康日后将省河盐斤滞销的责任归咎于他，并没有继续坚持采办余盐。① 10 月，孙中山令赵士觐采办余盐的计划暂缓实施。由于粮食管理处与盐运使署的矛盾，11 月 27 日大元帅府裁撤粮食管理处，全省盐务统归盐运使署负责。

1924 年 1 月，赵士觐继任两广盐运使，深感盐务敝坏已极，遂仿邹鲁在 1920—1921 年组设盐务研究会的方法，设立两广盐政会议。② 盐政会议特聘盐务经验丰富却并未任职于盐运使署的人为参事，每周一和周四下午召开会议，讨论盐政，集思广益，以求改良盐务的方案。③ 虽然盐政会议对于盐政只具有建议权，但这种形式一直持续至抗战前，成为商民与政府交涉的一种重要途径。4 月，孙中山设立盐务署，作为大元帅府直属机构，财政部部长叶恭绰兼任盐务督办，次长郑洪年兼任署长。由于盐务署所辖盐务与两广盐运使署基本重合，为节省经费，于同年 9 月即裁撤。

1925 年 7 月，广州国民政府成立，盐运使署和所属机关并未改组或者颁布新条例。④ 盐税由盐务稽核所及所属各支所

---

① 《附录》，《粤醝月刊》第 70 期（1924 年 1 月），第 101 页。

② 1922 年全省盐税收入为大洋 690 余万元，而 1923 年仅大洋 306 万元，并且多为预饷。因此赵士觐称若不及时整治，将不可收拾。《呈大元帅拟设盐政会议谨订节章请核示遵文》，《粤醝月刊》第 70 期（1924 年 1 月），第 16 页。

③ 《呈大元帅拟设盐政会议谨订简章请核示遵文》，《粤醝月刊》第 70 期（1924 年 1 月），第 17 页；《函本署高等顾问参谋参议参事通告盐政会议开会日期文》，《粤醝月刊》第 70 期（1924 年 1 月），第 39 页。

④ 《呈财政部自国民政府成立后运署及所属盐务各机关并无新订各种法规颁布尊查呈复察核照转文》，《粤醝月刊》第 86 期（1925 年 8 月），第 31 页。

收取，盐运使署所辖各机关则负责行政，办理运销、缉私等事项。① 8 月，两广盐运使署成立中国国民党两广盐运使署及缉私处特别区党部，令所属各机关职员全数入党，② 由盐运使署秘书林黄卷、胡世仁，以及总务科科长许寿仁为常务委员，并成立秘书处负责日常事务。③

1926 年 4 月，财政部部长宋子文将两广盐运使署和两广盐务稽核所同时裁撤，改置盐务总处，直接隶属于财政部。总处内设第一课和第二课分股办事，第一课设总务股、运销股、场产股及编辑股；第二课设制用股、审核股、出纳股及调查股。④ 稽核所所属的地方各收税局与盐运使署所辖的地方运销缉私局同时裁撤，改置盐务局，以恩春为例：原恩春运销缉私局及盐税局归并改组为恩春盐务局，前分隶该两局管辖之广海、斗山、坡尾、东平、大澳等各缉私及收税卡均应归并改为盐务卡。⑤ 此次盐务机关的改组，原因有二：其一，时正值东江战役、北伐前夕，政府所需税款巨大。改组盐务机关，一方面可以裁并机关以节省经费，另一方面可以集中税权以增加税收；其二，此时舆论大力主张废除不平等条约，善后借款合同

---

① 《函监察院准函送调查表说明书查盐税系归稽核机关征收，请径函稽核所按表查明填送方昭确当文》，《粤醝月刊》第 86 期（1925 年 8 月），第 92 页。

② 《函缉私处希转饬所属各舰队如未经入党者请于文到十日内来署加盟入党文》，《粤醝月刊》第 86 期（1925 年 8 月），第 122 页。

③ 《通告各区分部本党部第一次代表大会选举为第一届执行委员监察委员暨启用关防日期文》，《粤醝月刊》第 87 期（1925 年 9 月），附录第 101 页。

④ 《中国盐政史》，第 136 页；《改版宣言》，《盐务月刊》第 1 期（1926年），第 1 页。

⑤ 《盐务月刊》第 1 期（1926 年），第 32 页。

亦是不平等条约之一，其附带的稽核机关也成为众矢之的。①由此，盐务总处成为广州国民政府统治下的唯一盐政机关，负责广东盐务。

1927 年 4 月，国民政府定都南京，不久后，原广州国民政府财政部被裁撤，改为管理财政部在粤事务公署，后又改为广东国税委员管理署和广东财政特派员公署，综理省内国税事宜。② 盐务总处所属机关先由财政部负责，后又由管理财政部在粤事务公署及后继机构负责，并改名为广东盐务总处。国民政府定都南京后，于财政部内设置盐务处，裁撤各地稽核机关，拟另设盐务监理局以代稽核之职务，由于时任财政部部长古应芬的下台，盐务监理局并未成行。③ 1927 年 10 月，孙科出任财政部部长，仿照民初官制，裁撤盐务处，改设盐务署，主张恢复稽核所。于是另订稽核章程，在上海设立总所，在各省设立分支所。1928 年 1 月，宋子文出任财政部部长，裁撤上海盐务稽核总所，于盐务署内设稽核处，管理各分所事宜。④ 1929 年 1 月，南京政府改订稽核章程，令北平稽核总所南迁改组，裁撤原稽核处，恢复原稽核制度。

自 1927 年发生"四一五"政变后，广东政权实际上被李济深为首的桂、粤两系所控制，与南京国民政府有深刻矛

① 参阅左树珍：《盐务稽核所统计报告书撮要》，1934 年，第 8 页，转引自张立杰：《南京国民政府的盐政改革研究》，北京：中国社会科学出版社，2011 年，第 23—25 页。

② 《民国时期广东财政政策变迁》，第 146 页。

③ 《中国盐政史》，第 136 页。

④ 其间具体的原因和过程可参考《南京国民政府的盐政改革研究》，第 24—32 页；《中国盐政史》，第 136 页。

盾,① 南京方面的改革在广东并不一定畅行无阻。广东盐务总处虽然提出恢复稽核所，但是并未经过总处批准，只是在盐务总处内设立稽核处，负责稽核事务。1929 年 3 月，李济深被蒋介石扣押，陈济棠逐渐在广东崛起。5 月，陈济棠之兄陈维周奉令改组广东盐务总处，恢复两广盐运使署，并于次年恢复广东稽核分所，但仅仅作为一个摆设，实际权力仍然全部掌握于陈维周的盐运使署。②

二、盐务机构的改革特点

（一）精简机构与节约开支

整体而言，20 世纪 20 年代的广东政府以备战为主，盐运使署每日须担负大量的军费，以"无预算之收入应付有定额之拨支"③。为此，盐运使署除了改革盐税以增加税收外，还必须尽力精简盐务机构以节约开支，正如叶恭绰所言："整理财政当求收支适合，现在前方作战所需款正殷，罗掘既穷，尚不足以资供养，自非将各行政机关借力撙节，以裕度支不可。"④

---

① 《民国时期广东财政政策变迁》，第 145 页。

② 侯绍颜、李慕白、区国喜：《解放前广东盐务概述》，政协广东省委员会办公厅、广东省政协文化和文史资料委员会编：《广东文史资料精编》下编第 3 卷《清末民国时期经济篇上》，北京：中国文史出版社，2008 年，第 232 页。

③ 盐运使署每月担负的军费不等，但一般在 6,000 元到 1 万元，例如 1924 年 1 月为 6,000 元，2 月为 9,000 元。类似"无预算之收入应付有定额之拨支"之语在这一时期的函件中经常见到。《呈大元帅为办理借饷并抄呈订立借饷契约请准备案文》，《粤槎月刊》第 71 期（1924 年 2 月），第 7 页。

④ 《呈财政部长叶本署节减经费早经呈报实行谨再遵令将比较核减数目列表呈请鉴核文》，《粤槎月刊》第 74 期（1924 年 6 月），第 15 页。

孙中山大元帅府成立之前，两广盐运使署每月经费约为大洋 13,846 元。1924 年每月经费减至 9,496 元。1925 年广州国民政府成立后，每月经费减至 6,432 元。[①] 由此可见，20 世纪 20 年代后半期盐运使署的经费比上半期减少了一半，这不仅归功于前述省级机构的裁并，亦体现于次级和地方机构的精简。1925 年 6 月，盐运使署令所辖各机关，"凡有现在不能行使职权者，暂行裁撤，以节经费"[②]。

地方机构中，以恩春运销局为例，该局每月原支经费为 1,364 元。1926 年 5 月，由于地方军队势力复杂，盐运使署令饬该局将各分卡暂行停办，每月仅支付该局经费 431 元。6 月，又将该局暂行裁撤，改设运销缉私委员，办理原有局务，每月经费又减少 199 元。又以中安督缉局为例，该局及所属各分卡盐警队每月经费 1,354 元，由于中山、宝安两县军队复杂，私枭乘机串同军队私运私销，该局职责难以继续行使。1926 年，盐运使署将该局暂行裁撤，另设督缉委员办理原有局务，每月减少经费 1,106 元。[③] 盐运使署次级机关中，以虎门查缉厂为例，该厂位于东莞县内，凡下河盐商从各场运盐至

① 分别参考《呈财政部为酌定运署职员俸薪等级请查核示遵文》，《粤鹾月刊》第 86 期（1925 年 8 月），第 3 页；《呈财政部长叶本署节减经费早经呈报实行，谨再遵令将比较核减数目列表呈请鉴核文》，《粤鹾月刊》第 74 期（1924 年 6 月），第 15 页；《呈大元帅及财部长兼盐务督办叶核减署内外经费呈肯备案文》，《粤鹾月刊》第 73 期（1924 年 5 月），第 10 页；《两广盐运使署支处概算总表》，《粤鹾月刊》第 86 期（1925 年 8 月），第 9 页。

② 《布告将中安督辑局、恩春运销局裁撤改设委员仰各商民一体知照文》，《粤鹾月刊》第 85 期（1925 年 7 月），第 1 页。

③ 《呈财政部为裁撤中安督辑局改设委员及裁虎门查验厂归并省河督配查验局办理以节经费请察核备案文》，《粤鹾月刊》第 85 期（1925 年 7 月），第 24 页。

省城，均应到该厂验明水程。① 该厂每月经费 144 元，由于当时虎门一带驻军十分复杂，事权不一，虎门查缉厂有名无实，遂被暂时裁撤，由省河督配查验局管理其原有事务。

类似的事例不胜枚举，广东政府甚至还限制发电报的字数以节省开支。1926 年 9 月，盐务总处发布《各机关抄发本处及所属发电规则》，规定所属机关嗣后不准加入无谓字句，如有将无谓字句加入，该字句电费应由发电人自己负担，不得报销公费。例如，各属发往盐务总处的电纸在文首用"广州盐"即可，所有"某某钧鉴"等字均需省去；盐务总处发往其他的电文文尾用"总"字即代表"盐务总处"；等等。② 由此可见，20 世纪 20 年代广东盐务机构的改革首要宗旨即为节支增收，精简机构、裁撤冗员为其主要方式，并且范围深入到地方和次级机构。

（二）协商会议制度的出现

盐业不仅关系到政府的财税收入，也关系到以此为生的盐商群体，更关系到民众的基本生活。对于民众而言，盐价不能过高，否则私盐必定猖獗，进而影响盐商和政府的收入；对于盐商而言，只有运道畅销而盐税不过高，方能有利可图，否则鲜有盐商缴纳盐税。因此，对于政府而言，如何协调与商民的关系至关重要。在这种背景下，广东盐务机构在 20 世纪 20 年代出现了盐商、民众和盐务人员共同参加的协商会议制度。

1920 年，时任两广盐运使邹鲁设立盐务研究会，公开讨论盐务，由于政局并不稳定，遂于 1921 停止。1924 年 1 月，

---

① 《粤鹾纪要》，第二编，第 75 页。

② 《处令所属各机关抄发本处及所属发电规则仰即遵照办理文》，《盐务月刊》第 6 期（1926 年），第 54 页。

赵士靓继任两广盐运使，设立两广盐政会议，并颁布《两广盐政会议简章》①，内容如下：

1. 两广盐运使决将两广盐务行政实行整顿改良，大元帅核准组设两广盐政会议。

2. 盐运使罗致人才、集思广益起见，特访择富于盐务经验者，函聘为顾问或参议、参事等，请其出席于盐政会议。

3. 盐运使为沟通盐务行政与盐政会议之隔阂起见，特令本署秘书、科长及执法官出席于盐政会议，其余署内科员、署外长职有宜于会议者，得临时令出席。

4. 盐运使为通达商情起见，访择省河上下河现业盐商之富于盐务知识经验者，予以参议或参事名义，请其出席于盐政会议。

5. 前第二条及第四条之顾问、参议、参事等均按月酌送夫马费。

6. 盐政会议议场设在盐运使署。

7. 盐政会议时间定星期一、四两日下午二时至四时。

8. 盐政会议以盐运使为主席，倘运使别有要事，不暇出席时，得托顾问或参议、参事一人代之。

9. 盐政会议议题，凡出席会议各员皆得提出或介绍外人代其提出，先期送达秘书室编入议程，按次付议。

10. 盐政会议议决整顿改良之案，不关系于法规者，由盐运使经令公厅如议执行，其关系于法规者，由盐运使呈奉大元帅核准行之。

---

① 《两广盐政会议简章》，《粤醒月刊》第70期（1924年1月），第5—6页。

11. 诸场筹备各事由本署总务科长督饬庶务股任办，并派定雇员二人为议场速记。

12. 本简章如须修改，得随时由盐运使修改之，仍呈由大元帅核准备案。

从上述《两广盐政会议简章》中至少可以看出以下几点：其一，盐政会议的出席者包括盐运使署内官员，其中盐运使署秘书、科长及执法官必须出席，盐运使如有要事不能出席时，必须委托一顾问或者参事参加；除此之外，出席者还包括上、下河盐商以及富于盐务经验者。其二，详细规定开会的时间与出席者的责任，每周开两次会议，并且出席会议者必须提出议题。其三，明确规定盐政会议的效力：盐政会议具有建议权，但是执行与否，需要经过盐运使署和大元帅的核准。

除召开盐政会议以外，盐运使署还设立告密柜，供民众和盐商表达诉求。1926 年 4 月，盐务总处在总处及上、下河盐商公会门首各设立告密柜 1 个，由盐务总处处长亲自开启。凡有盐务处及所属职员有向商民勒索金钱或收受贿赂的，均可以投书告发。外地的民众亦可以邮寄至盐务总处，当局若查有所实，必定严惩不贷。①

总之，盐政会议和告密柜的设立，为盐商和民众提供了建言的平台，有助于协调政府、盐商和民众间的关系，有利于盐税政策的制定和改革，这种形式也一直持续到抗日战争前。在后面的章节中，我们的确可以看到许多商民的建议，但是这些建议并不具有任何实际效力，政府取决与否，仍然视其是否能实现增收。

----

① 《财政部盐务总处布告》，《盐务月刊》第 1 期（1926 年），第 71—72 页。

（三）国民党党组织的渗透

20 世纪 20 年代广东的盐务机构还有一个明显的特点，即国民党党组织的渗透。1925 年 7 月，国民政府成立后，实行以党治国，令所属各机关职员必须全数加盟入党。[①] 1925 年 8 月，国民党中央党部令两广盐运使邓泽如为筹备委员，负责筹备党部。1925 年 8 月 29 日，两广盐运使署召开第一次代表大会，成立中国国民党两广盐运使署及缉私处特别区党部，划分省河督配局及东西厂、河南盐仓、平南缉私舰等 25 区分部。[②] 党部下设执行委员会和监察委员会。执行委员会中选举 3 名常务委员会，负责日常事务，首届常委会由盐运使署秘书林黄卷、林沛亭，以及总务科科长许寿仁当选。委员会下设组织部、秘书处和组织部。[③] 监察委员会选举胡世仁、黄心持、孙龙光为委员，下设秘书处、调查科、管理科，3 名委员分别为各部门长官。党部每周五、周日上午 11 时召集执行和监察委员及各候补委员开会一次，每月召集各分区分布执行委员会，召开联席会议一次。[④] 党部的经费以各党员缴纳的党费为主，征收额度以党员的月薪划分等级：月薪在 50 元以下不征收；月薪在 51 元以上、100 元以下征收 1%；月薪在 101 元以上、200 元以下征收 2%，以此类推，至月薪在 701 元以上、800 元

---

① 《函缉私处希转饬所属各舰队如未经入党者请于文到十日内来署加盟入党文》，《粤鹾月刊》第 86 期（1925 年 8 月），第 122 页。

② 《函中央执行委员会本署组织特别区党部并区分部列表请核准照办文》，《粤鹾月刊》第 86 期（1925 年 8 月），第 118 页。

③ 《中国国民党两广盐运使署特别党部组织及职员表》，《粤鹾月刊》第 87 期（1925 年 9 月），第 103 页。

④ 《中国国民党两广盐运使署特别党部办事规则》，《粤鹾月刊》第 87 期（1925 年 9 月），第 105 页。

以下者征收 8%。① 盐务机构下层职员的工资一般是 50 元以下，科员每月的工资可以达到 100 元以上，在地方上则只有主事长官才可以拿到 50 元以上。例如坎白场知事月薪为 180 元，而文牍员和一级厂司事仅为 38 元；② 梅蓁盐警队队长月薪为 74 元，而分队长则仅为 35 元。③ 因此，盐务机构中的下层职员并没有交纳党费的负担，对于入党并无抵触。

1926 年 12 月，经过 1 年的强制入党和宣传，入党人数大增，但是仍未达到全部入党的目的，盐务总处决定加大力度：

> 供职盐务各机关人员已入党者固多，未入党者数亦不少，因之对于党义训练之步骤未能一殊，于党务进行大有妨碍，议决由本委员会函达本处长，嗣后凡雇佣盐务各员役，须以领有党证者方可委用，其前已委用而尚未入党者，亦请通令限期一律加盟入党，否则予以撤职。④

由上可以看出，盐务总处从"要求职员入党"变成"强制职员入党"，若不入党则予以裁退。具体的入党方式则非常简单，若所在机关设有党部，则直接登记领证即可；若所在机关未设党部，则于其所在地党部申请即可。以东江盐务局为

---

① 《本处特别党部函盐务总处请通令所属各机关征收职员所得捐文》，《盐务月刊》第 18 期（1927 年），附录第 6 页。

② 《财政部盐务总处所属原支及暂定经费数目比较表》，《盐务月刊》第 4 期（1926 年），第 47 页。

③ 《梅蓁盐务局规复盐务巡勇月支薪饷预算表》，《盐务月刊》第 2 期（1926 年），第 133 页。

④ 《函盐务总处正、副处长请通令各属职员一律加盟入党文》，《盐务月刊》第 9 期（1926 年），第 141 页。

例，东江盐务局地处惠州，距离盐务总处特别党部距离颇远，该机关所属职员可以就近与惠阳县党部接洽，办理登记后即可领证。1927年广州"四一五"反革命政变发生后，各级政府展开清党运动，各机关必须将职员的党员审查表全部交往清党审查委员会进行审查。至此，国民党组织已经完全覆盖广东盐务机构。

国民党在短短两年时间将盐务机构进行党化，强制要求职员入党，并建立各分区党组织。但是，国民党党组织的长官仍然是原盐务机构的主要官员，党部实际上与行政机构是同一批人员。而且，由于入党程序过于简单，强制性过强，加上大部分职员并不需要交纳任何党费，普通党员对于党部的认知度并不明确，以至于"清党运动"中上级需要再三解释"清党"所清除的是什么党。[①]

第三节　广东盐税征收制度改革

20世纪20年代的广东基本上处于军事动乱状态，军费成为政府的即时需求。盐税收入约占当时正税收入的30%，为保障军费的按时供给，如何快速增加盐税收入成为政府盐税改革的重点。在这种背景下，"限配法""优先现税""官卖制""包商制"等政策相继出台，社会舆论所提倡的自由制成为噱头。但是以上这些政策能否实施，还取决于各方利益的相互妥协。

---

① 《通告各分部解释清党意义文》，《盐务月刊》第9期（1926年），附录。

一、自由贸易下的“优先现税”

自民国成立以后，广东省河中、西、北3柜盐税改“引埠商包制”为自由运销制，无论何人，缴纳税款后即可前往指定地点领照运盐。然而，1923年3月大元帅府成立后，自由运销制却无法提供充足的银饷，改革盐税势在必行。经过伍学熀、邓泽如、伍汝康、赵士觐4任盐运使，最终确立了邓泽如征收“优先现税”的办法。

（一）伍学熀的“限配法”

1923年3月，伍学熀上任之初，广东盐税可谓“日就疲敝”，其原因主要有3点：一是预饷积欠太多，以至于“一次预饷尚未抵清，二次预饷又复至”，令新税筹集万分困难①；二是事权不统一，孙中山抵达广州成立大元帅府后，势力范围仅局限于河南岸，甚至连广州城都无法控制，无论从沿海各场运盐到省河或是由省河运盐往三柜，均有可能会被各军截留②；三是缉舰和盐警大多被军队扣留，而各处又面临着私销充斥、盗匪披猖的局面，以致运道梗塞，盐商畏于运盐。③

相对而言，解决预饷积欠的问题是当务之急。“旧借预税

---

① 自广东成立广东盐务稽核分所后，盐商需先持两广盐务署所发通知单，到稽核所缴纳税款，再凭借稽核所所发准单到西汇关报配，因此盐商的缴税和配盐本身存在着时间差。另外，政府常以折价的食盐为抵押向盐商借钱，大元帅府成立以前九折或者九五折为常见，实行优先现税后八折或八五折为常见，这些缴过税但是并未配盐的被称为预饷或是旧盐。《陆海军大元帅大本营公报》，1923年第2号，指令，第73—74页。

② 广东地方史志编纂委员会编：《广东省志·税务志》，广州：广东人民出版社，1995年，第91页。

③ 《陆海军大元帅大本营公报》，1923年第2号，指令，第73—74页。

未抵之数，尚有十一二万元，币价低折所缴之税尚有四五十万元，此两种税款最为筹借新税之障碍。"① 四五十万元的总额，每包以盐税 5 元来算，至少有 11 万包已沽未配之盐。② 按照 1922 年的数据，全年省配销盐有 138 万包，折合每月销盐 11 万包左右。也就是说，在不收取任何现税的情况下，至少需要 1 个月才能完全解决旧税问题。对于用钱甚急的孙中山来说，1 个月没有盐税收入是无法接受的。如果贸然取缔这批税单，又会引起盐商的不满，导致政府失信。③

为解决这一问题，两广盐运使伍学熿采用"限配法"，以"一包新税准搭一包旧税"。④ 用"限配法"解决旧税堆积，必须要有个前提，即运往北、中、西柜销售的盐斤不能滞销。如果销路不畅，无论新盐或是旧盐，均无法销售。盐商无利可图，自然也不肯认缴新税，正如伍氏所言："如果梧韶以上销路仍未流通，则省配钝销，犹恐各商认借税款一时未能凑集巨数，只有竭力设法劝导。"⑤

为配合"限配法"的实施，盐务署一方面对盐商"竭力设法劝导"；另一方面又饬令各军移交盐务署所辖各局厂、归还缉私舰队、禁止截留盐税，以保证运道的通畅。经过盐务署的大力整饬，各军先后归还各局厂⑥，运道也开始畅通，伍学熿的"限配法"初见成效。2 月下旬到 3 月的盐税收入达到 45

---

① 《陆海军大元帅大本营公报》，1923 年第 2 号，指令，第 73 页。
② 此时每包盐合计司马秤 205 斤。见《粤醝纪要》，第四编，第 121 页。
③ 《陆海军大元帅大本营公报》，1923 年第 2 号，指令，第 74 页。
④ 《陆海军大元帅大本营公报》，1923 年第 2 号，指令，第 74 页。
⑤ 《陆海军大元帅大本营公报》，1923 年第 2 号，指令，第 74 页。
⑥ 《陆海军大元帅大本营公报》，1923 年第 4 号，指令，第 160 页。

万元，接近 1922 年的盐税月收入。[1]

然而，此种局面未能持续。1923 年 4 月 15 日，沈鸿英突然向广州发动进攻，公然叛乱。孙中山随即发表电文声讨，持续 3 个月的讨沈战役爆发。[2] 西江、北江陷入战乱，运道愈为堵塞，盐商们不肯认缴盐税。5 月初，盐税收入寥寥无几，伍学熀宣布辞职。

（二）邓泽如与"优先现税"

伍学熀辞职以后，5 月 7 日，邓泽如被孙中山任命为两广盐运使。邓泽如上任以后仍延续前任的盐税政策，但此种政策并未立即改变盐税歉收的状况。5 月 12—30 日，18 天仅收入 5 万余元，其中还包括从英芳生记借入的现银 3 万元和接收前任移交的 1,000 余元，实际上这 18 天的盐税收入仅 2 万元，不及正常月份的 1/20，如表 1-1 所示。[3]

表 1-1　两广盐运使署收入税款数目统计表（1923 年 5 月 12—30 日）

（单位：元）

省河现税银饷	各机关解款	借入英芳生记现款	接前任移交	总计
9,775.000	10,434.770	30,257.250	1,908.237	52,375.257

资料来源：《陆海军大元帅大本营公报》，1923 年第 36 号，公布，第 1928—1929 页。

为彻底改变此种状况，邓泽如于 1923 年 6 月中旬开始实行"优先现税"的办法。考虑到在运道阻塞、盐斤堆积的情

---

[1]　《陆海军大元帅大本营公报》，1923 年第 9 号，指令，第 412 页。

[2]　《陆海军大元帅大本营公报》，1923 年第 10 号，公电，第 489 页。

[3]　《陆海军大元帅大本营公报》，1923 年第 36 号，公布，第 1928—1929 页。

况下，如果仍照饷盐原价筹缴盐税，没有盐商愿意增添额外的负担。于是，邓泽如以八成的价格给予配盐，盐商只需要缴纳24万元，就可以得到30万元的税单。在出让盐税利益的同时，又规定45日内倘若没有配足饷盐，还可以继续临时标配，以此来减轻盐商对限期销盐的恐惧。同时，也对未予配合的盐商做出了限制，即"未经盖有优先符不得配盐"。① 因而，所谓"优先现税"，并非仅仅是配盐的优先顺序，而是作为税单是否可以销解的凭证。

为鼓励盐商多认领，盐运使署采取"新税搭旧盐"的办法，即认缴现款15,000元可以搭配旧盐400包。② 盐商如不认缴现税，旧税单就无法销解。在此情况下，盐商们大多开始"合力尽筹"，短短半个月时间，政府筹到大洋18万元。③ 此后的3个月，邓泽如又前后3次向盐商征收"优先现税"，总计大洋90余万元，除了折价由八折变为八五折外，其余均采用同样的办法。④

实行"优先现税"以后，盐税收入有了很大改观。盐运使署的收入从5月不到10万元蹿升至6月的27万元，到8月甚至飙升至52万元有余，而其中"优先现税"占所有盐税收入的94.6%，如表1-2所示。⑤

---

① 《陆海军大元帅大本营公报》，1923年第23号，指令，第1073页。
② 《陆海军大元帅大本营公报》，1923年第23号，指令，第1074页。
③ 《陆海军大元帅大本营公报》，1923年第23号，指令，第1074页。
④ 《盐运使呈报续征优先税》，《广州民国日报》1923年10月26日第6版。
⑤ 《陆海军大元帅大本营公报》，1923年第36号，公布，第1928—1938页。

表 1-2　两广盐运使署收入税款数目统计表（1923 年 6—8 月）

（单位：元）

月份	省河现税盐饷	优先现税	各机关解饷	杂税	总计
6 月	33,830.000	230,285.000	6,956.520	1,330.600	272,402.330
7 月	无	373,150.000	2,229.130	6,017.000	381,406.980
8 月	无	510,600.000	无	13,160.590	523,760.590

资料来源：《陆海军大元帅大本营公报》，1923 年第 36 号，公布，第 1928—1938 页。

　　然而，"优先现税"使没有缴纳 15,000 元以上现税的盐商无法搭配旧盐，其结果是实力弱小的盐商难以承受，大盐商逐渐垄断省河盐市。1923 年 9 月，濒于破产的中小盐商向盐务署提出"包商制"的建议。"包商制"与"优先现税"的最大区别是"先盐后税"还是"先税后盐"。中小盐商的资金有限，希望先盐后税，同政府共担风险；盐运使署因担心盐商每月销不及额，以致影响税收，希望继续实行"优先现税"。在盐运使署看来，选择牺牲部分中小盐商的利益，以保证盐税的收入是最好的办法，因而否决了"包商制"的建议。

　　可是，随着中小盐商逐渐退出盐市，省河缺盐的问题愈加严重。数据显示，8 月份省河盐船数仅 16 只，而往常可达 35 只，按照每只程船可搭载 2,000 包盐，[①] 那么 16 只船最多搭载 32,000 包盐。仅在 8 月份，政府预征税饷便达到 50 万元，折

---

　　① 《照录下河六布之关军部存河盐数表》，《粤醵月刊》第 70 期（1924 年 1 月），第 108 页。

合下来至少需要 10 万包盐才能勉强满足当月的配盐需求，32,000 包盐明显不够。由于盐商数量减少，省河存盐不足，河配价格也出现上涨，从 4 月的 2 元 9 角涨至 8 月的 7 元以上，增加一倍多，如图 1-2 所示。盐商一旦无盐可配，政府就无法征收"优先现税"。如果河配价格过高，饷盐价格也会被抬高，必然受到私盐冲销，同样不利于盐税收入。

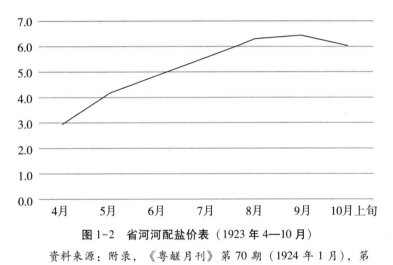

图 1-2　省河河配盐价表（1923 年 4—10 月）

资料来源：附录，《粤醒月刊》第 70 期（1924 年 1 月），第 112 页。

邓泽如清楚省河盐仓缺盐，其委任盐商巨头林丽生为盐务署委员，林氏亦派人赶赴三亚等处盐场加速运盐至省河。[①] 不过，委托盐商赴盐场采运还须要时日，但省河配盐却一日不可缓慢。在此情况下，稽核所经理伍汝康对邓泽如盐税政策直接进行抨击。伍汝康将省河河配价格虚高的原因归结于邓泽如的

———————

① 《函大本营秘书处准函奉大元帅论发粮食管理处拟办沿海余盐一案仅将会议公决应从缓办情形复函转核文》，《粤醒月刊》第 68 期（1923 年 9 月），第 22 页。

"优先现税"，认为"优先现税"导致了下河盐商对盐市的垄断，唯有废除"优先现税"、恢复自由贸易，才可以从根本上解决问题。[①] 伍汝康还批评邓泽如与商人订立减成征收 100 万元之约，并允许搭配旧税单，导致 100 万元的盐税实际上仅收入 73.5 万元，其余 26 万余元均被盐商所得，使政府收入蒙受损失。[②] 虽然邓泽如也在不断辩解和陈述，但迫于压力，于 10 月 27 日宣布辞职。11 月 2 日，伍汝康接替邓泽如就任两广盐运使。

（三）伍汝康的"增饷之法"

伍汝康上任后，首先否定了邓泽如的"优先现税"办法，认为该办法不仅使盐法有名无实，还会凭空损失近两成的盐税。在伍氏看来，盐税既然以军用为目的，那么加收军饷便是理所应当，政府税收既可增加，又不至破坏盐纲。而作为回报，军队理当负责帮助保护盐船和缉私，缉私的问题也就得以解决。[③] 11 月 18 日，盐务署宣布废除"优先现税"的办法，并且每包盐加收 1 元军饷。[④]

伍汝康主持盐务期间，每包盐的税额为 6 元，加上河配价格的 6 元，即使不算任何的路程和人工费用，盐商的成本即达到 12 元。而邓泽如时期的成本每包不及 10 元。不到 1 个月的时间，每包盐的成本便增加了 2 元。此时的私盐价格，每包仅 4 元左右，[⑤] 再加上外销至湘桂赣的盐还要面对淮盐的竞争，

---

① 《陆海军大元帅大本营公报》，1923 年第 36 号，指令，第 1892—1893 页。

② 《函广东省长请照会葡领即将澳门水师越界扣留傍船限日释放文》，《粤醾月刊》第 68 期（1923 年 9 月），第 15—16 页。

③ 《伍运使整理盐务之进行》，《广州民国日报》1923 年 11 月 12 日第 6 版。

④ 《陆海军大元帅大本营公报》，1923 年第 39 号，指令，第 2202 页。

⑤ 《令福海缉舰据报舰遇风沉曾请护沙团就近保护请核犒赏费以便归垫由》，《粤醾月刊》第 68 期（1923 年 9 月），第 84 页。

以致销盐数量骤减，盐税收入寥寥无几，军饷深受影响。

伍汝康筹饷不利，军队饷银无着，最终逼迫伍汝康同意其沿途抽饷。伍汝康上任之初所希望军队保护盐商的想法亦变成了军队抽饷的借口，各地军队纷纷开始加抽保护费。[①] 如此一来，盐商们更是畏而不前。

盐商在邓泽如时期之所以愿意与政府合作，是因为盐商可以从中获取利益。虽然中小盐商苦不堪言，但大盐商却可以借机实现垄断。对于大盐商而言，不但没有损失，反而利润更大。伍氏上任后采取的盐税改革措施使得盐商不仅无法折价纳税，还要比常税多交1元。恰好又正值盐市疲敝之时，配盐将毫无利益可言，自然无人愿意配盐。盐商不肯配盐，又无预饷可征，盐税收入寥寥无几，军饷也就没有着落。军队开始自行沿途设卡抽饷，盐商的运盐成本更大，盐税收入愈加短绌。

至12月18日，每日配盐仅500包左右，1个月也就15,000包左右。[②] 按照6元的税额计算，每个月仅收入8万元，不及邓泽如时期1周的盐税。因此，伍汝康上任不到2个月即宣告辞职。1923年12月27日，孙中山正式撤去伍汝康两广盐运使的职务。

（四）赵士觐的改革与"优先现税"的恢复

在盐商的支持下，赵士觐于1924年1月2日正式接替伍汝康就任两广盐运使。上台之后，孙中山令盐运使署每日拨给军政部6,000元饷银。[③] 每日6,000元的税额虽不及邓泽如时

---

① 《令福海缉舰据报舰遇风沉曾请护沙团就近保护请核犒赏费以便归垫由》，《粤籁月刊》第68期（1923年9月），第84页。

② 《盐斤配销锐减之现状》，《广州民国日报》1923年12月18日第6版。

③ 《呈大元帅为遵令拨付额认各款恳请令饬军政部回印收俾免窒碍文》，《粤籁月刊》第70期（1924年1月），第11—12页。

期的 13,000 元，但是从伍汝康时期每日不到 3,000 元的税额提升一倍，难度也不小。

为迅速增加盐税收入，赵士觐召开两广盐政会议，并召集盐商商议借饷事宜。经过反复讨论，会议一致认为"非援照前任成案订定借饷，实难接济源源"。① 1 月 3 日，赵士觐依据邓泽如的"优先现税"，以八折折价向盐商林丽生征收"优先现税"，计毫洋 75,000 元。又向上下河盐商公会筹借税款毫洋 30 万元，并饬令于 30 日内交完，同时规定每万元现饷准搭用旧存预饷准单 1,400 元。②

伍汝康在任时，曾与滇湘各军达成协议，同意各军在黄沙及北江沿岸设局抽饷。③ 赵士觐上任之后，设立盐务局的事情暂时被搁置。但是时隔不久，1 月 22 日，滇军总司令杨希闵、湘军总司令谭廷闿即呈书孙中山，请求在黄沙、韶关、英德等地设立盐务局及抽饷总局，抽收百分之二分五的附捐。④ 随后，东路讨贼军许崇智部控制的东江商运局，亦开始在黄埔河面上设卡抽收保护费。⑤

军队额外抽收附捐一旦合法化，势必会加重饷盐的成本，

---

① 《呈大元帅为续办借饷谨抄录借饷契约呈请给予备案文》，《粤饷月刊》第 70 期（1924 年 1 月），第 14 页。

② 《呈大元帅为续办借饷谨抄录借饷契约呈请给予备案文》，《粤饷月刊》第 70 期（1924 年 1 月），第 15 页。

③ 《呈大元帅为滇湘各军加抽护运附捐暨北江各军队沿途抽费紊乱盐纲阻碍税收呈请通令取消以顾税源文》，《粤饷月刊》第 70 期（1924 年 1 月），第 26—27 页。

④ 桑兵主编：《各方致孙中山函电汇编》第 7 卷，北京：社会科学文献出版社，2012 年，第 428—429 页。

⑤ 《陆海军大元帅大本营公报》，1924 年第 7 号，指令，第 3247 页。

盐商首先起来反对，直言"成本过重，迫得停办"。[1] 于是，赵士觐致函孙中山，请求将运道沿途附饷一律革除。

军队与盐运使署的争执令孙中山感到为难。此时正值用兵之际，不能因此而使军队有所不满，但是沿途设卡又会影响盐税收入。最后，孙中山折中了二者的意见，令滇军、湘军将其在黄沙设的盐税局撤掉，由盐运使署每日拨付 1,000 元作为护运费，并致函各军将沿途附饷一律革除。[2]

盐运使署和军队对于这样的决定都未表示任何反对。在军队看来，沿途设置局卡的目的便是获得更多的银饷，既然盐运使署现在愿意每日多拨给 1,000 元，那么目的已经达到，无须再设卡抽费；对盐运使署而言，虽然每日需要多担负 1,000 元的经费，但可以减轻盐商运盐成本，从而带动盐税的增收，也在可接受范围之内。因此，军队和政府达成了协议，政府拨给军队足够的经费，而军队则维护政府事权的统一。此后，虽然北江沿途依然会有军队设置局卡增抽盐税，但往往一经盐商公会反映，盐运使署转饬各军司令部后，各军便会停止加抽盐饷。[3]

在处理和军队的关系时，政府和盐商的利益是一致的，因而始终站在一起。然而，在具体的利益分配上，政府与盐商存

---

① 《电大元帅据盐商公堂曾电称黄沙设立临时协饷总局每盐一包加抽一元各商以成本过重纷纷退盐转请迅令取消文》，《粤醾月刊》第 70 期（1924 年 1 月），第 50 页。

② 《各方致孙中山函电汇编》第 7 卷，第 458 页；广东省社会科学院历史研究所、中国社会科学院近代史研究所中华民国史研究室、中山大学历史系孙中山研究室合编：《孙中山全集》第 9 卷，北京：中华书局，1986 年，第 583 页。

③ 《函湘滇军总司令暨第一军军长奉帅论将盐务局撤销由运署每日拨护运费一千元请将匀配数目见复以便拨交文》，《粤醾月刊》，第 70 期（1924 年 1 月），第 40—41 页。

在复杂的矛盾。1月初，赵士觐在盐商的支持下就任盐运使一职。① 为了拉拢盐商，赵士觐任命盐商巨头林丽生为省河督配局局长。由于权力上的制约，林丽生开始贿赂稽核所，串通走运私盐。赵士觐在警告无效后，于3月初现场截获走私盐船，并将设在太平沙林丽生的盐饷账簿全部封存，令林丽生听候查核。② 林丽生在反复辩解无效后，立刻宣布辞职，并在3月8日公开发表文章，痛陈赵士觐的种种劣迹。③ 同日，赵士觐也公开对林丽生进行反驳。由此，赵士觐与盐商公开决裂。

赵士觐的上台在一定程度上得益于盐商愿意提供大量盐饷。④ 赵士觐和盐商之所以愿意合作，也绝不是因为关系好。盐商既可以获得折价的盐斤，又可以挤掉其他实力弱小的盐商，也可以用盐饷作为与政府讨价的筹码。而政府为了征收更多的盐饷，不断向大盐商出让利益，并安排他们就任重要的职位。由此看来，双方的合作多是基于利益关系之上，一旦利益发生分歧，合作也随之瓦解。

3月9日，赵士觐改定"优先现税"，企图逐渐剥夺盐商的利润："旧日准单改为一概不准搭用，其原扣二成或一成五奖金改为照原定税率实收毫银五元，即以大洋补水之七角五分作为扣除。"⑤ 按照改革之前的"优先现税"，每包盐斤收税大洋5元，以八折折收后，盐运使署每包实收大洋4元，再加上

---

① 《运使消息确讯》，《广州民国日报》1923年12月11日第6版。

② 萧宝耀：《宋子文发迹的一些史实》，《广东文史资料》第9辑，广州：广东人民出版社，1963年，第140页。

③ 《林达存致赵公璧原函》，《广州民国日报》1924年3月8日第3版。

④ 《新任盐运使之人选》，《广州民国日报》1923年12月10日第6版。

⑤ 《呈大元帅拟改借饷办法请指令遵办文》，《粤醭月刊》第72期（1924年4月），第16页。

每万元可另搭 1,250 元盐斤,平均每包又可少收 6 角 2 分 5 厘,最后实际上每包盐斤政府只收税 3 元 3 角 7 分 5 厘,剩下 1 元 6 角 2 分 5 厘的利润则被盐商所夺。而按照赵士觐的改革办法,仅将每包盐斤的税额由大洋 5 元改为毫洋 5 元,每大洋 1 元等于毫洋加一五成,实际上盐商需缴纳大洋 4 元 2 角 5 分,仅获利 7 角 5 分,与原来相比少了 1 元左右。

赵士觐还谋划将两广盐务改为官卖制。1924 年 4 月 15 日,赵士觐呈请孙中山拟临时组办北柜官运及北江银行。[①] 按照赵士觐的办法,军队运盐将会逐渐代替盐商运盐,盐利就可以完全为政府所获。如果赵士觐的建议得以实施,盐商将被逐渐架空,对于盐商巨头而言会是致命的打击。孙中山在看到赵士觐的呈书后,考虑到收入可观,也表示同意官运代替商运。[②] 官卖制的消息一出,盐商立即表示强烈反对,到了 4 月份,配销盐数仅有 4 万余包,[③] 不及 2 月份的 1/3,甚至与 3 月份相比也少了 2 万包,如表 1-3 所示。

表 1-3 两广盐运使署收入税款数目统计表 (1924 年 1—3 月)

月份	配销盐斤数(包)	税饷(元)
1 月	91,909	321,681.500
2 月	123,668	459,890.375
3 月	66,125	245,902.343
总计	281,702	1,027,474.218

资料来源:附录,《粤醒月刊》第 72 期(1924 年 4 月),第 92 页。

① 《陆海军大元帅大本营公报》,1924 年第 13 号,指令,第 3750 页。
② 《陆海军大元帅大本营公报》,1924 年第 13 号,指令,第 3748—3749 页。
③ 《省河配销中西北三柜盐斤数目总表》,《粤醒月刊》第 72 期(1924 年 4 月),第 92 页。

4月27日，赵士觐迫于压力正式宣布辞职，其官卖制的设想也随之落空，邓泽如重任两广盐运使。1924年5月，邓泽如上台后，立刻委任盐商林丽生为盐运使署参事，继续按照原征收"优先现税"的办法与盐商订约，令盐商每日按额包缴盐税：

> 由该商黄隆生代表上下河盐业商人，限于五月二十二日起至六月二十日止，共三十天，每天缴足盐税二千六百一十包，照原定税率准予扣除二成奖金，实以八成缴纳，期内无论运销畅滞，有无标配，均须照认定税额，每日缴足毫银壹万贰仟零六元，不得延欠。[①]

除此之外，又规定"自本年4月23日起如未经本署加盖符号之准单一律不准配盐"[②]。广东政府的盐税征收制度又回到了"优先现税"。

二、"包商制"的出现与推广

由于军事频繁，盐运使署每日负担的军需皆有定额，而每日所收盐税则或多或少，实际上是以"无预算之收入应付有定额之拨支"[③]。在这种情况下，政府征收"优先现税"，由部分盐商每日按额折价包缴盐税，成为盐运使署应付巨额经费的

① 《呈大元帅及盐务督办报告迭次与盐商订立缴税契约情形请予备案文》，《粤醾月刊》第73期（1924年5月），第16页。

② 《令省河督配局将所存前任盐准单一律加盖符号方得配运文》，《粤醾月刊》第73期（1924年5月），第65页。

③ 《呈大元帅为办理借饷并抄呈订立借饷契约请准备案文》，《粤醾月刊》第71期（1924年2月），第7页。

最佳办法。该办法是政府与盐商之间所达成的临时契约，盐商缴纳八折的"优先现税"，政府给予"优先符"，允许优先配盐。而所配饷盐是自行运销还是转卖于他商，均由盐商本人决定，实际上这种制度可以称为缴纳预饷的总承包制。由于政府只控制省河配盐，而对于具体销区则并未约束，盐税税额相对于往年仍然相差甚远。

1922 年的盐税税额达到大洋 600 余万元，而 1923 年和 1924 年分别只有大洋 300 余万元和 500 余万元，远远不及以前。① 1924 年下半年以来，各行各业的商人频频罢市，政府税收愈加短绌。陈炯明势力仍盘踞东江流域，10 月孙中山又准备北伐，所需饷盐无减反增。② 在这种情况下，不仅需要有限的"优先现税"，亦需要开源以增加盐税，"包商制"被再次提出。该"包商制"与 1923 年部分盐商提出的"包商制"不尽相同，主要体现于此次包商是"先税后盐"，政府并没有税不及额的风险。

1924 年 10 月，盐运使署在广属及附近各县实行"包商制"。广属附近各县地处珠江下游，紧邻港澳，河道纷歧，私盐遍布。大元帅府建立以来，地方军队和土匪组织复杂，政府缉私形同虚设，盐商纷纷避而远之，饷盐销售异常困难。如新会县 1923 年以前每年能配 26,312 包，而 1923 年仅配盐 8,650

---

① 《陆海军大元帅大本营公报》，1923 年第 36 号，公布，第 1928—1938 页；《运署收支数目》，《广州民国日报》1923 年 11 月 6 日第 7 版、1923 年 11 月 7 日第 7 版、1923 年 11 月 10 日第 7 版、1923 年 11 月 13 日第 6 版；《省河配销中西北三柜盐斤数目总表》（十三年一月起），《粤醝月刊》第 75 期（1924 年 7 月），第 89—92 页。

② 敖光旭：《论孙中山在 1924 年下半年的是是非非》，《近代史研究》1995 年第 6 期。

包，1924 年 10 月以前仅配盐 5,740 包，[1] 配盐数甚至不及原来一半。基于此，盐运使署于 1924 年 10 月到 12 月，先行在香山（10 月）、新会（11 月）、番禺（12 月）、东莞（12 月）、花县（12 月）、从化（12 月）、三水（12 月）、增城（12 月）、龙门（12 月）、顺德（12 月）等广属及附近 11 县招承盐商，实行"包商制"，并与各商制定了《承办章程十六条》[2]（以下简称《承办章程》）。该章程不仅规定了"先税后盐"，还赋予盐商缉私的权力。笔者仅列举《承办章程》中的几则条例，以番禺县的承商宏裕公司为例：

1. 用宏裕公司名向运署呈准认饷，承办包销番禺全属饷盐，总店每年额定一万九千二百包为最少之数，分旺、淡月，于每月一号先期缴纳预饷，陆续由省配盐回县分销，如是月配运盐斤超于定额之外，则于掣配时照数缴纳，若不及认额之数，照额补足，惟遇地方兵灾、道途梗塞及天灾横祸，不在此限。

……

3. 本公司为番禺全属总盐店，担任每月缴纳预饷，仍在省城觅一担保店，以便按期责令缴饷，逾期不交即为担保店是问，一面将该公司斥革，另招他人承充，但接充有人使准退办。

4. 本公司缴纳盐税每包照运署现在暂行省配税率，

<hr />

① 《呈财政部长为怡怡公司商人邓鲁闲、邓霭如承办新会县全属总盐店谨具章程暨十一年来销盐数目表请照准指遵文》，《粤鹾月刊》第 78 期（1924 年 11月），第 9 页。

② 《论承办番禺县全属总盐店宏裕公司遵照定章开办文》，《粤鹾月刊》第79 期（1924 年 12 月），第 83 页。

由开办日起按额包缴纳。

……

6. 本公司开办以前所有各商运配饷盐由本公司查实，照所配之原价摊还。开办后各区市镇盐店及酱园酿户均向本公司购买，不能自行配运，如有前项事概作私论。

7. 本公司开办后，须有缉私之权，随时会同地方军警查缉私盐，如有大帮私盐侵入界内，非本公司劳力所能截缉者，应即报明督缉局或就近关卡或缉私轮舰帮助协缉，倘有迫不及待之际，亦准本公司自行报明就地军警或商民团局协缉……缉获私盐即由本公司估价发卖，所得之价应除给花红外，概归本公司所得以资弥补。

8. 本公司奉准试办一年为期，倘期内并无违章及欠饷情事，不能更换别商承办以一事权。

从上述所列条例可以看出，政府为了规避类似 1923 年"包商制"税不及额的风险，令盐商先期于每月 1 日缴纳预饷，如果销额超过所配之额，则需要补足盐税。另外规定必须在广州有一家店进行担保。如此一来，销不及额的风险完全转嫁于盐商。对盐商而言，不仅拥有所配县属的食盐垄断权，而且还拥有之前没有的缉私权，对于遍地的私盐，可以没收并随时请军警协助缉私。总之，该条例使政府与盐商之间互取所需，实施"包商制"后各县食盐的饷盐销数明显得到增长，如表 1-4 所示。

从表 1-4 可以看出，香山在 10 月实施"包商制"后，11 月配盐数目由 500 包上升至 810 包，12 月增至 2,535 包；新会在 11 月实施"包商制"后，配盐数目由 10 月的 910 包增至 11 月的 2,683 包，12 月上升至 11,954 包；东莞、番禺、顺

表 1-4 广属及附近各县 1924 年 10—12 月
实施 "包商制" 前后盐斤数目表

月份	香山	新会	东莞	番禺	顺德	花县	三水
8 月	330	491	341	811	651	360	1,121
9 月	400	451	290	1,142	911	380	1,491
10 月	500	340	910	1,591	811	380	411
11 月	810	2,683	2,811	1,195	1,181	580	951
12 月	2,535	11,954	11,751	4,175	2,331	782	1,321

资料来源：《省河配销中西北三柜盐斤数目总表》，《粤醾月刊》第 78 期（1924 年 11 月），第 73—74 页。

德、花县和三水在 12 月实施 "包商制" 后所增加的配销盐斤也十分明显。按照每包盐斤缴纳省河盐税大洋 5 元来算，仅新会一县每月即可增加税收 4 万余元。

但是 "包商制" 起初只是在广属地区实施，"其余中柜从前未包承盐店各县及西、北两江销区均系照常运销，不在商包之内"[1]。在省河北柜和西柜以及省城仍然征收 "优先现税"，令盐商包缴盐税。例如 1925 年 1 月，与南洋公司订约，令其每日认额 1 万元并加上大元帅北上经费每日 666 元。[2] 直至 1925 年 8 月广州国民政府成立后，政府宣布停止征收 "优先现税"，"现在财政统一，全省军需独立，自应将前项省配盐

---

① 《咨稽核所关于上河公会会长呈称广州各县盐店包商窒碍一案相应备文咨复查照文》，《粤醾月刊》第 80 期（1925 年 1 月），第 19 页。

② 《笺函本署拨付饷项各机关将日前南洋公司函请退办时各代表公司议决办法并检同抄件三种一并函送请查照文》，《粤醾月刊》第 80 期（1925 年 1 月），第 24 页。

税包缴办法停止进行，由各商照旧自由向运署直接缴税配盐，借以节省所给包缴商人利益，并可设法扩充征收，免拘日额"。[①] 尽管如此，政府仍然不时照前项办法向盐商借缴预饷，例如 1925 年 9 月，盐务总处令下河盐商筹借大洋 5 万元，订明九折交款，以盐税为抵押。[②] 因此，在当时的广东，"包商制"实际上与"优先现税"和自由运销制并行，而"包商制"的实行使得盐商不得前往该区自由运销，由此引起了部分盐商的强烈反对，以至于"包商制"直至两年后才得以在其他地区推广。

"包商制"的实施使政府收入大增，广属地区开办两年以来，实施包商制地区盐税收入增加明显。尽管遭到许多反对，政府依然拟将"包商制"推广至其他地方。"各属销盐尚能及额，已由各商加额借款并缴按预各饷，准其继续承办，此项包销办法似应推广，使销盐既有额责，俾税收得有确实预算。"[③] 1927 年 9 月，盐务总处除在中柜推广外，在北柜如清远、佛冈、英德、乳源、翁源等县，在西柜如高明、鹤山、高要、德庆、罗定、云浮、玉南、恩春等县分别投承招募盐商，实施"包商制"。包商区域共定为 7 区，按区招商投承盐店，认定

---

① 《函中央银行奉部令省配盐税停止包缴办法习于合约届满之日起即行取销文》，《粤醝月刊》第 87 期（1925 年 9 月），第 47 页。

② 《笺函济安公堂、研究公会共同筹借五万元以为统一军材之用文》，《粤醝月刊》第 87 期（1925 年 9 月），第 51 页；《呈财政部奉饬向运商济安公堂等筹借毫银经运署签具借约抄呈察核备案并乞转咨监察院查照文》，《粤醝月刊》第 88 期（1925 年 10 月），第 6 页。

③ 《处签呈财政部关于布告招商投承广州市区及西北各区盐店请鉴核示遵文》，《盐务月刊》第 18 期（1927 年），第 1 页。

销额包缴盐税，年销额约 173,730 包，仍然由承商先行缴纳预饷。①

在 1925 年 10 月以前，南柜、平柜以及琼崖被邓本禹等军阀势力占据，而东柜和潮汕地区则被陈炯明势力控制，广东政府实际上并没有管理权。1925 年 10—12 月，国民革命军克复东路惠州、潮汕、梅州等地，1926 年 2—3 月克复南路高州、钦州、廉州及琼崖等地。至此，南柜、平柜、东柜开始由盐务总处管理。② 东柜于 1925 年 11 月招商投承，实行"包商制"。③ 1926 年 6 月，邹琳就任潮桥盐务支处处长，布告实行招商，分区包卖食盐，计桥上三区每年销 56 万担（每担 100 斤），每担纳税 2 元 5 角；④ 桥下年销 32 万担，每担纳税 1 元 2 角 5 分；于 7 月投承，实行"包商制"。平柜、南柜及琼崖 13 县也相继于 1926 年 7 月招商开投，实行"包商制"。⑤

因此，由于政府推行"包商制"并规定先税后盐，盐税收入大为增加，至 1927 年，"包商制"已基本推广到广东各地。但是，"包商制"的推行使部分盐商得以垄断食盐，导致其他盐商的销岸减少，以及销地盐价上涨，从而引起其他盐商

---

① 《处签呈财政部关于布告招商投承广州市区及西北各区盐店请鉴核示遵文》，《盐务月刊》第 18 期（1927 年），第 1 页。

② 《处片移财政部统计处编交收入比较总分表》，《盐务月刊》第 9 期（1926 年），第 10 页。

③ 《处批东江盐务局局长谭平据呈商人请设盐店肯核明准予立案由》，《盐务月刊》第 8 期（1926 年），第 84 页。

④ 《粤盐包商与闽赣之关系》，《银行周报》第 10 卷第 30 号（1926 年 8 月 10 日），第 64—65 页。

⑤ 《部布告运商人等定期开投琼崖盐税仰即到处竞投文》，《盐务月刊》第 4 期（1926 年），第 58 页。

和当地民众的反对。另外，由于"先税后盐"，一旦销区销不及额，承商便面临着收不抵支的风险，从而中途退办。因此，"包商制"的推行困难重重。

三、"包商制"的困境与局部破产

1924 年 10 月到 12 月，广属附近 11 县先后招商投承，实行"包商制"。该公告一出，立刻引起上河盐商的反对。省河盐斤由下河盐商从沿海各盐场运往省城，然后再由上河盐商秤配后运往省配其他地区。广属附近 11 县原来属于上河盐商的销区，实施包商后，上河盐商就必须改往其他地方运销，一旦在以上县属售卖盐斤，即被视作私盐。因此 12 月，上河盐商公会会长赖泽煌上呈盐运使署称"复蹈包销，失却自由，并请求取消以维蓰业"①。盐运使署在宋子文的支持下，拒绝了赖泽煌的请求。盐运使署称：

> 此次本署以附省私盐充斥，省配滞销，缉力难以完密，呈奉核准由商分设盐店承认销额包缴税款，不特借济军需，且冀港澳私运得各承商协同指缉……广属十一县，其余中柜从前未包成盐店各县及西、北江销区均系照常运销，不在商包之内，而现在承各商又类多上河业盐者合伙承办，更何患无自由运销之余地？②

---

① 《据上河盐商公会会长赖泽煌禀复蹈包销、失却自由，肯明令取消以维蓰业由》，《粤蓰月刊》第 79 期（1924 年 12 月），第 100 页。

② 《函广东省长为各县盐店包商并无窒碍相应查案肃复查照文》，《粤蓰月刊》第 80 期（1925 年 1 月），第 27 页。

可见，盐运使署并不认为该方案令上河盐商失去自由，称北江、西江销区仍然照旧自由运销，而且上河盐商也可以承办该11县属盐斤。另外，实施包商制有利于包商地区缉私，反而有利于盐斤的畅销。

对于盐运使署的回复，赖泽煌并未表示反对，盐运使署也象征性地给予上河盐商一些政策上的补助。上河盐商运往北柜销售的盐斤，多由黄沙经粤汉铁路到达韶关，然后再各自运往各县。原来规定粤汉铁路运盐每卡235包需要交纳正税110余元，再加抽二成军费，每卡盐共需缴纳220元。1925年1月1日，为支持北伐，大元帅府令所有货客一律加抽二成。上河盐商运往北柜的盐斤作为三等货物同被列为增收对象，但是在盐运使署否决上河盐商取消包商的请求后，于1月5日下令将饷盐划出，不予征收加饷，以维持盐业。[①] 另外，又屡次通饬北江、西江军队保护盐商，禁止私设关卡。基于此，上河盐商暂时并未再次提出反对意见。

但是，上河盐商的妥协并非意味着"包商制"推行顺利。例如，在台山，1924年，该县实行"包商制"，盐商及盐课专员拟在台属广海设局负责盐务，遭到了当地民众的反对，"各乡延抗，暨兵灾阻碍……迭经派员前往商借地址设局，该乡团防、公所、所长因事他往，无人主持，乡人均拒不允借，无从着办"[②]。

在南海县，1924年12月，富安公司承办南海全属盐斤，

---

① 《呈大元帅请将粤汉铁路客货车票加抽二成一案划出盐税一项特予取销以维盐务文》，《粤鹾月刊》第80期（1925年1月），第5页。

② 《令台山县长协助办理上月盐课文》，《粤鹾月刊》第79期（1924年12月），第46页。

该公司在南海属内四处遍贴布告，并通知属内所有原先盐店必须向总店处购买盐斤。但是生昌泗记、和益堂等店"立意藐视钧示，违抗饬章显然可见"[1]。

在香山县，1924年10月，裕民公司承办香山全属盐斤，设立总盐店，原来香山的各盐店均需要在裕民公司处登记存盐，榄镇同益堂称该处有20余包存盐。1925年1月，裕民公司派遣稽查员前往榄镇同益堂查点存盐，却遭到放枪抗拒："该盐店该店主东兼司理李伯荣，即李耀堂之兄率同店伴在该店瓦面放枪示威，不服查点，幸就迅军警、民团闻警到场弹压，不致闹出人命。"[2] 1925年1月，该县林福元等商人以停业为威胁，请求取消"包商制"，恢复自由配运。[3]

以上类似事例在广属实施"包商制"的地区层出不穷，当地民众及盐商严重排斥包商，最主要原因还是盐斤价格的上涨。实施"包商制"以前，广属各县由于濒临港澳且河道密集，再加上地方团局的保护，私盐盛行，饷盐每月售额常不足500包。民众大多购买私盐，价格在每包3元左右，饷盐为了与之竞争，必须尽力压低价格。但实施"包商制"后，每月配额需达到近万包，承商具有缉私权，势必加大缉私力度，饷盐仅是纳税每包就需缴纳大洋5元，市场价格每包7元以上。

---

① 《令南海县县长李宝祥、南海盐店验缉员李孝章据富安公司商人谭德新等呈为越界掺销妨害饷源合行令仰遵照批饬事理妥办具报文》，《粤醛月刊》第81期（1925年2月），第67页。

② 《令香山县长据承办香山总盐店裕民公司商人何佐等禀榄镇同益堂盐店不服查点放枪抗拒一案仰即遵照批饬事理拘传讯拟呈候核饬文》，《粤醛月刊》第80期（1925年1月），第52页。

③ 《据商人林富元呈请取销包商准配运盐饷运回石歧售卖由》，《粤醛月刊》第81期（1925年2月），第92页。

盐斤的垄断、食盐价格的增长遭到当地民众和盐商的强烈反对，私盐与饷盐价格的悬殊使得民众对价廉的私盐偏爱有加。虽然政府不断令地方军警和缉私队协助承商缉私，但私盐仍然屡禁不止，导致承商屡屡销不及额，以致向政府提出减额甚至退办请求。

按照上文所述《承办章程》，盐商应当在每月 1 日按时缴纳该月预饷，但是在"包商制"实施后的第二个月，也就是 1925 年 1 月，各地承商出现了迟延。一直到该月 10 日，盐运使署仍在派员催缴各地承商如数缴纳。① 2 月，香山县承商裕民公司商人何佐因销不及额，声称承办困难，呈请盐运使署每月减少销额 400 包。② 而当时其他盐商亦趁此提出取消"包商制"，③ 但是均遭到盐运使署的拒绝，分别回复：

> 该商承办香山全属饷盐，认定全年销额一万二千包，今开办仅及两月，何得事以办理困难为词，领请每月减少销额四百包，实属有心尝试，断难照准。④
>
> 至该公司开办一月，实销虽未及额，但既照额缴税，即与定章相符，乃妄请将包商之案取销，准由该商自行配

---

① 《令委员催承办盐店各商缴纳一月份上期税款》，《粤醏月刊》第 80 期（1925 年 1 月），第 46 页。

② 《据承办香山县全属总盐店裕民公司商人何佐呈请办理困难请准每月减少销额四百包以维现状由》，《粤醏月刊》第 81 期（1925 年 2 月），第 93 页。

③ 《函广东省长为各县盐店包商并无窒碍相应查案肃复查照文》，《粤醏月刊》第 80 期（1925 年 1 月），第 27 页。

④ 《据承办香山县全属总盐店裕民公司商人何佐呈请办理困难请准每月减少销额四百包以维现状由》，《粤醏月刊》第 81 期（1925 年 2 月），第 93 页。

运，尤属荒谬。①

虽然承商本人销不及额，但是由于香山承商依照《承办章程》已经先行照额缴税，盐运使署认为申请减额只是承商为减轻负担的借口，实际上并无大碍，故而断然否决减额和取消包商的请求。请求被拒绝后，裕民公司以销不及额为由，1925 年 2 月至 4 月的税饷均延欠缓交。4 月，邓泽如取消裕民公司的承办资格。另行核准新商香益公司援照成案，依然认定全年销额 12,000 包承办县属盐斤，但是情况并未有所好转。

由于裕民公司销不及额，导致其库存大量旧盐，为反对盐运使署的单方面裁退，裕民公司大量贱价抛售存盐，阻碍新商香益公司的运销。香益公司担心销盐短绌，遂要求减轻配额，才愿意承办香山盐斤，称："原认全年销额一万二千包内减去一千二百包，以一万零八百包为减定之额……该新商方敢接办。"② 与此同时，新会、顺德等县亦因销不及额而提出减额的请求。

新会县承商怡怡公司称其自开办以来至 4 月底，原定应缴纳税额计 6,500 包，已缴过饷数 4,300 包，但是事实上只卖出饷盐 2,400 包，存下准单 1,200 包，盐店配存未卖之盐 500 余包，比较原案定额明显销不及额，甚至不及半数。因此呈请将原来每年应缴 12,000 包盐改为 9,000 包。③

---

① 《据商人林福元呈请取销包商准配运饷盐返回石歧售卖由》，《粤醱月刊》第 81 期（1925 年 2 月），第 92 页。

② 《呈财政部为核准中山新会两县盐店承商减认额缘由请查核备案示遵文》，《粤醱月刊》第 81 期（1925 年 2 月），第 9—12 页。

③ 《呈财政部为核准中山新会两县盐店承商减认额缘由请查核备案示遵文》，《粤醱月刊》第 81 期（1925 年 2 月），第 9—12 页。

顺德县承商裕安公司称其 1925 年以来，1 月仅销盐 48 包，2 月销盐 913 包，3 月销盐 976 包，4 月虽然可以销盐 1,345 包，但是却仍存准单 2,000 余包，存盐 1,000 余包，积压资本总额在 20,000 元以上，"公司既投巨本，欲退不能，欲进不得"。因此呈请将原来每年应缴销额 18,000 包减去 1,400 包。①

可见，减额请求并非承商的"有心尝试"，而是确有其难。正如顺德盐商所言"欲退不能，欲进不得"，只好请求盐运使署为其减轻配额。5 月，盐运使署核准香山、新会、顺德等县减额的请求，并令盐警及地方各军保护承商，协助缉私。尽管如此，香山承商仍于 5 月因收不抵支而请求退办，其他各地承商销盐则尚能及额，但是大多并不能按时缴纳税额。② 10 月，各地承商前项合约纷纷到期，依据承办章程，未按时缴额则取消包商资格，盐运使署按章程应当下令取消各县包缴办法，但却继续与各县盐商续办包销。当月盐运使署发布公文称：

> 现在军需紧急，应由该四公司筹借预饷，共银五万元，以资应付。该预饷准分六个月匀抵，限于本月十九日缴清，逾限不缴即将包销案取消。③

> 现在军需孔亟，筹饷维艰，仰即饬东莞、番禺、顺德三县包销承商筹备五万元，限五日缴部，如逾限不缴即将

---

① 《呈财政部为核减承办顺德县盐店裕安公司销额缘由请察核备案文》，《粤醝月刊》第 81 期（1925 年 2 月），第 15 页。

② 《布告准中山县盐店香益公司退办暂行规复旧制由前经呈准立案各盐店商人自由赴省配盐运销文》，《粤醝月刊》第 84 期（1925 年 6 月），第 2 页。

③ 《呈财政部遵令将番禺佛山三水盐商包饷办法取销呈请察核示遵文》，《粤醝月刊》第 88 期（1925 年 10 月），第 13—14 页。

承销之案撤销。[①]

上述第一则材料中，"该四公司"指的是包销南海、三水、花县、增城、龙门等县的 4 家盐业公司。时正值东江战役，各军所需饷银日增，各地承商合约又恰巧到期，如果按照章程重新招商或者恢复自由制，盐运使署不能获得即时的收益，但如果以预饷的方式与承商未按时缴纳税额的违规行为相妥协，反而会获得一笔现饷。而在盐商看来，虽然需要缴纳一笔预饷，但是却可以维持垄断的地位，并且为迟缓缴税提供了前例，以致盐务总处在次年 8 月将预缴饷额的日期从每月 1 日延后至每月 5 日。[②] 因此，在盐运使署和盐商的相互妥协下，各地盐商纷纷凑足预饷，继续在广属附近各县实行"包商制"。[③]

1925 年，省配每月平均销盐数为 38 万元，基本与 1924 年的 43 万元持平。[④] 1926 年的省配每月平均销盐数为 56 万元，超过了 1924 年的月平均销盐数。[⑤] 因此，正如上节所分析，

---

① 《呈财政部据承办顺德、东莞、番禺各盐店遵令缴到筹备预饷，并经先后转解核收合将办理缘由呈报察核示遵文》，《粤鹾月刊》第 89 期（1925 年 11 月），第 4 页。

② 《处令广属承商各公司由九月份起所有完税购单概由本处办理，其以前未完税款并向中行完足以资结束文》，《盐务月刊》第 5 期（1926 年），第 28 页。

③ 《呈财政部据承办番禺盐店呈复请准减借预饷免其撤销承案仍援案续办转呈核示遵文》，《粤鹾月刊》第 88 期（1925 年 10 月），第 17 页。

④ 《广东统一后第一年盐税收入预算数目表》，《粤鹾月刊》第 89 期（1925 年 11 月），第 81 页。

⑤ 由于 1926 年的统计数据不全，目前掌握到的数据只有 5 个月，即 4 月销盐 45 万元，5 月销盐 70 万元，7 月销盐 83 万元，8 月销盐 47 万元，12 月销盐 35 万元，笔者取该 5 个月销盐数的平均数暂代替该年的销盐平均数。《盐务月刊》第 1 期、第 2 期、第 4 期、第 5 期、第 9 期（1926 年），附录。

由于盐税收入的增加，潮汕、平柜、南柜、东柜以及琼崖也纷纷开始实施"包商制"，并于 1927 年 9 月开始在北江、西江各县属推广"包商制"。此消息一出，立刻再次引起上河盐商以及部分当地民商的反对。

10 月，上河盐商公会会长赖泽煌上呈盐务总处称"财政部不权利害，强制执行，请求将上月 24 日招商投承之广州市及西北两路各属盐店取消，恢复自由"。盐务总处立刻给予否决，称此次西、北江各县均在广属附近，与西、北两江外销不同，并不影响上河盐商，且上河各商皆可认额竞投。① 11 月和12 月，上河盐商公会又多次向盐务总处提出抗议，盐务总处相继予以反驳：

> 若以维持收入，使有确实预算起见，则以认额包销为唯一办法，上年运署与稽核所商议广属包销案内论之尤详，卒之由所复文赞成方始开办……现在军需紧迫，尤赖次包商按预各饷借资接济，所请取销毋庸议。②

广东西柜、北柜各县盐斤本来由上河各盐商自由运销，如果相继改为"包商制"，上河其他盐商只能依赖外销湖南、广西等地，对上河盐业而言，这将是巨大的打击。然而，盐务总处却认为上河各盐商同样可以竞投，而且不会影响外销，屡次否决上河盐商的提议。事实上，真正原因正如上述引文中所

---

① 《部咨复广东省政府关于上河盐商公会呈请取销广州市等处招商投承一案应毋庸议请查照文》，《盐务月刊》第 19 期（1927 年），第 7—8 页。

② 《部函复广东省政府请将广州市及西北两路招商投承盐店案撤销碍难照办请查照并转饬知照文》，《盐务月刊》第 21 期（1927 年），第 6 页。

说，盐务总处认为"认额包销"是接济巨额军费的唯一办法。但是，此次包销却与1924年的有所不同，一是范围明显扩大，基本上覆盖广东所有省配地区；二是这些区域是上河盐商的主要销区之一，而且盐商原先已经预先缴纳税单的地方必须在此更换地方，例如在英德县，"从前上河盐商预先挂号运往英德等县之税单，自应准其改运别处，以符现章"①。因此，上河盐商对于此次盐务总处的包商政策并没有妥协，而是百般阻挠和反对：

> 援照南海等县盐店成案，将所雇驳船随定随派，亦经令行遵照在案，该商持单前往请其照案派船，上河盐商仍照挂号次序轮派，殊属不合，不知认额包销系属特别办法，既经政府另饬援案，随定随派，岂容任意阻挠，窒碍饷需。②
>
> 该上河盐商公会对于此等讨论盐政得失既已上陈政府，自应静候批示解决，乃敢印成邮电分投煽惑，希图反对，显系有意破坏财政，阻挠军饷，实属越轨行动。③

广东盐税实行自由运销后，为了避免竞争，无论下河盐商或是上河盐商，均实行轮卖制，按照先后顺序挂号轮流配盐，分别由下河济安公堂和上河盐商公会负责。1924年广属

---

① 《处批生生公司据呈请准先挂号配运英德等县税单改运别处并援案提前派船请察核批准由》，《盐务月刊》第20期（1927年），第70—71页。

② 《处批生生公司据呈请论令上河盐商公会照案提前派船俾得从速配运由》，《盐务月刊》第20期（1927年），第75页。

③ 《处批亨利公司据呈为抄呈上河盐商公会造谣、破坏治乱，乱观听邮电一纸令该公会销毁由》，《盐务月刊》第21期（1927年），第38页。

地区实行"包商制"后，政府令上河盐商公会为承商优先派船，即上述材料一中所述"随到随配"。1927年西北柜部分县属改为"包商制"后，盐务总处依然延照此例，但是上河盐商公会却拒绝"随到随配"，令承商挂号按次序配盐。政府虽然百般交涉，但是据笔者所见，直到次年4月"包商制"取消，"随到随派"也没有实现，各县承商依然屡屡上呈盐务总处反映运盐不足。① 除了在行动上不配合盐务总处外，上河盐商公会还到处分投邮电，鼓动社会舆论，反对实施"包商制"。虽然政府依照前例给予上河盐商其他政策性协助，例如减免杂税、加强保护运道等等，但是并没有换取上河盐商的支持。

除了上河盐商反对以外，"包商制"地区的部分商人和民众也表示反对。英德县商会会长张伟邨称"外商投承于英德等属，盐价不无增长，有碍民食"②。肇庆商务分会呈称"请求取销包缴盐税，俾得自由贩运，以裕民食"③。英德县人民也强烈拒绝"包商制"，"张贴标语，警告承商，并向所租赁之店东及船主等限日将该公司逐出，否则拆毁或放火焚烧"④。

各地商民反对包商的主要原因仍是担心盐价增长。阳春县

① 《部令生生公司据英德县长电报食盐缺乏，请饬商即日运盐到县发售仰赶速运盐前往英德开办以济民食文》，《盐务月刊》第25期（1928年），第21页。

② 《处函中国国民党英德县执行委员会所请将英德盐务包销案取消碍难照办请查照文》，《盐务月刊》第19期（1927年），第12页。

③ 《处函肇庆商务分会所请撤销投承盐店自由贩运一案碍难照准文》，《盐务月刊》第20期（1927年），第8页。

④ 《部批生生公司据报英德县人民遍贴标语阻止开办请令行县属布告严禁由》，《盐务月刊》第20期（1927年），第90页。

在包商前的盐价为 7、8 元，而在实施专卖制后则上升到 12
元。① 番禺县华德公司被商民举报勒索苛扰、抬高盐价。② 盐
务总处虽然对包商的勒索和抬价居奇有所处罚和限制，却治标
不治本。华德公司先是被取消包商资格，但是在被令购买公债
并缴纳完预饷后，又予以恢复承商资格。③ 诸如此类事件，令
当地商民坚决反对包商。但是盐务总处依然坚持实施"包商
制"，其针对上述事例分别称：

　　　　该商会如虑外商投承于英德等因盐价不无增涨，尽可
　　自行认额竞投，以期民食、税收两有裨益，至于包销办
　　法，系属筹销一种计划，所请取销招商投承毋庸议。④
　　　　查广属附近各县盐店均已招商投承，高要县属未能独
　　异，且查该县地方为港梧轮船往来必经之路，卸载私盐时
　　有所闻，自应招商认额承办，以专责成，所请取销碍难
　　照办。⑤
　　　　令行英德县长录批布告，妥为劝导，并咨请驻防军队
　　切实保护，以便开办而顾饷源，倘该处人民有越轨行动，

---

　　① 《前盐务总处呈国民政府财政部奉令查明粤盐被下河垄断轮卖尚非事实各
情形复请鉴核令尊闻》，《粤醝月刊》第 1 期（1929 年 5 月），第 2 页。
　　② 《阳春全县第二次代表会请饬盐务总处分令各盐局遵章办理案》（1928 年
5 月 2 日），广东省档案馆藏，档案号：G2017-广东省政府周报-2164。
　　③ 《华德公司将处罚按饷购领公债并十二月份欠饷及一月份预饷一并缴清准
免撤换照旧承办以观后效文》，《盐务月刊》第 22 期（1928 年），第 18 页。
　　④ 《处函中国国民党英德县执行委员会所请将英德盐务包销案取消碍难办
请查照文》，《盐务月刊》第 19 期（1927 年），第 12 页。
　　⑤ 《处函肇庆商务分会所请撤销投承盐店自由贩运一案碍难照准文》，《盐
务月刊》第 20 期（1927 年），第 8 页。

应即严拿究办。①

如上述材料所讲，盐务总处对公司和承商并无限制，只要按照规定缴纳预饷即可。如果县属担心外人抬高盐价，可以与之竞投。这种竞争对盐务总处有利无弊，除此之外，实行"包商制"可以使政府更好地规避私盐所带来的损失，尤其是高要等私盐重灾区，盐务总处认为更应当实施"包商制"。对于民众的抗拒，政府不以为意，主要利用当地政府和军队加强约束。然而，政府对盐商和民众的这些解释和应对，并没有令情况好转。

11月，承办高明、鹤山两属的亨利公司、承办罗定的德安公司等纷纷呈报未能依期开办。② 1928年1月，承办江门的裕平公司因运销障碍，请求减额；③ 梅菉盐务局招商投承，没有商人愿意投承。④ 3月，承办三水的大德公司呈报饷盐滞销⑤；英德县民众私自设立反对专卖食盐委员会，在境内劫夺盐商所运盐斤，对包商给予抗议。⑥ 4月以后，由于天气晴雨

———————————

① 《部批生生公司据报英德县人民遍贴标语阻止开办请令行县属布告严禁由》，《盐务月刊》第20期（1927年），第90页。

② 《处批亨利公司据报未能依期开办请察核由》《处批德安公司据报未能依期开办原因请察核由》，《盐务月刊》第20期（1927年），第80页。

③ 《部批裕平公司据呈为运销障碍事实具在恳恩照章酌减销额以恤商艰由》，《盐务月刊》第22期（1928年），第23页。

④ 《部批梅菉盐务局据报吴茂卤饷无人投承酌减底价另行招投请示遵由》，《盐务月刊》第22期（1928年），第29页。

⑤ 《处批大德公司据报洋盐充斥饷盐滞销援案派拨稽查随同官员联络查缉由》，《盐务月刊》第24期（1928年），第60页。

⑥ 《部函政治会议广州分会准函关于英德县呈请取消食盐专卖一案》，《盐务月刊》第24期（1928年），第22页。

不定，沿海诸盐场大量歉收，导致省河盐斤不足，再加上盐商实行轮卖制，各属盐店盐价不断升高，销盐更加困难。4—10月，承办高要、鹤山的亨利公司，英德的生生公司纷纷要求退办。在各种不利因素的影响下，盐务总处于1928年夏，宣布各承商到期后，"包商制"一并取消。[①] 1929年1月，令在5个月内一律取消广属包商办法。[②] 至此，在广东除了潮桥及琼崖外，省配地区重新恢复自由运销制。

但是，在取消包商并改为自由运销制后，广属各店自由配盐数额不及原定额的1/3。[③] 盐务总处采取加强缉私、取消盐斤附捐杂费的方法，以减轻盐商负担，使饷盐畅销。除此之外，还计划再次恢复"包商制"。然而，1929年，李济深被蒋介石软禁于南京汤山，广东盐务总处处长范其务辞职，"包商制"与自由制的争执也暂告一段落。在广东，陈济棠势力崛起，其兄陈维周于1929年5月改组广东盐务总处，成立两广盐运使署，并被任命为两广盐运使，一直担任至1936年"两广事变"后。在陈济棠统治时期，广东进入一个相对安定的时期，私盐问题得到较大改善，政府收入也明显增加。省配地区"包商制"与自由制的争论较为缓和，自由运销制基本确定，主要讨论的问题不仅仅围绕着如何征

---

① 林振翰：《中国盐政纪要》，商务印书馆，1930年，第56页；《署函广东省政府准函据南洋霹雳中华总商会呈请将食盐专卖一并取消一案碍难即行照办请查文》，《盐务月刊》第31期（1928年），第14页。

② 《处布告取销生生公司承办英、乳、翁三属盐店改为自由配运准各商民呈请设立盐店配盐行销仰各属商民人等知悉文》，《盐务月刊》第36期（1929年），第63页。

③ 《署函广东省政府准函据南洋霹雳中华总商会呈请将食盐专卖一并取销一案碍难即行照办请查文》，《盐务月刊》第31期（1928年），第14页。

税，而且还包括场产建设、统一税率、行政改革等制度建设方面。而20世纪20年代的广东盐税征收之所以如此困难，也恰恰是制度上的缺失，缉私制度和人员的不足是其中的重要方面。

第四节　广东地区的私盐与缉私

广东的私盐活动一向频繁，清代广东的食盐贸易素有"官三私七"的说法。① 民国时期的私盐状况虽然难以具体量化，但依旧猖獗。按照私盐的来源，可以将其分为场私、洋私和临私3类。这3类之中，按照行为主体的不同还可以分为官私、商私和民私，官私与商私相随而生，当局难以查缉，是食盐走私的主要方式。因此，政府也在不断尝试改革缉私。但在军事优先的20世纪20年代，缉私制度的建设往往让步于军事。人员、物资和装备上的让步，导致整个20世纪20年代的食盐缉私始终处于废弛的状态，也制约着整个盐税制度的现代化改革和建设。

一、广东地区私盐的类型

所谓私盐，是指未按照政府规章程序生产、运销和纳税的盐斤。由于盐斤本轻税重，成本每包仅5角左右，税额却达到每包5元，私盐凭借其相对低廉的价格，拥有极强的市场渗透力和竞争力，严重影响官盐或饷盐的销售，被各地政府所重

---

① 周琍：《清代广东盐业与地方社会》，华中师范大学2005年博士论文，第36页。

视。广东亦不例外，广东海岸线长、销地辽阔、盐场广布、河道纷歧，私盐素来盛行。如果以私盐的来源划分，可分为3类，即场私、洋私、临私。

（一）场私

"各处枭徒所贩私盐，大半出自场地。"[1] 场私，即出自盐场地的私盐，所占比例最高。粤盐向由塭灶制造而成，产出之盐须由灶丁运往盐堆贮存。盐堆一般由政府出资，建筑于盐场附近，并由场务人员专门负责管理。场务人员先将各塭户姓名、各塭盐田多寡、产数调查明确，然后登记并分划堆数，塭户必须将产盐运往所划分之盐堆。塭户运往盐堆后，由场员检查、盖印并立专簿登记，每月向上级上报一次。下河盐商到盐场配盐时，场员须验明盐商程照和印花，盖印并登记所配盐数及溢盐数，每月审核一次。依照章程，产盐、收盐、配盐均有详细登记和审核。但由于人为因素，场地塭私并未被完全规避，塭私方式也是多种多样。

在产盐过程中，塭丁谎报产盐数，私自将场盐卖予私盐枭。在收盐过程中，场员或与塭户合谋，或私自漏记场盐，再将漏盐出售予私盐枭。在配盐过程中，下河盐商勾结场员，多秤放所登记盐斤，并在运盐回省河途中将其兜售。在场产章程之外，依据以往订例，还设有"老少盐名目"，规定附近场灶地方的贫难小民，60岁以上的老年、15岁以下的少年、年虽少壮但身有残疾的中青年以及妇女、年老孤独无依者在当地州县报名并验实注册，准每日附场买盐40斤，但只许陆路挑卖，不许装船越境至他处。该政策一直持续至1926年，在此之前，这些人群所配之盐事实上是无税之盐，部分人或协同私枭收

---

[1]　《粤嵝纪要》，第六编，第22—23页。

存，或亲自雇人将私盐销往他处。① 因此，场私受影响最多的地方是场盐区，以潮桥、东江、海陆丰为最，南柜、恩春等地为次，平柜、香安等地再次，其余各地又次之。②

（二）洋私

根据明清时期的规定，洋盐不准运入中国内地。民国初年，时任稽核总所会办丁恩，在考察粤、闽两省的盐务后，与香港总督签订《中英会订九龙分关条约》，条约内规定：

> 香港政府允征盐税，除由他处运经来港转运处领有运照之盐，无论换船不换船外，其余由他处运来之盐，或香港所产之盐，每百斤征税二元半。③

> 所有洋盐及在新界（即光绪二十四年推广之英界）所制造者，仍应永远不准运入中国境内。地方之盐斤，均在香港九龙关完纳税课，并准由中国广东、福建两省沿海各盐场仍旧运盐经过香港海面前往广东地方，不加限制。④

根据条约，除了香港岛产盐以及经过香港的内地税盐，其余所有经过香港的盐斤都不得进入内地，尤其针对洋盐。广东的洋盐主要指由安南或广州湾产出，经香港和澳门转入省河，

---

① 《透漏场盐四十斤以上以下照违警处罚办理文》，《广东省财政公报》1926 年号外，第 49 页。

② 《粤鹾纪要》，第六编，第 22—23 页。

③ 《中英会订九龙分关条约第二款》甲条，《粤鹾纪要》，第六编，第 24 页。

④ 《中英会订九龙分关条约第二款》丙条、壬条，《粤鹾纪要》，第六编，第 24—25 页。

或是由广州湾侵入广西，再倒灌西江诸县的盐斤。由于安南和香港的盐斤不用缴纳盐税，澳门的税收也极轻，私盐枭往往购置安南盐斤，再运回广东沿海地区销售。另外，这些洋盐还经常借用外国轮渡搭载。在海面上，缉私机关碍于外交，不能检查。进入珠江后，利用密布的河道，再由民船运往各地销售。因此，洋盐成为省配区最为严重的私盐，盐商均不愿前往，香山、新会等重灾区每月销盐数甚至不到 500 包。即使实施"包商制"，承商也是收不抵支，香山承商更是在承办数月之后宣布退办。

（三）邻私

盐斤素来"销有引地"，邻私即指由其他销岸侵入该地的私盐。在广东，分为粤省内部的倾销及外盐的倾销。正如前文所言，粤省销区众多且税率多元，低税率销区时常侵销高税率销区，粤省内部的倾销主要发生在西江、北江、东江中下游的省配地区。外盐的倾销主要是指淮盐、闽盐和川盐的倾销。

粤盐行销 6 省：粤、湘、赣、桂、闽、黔。其中湖南为外销最大宗，广西次之，赣南又次之，其余省份则数量甚少。湖南为非产盐区，素来分为粤盐、淮盐和川盐区，其中粤盐行销湘南永兴、宜章、桂东等 11 县，与淮岸相邻。另有常宁、江华、通道等 21 县为淮、粤盐并销区。[①] 广东上河盐商经水路或者粤汉铁路，从黄沙出发，行至韶关，在韶关、乐昌、坪石等地开设盐店。湘南一带苦力贩夫，以其出产土货，入粤易

---

① 《广东盐务整理意见书》，《盐务汇刊》第 97 期（1936 年 8 月 30 日），第 132 页。

盐，再将粤盐运送至湘南各地贩卖。[①] 湘南各县则在路中设立粤盐榷税局卡，抽收盐税，是为岸税。[②] 因此，粤盐的销售畅销与否，取决于淮盐的价格和湘南榷运局的税率，如果淮盐价略低或者湘南粤运榷运局卡税率略高，那么淮盐势必会倾销粤盐区。例如，1926 年，衡州淮盐以低于长沙盐斤的价格冲入粤盐销区，甚至一度跌至每包 2 元，民众纷纷抵制粤引。盐务总处立刻电函湖南榷运局请求降低粤盐税率，并勒令当局将抵制粤引的事件予以严查。[③]

除了淮盐的倾销，闽盐的倾销也十分严重，主要集中于潮桥盐区。潮桥接近福建韶埔，私盐经由拓林、大港两处进口，或者经由黄冈，路过饶平，再至大埔县属之枫浪、高坡等乡，最后进入永定县境内。以上各地的地形均极为复杂，且位于省界交汇地区，各方势力盘根错节，缉私十分困难，私盐非常猖獗。

在以上 3 种类型的私盐之中，按照贩卖私盐的形式，还有官私、商私和民私之分。官私是指盐务官员的走私或协助走私，分为护私、放私和拖私。护私主要发生于缉私舰队和盐警，放私则主要集中于各查验卡、盐堆和督配局，拖私主要是指由官轮直接运私、卖私。

正如上文所述，盐斤是一种极为特殊的商品，成本极轻，每包仅 5 角左右，但税收却极重，省配每包竟达到 5 元左右。本轻税重的特点令私盐获利空间极大，缉私人员也难免受到影

---

① 《两广区呈复与湘岸商订销湘粤盐试办合作办法之核准》，《盐务汇刊》第 106 期（1937 年 1 月 15 日），第 67 页。

② 《湘南粤盐实行包运》，《盐政杂志》第 56 期（1933 年 4 月 15 日），第 22 页。

③ 《电湖南榷运局局长关于淮盐任意低价抵制粤引，请迅予制止并将办理情形见复文》，《盐务月刊》第 7 期（1926 年），第 8 页。

响。根据《盐务缉私章程》，"由运署直辖各舰警级或者每包二百斤充赏大洋一元二角五分"[①]。若在省外各属缉获者，"缉获私盐均须解缴省河六门缉私总局，秤放每包按潮秤二百斤计算分期开投变价，提出五成分别照章充赏，凡缉私科罚各款无论多寡均按照所罚数目提出五成充赏"[②]。按照以上章程，缉私人员若缉获私盐，可以将私盐价格的一半作为花红。私盐贩往往以多于政府花红的费用贿赂盐警或缉私舰队，与之勾结，或在盐警管辖境内撒卖冲销，或由盐警越境护送。如果遇到邻境缉私过问，则尽力抵抗；如果抵抗不过，则借口缉私解案，将私盐领回境内充赏以抵消盐本。缉私舰队则更加便利，其令所保护之盐船前行，自己则在后尾随，以示保护；如果遇到其他舰队，则迅速赶上假装将私盐船缉获，运省邀功。因此，盐警和缉私舰队护送私盐的行为比比皆是，屡禁不止。例如1926 年石龙查缉厂委员奏报："查得中堂海面有大帮私盐用船偷运，船上悬有东莞全属盐务缉私分卡黎旗帜，有驳壳枪十余支押送。"[③] 除此之外，还有盐警或缉私舰队敲诈勒索，强迫正规盐商给予保护费，否则即被扣为私盐的现象。例如，1925 年 1 月，下河盐商济安公堂向盐运使署呈称："今日省河开秤盐警到船索盐，日有数次，实属不知法纪，近更因索不遂，任意拿人。"[④]

---

① 《部函缉私商管理委员会为缉获私盐应会同盐务总处派员投变办理希即核明见复由》，《盐务月刊》第 1 期（1926 年），第 25—26 页。

② 《两广现行盐务缉私章程》，《广东省财政公报》1926 年号外，第 52 页。

③ 《函缉私主任据石龙查缉厂委员呈报中堂属有冒挂缉私旅偷运私盐入口希即拨派缉舰认真查缉文》，《粤醾月刊》第 81 期（1925 年 2 月），第 31 页。

④ 《今运商济安公堂为盐警索取食盐经严行约束仰即知照文》，《粤醾月刊》第 80 期（1925 年 1 月），第 43 页。

　　放私是指盐务官员在秤放盐斤时，故意少秤多放、以少报多的现象。其中最为出名的案例发生在宋子文和盐商林丽生之间。1924 年 1 月，盐商林丽生因提供预饷，帮助赵士觐上任两广盐运使，被委任为省河督配局局长，当时宋子文则担任盐务稽核所经理。省配盐斤运盐，必须经过多个关卡检查登记才能运往销地。其中省河督配局、东口厂、西口厂最为重要，省河督配局由盐运使署负责，东、西口厂则隶属于稽核所。东口厂设于番禺县属境内鸭墩关，为下河盐商程船在各盐场购买盐斤后运入省城的总口。盐船到关需要缴验水照，由秤放员将盐过秤，然后登记送往盐仓。西口厂设于广州南关二马路，是上河盐商分销转运、秤放盐斤的关口，所有运销中、西、北柜的盐斤均需在此秤放登记。省河督配局与西口厂在同处办公，负责查验盐商税单和配盐数目，并将每日配盐包数和盐斤价格登记上报。① 因此，东、西口厂与省河督配局相互制约。为了牟利，林丽生贿赂宋子文，每日少秤多报，共同走运私盐。后被时任两广盐运使的赵士觐察觉，设下圈套将私盐查获。但由于林丽生和宋子文的联合反对，林、宋二人不仅安然无恙，而且令赵士觐被迫下台。省城如此，地方盐务人员更是有过之而无不及，例如 1927 年 7 月，恩春盐警总队多次上呈盐运总处："恩春运商每有配盐溢额贿串监配秤手以多报少，瞒税图利……请切实查明，认真整顿。"②

　　拖私是指政府公务船只运销私盐。由于官轮经过关卡一般出示凭证后，便不需要检查，假如被发现，也可以用缉解私盐

---

① 萧宝耀：《宋子文发迹的一些史实》，《广东文史资料》第 9 辑，第 139 页。

② 《处批盐警总队部据报第四队调查恩春监配员等串通运商溢额情弊请核察由》，《盐务月刊》第 16 期（1927 年），第 75 页。

的办法来掩饰。例如，1924 年 1 月，时任缉私舰队办公室主任招桂章借权营私，利用缉私舰队私自贩卖私盐，"西江巡舰一艘拖带盐斤，由澳满载私盐约重四十余万斤于本月二十三日晚运往新会县属外海等冲销"①。其所获私盐甚至连每月的经费都无法抵消。② 1924 年 7 月，隼捷舰偷运私盐 590 包，被查获后，该船仍谎称是在澳门海面截获之私盐。③ 诸如此类官船拖运事件很多，由于利用官轮和缉私舰既安全，利润空间又大，虽然人尽皆知，但始终无法消除。④

由此可见，官私往往与商私相随而生，所涉利益极大，又难以查缉。相比而言，民私则多为贫苦百姓挑卖，集中于粤北、湘南一带的山区和沿海一带的盐场周边。总之，20 世纪 20 年代广东地区的私盐十分猖獗，为了减少饷盐的损失，政府也在不断地尝试改革缉私制度。

二、广东地区的食盐缉私

"盐之弊，弊在私，私盐愈多，官销愈窒，而税收愈绌。凡留心盐务者，类能言之。故图税收之增益，自以缉私为急务。"⑤ 缉私与盐税收入息息相关，为历任政府重视，所谓

---

① 《令卸驻澳侦查员林清泉据呈报西江巡舰第二十一号拖带虾罟艇多只装运私盐冲销请派舰截缉由》，《粤醮月刊》第 70 期（1924 年 1 月），第 89 页。

② 《陆海军大元帅大本营公报》，1923 年第 35 号，指令，第 1210 页。

③ 《函缉私处为隼捷缉私运私严行根究以昭儆戒文》，《粤醮月刊》第 85 期（1925 年 7 月），第 53 页。

④ 参见于广：《1920 年代广东地区的私盐与缉私》，《盐业史研究》2017 年第 1 期。

⑤ 《广东盐务整理意见书》，《盐务汇刊》第 97 期（1936 年 8 月 30 日），第 103 页。

"整理盐务，端在缉私"并非空口而谈。但是，缉私需要足够的人力和财力添置装备和舰队，而20世纪20年代的广东军费浩繁，政府有心无力，正如时任两广盐运使的伍汝康所言，"目前军需紧急，而规复水陆缉私，均在在需款"。在这种情况下，政府在缉私制度上的改革如履薄冰。一般而言，缉私可分为厂卡缉私和巡逻缉私，即盐警、缉私舰队。在巡逻缉私中，盐警负责陆上缉私，而舰队则负责海面巡逻。

（一）省配运盐流程及厂卡设置

凡是下河程船赴场配盐回关，或是上河运船纳税配盐赴埠，均须由省河督配查验局和东、西口厂配验放行。下河程船赴场配盐，必须先请领水程，报明所配包数。持水程到场配足之日，由场官将实配数目及开行日期填明程内，并将水程右下角截角放行。东场程船经过三水门查验厂，西场程船经过三洲塘查验厂，均应由厂员照章查验，按仓丈量，在盐包表面盖上印花，并将盐与舱板距离尺寸以及开列舱口登记具报。经过虎门查验厂验明舱口，复将水程右上角截缴。回关之日，再将水程及舱口折交，由东口厂分别查验，又将水程左下角截存，并向盐运使署呈报回关日期，随将水程缴销。①

开配之日，先经东口厂验明仓口尺寸相符，始准开秤。当天所配未完之船，于当日收秤时，在舱面加盖印花，并填明舱口尺寸，到次日再验明启舱监视。如果舱口尺寸与印花不符，则照缉私章程或水程条例分别办理。上河埠船配足盐斤，请领运照之后，须经由西口厂点验盐包，核与运照相符，始准放行。东滘查缉厂为中、西、北三柜运道总口，埠船过厂，均应

① 《粤鹾纪要》，第六编，第48页。

查验。① 其后运往中、西、北柜的盐斤在运道中分别设有查缉厂，如表1-5所示。

表1-5　省配盐斤运销途中所设厂卡

区域	经过厂卡
西柜	思贤滘兼三水查缉厂—都城查缉厂—封川兼江口查缉厂—桂境
北柜	黄沙兼连江口查缉厂（黄沙火车站）—韶关兼英德查缉厂（韶关火车站）
中柜	石龙查缉厂（负责东莞等属）、江门查缉厂（负责新会等属）、中山查缉厂（负责中山等属）

资料来源：财政部盐务署盐务稽核总所编：《中国盐政实录》第1册第11章，第1—5、50页。

由表1-5可知，其运往西江的盐斤，经过思贤滘兼三水查缉厂、都城查缉厂、封川兼江口查缉厂。进入广西境内后，设有龙母庙验缉厂，查验府河上水船只；昭平验缉厂，查验临全、上水船只；三角嘴及大湟江两验缉厂，查验大江、上水船只；贵县、柳州两验缉厂，查验浔州、左江、右江、上水船只；藤县验缉卡，查验容江、下水船只；邕河、梧河两验缉处，查验平塘江与梧河。所有运销北柜盐包，自改由火车装运后，在黄沙火车站设立黄沙兼连江口查缉厂，韶州火车站设韶关兼英德查缉厂，所有运往北柜盐斤均须查验。中柜东莞、新会、中山等属向为私盐充斥区，东莞设石龙查缉厂，新会设江门查缉厂，中山设中山查缉厂，负责查验运往该属的盐斤。

---

① 《粤醾纪要》，第六编，第48—49页。

厂卡的设置最初是为了节节堵截私盐，使饷盐得以畅销。然而到了 20 世纪 20 年代，缉私却逐渐变为次要目的，收税成为主要目的。通过黄沙兼连江口查缉厂的争夺以及运照费不断增加的事例，可以略窥一二。黄沙兼连江口查缉厂位于粤汉铁路的起点，地理位置十分重要，所有运往北柜的盐斤均要经过此关卡检查。1923 年 2 月 13 日广东省政府委派吴镇为黄沙兼连江口查缉厂总办。吴镇遵照前往接洽交替事宜，却受到沈鸿英手下李易标的阻拦，其称"黄沙查缉厂系属本军范围，为本军饷源之一，嗣后无论何人来接，非担任本军饷项有着，本军长概不承认。倘有率队来扰，敢于尝试，本军长即作土匪惩办"①。

盐运使署得知后，立刻回函李易标及沈鸿英称："该黄沙查缉厂系专管车上运盐，为俾署直辖机关，与军事绝对无涉……军饷一层，自有主管衙门负担，似不必牵入盐务范围……运使一缺，业经商令李前运使耀廷退让，是则区区查缉厂差，何致顾惜不交，甘与迭次宣言抵触。"②

李易标将查缉厂视为其军队的饷源之一，并提出非担负其军饷者不得接收，可见该查缉厂查缉私盐为次，以运照费充当军饷才是主要目的。盐运使署则以此前盐运使一职的交接为例，强调该查缉厂是其直辖机关，理应由其接管，若拒绝接管则是抵触宣言，可见盐运使署与李易标一样，十分重视该查缉厂的所有。最终，由于沈鸿英在暗中准备叛乱，为了暂时不激

① 中山大学历史系孙中山研究室、广东省社会科学院历史研究所、中国社会科学院近代史研究所中华民国史研究室合编，《孙中山全集》第 7 卷，北京：中华书局，1985 年，第 253 页。

② 《孙中山全集》第 7 卷，第 253 页。

化矛盾，李易标将黄沙查缉厂交还盐运使署。

在收回查缉厂后，盐运使署不仅未将运照费降低，反而提升了运照费，"查黄沙兼连江口查缉厂开办之始，即有征收验照费一项，每盐一卡初仅征收数元，递年增至十一元二角"[①]。每卡盐大约为250包，相当于每包盐加收5分的盐税。[②] 因此，在盐税收入之外，各厂卡所征收的查验费成为盐运使署另一重要收入来源，其在设立时"节节堵截"的初衷逐渐成为次要目的。直到1928年10月，才开始有所改观，时盐务总处宣布取消盐斤附捐杂费5种：（1）军费附捐每担5角；（2）三洲塘征收查验费每盐船2元；（3）三水门征收查验费每盐船小洋4元5角；（4）虎门征收查验每盐船小洋5元5角；（5）小程照费每盐船小洋10元。[③] 所废除的几项杂费中，除去第一项军费附捐外，其余均为厂卡所征收的查验费或运照费。此项改革实施不及半年，由于李济深被蒋介石软禁于汤山，盐务总处随之被裁撤，成立两广盐运使署，广东盐政进入陈维周时期。

（二）海上缉私的改革

粤省海岸线绵长，海上私盐为数众多。尤其是广属沿海各处，紧邻港澳，岛屿森列，河道纷歧，大量私枭收载私盐后，

---

① 《函大本营秘书处准函奉大元帅论发粮食管理处拟办沿海余盐一案谨将会议公决应从缓办情形复请转核文》，《粤醝月刊》第68期（1923年9月），第22页。

② 1923年9月，邓泽如回复赵士觐的一封电文中称："各商运存韶关未卸卡之盐，查尚有100余卡，存于黄沙者亦有60万卡，共计又不下4万余。"据此推算每卡合250包。《函大本营秘书处准函奉大元帅论发粮食管理处拟办沿海余盐一案谨将会议公决应从缓办情形复请转核文》，《粤醝月刊》第68期（1923年9月），第22页。

③ 《中国盐政纪要》，第56页。

由海面直接偷渡至珠江下游各地。其中，经六门走私者最多。六门分别是东莞之虎门、番禺之焦门、香山之横门和榄夹门、新会之虎跳门和六崖门，该六门海面地形复杂，犬牙交错，私盐可由该六门直冲西、北两江。因此，"堵截私盐，必先堵截六门"。20世纪20年代初期，盐运使署设立缉私舰队，共14艘缉私舰，由盐运使署统辖，分布于六门。然而，至1923年大元帅府成立后，可供盐运使署使用的缉私舰却仅有4艘，如表1-6所示。

表1-6　1923—1924年缉私舰使用状况

缉私舰名称	使用状况
绥南舰	被香港扣留
裕民舰	被西路讨贼军借用，后沉没
平南舰	滇军占用
利琛舰	海军司令部封用
福海舰	在澳门遭飓风沉没，后私自骑去
隼捷舰	江门沉没
靖海舰	莲花山沉没
定海舰	被已撤舰长私自骑去
江顺舰	抗命未能归队
江澄舰	潮桥管辖，未能差遣
横海、操江、安北三舰	四等小舰，不能出海
江平舰	可出海而用

资料来源：《呈大元帅为拟雇商轮派员缉私以杜私销而裕税收伏候指导文》，《粤醒月刊》第71期（1924年2月），第3—4页。

由表 1-6 可知，原有的 14 艘缉私船舰，3 艘被军队截留，3 艘沉没或是损坏，2 艘被外界势力所扣，2 艘在外抗命不归，仅有江平舰 1 艘可以出海缉私，另有横海等 3 艘四等小舰只能在内河勉强执行任务。因此，当时的缉私主要是靠控制销区的盐店，以严查买私来控制私盐的流通，面对从海面源源不断的私盐，是有心无力。从 1923 年 2 月到 10 月，只截获 15 起私盐事件，平均每月甚至不足 2 起。私盐充斥却无舰缉私，盐运使署只能暂时借军队负责缉私任务。1923 年 10 月 22 日，孙中山委任广东海防司令陈策为盐务缉私各舰主任，"着该司令务将进口私盐严密截缉，如有军人胆敢包庇，应由该司令严拿惩办"①。但由于事务繁忙，且经费有限，陈策不肯担任此任务，上呈请辞。虽经再三劝说，陈策仍于 12 月辞去缉私各舰主任之职。

陈策的辞职令盐运使署再次陷入无舰可用的境地。在此情况下，1924 年 1 月，盐运使署雇佣商轮充当缉私舰，"当此旺销时期，私盐充斥，运使为杜绝私运、增加正税起见，拟暂雇商轮，借炮安设，加配炮兵、盐警，选派得力人员，督同驶往沿海认真巡缉，以期畅销正引而裕税收"②。与此同时，盐运使署还呈请大元帅府令各军队将所扣押之缉私舰归还运署。1 月 9 日，失踪已久的定海、江平、福海 3 舰被时西江善后处督办李济深宣布收留，盐运使署得知后，立即派盐警司指挥官司马非前往接洽，令西江善后处将定海等 3 舰归还盐运使署。经过 3 个月的谈判与商议，4 月 12 日，盐运使署正式接收该 3

---

① 《孙中山全集》第 8 卷，第 347 页。

② 《呈大元帅为拟雇商轮派员缉私以杜私销而裕税收伏候指遵文》，《粤槎月刊》第 71 期（1924 年 2 月），第 3—4 页。

舰，滇军也归还此前借走的平南舰。至此，盐运使署辖下共有
8 艘缉私舰。

1924 年 5 月，邓泽如二次就任两广盐运使后，任命许崇
智军第一师师长张民达兼任缉私主任。张民达与邓泽如同属粤
系势力，早年通过邓泽如的介绍加入同盟会。张民达就任后，
将飞鸿舰拨给缉私队，并饬海防司令林若时协同截私，将花红
从以前每包 9 角提升至每包 1 元 2 角 5 分，令各舰队将私枭后
必须送往军政部处理，依军法从事。① 由此可见，此时盐运使
署实际上将海面缉私交予军队负责，并以提升花红作为奖励。

1925 年 2 月，大元帅府决定组织东征联军，以许崇智军
及黄埔军为主力，张民达应征前往东江，故辞去缉私主任一
职。此后，缉私处一切事宜均临时派员代办，长此以往，诸事
不便，盐运使署重新改组盐务缉私处。6 月，盐运使署拟将缉
私处改名为两广盐运使署缉私指挥处，受盐运使监督，与缉私
科相辅相成，分别处理外务和内务。缉私指挥处设处长一员，
裁撤原缉私处正、副主任，将每月经费由 2,044 元降为 1,854
元。② 虽然该方案每月可节省大洋 190 元，但未获批准。7 月，
广州国民政府成立后，政府令各机关节省开支，并议决联合江
防海防各舰队扩充统一海军，为第二次东征和北伐做准备。次
月，裁撤原两广盐务缉私处，将所有舰队交由海军局管理，缉

---

① 《呈大元帅据缉私主任张民达商请嗣后缉获重要贩私人贩拟送军政部军
法处讯办请鉴核饬遵文》，《粤鹾月刊》第 73 期（1924 年 5 月），第 11 页；《咨
海防司令林若时请饬所部各舰协同缉私以维盐务》，《粤鹾月刊》第 73 期
（1924 年 5 月），第 31 页；《贩运私盐军法从事》，《粤鹾月刊》第 73 期（1924
年 5 月），附录。

② 《呈代理大元帅胡为拟请改组缉私处机关借以整顿缮具办法请鉴核备案示
遵文》，《粤鹾月刊》第 85 期（1925 年 7 月），第 18 页。

私事务和各舰队经费亦由海军局负责。①

　　1926 年 4 月，广东军事较为缓和，遂于盐务总处内设立缉私卫商管理委员会，裁撤缉私科，负责一切缉私和保护盐商事宜。该机构实际上仍由军队负责，不仅包括缉私，还包括保护盐商等职责，作为由战备时期军队缉私到缓和时期盐务缉私的过渡机构。8 月，盐务总处裁撤缉私卫商管理委员会，恢复缉私科，管理盐警队和缉私舰队，并通饬今后缉私事务恢复由各属盐务机关直接管理。② 1927 年 5 月，政府设立缉私总处，令盐务总处、税务总处、禁烟总处将所有舰队移交缉私总处，专门负责缉私。③ 然而，规复缉私总处不久，11 月，张发奎、黄琪翔等人发动政变（即张黄事变），政府宣布将舰队交由海军处管理，并裁撤缉私总处："现在军事时期，饬将所属各缉私舰暂归临时军事委员会海军处指挥调遣，以资节制而便差派……俟本省军事结束即行收回。"④

　　为镇压此次事变，政府再次裁撤缉私总队，集结所有舰队，准备战事。1928 年 2 月，平息张黄事变及广州起义后，军事时期暂时结束。同月，盐务总处令海军处归还缉私舰

---

　　① 《呈财政部奉令将各缉私舰拨交海军局接收统率遵办情形及盐警队改组营制一并请查核示遵文》，《粤鹾月刊》第 86 期（1925 年 8 月），第 44 页。

　　② 《部呈国民政府呈缴规复缉私课及盐警经费预算表请示遵文》，《粤鹾月刊》第 87 期（1925 年 9 月），第 2 页；《部咨复缉私卫商管理委员会嗣后各属盐务缉私事务应由各属盐务机关直接管理文》，《粤鹾月刊》第 87 期（1925 年 9 月），第 8 页。

　　③ 《处呈部长具报遵令将所有队舰移交缉私总处接管日期请被案文》，《盐务月刊》第 15 期（1927 年），第 1 页；《处签呈财政部具报奉令接收盐警队及各巡舰等经费请示文》，《盐务月刊》第 20 期（1927 年），第 4 页。

　　④ 《处签呈财政部具报遵令将所有各缉私舰暂归海军处管理文》，《盐务月刊》第 20 期（1927 年），第 5 页。

队，并组织成立缉私局，统一负责缉私事务，下辖 8 艘缉舰。[①] 3 月，复将缉私局裁撤，所有舰队及盐警队复归盐务总处负责。[②] 至此，缉私总处或缉私局先后经过 3 次裁撤，舰队先后 3 次经由军队代管，至 20 世纪 20 年代末才最终稳定下来。

尽管"整理盐务，端在缉私"，但是在军事为主的 20 世纪 20 年代，缉私依然让步于军事。在军事未统一之际，各军强占缉私舰；在军事统一之后，缉私舰又要随时为战事做准备。与军事相比，缉私始终处于弱势，使得缉私制度的完善如履薄冰，也同样影响到盐税制度的现代化改革，反而使"包商制"得以生存。

（三）陆上缉私的改革

以粤省缉私情况而言，海上缉私重于陆上缉私，盐警队的组织关系大多随着缉私舰队的变动而发生变化。陆上缉私主要以防止场产漏私、越境冲销以及盐店售私。[③] 1916 年，广东设盐警队，分派各场及各销区驻扎，实行陆军营连编制。1922 年 4 月，盐运使署为节约经费，改营为队，每销区设置 3 个分队，每队额定官兵 73 名。1923 年大元帅府成立后，各地缉务基本废弛，盐警队形同虚设。11 月，伍汝康就任两广盐运使后，仿照中央警备游击编制，着手改革广东盐警制度。12 月，

---

① 《处令海军司令部请将海明等八舰先交由汤技士接收并希见复文》，《盐务月刊》第 23 期（1928 年），第 18 页；《处片移缉私局录案移请从速妥办接收各缉舰派遣巡缉以免私枭乘隙内卫文》，《盐务月刊》第 29 期（1928 年），第 8 页。

② 《处呈财政部盐务盐务署将缉私队改编为盐警四个中队暨原有共七中队以适原定预算数目应需服装等款估单招制请核备案文》，《盐务月刊》第 36 期（1929 年），第 3 页。

③ 《粤醝纪要》，第二编，第 112 页。

盐运使署将全省盐警分为 6 区，第一区为中柜兼安香；第二区为潮桥；第三区为平南兼雷琼；第四区为恩春；第五区为东江；第六区为陆海丰。全省原额定盐警为 4,657 名，将其改编为 5,000 名，分配于各个销区。各区按照营连编制，设营长 3 员，以下设 4 支连队。中柜兼香安在省垣设立办事处，委任指挥官 1 员；潮桥由运副节制调遣；平南、恩春、东江、海陆丰 4 区由该区运销缉私局长节制调遣。[①]

当时潮桥、平南、东江、海陆丰 4 区尚在广东政府控制之外，故仅将原盐警巡缉队及东路讨贼军第十四路司令周少堂部改编，派往中柜及恩春各销区。1925 年 7 月，为节约开支，将每区盐警由 3 个营队缩减为 1 个营队，每营分设 3 支连队。[②] 1926 年 4 月，盐务总处设立缉私卫商管理委员会，各地均设立分局，统一负责缉私事务，盐警队随之被改编。例如在东江设立惠阳卫商分局，将原东江盐警改为保护航行之用。[③] 1927 年 5 月，设立缉私总处，各地原盐警队拨交缉私总处负责，改编为缉私第二大队。11 月，由于缉私舰队被海军处接管，遂将缉私总队裁撤，盐警队又再次恢复，设立 7 支中队，每中队下辖 3 小队。[④] 但是，由于缺乏枪支，仅成立 3 支中队。直至 1928 年 3 月缉私局被裁撤后，依靠收编缉私局被裁撤的缉私

① 《陆海军大元帅大本营公报》，1923 年第 39 号，指令，第 2200 页。

② 《呈财政部奉令将各缉私舰拨交海军局接收统率遵办情形及盐警队改组营制一并并请查核示遵文》，《粤鹾月刊》第 86 期（1925 年 8 月），第 44 页。

③ 《处令东江盐务局奉准恢复盐警管理缉私事务令饬知照文》，《盐务月刊》第 5 期（1926 年），第 18 页。

④ 《处签呈财政部具报奉令接收盐警队及各巡舰等经费请示遵文》，《盐务月刊》第 20 期（1927 年），第 4 页。

队，才将规模扩充至 7 支中队。[1]

短短 10 年，盐警队的变化异常复杂，以至于时人都不清楚盐警队指导员应该归何项机关委管。[2] 究其原因，主要在于陆上缉私的从属地位。无论是规模建制或是武器装备，均需以军事或海上缉私为优先。基于此，陆上缉私还必须依赖地方官和承商的配合。正如上文所述，1924 年广属地区实行包商制后，盐运使署给予承商缉私权。1926 年颁布《地方官协助缉私办法文》，将缉私作为地方官的考成之一。[3] 但是，承商却往往借此欺压普通盐店，例如 1924 年 12 月，香山承商何佐未经调查确认，以手续不合为由，将恒生堂盐店所存盐斤强行没收；[4] 而地方官往往借助地势散漫、经费不足等借口懈怠缉私。实际上，各地在 20 世纪 20 年代始终是"私盐充斥，缉务废弛"，私盐问题并未得到根本解决。

20 世纪 20 年代的广东盐税制度，在短短数年间屡经变化，如表 1-7 所示，有些政策的持续时间甚至不足 1 个月。但奇怪的是，政府每年的盐税收入在整体上却并无短绌，1922 年为 600 万元，1923 年为 300 万元，1924 年为 500 万元，

---

① 《处呈财政部盐务盐务署将缉私队改编为盐警四个中队暨原有共七中队以适原定预算数目应需服装等款估单招制请核备案文》，《盐务月刊》第 36 期（1929 年），第 3 页。

② 《署呈政治会议广州分会关于盐警队指导员将来应归何项机关委管提请出核令饬遵办文》，《盐务月刊》第 30 期（1928 年），第 1 页。

③ 《酌定地方官协助缉私办法文》，《广东省财政公报》1926 年号外，第 37 页。

④ 《令承办香山县全属盐店裕民公司商人何佐等遵照指令事理查明呈复以凭核办文》，《粤醴月刊》第 79 期（1924 年 12 月），第 50 页。

表 1-7　20 世纪 20 年代广东盐税征收制度一览表

时间	盐税征收制度
1923.03—1923.05	限配法
1923.05—1923.10	征收"优先现税"
1923.11—1924.01	恢复自由并加征 1 元军饷
1924.01—1924.04	征收"优先现税"
1924.04—1924.05	"官卖制"（未实行）
1924.05—1925.08	征收"优先现税"
1924.10—1929.05	包商制逐渐推广和废除

1925 年以后也保持在 500 万元以上，有些月份还存有结余。[①]除此之外，政府与盐商之间虽有摩擦和冲突，却从未有过罢市或罢商。甚至到了 1924 年 8 月商团事件前夕，盐商们还公开发布反对罢市的通告："我盐业上下河商人，向来安分营业，不涉外事。现值商业凋残，尤须专心营业，不宜自相纷扰，致受损失。"[②] 但同时，广东政府却财政赤字严重，市场上的罢商、罢市也此起彼伏，这似乎有点不合常理。本节通过对 20世纪 20 年代广东盐税改革的具体分析，为以上两种现象做出解释，从盐税制度屡经更迭的原因中理解 20 世纪 20 年代军事时期盐税制度的建立机制和其中所涉及的各方利益主体的关系。

---

① 据《盐务月刊》中对广东盐务总处收支情况的统计，1926 年后大部分月份都存有结余。例如 1927 年 6 月所接收前月结余为 14 万元，7 月所接收前月结余为 25 万元。《盐务月刊》第 15 期（1927 年），第 95 页；《盐务月刊》第 16 期（1927 年），第 1 页。

② 《盐商反对罢市之通告》，《广州民国日报》1924 年 8 月 27 日第 8 版。

一般制度经济学认为，有效率的制度是经济增长的关键。进入民国以后，"取消专商，实行自由"成为盐税改革的主线，尤其自丁恩改革颁行一系列的法规和条例后，无论社会大众或是政府政要，至少在舆论上将自由制视为盐税改革的不二法门。南京国民政府成立后，制定盐法并在法律上正式确立自由制被提上议程。1931 年南京国民政府正式颁布《盐法》，第一点即明确体现"取消专商，实行自由"的宗旨。按照常理，这种主线应该更接近有效率的制度：尊重市场并且有法律的保护。然而，无论是之前，或是之后，盐法中的宗旨始终并未有效实施，20 世纪 20 年代的广东尤为典型。

20 世纪 20 年代的广东基本上处于动乱的军事状态，各方面均以军事和军费优先，定额的军费成为政府的即时需求，如何迅速增加政府盐税收入成为"有效率"的首要衡量标准。在这种背景下，各方面的改革均以短时间为政府增收或者节省开支为目的。

盐务机构的改革，包括精简机构、设立盐政会议都是以有效地节约经费和开支为目的；即使成立的国民党基层组织是为实现"以党治国"，可也是"两套班子、一套人马"。盐税征收制度的改革尤为明显，如表 1-7 所示，短短 7 年间，盐税征收制度从"限配法"到"优先现税"，到"优先现税"的反复废止和实行，再到"包商制"的提出与局部废止，屡经变化。但这些变化无不以满足军费这一"即时需求"为目的。一些从长远看并无效率的制度，例如"优先现税"和"包商制"在这一时期反而可以带来有效益的收入，得以频繁出现和长期存在。缉私制度的完善在一定程度上决定饷盐的畅销与否，但无论是机构建制，还是人员和物资，均需要让步于军事，导致 20 世纪 20 年代缉私制度的建设缓慢和废弛。

　　这种以满足即时需求为目的的改革虽然为政府带来了即时收入，却也令盐税制度陷入一个尴尬的循环：军事行动需要军费的支持—军费又需要依赖于盐税—食盐的正税收入取决于缉私——缉私却始终让步于军事行动。正因为这种逻辑上的不合理，导致 20 世纪 20 年代的广东盐税制度的频繁变动。这也是制度建设缺失的重要原因，反过来从根本上影响盐税收入的稳定和长远发展。

　　然而，20 世纪 20 年代广东的盐税改革并非政府单方面的行为。盐税在当时广东的税收体系中占正税收入的 30% 左右，作为纳税人的盐商群体、作为税收使用者的军队以及商品购买者的民众在其中均格外重要。因此，盐税改革必然涉及盐商、民众和军队的利益，同时也受到各利益主体的制约和影响。

　　"优先现税"的实施实际上就是在政府、盐商和军队不断博弈和争论下确立的。政府提供盐商折价的盐斤，并将优先符确定为配盐唯一凭证，盐商则向政府交纳定额的盐税；政府向军队提供定额军费，军队配合取消沿途私设的关卡，政府若未向军队提供定额军费，军队则会沿途设卡自行征收。"包商制"的局部实施与废止也是各方势力不断争夺和博弈的结果。盐商先行于 1923 年提出先盐后税的"包商制"，希望与政府共担销不及额的风险，却遭到政府的否决。次年，由于广属附近各县私盐过重，盐商均不愿前往销盐，政府决定在广属附近各县实行先税后盐的"包商制"。在经过不断地妥协后，盐商的缴税日期从每月 1 日延后至 5 日，再延后至 10 日。除此之外，政府还免除征收盐商粤汉铁路的附加税。但到了 1926 年，当政府提出将"包商制"推广到其他地区时，盐商群体却始终不予妥协，当地民商也强烈反对，再加上气候因素的影响，政府于 1928 年夏宣布逐渐废止"包商制"。

因此，在 20 世纪 20 年代广东的盐税改革中，政府并不具有强制力，更多是依赖"功利性权力"来维持政策的实施，即以利益的出让取得政策被执行者的妥协。[①] 这也使得政府、盐商、军队和民众达到暂时的利益均衡，但这种均衡一旦被打破，又需要长时间的博弈。这种利益妥协机制的存在，也是 20 世纪 20 年代广东盐税改革各方利益群体虽然不断发生摩擦与冲突，却大体保持平衡的重要原因。20 世纪 20 年代的广东盐税改革表明，军事时期盐税制度的变更和确立往往是政府根据自身财政需求状况，经过与其他利益主体互动和博弈之后的选择。

---

① "功利性权力"这一概念参考多尔科姆·沃特斯的著作。［澳］多尔科姆·沃特斯：《现代社会学理论》，北京：华夏出版社，2000 年，第 235—363 页。

第二章　广东裁厘与统税、营业税的开征

　　裁撤厘金是民国时期革新税制的一项重要内容。受中央与地方关系影响，裁厘进程艰难而曲折，且呈现明显的区域性特点。广东裁厘进程大致经历了 1927—1931 年的准备阶段和 1931—1935 年的实施阶段。为尽可能地减少和抵补裁厘损失，广东省政府在实施分批逐步裁厘的同时，请求中央增加补助，并开征一些新税，这在一定程度上优化了广东地方税收体系。民国时期广东裁厘是在处于"半独立"状态的地方政府在中央政令与自身财政现实之间进行政策选择的结果。为抵补裁厘损失，国民政府开征统税，并允许各地开征营业税。广东统税的开征过程较为曲折：始自 1929 年 11 月卷烟统税开征，终于 1931 年 10 月卷烟统税复征，中间经历麦粉特税的改征、棉纱统税的延迟、火柴统税的反复与水泥统税的中止。1931 年宁粤关系走向对峙时，卷烟、火柴、水泥 3 项统税一度面临停征危机。在商人罢市的威胁、请愿的压力下，前两项得以恢复征收，而水泥统税直到 1936 年方才恢复，由此奠定陈济棠统治时期的统税格局。营业税作为一个引自西方国家的现代税种，在中国地方的实践存在多种不同模式。采用何种课税标准，是广东营业税开征过程中的重要问题。广东营业税采用以资本额为主的混合课税标准。按商业牌照资本额计税本是广东省政府与各行商达成的"权宜之计"，但因商业牌照资本额未能反映

各行商经营实况，反而给政府带来巨额税收损失。各行商的反对使政府对营业税课税标准的调整陷入了"积重难返"的困境。民国时期广东营业税课税标准之争表明，当时广东地方政府与纳税人已经形成一种相互制约机制，营业税制度的调整正是双方博弈与互动的结果。

第一节　广东裁厘及其影响

厘金是晚清沿袭下来的一种通过税，在国家财政收入中占有重要地位。随着厘金制度的推广实施，其弊端逐渐显现，严重阻碍中国民族工商业的发展。裁撤厘金，建立更为公平合理的税收制度是近代中国政府和广大民众的愿望。由于受种种因素的制约和影响，裁厘进程艰难而曲折。学术界关于厘金的研究成果颇多，重点考察晚清厘金的起源、厘金的收入、厘金制度的弊端、厘金制度的历史演变等问题，并在此基础上揭示中央与地方财政关系、厘金与地方社会的关系、厘金与早期现代化的关系。[①] 至于裁厘问题，学者们主要关注南京国民政府时期中央层面的裁厘政策，很少论及地方裁厘及其对地方财政的

[①]　相关研究成果主要有：罗玉东：《中国厘金史》，上海：商务印书馆，1936 年；黄鸿山、王卫平：《厘金源于林则徐"一文愿"考》，《历史研究》2014 年第 1 期；周育民：《晚清厘金历年全国总收入的再估计》，《清史研究》2011 年第 3 期；郑备军：《中国近代厘金制度研究》，北京：中国财政经济出版社，2004 年；杨梅：《晚清中央与地方财政关系研究：以厘金为中心》，北京：知识产权出版社，2012 年；徐毅：《晚清上海的厘金制度与地方社会——以咸丰朝为背景》，《中国社会科学院研究生院学报》2007 年第 6 期；杨华山：《厘金与晚清的早期现代化——湖北个案研究》，《江汉论坛》2002 年第 7 期；等等。

影响。① 由于中国幅员辽阔，各地社会经济发展不均衡，且当时全国尚未真正统一，所以各地厘金制度和裁厘进程有很大差异。只有对不同地区的裁厘进程展开个案研究，才能从整体上把握厘金在近代中国产生、发展和消亡的过程。有鉴于此，本节拟利用有关历史资料，对民国时期广东裁厘及其对地方财政的影响展开具体研究，以期为民国厘金研究和广东地方财政税收史研究提供有益的补充。②

一、广东裁撤厘金的历史进程

根据周育民的考证，厘金创始经过是：咸丰三年（1853）8月，雷以诚与张廷瑞等首先在仙女庙等米行推行，至次年3月推行到里下河其他地区和其他行业，并增设局卡，开征活厘。1854年11月，雷以诚通过胜保奏请在各省推行厘金。经户部议准后，各省相继仿行。③ 厘金初办时只是一种为镇压太平天国起义的临时筹款措施，因其收效显著，"故乱事既定，而厘仍征收，年复一年，遂成一种牢不可破之税制"④。

---

① 相关研究成果主要有：曹必宏：《南京国民政府裁厘改税述评》，《学海》1992年第6期；黎浩：《试论南京国民政府的裁厘改税》，《历史教学》1998年第8期；袁成毅：《南京国民政府三次"裁厘"述评》，《民国档案》1998年第2期；《整合与互动：民国时期中央与地方财政关系研究（1927—1937）》；杨丽艳：《南京国民政府裁厘改税研究》，东北师范大学2006年硕士学位论文；陈跃：《近代裁厘运动研究》，安徽师范大学2007年硕士学位论文；等等。

② 张晓辉《民国时期广东财政政策变迁》一书中有部分涉及广东地方税收政策的内容，但由于受选题的限制，该书未专门论及民国时期广东裁厘及其对地方财政的影响。

③ 周育民：《关于清代厘金创始的考订》，《清史研究》2006年第3期。

④ 马寅初：《财政学与中国财政——理论与现实》，北京：商务印书馆，2001年，第315页。

广东厘金始于咸丰七年（1857），因"邻省匪徒入境"，征调益繁，经费短绌，故"仿照江西章程，于北江之芦苞、西江之后沥、东江之白沙设厂试办"。① 其后在全省逐步推广。就性质而论，广东厘金主要分为行厘和坐厘两种："对行商设厂置卡于水陆要冲，按货稽征，谓之行厘"；"对于坐贾，于繁盛商埠，定种种课税标准，由商人认饷承办，或由各该行商人认饷，按照一定标准配赋，谓之坐厘"。② 在稽征方式上，广东厘金分为官办（由政府征收）和商包（商人包征）两种：1921 年以前实行官办；1921 年经广东省财政厅厅长廖仲恺整顿以后，实行商包。③ 商包有认捐和包捐两种形式，前者由同业人出面经理，后者由业外人承揽包缴。广东厘金征收以认捐方式最为盛行。④

与其他地区一样，广东厘金在征收过程中也存在税率不一、重重征税、留难苛索、中饱私囊等种种弊病，严重影响民族工商业的发展。裁撤厘金，建立更为公平合理的税收制度是近代中国政府和广大民众的愿望，但因受种种因素的制约和影响而一直无法实现。南京国民政府成立以后，重新提出废除不

---

① 《清末广东省厘金概况（1910 年 6 月）》，江苏省中华民国工商税收史编写组、中国第二历史档案馆：《中华民国工商税收史料选编》第 3 辑，南京：南京大学出版社，1996 年，第 826 页。

② 《广东省厘金沿革（1929 年 7 月）》，《中华民国工商税收史料选编》第 3 辑，第 838 页。

③ 谢永年：《裁厘声中之粤省厘金》，《广州民国日报》1928 年 10 月 30 日第 2 版。

④ 《中华民国工商税收史》编委会编：《中华民国工商税收史：货物税卷》，北京：中国财政经济出版社，2000 年，第 15 页。

平等条约及实行裁厘加税的主张。① 广东社会各界对此项主张积极拥护。1927 年 8 月 28 日，广州各商店及各机关代表在东较场召开"废除不平等条约及拥护裁厘加税运动大会"，会后举行了声势浩大的游行活动。游行当天，当天广州全市商店休业，一律悬挂长约 3 尺 6 寸、宽 1 尺 7 寸，并写有"实行裁厘加税，拥护关税自主，废除不平等条约"字样的纸质或布质白旗。②

由于当时北伐尚未结束，全国尚未完成统一，裁厘加税政策实施受阻。1928 年 6 月和 7 月，南京国民政府先后召开了全国经济会议和全国财政会议，与会代表围绕裁厘及其抵补问题展开热烈讨论，并最终大致确定了裁厘改税方案：厘金暂时划归中央；拟开征营业税、消费税等新税抵补裁厘损失；组织"裁厘委员会"专门讨论相关事宜。③ 同年 7 月召开的裁厘委员会会议通过了裁撤国内通过税步骤及《改办特种消费税施行大纲》。按照规定，各省厘金须于 1929 年前全部裁撤完竣。④ 为响应中央裁厘改税政策，广东省财政厅于 1928 年 11 月 6 日召开职员会议，讨论抵补厘金的方法，决定组设"裁厘加税筹备委员会"，并公布了该委员会的组织章程。根据章程规定，该委员会最重要的任务是：以 3 个月为限将全省各项厘费全部或部分裁撤；重新审查新税和旧税的税率，呈请财政厅

---

① 《国民党中央政治会议关于通过裁厘加税案请切实进行致财政部函（1927 年 6 月）》，《中华民国工商税收史料选编》第 3 辑，第 1693 页。

② 《捐助广东各界废除不平等条约及拥护裁厘加税运动大会经费案》，《广东省政府周报》第 5 期（1927 年），第 119—120 页。

③ 《议设裁厘委员会实行裁厘筹划抵补方法案》，《全国财政会议日刊》第 5 期（1928 年 7 月 5 日），第 72—73 页。

④ 《改办特种消费税施行大纲》，《申报》1928 年 7 月 23 日第 10 版。

厅长核定。[1]

为在国民政府控制的地区率先裁厘，财政部于1928年12月召开江苏、安徽、浙江、福建和江西五省局部裁厘会议，拟开征特种消费税抵补裁厘损失。[2] 1929年1月1日，财政部公布了《特种消费税条例》。该条例规定，除糖类、织物及出厂品另订条例由财政部直接办理外，油类、茶类、海味、牲畜、药材等其他商品货物由各省根据地方情形划分奢侈品、半奢侈品、日用品，呈财政部核定征收。[3] 广东虽未参加此次裁厘会议，但为早作准备起见，广东省财政厅于1929年1月13日召开裁厘加税委员会会议，一致通过了谢永年委员提出的裁厘程序：首先定期将厘金及类似厘金之通过税裁撤，然后定期将铁路货捐邮包税及五十里外常关裁撤，最后定期将厘税局卡归并裁撤。[4]

北伐结束以后，国民党内部派系斗争日趋激烈，最终演变为新军阀之间的战争，以致各地原定裁厘计划均无法如期施行。至1929年7月，广东省政府根据财政部公布的《特种消费税条例》，结合自身实际情况，对裁厘和举办特种消费税计划重新部署：（1）1929年10月前，裁撤丝绸厘税，同时举办丝绸消费税；（2）1929年12月前，裁撤油类、茶类、海味、磁陶、药材、漆等厘税，并举办各该物品的消费税； （3）

① 《粤省组织裁厘加税委员会》，《申报》1928年11月13日第10版。

② 《五省裁厘后岁收短绌之约数》，《工商半月刊》第1卷第2号（1929年1月15日），第6页。

③ 《财政部特种消费税条例》，《财政公报》第18期（1929年2月1日），第10—12页。

④ 《粤裁厘会议定裁厘程序》，《工商半月刊》第1卷第2号（1929年1月15日），第9页。

1930 年 2 月前，裁撤全省厘金，同时举办纸、牲畜、皮毛、黄豆、棉花等消费税。① 由于特种消费税未能改变厘金按物征税的本质，故遭到广东各商的强烈抵制。如 1929 年 6 月 19 日，广州总商会代电国民政府，请求"撤销厘金及特种消费税"。②

鉴于开征特种消费税争议不断，且未能取得预期的效果，有的省份希望根据全国财政会议及裁厘委员会会议的决定，先行开征营业税。但根据财政部通过的《各省征收营业税办法大纲》第九条规定："各省征收营业税应俟厘金裁撤完竣后实行。"③ 在此情形之下，广东省政府唯有为将来开征营业税做准备，如派人赴日本考察营业税法，同时着手调查各县商业状况及各项税则。广东省财政当局非常明白，开征营业税的首要条件是要先裁厘："如政府不先裁厘，则商场又多一新税，易惹反响。"④

至 1930 年底，随着蒋介石在军阀混战中取得胜利，南京国民政府中央政治权力更为稳固。财政部部长宋子文于 12 月 15 日发表通电，宣布自 1931 年 1 月 1 日起正式废除全国厘金及具有厘金性质的各种捐税和海关五十里外常关税及其他内地常关税、子口税、复进口税等。⑤ 对于中央的裁厘通电，广东省政府当局先是以财政困难为由请求展期，省政府主席陈铭枢和财政厅厅长范其务于 1930 年 12 月 25 日在致蒋介石和宋子

---

① 《本省裁厘举办特税之程序》，《广州民国日报》1929 年 7 月 30 日第 4 版。

② 《粤商会请撤销厘金》，《申报》1929 年 6 月 20 日第 8 版。

③ 《营业税实行期必须在裁厘以后》，《广州民国日报》1929 年 11 月 27 日第 4 版。

④ 《举办营业税须先裁厘》，《广州民国日报》1929 年 12 月 12 日第 4 版。

⑤ 《财政部关于裁撤厘金及类似厘金之一切税捐之训令（1930 年 12 月 16 日）》，《中华民国工商税收史料选编》第 3 辑，第 1719—1720 页。

文电文中指出："粤国税月收毫洋 260 万元，支出毫洋 450 万元，不敷近毫洋 100 万元。"① 其后，鉴于裁厘已是大势所趋，广东省政府不得不于 1930 年 12 月 29 日训令财政厅"按期实行裁撤厘金"②。在裁厘进程上，与其他各省不同，广东厘金分 4 次逐步裁撤。

第一次裁厘。为遵从中央裁厘改税通电，广东省政府于 1931 年 1 月起裁撤省河补抽厘局（包括陈村、磨刀口、广九火车货厘三分厂）、河马口厘厂、后沥厘厂、江门厘厂、全邮包厘税局、四会厘厂、芦包厘厂、白沙厘厂、都城厘厂、新塘石龙厘厂、韶州东西河西尾厘厂、省河土绸厘费、蒝阑厘厂、黄沙厘厂、潮属厘金厂、水东厘厂、雷州厘厂、北海钦州廉城厘厂、九龙拱北两关代收厘费 19 处。③ 按照中央裁厘政策的要求，与行厘性质相同的坐厘、炮台经费、府县税等项亦应同时裁撤。但广东省财政厅于 1931 年 1 月 10 日通令："惟查各行所缴坐厘、台炮费，其纳税性质，系属行为税……自应遵照仍照旧征解。"④ 这些尚未裁撤的厘费，仍采用招商承办的方式征收。如省城玉器行厘费原由裕兴堂商人唐联德认饷承办，后财政厅为整顿税收起见，规定自 1931 年 1 月起"加认年饷

① 《粤当局电请缓裁厘》，《申报》1930 年 12 月 27 日第 6 版。

② 《令财厅遵照裁厘》，《广东省政府公报》第 141 期（1931 年 1 月 20 日），第 43 页。

③ 《函送已裁厘厂及原收月饷数目表》，《广东省政府公报》第 143 期（1931 年 2 月 10 日），第 183 页。

④ 《各行坐厘台炮经费照旧收解》，《广东省政府公报》第 141 期（1931 年 1 月 20 日），第 62 页。

至大洋四千元，另加五成专款续办"①。

裁厘得到广东社会各界的积极响应。1931年1月24日，国民党广州特别市党部宣传部召开第四次部务会议，为响应中央号召，"扩大裁厘宣传"，会议讨论"扩大裁厘宣传以促各地方实行案"，提出"裁厘之宣传办法"。由于此时广东已经实行裁撤厘金，会议当即决议改为举行"广东各界庆祝裁厘大会"，商请市民训会、省训练部、省宣传部会同参加。② 在广州举行庆祝裁厘大会后，其他各县纷起响应，相继举行庆祝大会。如1931年2月28日新会各界在国民党新会县党部礼堂举行有包括县党部、县政府、县商会、县教育会以及县师、县中、女中等机关团体职员3,000余人参加的"庆祝裁厘大会"。③ 不过，广东民众很快发现，在其他省份厘金纷纷裁撤完竣之时，广东仍保留了大批厘费，对商民的苛扰依然如故，所以要求政府继续裁厘的呼声此起彼伏。

第二次裁厘。经过第一次裁厘之后，广东政治形势发生很大变化，进入了陈济棠统治时期，与中央政府的关系比较疏远，有时对中央政令可"置之不理"。但是面对厘金的种种苛扰，为减轻商民负担及发展地方工商业，广东省政府决定于1932年1月1日起，裁撤江门油行、省城颜料行等52行厘费。④ 此次裁厘范围相当广泛，涉及省城、江门、揭阳、广

---

① 《省城玉器行厘费批准裕兴堂续办》，《广东省政府公报》第142期（1931年1月31日），第152页。

② 《本市将举行各界庆祝裁厘大会》，《广州民国日报》1931年1月27日第3张第1版。

③ 《新会各界庆祝裁厘会》，《广州民国日报》1931年3月1日第2张第4版。

④ 《拟请裁撤各行厘费表》，《广东省政府公报》第177期（1932年1月20日），第74—76页。

宁、佛山、大良、增城、东莞、石龙、南番、石岐、新会、陈村等 10 多个地区以及油行、鱼栏行、布行、山货行、酱料行、锡箔行、白糖、咸货行、炮竹行、猪行、木行、铜铁行、故衣行、福纸行、茨菱行、海味行、篾行、丝烟行、古董行、栈行、染布行、土榨行等 20 多个行业。以上各行厘费均由商人包征，承包商为追求利益往往超额征收，以致各业商人苦不堪言，所以此次裁厘的最大意义在于减轻商民负担和减少苛扰。

第三次裁厘。在南京国民政府的分税制体制下，中央掌握关税、盐税、统税等大宗税源，地方只有田赋、营业税等少数税种，但地方支出繁多，造成财权与事权不均衡，所以地方政府不得不征收各种苛捐杂税。1934 年 5 月，南京国民政府财政部召开第二次全国财政会议，决议废除苛捐杂税。[①] 广东具有厘金性质的县府税属于苛捐杂税范畴。为配合废除苛捐杂税运动，广东省政府决定于 1934 年 8 月 1 日起裁撤广州府西税厂、高州府税厂、广州府东龙税厂、雷州府税厂、太平三关税厂、浛洸水厂、潮州府税厂、琼州府税厂、佛山汾水新涌税厂、黄江税厂、化县罗江税厂、阳春山河小税、文昌清澜烟墩地税、文昌铺前塔市地税、南雄冬菇草菇腊鸭捐、琼崖槟榔出口捐、西江石灰行台厘、琼崖全属海防台费、广州府税厂等 19 种厘税。[②]

第四次裁厘。经过 3 次裁厘之后，广东厘金已经裁撤了绝大部分，仅保留了部分行业的坐厘和炮台经费。为进一步减轻

① 《关于废除苛捐杂税各案及决议案（1934 年 5 月）》，江苏省中华民国工商税收史编写组、中国第二历史档案馆：《中华民国工商税收史料选编》第 1 辑，南京：南京大学出版社，1996 年，第 1253—1254 页。

② 《粤省裁撤厘税杂捐》，《银行周报》第 18 卷第 29 号（1934 年 7 月 31 日），第 49 页。

民众负担，广东省政府决定于 1935 年 7 月 1 日起裁撤省城玉石行坐厘台费、南番布行坐厘、省河机窑烧煤制砖台费、省河南番土榨行台费、省河磁器行坐厘台费、省城酱料行坐厘、省城玉器行坐厘台费、省城薯莨行坐厘、广肇青砖行坐厘台费、省佛银业行坐厘、省城金行坐厘台费、东莞炮竹行坐厘台费、东莞鲜鱼行台费、南番顺内地炮竹行台费等厘税 42 种。[①] 此次所裁各项坐厘台费涉及玉石、玉器、槟榔、药材、鲜鱼、炮竹、铜铁、金银首饰、玻璃镜货、珍珠等行业，这些行业经营的商品货物多属奢侈品或半奢侈品性质。

由上所述，广东裁厘进程大致经历了两个阶段：第一阶段从南京国民政府成立至 1931 年前，广东省政府根据中央的要求和自身实际情况制定了裁厘的程序和相关办法，为后来裁厘改税作了充分的政策准备；第二阶段从 1931 年至 1935 年，广东省政府实施裁厘，其最大的特点是分 4 次逐步将厘金裁撤，且每次裁撤重点不同：第一次主要裁撤各厘厂；第二次裁撤具有必需品性质的各行坐厘；第三次裁撤的主要对象为县府税；第四次则针对具有奢侈品或半奢侈品性质的各行坐厘台费。经过 4 次裁厘之后，厘金最终在 1935 年彻底退出了广东的历史舞台。

二、裁厘对广东地方财政的影响

随着厘金制度的推广和实施，厘金成为晚清及民国政府重要的财政收入来源。根据周育民对晚清厘金历年全国总收入的估算，光绪五年（1879）以后，厘金收入已常年在 2,000 万两

---

① 《广东省拟裁省县厘税表》，《财政公报》第 80 期（1934 年 11 月 1 日），第 129—130 页。

以上，光绪二十九年（1903）以后突破 3,000 万两。[1] 厘金占清政府财政收入的 15%—20%。[2] 至北洋政府时期，包括厘捐在内的货物税有 3,000 万—4,000 万元，约占财政岁入总额的 10%。[3] 由于当时地方割据，军阀混战，中央政权更迭频繁，本属国家财政收入的厘金，常常被地方截留，并在地方财政收入中占有重要地位。据表 2-1 的统计数据可见，1912—1925 年广东厘金收入在毫洋 400 万元至 1,000 万元之间，最多为 1921 年的 986.7 万元，最少为 1924 年的 420.1 万元，总收入为 10,110.6 万元，年均收入为 722.2 万元；厘金在地方财政收入中的比重，最高为 1913 年的 44.3%，最低为 1925 年的 10.9%，其余年份大都在 20% 波动，历年平均比重为 21.1%。

至南京国民政府时期，重新划分国地收支系统，厘金名为国家税，实际上仍为地方政府控制，其在地方财政收入中的地位丝毫没有动摇。当时广东厘金主要有行厘、坐厘和县府税 3 种。调查显示，行厘每年收入约大洋 576 万元，坐厘收入约大洋 156 万元，府县税收入约大洋 166 万元，3 项合计每年约收大洋 898 万元，占全省财政收入 25% 以上。[4] 按照当时广东的货币兑换率，"毫洋"每元折合"大洋"8 角。[5] 也就是说，

<hr>

① 周育民：《晚清厘金历年全国总收入的再估计》，《清史研究》2011 年第 3 期。

② 周志初：《晚清财政经济研究》，济南：齐鲁书社，2002 年，第 174—175 页。

③ 《民国财政史》，第 5 页。

④ 《粤省裁厘之计划》，《银行周报》第 14 卷第 50 号（1930 年 12 月 30 日），第 35 页。

⑤ 王丽：《走向"统一"的广东省货币金融——国民政府法币改革的区域性案例分析》，《暨南学报（哲学社会科学版）》2014 年第 10 期。

表 2-1 1912—1925 年厘金在广东财政收入中的比重及其变化

(单位：毫洋)

年度	地方财政收入（万元）	厘金收入（万元）	厘金所占比重
1912	3,813.9	865.5	22.69%
1913	2,009.6	889.1	44.3%
1914	2,062.9	754.0	36.5%
1915	2,457.8	839.8	34.2%
1916	3,818.7	664.8	17.4%
1917	4,026.9	690.5	17.1%
1918	4,027.7	594.1	14.8%
1919	4,683.7	756.1	16.2%
1920	3,760.3	752.0	20.0%
1921	4,349.9	986.7	22.7%
1922	3,671.8	648.6	17.7%
1923	1,660.3	483.0	29.1%
1924	1,208.1	420.1	34.7%
1925	7,050.9	766.3	10.9%
合计	48,602.5	10,110.6	21.1%

资料来源：广东省财政科学研究所、广东省立中山图书馆、广东省档案馆编：《民国时期广东财政史料》第 4 册，广州：广东教育出版社，2011 年，第 8—22 页。

南京国民政府推行裁厘政策之时，广东厘金收入约为毫洋 1,100 万元。裁厘究竟对广东财政造成什么影响呢？下面我们对广东历次裁厘损失情况进行逐一分析。

1. 第一次裁厘损失。1931 年 1 月，广东省政府开始裁撤厘金，其裁撤的对象主要为分布于北江、东江和西江的厘厂。这些厘厂原有收入颇多，如省河补抽厘局月收入毫洋 144,971.97 元，河马口厘厂月收入毫洋 56,892.50 元，九龙拱北两关代收厘费月收入毫洋 50,000.00 元，潮属厘金厂月收入毫洋 37,109.37 元，白沙厘厂月收入毫洋 23,515.63 元，江门厘厂月收入毫洋 21,593.75 元，新塘石龙厘厂月收入毫洋 20,468.75 元。此次所裁之 19 处厘厂原来每月实际收入为毫洋 51.28 余万元。[1] 也就是说，广东省政府因此次裁厘每年损失收入达毫洋 615 余万元。这也是前文所提及广东省政府当局为何一再请求中央在裁厘后每月给予 50 万元补助的重要原因。

2. 第二次裁厘损失。1932 年裁厘的主要对象为各行坐厘，其原有收入不多。统计数据显示，在所裁撤之 52 行厘金当中，原来每年收入较多者，如江门油行为毫洋 3,200 元，省城颜料行为毫洋 2,838 元，揭阳鱼货行为毫洋 2,700 元，广宁篾行为毫洋 2,500 元，省佛栏杆行为毫洋 2,500 元，省城茯苓行为毫洋 2,400 元；原来每年收入较少者，如陈村薯莨行为毫洋 150 元，陈村铜铁行为毫洋 108.4 元，陈村故衣行为毫洋 100 元。此次所裁厘费合计年收入为毫洋 10 余万元，给广东

---

① 《函送已裁厘厂及原收月饷数目表》，《广东省政府公报》第 143 期（1931 年 2 月 10 日），第 184—186 页。

省政府造成的税收损失不大。①

3. 第三次裁厘损失。1934 年裁撤县府税及台费等 19 种，其中，黄江税厂年收入毫洋 612,300 元，太平三关税厂年收入毫洋 363,870 元，潮州府税厂年收入毫洋 357,850 元，广州府西税厂年收入毫洋 197,210 元，涂洗税厂年收入毫洋 111,930 元，广州府东龙水厂年收入毫洋 84,240 元，高州府税厂年收入毫洋 39,975 元。此次所裁之 19 种县府税及台费合计年收入毫洋 195 余万元。② 尽管当时广东省政府财政收支状况已经有所好转，但远未达到宽裕的程度，所以对于这笔裁厘损失格外重视。为不影响 1934 年度的财政收入预算，广东省政府从举办糖业专卖的收益中取出一部分，作为抵补此次裁厘损失的专款："以糖厂盈利项下照数按月拨回库收。"③

4. 第四次裁厘损失。1935 年裁撤各行坐厘、台费共 42 种之多，其中，省河花生芝麻行台费年收入毫洋 201,825 元，省河荳务坐厘台费年收入毫洋 195,000 元，省佛银业行坐厘年收入毫洋 157,950 元，省城鲜果咸货行台厘年收入毫洋 164,268 元，省城药材行坐厘台费年收入毫洋 155,646 元，广肇惠红砖瓦盖行台费年收入毫洋 88,613 元，广肇青砖行坐厘台费年收入毫洋 67,178 元，广肇蒲包行坐厘台费年收入毫洋 63,570 元，省城咸鱼行台费年收入毫洋 58,305 元，省河南番土榨行台费年收入毫洋 39,875 元。此次所裁各项坐厘台费每

---

① 《财厅呈报将江门油行等五十二行厘费裁撤》，《广东省政府公报》第 177 期（1932 年 1 月 20 日），第 72 页。

② 《廿三年度广东财政概况》，《宇宙旬刊》第 10 期（1935 年），第 37 页。

③ 《粤省裁撤厘税杂捐由八月一日起实行以糖厂盈利为抵补》，《申报》1934 年 7 月 26 日第 11 页。

年给广东省政府造成的税收损失达毫洋 168 余万元。①

表 2-2　广东历次裁厘种类及损失统计表

（单位：毫洋元）

年份	裁撤	种类	年损失税收
1931 年	厘厂	19	615 余万
1932 年	各行坐厘	52	10 余万
1934 年	县府税	19	195 余万
1935 年	坐厘台费	42	168 余万
—	合计	132	988 余万

资料来源：笔者据上文 4 次裁厘情况汇总。

由表 2-2 可见，经过 4 次裁厘之后，广东共裁撤厘厂及各项厘费 132 种，税收损失达 988 余万元。由于每次裁厘重点不同，故其对地方财政的影响也有很大差异：第一次裁厘年损失达 600 余万元，影响最大；第二次裁撤种类最多，但仅损失 10 余万元，对地方财政的影响最小；第三次和第四次分别损失 195 余万元和 168 余万元，不容小觑。广东省政府正是通过分批逐步裁撤的方式，最大限度地减少裁厘给地方财政造成的负面影响，其政策选择主要基于两方面的原因：一方面，当时广东地方与中央的关系极其微妙，先是陈济棠联合蒋介石与新桂系军阀作战，接着因为胡汉民被软禁事件与蒋介石"翻脸"，致使广东进入"半独立"状态；另一方面，在当时的紧张局面下，广东地方军费开支与日俱增，收入增加极其有限，

① 《广东省拟裁省县厘税表》，《财政公报》第 80 期（1934 年 11 月 1 日），第 129—130 页。

致使财政赤字加大，如 1931 年度省库预算收入毫洋 2,576 余万元，支出毫洋 3,688 余万元，赤字达毫洋 1,112 余万元。[1]面对此种情形，广东省政府在分批逐步裁厘的同时，积极寻求抵补之法。

1. 请求中央补助。由于广东财政本身已经相当困难，裁厘后更为严峻，为抵补裁厘损失以维持地方政治的运作，当时广东省财政当局迫切希望得到中央的补助。广东省财政厅厅长兼财政部特派员范其务于 1930 年底电请中央，请求裁厘后每月补助粤省军费 50 万元，经财政部核准，每月补助 25 万元。但并不能让广东财政当局满意，所以范其务仍以每月支出不敷尚巨为由，再三电请中央增加补助，甚至以困难情形无法办理为由，电请中央辞去财政部特派员一职。[2] 鉴于财政部部长宋子文在复电中极力"慰留"，范其务不得不亲自晋京向宋子文汇报粤省财政困难情形，希望中央增加补助："非中央方面每月拨助军费五十万元，以资弥补，实不易应付。"[3] 1931 年 2月，广东省政府主席陈济棠也赴上海，向蒋介石和宋子文陈述粤省裁厘后财政困难情形："粤省现实行裁厘后，每月短收甚巨，自然影响到军费。现在八路军军饷，每月约支四百二十万元，实在减无可减。"[4] 经广东省政府当局与中央反复交涉，

① 《粤裁厘后收入锐减》，《申报》1931 年 1 月 28 日第 9 版。

② 《本省裁厘后之税收约短少一千一百万元》，《广州民国日报》1931 年 1月 9 日第 2 张第 1 版。

③ 《粤裁厘后之财政窘状》，《申报》1931 年 1 月 18 日第 11 版。

④ 《陈济棠昨抵沪》，《申报》1931 年 1 月 30 日第 13 版；《宋子文昨访陈济棠》，《申报》1931 年 2 月 24 日第 9 版。

1931 年广东因裁厘所获中央补助款为 300 万元。① 当然，中央暂时性的财政补助并非维持地方财政的长久之计。

2. 改办特种消费税。关于开征特种消费税以抵补裁厘损失的提议始于 1928 年召开的全国经济会议，后经过第一次全国财政会议和裁厘委员会会议的详细讨论之后，逐步制订了一系列法律法规。广东省财政厅曾试图对棉花、黄豆、海味、药材、牲畜、陶瓷、油漆、茶类、皮毛、锡箔、纸、糖及织物等 16 种货品征收特种消费税。② 至财政部发布裁厘通电以后，广东省政府为减少损失而将部分厘费改办特种消费税。如 1930 年 12 月 30 日广东省财政厅训令，自 1931 年 1 月 1 日起，原由各商承办的全省及汕头洋布匹头厘费改办广东省织物类特种消费税，并设立总分局办理，委任陈泰济为广东省织物类特种消费税局长，邓伯坚为汕头分局长。③ 同日，财政厅训令，自 1931 年 1 月 1 日起，原由各商承办的省河土丝厘厂改办丝类特种消费税。④ 由于特种消费税征收对象过于广泛，且未能割断与厘金的联系，南京国民政府于 1931 年 4 月决定予以取消。⑤

3. 开征统税。为抵补裁厘损失，南京国民政府决定对棉

---

① 《整合与互动：民国时期中央与地方财政关系研究（1927—1937）》，第 108 页。

② 《粤省裁厘之计划》，《银行周报》第 14 卷第 50 号（1930 年 12 月 30 日），第 35 页。

③ 《全省及汕头洋布匹头厘改办特税》，《广东省政府公报》第 141 期（1931 年 1 月 20 日），第 60—61 页。

④ 《省河土丝厘改办丝类特种消费税》，《广东省政府公报》第 141 期（1931 年 1 月 20 日），第 61 页。

⑤ 黄建富：《论南京政府初期的"特种消费税"》，《上海经济研究》2000 年第 4 期。

纱、火柴、水泥 3 种重要商品征收统税，并于 1931 年 1 月 29
日公布了《棉纱火柴水泥统税条例》。广东统税自 2 月 1 日起
征收。根据粤桂闽统税局规定，所有土制舶来的棉纱、火柴、
水泥均须到所在地的管理机关分别报验才准营销，其税率如
下：（1）本色棉纱在 23 枝以内者，每百斤征 2.75 元；本色棉
纱超过 23 枝者，每百斤征 3.75 元；其他棉纱按照价格征收
5%。（2）火柴长度不及 43 毫米或每盒不超过 75 枝者，每大
箱征 5 元；长 52 毫米或不及 100 枝者，每箱征 7.5 元；超过
者，每箱征 10 元。（3）水泥每桶重 380 磅者，征税 0.6 元，
超过或不及 380 磅者，按照实际重量比例征收。① 统税本属国
家收入，但为缓解广东地方财政困难，财政部不得不将火柴和
水泥两项统税划归广东省财政厅征收。② 后因与中央关系恶
化，广东退出统税区，所以在 1936 年两广事变前，统税一直
是广东地方的收入。

　　4. 开征营业税。与特种消费税、统税不同，营业税是为
抵补地方裁厘损失而开征的合法税源。自裁厘后，广东省财政
厅决定筹办全省营业税，先成立营业税筹备处从事调查课税范
围及厘定税率。该筹备处先后开会 7 次，将所拟营业税课税范
围及税率修正通过。③ 至林云陔接任广东省财政厅厅长后，委
任秘书麦棠为营业税处主任，专门办理营业税征收事宜。根据
之前所订章则，在各县市设立税务局，通过考试方式遴选和录
用一批税务人员。④ 广东营业税在征收过程中，由于课税标准

----

① 《粤省开征三项统税》，《申报》1931 年 2 月 7 日第 10 版。

② 《火柴水泥统税概划归省库由财厅征收》，《广州民国日报》1931 年 3 月
27 日第 2 张第 1 版。

③ 《粤省规定营业税率》，《申报》1931 年 3 月 14 日第 8 版。

④ 《粤省进行营业税》，《申报》1931 年 6 月 21 日第 10 版。

问题而引起商民的强烈反对，这在一定程度上影响了营业税的征收效果。从营业税的实际收入状况看来，1931 年 10—12 月广东省营业税收入毫洋 143,649 元，各项经费支出毫洋 46,612元；1932 年 1—12 月营业税收入毫洋 695,607 元，各项经费支出毫洋 124,531 元。[1] 也就是说，营业税在开征的一年多里，实际净收入仅为毫洋 668,113 元，与所裁厘金原有收入相距甚远。

不过，在逐步裁厘的过程中，营业税征收制度不断改进，其收入亦稳步增加，并在一定程度上优化了广东地方税收结构。当时广东法定的地方税收入有田赋、契税、当税、屠宰税、船税、房捐、营业税、厘金等几种。由表 2-3 的统计数据可见，1930—1934 年度，广东厘金收入分别为毫洋1,033,766 元、3,041,853 元、1,770,615 元、1,146,143 元和193,013 元，呈现减少之势，1935 年度厘金更是彻底从地方税收收入中消失；作为取代"厘金"的税种，1931—1935 年度，广东营业税收入分别为毫洋 388,233 元、975,149 元、763,605元、1,015,765 元和 831,150 元，呈现增加之势。这表明广东逐渐以现代营业税制度取代厘金制度，摆脱了地方财政对厘金的依赖，意味着广东地方税收现代化进程进入了新的阶段。正如台湾学者林美莉所言："营业税采取以业课税的原则，比起物物课税的厘金来得简化，而且在征课手续上也较为单纯，可以说是近代中国运用比较进步税制的一个尝试。"[2]

---

① 《营业税收入统计与支出经费表》，广东省财政科学研究所、广东省立中山图书馆、广东省档案馆编：《民国时期广东财政史料》第 2 册，广州：广东教育出版社，2011 年，第 224—227 页。

② 《西洋税制在近代中国的发展》，第 135 页。

表 2-3　1930—1935 年度广东地方税收收入比较表

（单位：毫洋元）

税项	1930 年度	1931 年度	1932 年度	1933 年度	1934 年度	1935 年度
田赋	3,470,702	5,098,722	4,304,727	3,546,842	6,225,398	3,019,685
契税	1,991,763	2,379,410	2,987,466	1,620,880	1,540,592	927,314
当税	230,736	1,169,100	159,023	200,004	505,349	600,040
屠宰税	1,845,087	1,824,472	1,711,959	1,809,361	1,906,849	1,239,620
船税	403,067	358,104	411,351	317,719	253,921	86,972
房捐	23,660	33,883	29,240	21,875	20,925	15,957
营业税	—	388,233	975,149	763,605	1,015,765	831,150
厘金	1,033,766	3,041,853	1,770,615	1,146,143	193,013	—

资料来源：《广东省财政收入分析表（省库收入）》，《广东省银行月刊》第 1 卷第 1 期（1937 年 7 月），第 179 页。

近代以后，中国社会经济发生重大变化，工商业经济得到快速发展，与此相对应，工商税逐渐取代土地税（田赋）在国家税收收入结构中占据主导地位。民国建立以后，关税、盐税、厘金已经成为国家最重要的收入来源。与其他税制不同，厘金因为是对物征税，且在征收过程中存在种种弊病，严重影响了民族工商业的发展。废除厘金，建立更公平合理的税制是近代中国政府和广大民众的共同愿望和追求，也符合历史发展的趋势。正如著名经济学家李权时在 1931 年所言："中国目前已经被时势所迫而踏进了近世国家的舞台，于是乎中古时代的租税制度如厘金等乃不得不随革新的巨潮而东逝，而近世时代的租税制度如保护关税、国产税、所得税、遗产税和营业税等等也自然而然的随革命的热流而西来。"① 相对于所得税、营业税、遗产税等西方现代"良税"，厘金是众所周知的"恶税"，但是将其裁撤并非易事，裁厘进程艰难而曲折。

中央与地方关系是影响裁厘进程的重要因素。南京国民政府前期，中央政治权力尚未稳固，四川、广东、广西、云南等地仍处于"独立"或"半独立"状态，并未完全遵从中央政令。受此影响，裁厘进程呈现明显的地区差异性，其大致分为两种情形：一是国民政府控制的地区，大都能够依照中央政令如期实行裁厘，且较为积极和彻底；二是国民政府尚未控制的地区，裁厘进程缓慢，且不够彻底。1931—1936 年，广东处于陈济棠统治时期，与中央关系比较疏远。面对席卷全国的裁厘运动，广东省政府不仅考虑中央政令，更考虑自身财政状况以及裁厘对地方财政的影响。对广东商民来说，裁厘是减轻负担和减少苛扰的一种重要途径，故纷纷通过商会和同业公会向有关部门请愿，呼吁政府彻底裁厘。不过，由于此时正值宁粤对峙时期，广东地方政府军费开支巨大，财政相当困难，所以商会等商人团体对政府税收政策的影响极其有限。② 最终广东省政府决定分批逐步裁厘，经过 4 次裁厘后，厘金在 1935 年彻底退出了广东的历史舞台。

根据国民政府于 1928 年 11 月 22 日颁布的《划分国家收入地方收入标准案》规定，"厘金及一切类似厘金之通过税划

---

① 李权时：《中国目前营业税问题概观》，《经济学季刊》第 2 卷第 2 期（1931 年 6 月），第 1 页。

② 刘楠楠：《1931 年宁粤对峙期间的广州市商会》，《民国档案》2010 年第 2 期。

归国家收入"①。事实上，厘金多为地方政府控制，一直是地方政府的重要收入来源。裁厘损失究竟属于中央还是地方？因为中央与地方立场截然不同，所以这个问题颇具争议。在裁厘过程中，中央和地方均认为其受到损失，各自采取一些抵补损失的措施，中央开征特种消费税和统税，地方开征营业税。②为尽可能地减少和抵补裁厘损失，广东省政府在请求中央增加补助的同时，开征营业税，并"截留"特种消费税、统税等国家税收。由此看来，广东裁厘对中央财政的影响不容小觑，中央不仅要补助广东财政，而且基本丧失了在广东的国税资源，其根本原因在于中央未能真正控制广东。民国时期广东裁厘进程是在处于"半独立"状态的地方政府在中央政令与自身财政现实之间进行政策选择的结果。

第二节　广东统税的开征

为抵补裁撤厘金后的税收损失，国民政府仿照西方国家先例，开征统税。统税最早对卷烟课征。1926 年 12 月卷烟统税开始试征，到 1928 年 1 月才真正实施。在经历 3 年的成功试验后，财政部又选择棉纱③、火柴、水泥等大宗消费品征收统税，推进全面裁厘的历史任务。1931 年 1 月新开征的棉纱、

---

① 《划分国家收入地方收入标准案（1928 年 11 月 22 日）》，《中华民国工商税收史料选编》第 1 辑，第 760 页。

② 《裁厘后之进行新税》，《工商半月刊》第 3 卷第 2 号（1931 年 1 月 15 日），第 2—3 页。

③ 由于棉纱属于半成品，可能在制成后直接运入工厂用于布匹生产，因此棉纱统税既可对棉纱征税，也可对未税土布征税。

火柴、水泥统税，与 1928 年开征的卷烟统税、麦粉特税
（1931 年改为麦粉统税），构成"五项统税"。[①] 统税体系初步
建立，需要各省政府、统税机关配合落实。

广东统税的开征，自 1929 年 11 月卷烟统税开征而始，至
1931 年 10 月卷烟统税复征结束，中间还经历麦粉特税的改征、
棉纱统税的延迟、火柴统税的废立、水泥统税的中止。五项统
税的开征时间不一，具体过程也存在明显差异。其中麦粉统税
改自 1929 年 9 月的麦粉特税，棉纱统税因商人预先囤货、观望
待市延迟至 4 月开征。[②] 二者的开征相对顺利，而卷烟统税、火
柴统税、水泥统税开征时遭遇更多波折，直到 1931 年下半年才
确定是否继续征收，下文将就后面 3 项统税分别进行论述。

一、卷烟统税的开征与恢复

征收卷烟统税，反映国民政府有意重新划分国家财政与地
方财政，以达到财政集权的目的。宋子文早在筹措北伐经费
时，便深感军费支出浩繁又缺乏节制，因此他指出，如欲
"整理财政，必先整理军事，纳军事于轨物，斯财政乃无横决
之危险"，恢复和平与建立秩序的事业才有资金支持。[③] 1926

---

① 《棉纱火柴水泥统税条例》（1931 年 1 月 28 日），《中华民国工商税收史
料选编》第 3 辑，第 2053 页。

② 《火柴、水泥免征统税》，《广州民国日报》1931 年 2 月 20 日第 2 张第 3
版；《花纱统税昨日开征》，《广州民国日报》1931 年 4 月 2 日第 2 张第 3 版；《棉
纱存货继续征税》，《广州民国日报》1931 年 4 月 18 日第 2 张第 3 版。

③ ［美］阿瑟·恩·杨格著，陈泽宪、陈霞飞译：《一九二七至一九三七年
中国财政经济情况》，北京：中国社会科学出版社，1981 年，第 14 页；《国府秘
书处奉准由财政部召集全国财政会议并抄送原提议函稿（1928 年 4 月 28 日）》，
《中华民国史档案资料汇编》第 5 辑第 1 编《财政经济（一）》，第 42—43 页。

年12月以来，武汉国民政府与南京国民政府都曾尝试改征卷烟统税，但开展并不顺利，遭到各省政府的迁延阻挠与洋商的逃避抵制。江苏、安徽、浙江等省政府以教育经费、建设经费不足为由，请求保留卷烟税收入，加征卷烟附税；广东、广西等地并未执行征收卷烟统税的政令，试图推行卷烟专卖。① 由于洋商利用租界及特权走私抗税，导致华商税负独重，同样拒绝缴纳卷烟统税，1927年9月财政部部长孙科改之为卷烟税，取消"统税"名称。其间，国民政府与华商通力合作，以常规、非常规手段干扰外国烟企营业，取得谈判可能。②

1928年1月，宋子文在蒋介石支持下出任南京国民政府财政部部长，与外国烟企达成协定，使其承认卷烟统税，为重新开征卷烟统税创造条件。1月18日，财政部颁布《征收卷烟统税条例》，意味着卷烟统税真正得以实施。《条例》再次明确卷烟统税为国家税，并规定课税对象为国产机制卷烟、舶来机制卷烟及烟叶制成品。舶来卷烟在缴纳进口正税及二五附税后，按海关估价缴纳20%的统税；国产卷烟按照海关估价征收22.5%的统税。③ 1926年12月至1927年间的卷烟统税仅具有出厂税性质，直到1928年重新颁布《卷烟统税条例》

---

① 《中央财政会议议决案》，《申报》1927年6月29日第9版；于广：《1928年前后卷烟统税开征中的华洋纳税问题》，《史林》2017年第3期；上海社会科学院经济研究所编：《英美烟公司在华企业资料汇编》，北京：中华书局，1983年，第900页。

② 南京国民政府、华商合力推动洋商缴纳卷烟统税的过程，可参见于广：《1928年前后卷烟统税开征中的华洋纳税问题》，《史林》2017年第3期。

③ 《财政部公布〈征收卷烟统税条例〉令（1928年1月）》，财政部财政科学研究所、中国第二历史档案馆：《国民政府财政金融税收档案史料（1927—1937年）》，北京：中国财政经济出版社，1996年，第328页。

前，卷烟统税才得到英美烟公司等外国烟企承认，兼具出厂税与内地税两种性质。统税在苏、浙、皖、赣、闽5省率先实施，而在5省之外却迟迟难以推进。

1928年全国财政会议上，财政部与各省财政长官商讨了包括裁撤厘金、裁减地方军费、划分国地税收等在内的多项重大议题。厘金是"地方上对在内地转运中的货物征收的重税，必须尽快地裁撤，同时并把它改成国税"，因此南京政府决定以原属于国家收入的田赋向地方政府交换厘金收入。[①] 卷烟统税作为裁撤各类卷烟厘金的抵补税，自然也应划分为国家税。改征卷烟统税一案交税务组审查讨论，以期各省遵令贯彻落实。

广东省财政厅厅长冯祝万在会上，就有关财政整理的多项议案表达了保留意见。他并未明确反对整理广东财政、划分国地税收，而是以广东"年来牺牲甚巨"为由，要求为广东至少预留1年的准备时间，采取了"拖"字诀。[②] 具体到卷烟税问题上，冯祝万提交了《广东烟酒印花税[③]未便撤销改办出厂统税案》，认为广东无须改变卷烟税征收办法，提案依据如下：第一，粤省中外商人认可烟酒印花税的良税性质，不宜轻易改动；第二，按照新税率征收卷烟统税，加上货币兑换时的

①《一九二七至一九三七年中国财政经济情况》，第15—16页。

②《全国财政会议汇记：关于各案之审查：税务组：对煤油特税卷烟统税议决于实施包花办法后盖印即行废止》，《银行月刊》第8卷第7期（1928年7月），第66—67页。

③ "由于贴用印花税票手续比较简便，许多消费税也采用印花特税的方式来缴纳。"烟酒印花税实质是消费税而非印花税，"其征税对象是物而不是对契据、凭证等进行征收"。戴丽华：《民国时期印花税制研究》，南昌：江西人民出版社，2014年，第73页。

损失，广东卷烟税收入至少减少30%；第三，仅在箱面粘贴印花，容易走私，且印刷工本费、经费开支无从减轻；第四，卷烟为奢侈品，应从重征税，卷烟统税率过低，导致同为奢侈品的酒类也不能高价征税。① 冯祝万不仅不愿执行财政部划分方案，划卷烟统税为国家税并上交税款，甚至表示"即使运粤卷烟应缴统税可拨由粤省直接征收"，但因收入预期减少，仍不同意改征卷烟统税。② 然而，财政部部长宋子文、次长张寿镛及各省财政代表均不同意广东延期划分国地税收，表示如果广东财政困难，中央可帮助解决，但仍应确立统一的财政制度。③

冯祝万对整理财政诸项议案的反对态度，反映李济深等地方将领的意见。宋子文的"统一财政主张，有利于蒋介石当时推行的剪除异己势力的部署，因而得到南京国民政府的支持"。④ 包括征收卷烟统税在内的诸项整理措施，有利于厘清中央财政与地方财政收支权属，改变过去地方政府截留收入、中央财政受限的局面。但这种做法"首先危及'赚钱'省份的利益，因此遭到李济深、李宗仁等人的强烈反对"⑤。全国财政会议结束后，广东政府以"国省两税收不敷支"为由，

---

① 冯祝万：《广东烟酒印花税未便撤销改办出厂统税案》，《全国财政会议日刊》第8期（1928年7月8日），第25—27页。

② 《全国财政会议汇记：关于各案之审查：税务组：对煤油特税卷烟统税议决于实施包花办法后盖印即行废止》，《银行月刊》第8卷第7期（1928年7月），第66—67页。

③ 《整合与互动：民国时期中央与地方财政关系研究（1927—1937）》，第60页。

④ 《宋子文评传》，第82页。

⑤ 罗敏：《走向统一：西南与中央关系研究（1931—1936）》，北京：社会科学文献出版社，2014年，第18页。

仍继续征收卷烟印花税，并未改办统税。①

虽然广东政府不愿执行改征命令，但广东烟商却是卷烟印花税改征统税的支持者。广东卷烟印花税自 1925 年开征，对进口卷烟照 40% 征税，国产卷烟照 20%，后提高至 50%。广州国民政府已初步完成统一卷烟税名目的任务，将其交烟酒税局兼管，由各烟公司每年按照认领数额纳税。② 南京政府开征卷烟统税后，广东卷烟税税率与其他统税区域存在明显差距，高一倍有余。③ 广东烟商颇有微词，"同在一政府之下，同是一种卷烟政，而中央政府规定土制之税，较洋来者加重，粤省之税，又较外省加重，桂省之税，又较粤省加重"。④ 他们希望改变广东烟税过重的局面，敦促广东政府改照 22.5% 的统税税率征收卷烟税。

宋子文也对统税制度寄予厚望，没有放弃在更广阔地域推行统税制度的想法。他在 1928 年致函上海英美烟公司董事柏思德时曾道："为了保证统税的成功，还有很多事要做，特别是在广东、广西以及北方各省，要在各省都建立起来这个制度"，否则"将此项制度推广到全国的有利机会就将要失去"。⑤ 同时他也意识到，必须与"军事当局达成不要干预征

---

① 《令知卷烟统税自本年十一月一日起实行案（1929 年 10 月 28 日）》，《广东省政府公报》第 37 期（1929 年 11 月 4 日），第 46 页。

② 《烟酒公卖处经管烟类税费每月收入预算表》，《财政公报（广东）》第 21 期（1926 年），第 15 页。

③ 《令知卷烟统税自本年十一月一日起实行案（1929 年 10 月 28 日）》，《广东省政府公报》第 37 期（1929 年 11 月 4 日），第 46 页。

④ 《广州总商会提议：请减一烟草税率并请拒绝外人扣除关税以维国货而恤商艰案》，《商业特刊》第 1 期（1928 年），第 192 页。

⑤ 《英美烟公司在华企业资料汇编》，第 900 页。

税的谅解","跟地方当局商妥办法"。① 军事当局之间的关系对卷烟统税能否开征具有决定性的影响。

开征卷烟统税的转机于 1929 年 3 月到来。由于李济深被蒋介石扣留在汤山，引起粤军骚动，蒋介石为安抚粤军，接受马超俊、胡汉民、古应芬等人的建议，任命陈济棠为广东编遣区特派员，负责整编广东军队。② 在国民党第三次全国代表大会上，陈济棠被选为中央候补执行委员，政治地位扶摇直上。③ 作为交换，陈济棠说服粤军各将领放弃反蒋，公开表明拥护蒋介石的立场，并替蒋介石"看守桂系"，免其后顾之忧。④ 在财政方面，蒋介石承诺将中央在广东全部税收交予陈济棠作为军费。⑤ 此后，广东政府一直截留代理国库收入，拒不解款中央，直到 1936 年陈济棠下野。

税收收入的归属明确后，广东财政整理的阻力顿时消弭于无形。范其务取代冯祝万担任广东省财政特派员、广东省财政厅厅长，总揽广东财政工作。广东财政特派员公署（下文简称"财特署"）成立整理税制委员会，负责划分整理国家税、地方税，"谋旧税之改革、新税之进行"⑥。不久，宋子文南下广东与范其务协商整理财政事宜，双方商定盐税、常关税、印花税、烟酒税、卷烟统税等 5 项为国家税。⑦ 卷烟统税由广东

---

① 《一九二七至一九三七年中国财政经济情况》，第 15 页。

② 肖自力：《陈济棠》，广州：广东人民出版社，2002 年，第 60—61 页；朱宗震等编：《陈铭枢回忆录》，北京：中国文史出版社，1996 年，第 66 页。

③ 肖自力：《陈济棠》，第 63 页。

④ 《陈铭枢回忆录》，第 66 页。

⑤ 肖自力：《陈济棠》，第 60—61 页；《陈铭枢回忆录》，第 66 页。

⑥ 《目前本省财政危机》，《广州民国日报》1929 年 10 月 31 日第 1 张第 3 版。

⑦ 《财厅积极筹措军费》，《香港工商日报》1929 年 11 月 21 日第 2 张第 2 版。

代征，用于本省政府财政支出。南京政府通过税款上的妥协实现了制度上的统一。然而，这种妥协有损于统税制度的整体性与协调性，为后来更严重的破坏开了先例。

在宋子文与范其务商定广东税收划分方案后，卷烟统税征收工作顺利进入筹备状态。5月，财政部派江屏藩（原福建烟酒印花税局局长）来粤任广东卷烟特税局局长，主持卷烟统税试办与机构组建工作。[①] 但范其务因政费入不敷出，一再请求缓办卷烟统税。此后几个月间，广东仍照 50% 的税率征收卷烟税，所得收入 32.5% 归国库，17.5% 归省库。[②]

江屏藩继续维持卷烟税高达 50% 的税率，未能满足烟商减税诉求，而且还修改了征税规则，阻止商人避税漏税。广东烟商对此颇为不满，一边致电财政部与卷烟统税处举报：广东卷烟特税局开办以来，"旧法屡更，新法不布"；另一边遍登沪港粤报纸，鞭挞江屏藩"税法出于口头，朝三暮四，随意变更"，导致"商业横遭蹂躏"。[③] 江屏藩不堪污蔑，沥陈"接办粤省卷烟事务以来，一切设施悉遵部章"，"以维持税率，杜绝漏私为进行惟一之方针，不徇情、不舞弊，苟有益于国无损于民，纵有牺牲，亦所不惜"。至于卷烟税率继续照 50% 征收，乃由广东财特署与财政部共同批准，并非他之主张。[④] 在致范其务的公函中，他对 4 项指控分别予以回应：1. 烟商利用"四消六长"之法取巧牟利，例如每盒卷烟批发价 1 分 4

① 《首都纪闻》，《申报》1929 年 5 月 4 日第 7 版。

② 程叔度：《卷烟统税史》，上海：新国民印书馆，1929 年，第 169—170 页。

③ 《粤省烟税苛征之呼吁》，《申报》1929 年 6 月 3 日第 14 版；《沪卷烟业之呈文》，《申报》1929 年 6 月 9 日第 16 版。

④ 《广东卷烟统税局局长江屏藩函复广东财政特派员关于华人烟草公会捏词诬控案》，《申报》1929 年 6 月 29 日第 2 版。

厘，本应纳税 7 厘，但广东印花税票单位只到分一级，仅贴印花半分（5 厘），实际税率不足 40%，因此他下令增加 6、7、8、9 厘 4 种税票，维持 50% 的税率，并无不合章程之处。2. 上海运粤卷烟本就经过香港，再转口香港明显是托词。广东卷烟运往港澳，多借转口之名，行漏税之实，因此不准其以转口为由申请免税。至于北海、海口等地土烟，均免税放行，并无苛收。3. 烟商缴税本应先缴交银铺银单，再转解国库，由广东省中央银行代收。但中行因军事影响不能代收，国库长黄典元担心银号不稳，规定只收银毫，不收银单。而广东银毫成色不一，回换频仍，黄典元又放宽办法，批准以利华银号所开银单缴税。利华银号是否征收手续费与广东卷烟特税局及江屏藩本人毫无干系。4. 货物入仓前须完纳税款，断无"不予收税即准放行之理"，是宋子文在广东掌财时已经定下的规矩。广东先入仓后贴花本来便不合规矩，而且特税局尚未强制完税，该罪名更无从谈起。江屏藩据理力争，称广州华人烟草公会"控告文电实属毫无价值"，"反诬敝局长为假手勒诈，可谓丧尽天良"。①

财政部本想息事宁人，无奈烟商态度坚决，只好另择新人替换江屏藩。起初，财政部解释称"改组伊始，头绪繁难"，的确下令广东照旧办理卷烟税，为江屏藩开脱，同时命江屏藩立刻公布征收办法，以期消减商人怨愤。② 但广东烟商通过上海全国商联会、上海华商卷烟厂联合会、广州商会、广州华人烟草公会等组织施压，宋子文最终以"违反统税条例，擅更征税办

---

① 《广东卷烟统税局局长江屏藩函复广东财政特派员关于华人烟草公会捏词诬控案》，《申报》1929 年 6 月 29 日第 2 版。

② 《粤卷烟税应公布征收之复函》，《申报》1929 年 6 月 30 日第 14 版。

法，抑阻国货，摧残华商"为由罢免江屏藩，起用郑芷湘为新任卷烟统税局局长。[1] 在这场官商之争中，中央选派的江屏藩成了替罪羊，使得财政部对广东统税的掌控力大幅下降。

在烟商抵制之下，江屏藩被迫卸职回闽，郑芷湘继任局长一职。郑芷湘曾在宋子文手下任事，又担任过广东烟酒税务局局长，谙熟烟酒税收事务，是新机构话事人的上佳之选。[2] 他上任后，根据《各省卷烟统税局暂行组织章程》改卷烟特税局为统税局，直属财政部卷烟统税处，"体察粤省地势情形，将原有分局及查验所从新规划，或改组、或移设、或裁并、或添设分所"[3]，建立广东卷烟统税局、查验所、查验分所（驻关办事员）三级管理体制，设置驻粤海关、潮海关、琼海关办事处。[4] 在人事方面，卷烟特税分局与查验所负责人全部被撤换，进行了大洗牌。直到 1930 年 3 月，机构组建与人员撤换工作方告一段落。

---

① 《粤烟会函沪会伸谢援助》，《申报》1929 年 7 月 12 日第 14 版。

② 据传郑芷湘与宋子文在美国相识，广州国民政府时期与宋子文关系亲近。"宋（子文）的'夹必袋'只有两个人才，一个是由上海带来的吴英华派充汉文课长；一个是在美国认识的广东中山人郑芷湘派充东汇关委员。加上西汇关委员林祥，这就是'宋记班'的全部班底。"参见萧宝耀：《宋子文发迹的一些史实》，中国人民政治协商会议广东省委员会文史资料研究委员会编：《广东文史资料》第 8 辑，1963 年，第 138 页。

③ 《指令广东卷烟统税局据送各查验所员名一览表准予备查由》，《卷烟统税公报》第 1 卷第 5 期（1930 年 5 月），第 2—5 页。

④ "凡该地辖境辽阔或商埠大镇事务殷繁，查验补税较多者，得设一等查验所，地处扼要，查验较繁者，得设二等查验所，其事务简单者，则设三等查验所"，以上为查验所、查验分所设置原则。《财政部公布各省卷烟统税查验所分所暂行组织章程令（1929 年 7 月 6 日）》，《中华民国工商税收史料选编》第 3 辑，第 1877—1879 页。

　　1930 年 4 月，卷烟统税局又根据各所的工作情况再次调整机构设置，将无收入的高雷、中顺、川邑、海陆丰、西江、东宝、两阳 7 座查验所，改为查验分所。① 调整后的广东卷烟统税局（见图 2-1），下辖省河、潮梅、钦廉、琼崖 4 座查验所与 3 个驻关办事处，负责卷烟征税与稽查两项事务；4 座查验所下辖 33 座查验分所，只负责稽查，随时派人前往各卷烟商店核验各项完税卷烟的牌名、枝数、登记信息相符与否，取缔私烟。② 舶来卷烟由卷烟统税局驻关办事员负责征税，于入关后粘贴印花，收取税款。

---

　　① "原日之西江所改为河口分所，东宝则改为宝安分所，中顺则改为中山分所，四邑则改为江门分所，高雷则改为梅箓分所，海陆丰则改为汕尾分所，两阳则改为阳江分所。惟海陆丰现改为汕尾分所，该所原设汕尾，其海陆丰区域中之甲子距离汕尾写远，滨临大海，交通便利。又如阳江属之闸坡，亦属水路要津，均时虞漏匿，拟以甲子及闸坡，各加设分所一所，以资戢缉。现在之系统：省河一所，则以河口、九江、都城、江门、北街、公益、斗山、中山、前山、容奇、陈村、市桥、新塘、宝安、石龙、太平及现改之阳江、新设之闸坡等十八分所造属之；潮梅，则以黄岗、东陇、潮阳、平海暨现改之汕尾、新设之甲子等六分所造属之；钦廉，则以梅箓、麻章、黄坡、沈塘、东兴五分所附属之；琼崖，则以铺前、清涧、临高、三亚四分所造属之。"《广东卷烟统税局呈财政部为将无税收之各所改并分所并添设两所列表请核示遵文（1930 年 4 月 28 日）》，《广东财政特派员公署财政月刊》第 5 期（1930 年 5 月），第 28—29 页。

　　② "省河一所，则以河口、九江、都城、江门、北街、公益、斗山、中山、前山、容奇、陈村、市桥、新塘、宝安、石龙、太平及现改之阳江、新设之闸坡等十八分所附属之；潮梅，则以黄冈、东龙、潮阳、平海暨现改之汕尾、新设之甲子等六分所附属之；钦廉，则以梅箓、麻章、黄坡、沈塘、东兴五分所附属之；琼崖，则以铺前、清澜、临高、三亚四分所附属之。"《广东卷烟统税局呈财政部为将无税收之各所改并分所并添设两所列表请核示遵文》，《卷烟统税公报》第 1 卷第 1 期（1930 年 1 月），第 28—29 页。

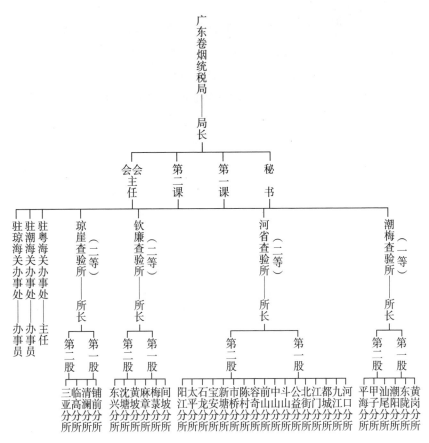

图 2-1 广东卷烟统税局组织结构图

资料来源:《指令广东卷烟统税局据报重行支配查验所情形准予备案由》,《卷烟统税公报》第 1 卷第 5 期(1930 年 5 月),"税务",第 7 页。

1929 年 11 月，广东正式改征卷烟统税，照 32.5% 的税率分 7 级征税（见表 2-4），停止带征 17.5% 的省税。① 广东卷烟统税局征得统税后，汇解国库，由财特署调拨支配。这种"异变"状态使广东统税征收规则复杂化，也违背国地财政分权精神，并非长久之计。1931 年统税扩征前，财政部趁势提出，"广东省卷烟税款，向由该省卷烟统税局径解特派员公署拨支军费。现因统一征收，令饬该局尽数解缴国库，以充库券基金"，试图从广东政府手中收回卷烟统税征收权。② 但陈铭枢、范其务随即电陈，广东军费居高不下，财政入不敷出，要求中央予以补助，否则难以按期裁厘。财政部仿照其他省份处理办法，自 1931 年 1 月 1 日起每月拨补广东 25 万元，"以抵第八路军费之用"。③ 到 3 月时"在沪记账、到粤收税"的办法也被取消。④ 广东卷烟统税结束异变状态，恢复正常征收流程。

---

① 《卷烟统税局呈报本年十一月一日起改办统税同时停止从前带征之一七五省税案（1929 年 11 月 6 日）》，《广东省政府公报》第 40 期（1929 年 11 月 14 日），第 13—14 页；《卷烟改办统税之商决》，《香港工商日报》1929 年 11 月 1 日第 2 张第 3 版。

② 《财政部关于辽宁等省卷烟税煤油税划归中央后的协款问题致行政院报备呈（1931 年 4 月 2 日）》，《中华民国工商税收史料选编》第 3 辑，第 1768—1769 页。

③ 《范其务陈铭枢等胪陈广东省财政奇困收不敷支恐难按期裁厘电（1930 年 12 月）》，《国民政府财政金融税收档案史料（1927—1937 年）》，第 959 页；《财政部关于辽宁等省卷烟税煤油税划归中央后的协款问题致行政院报备呈（1931 年 4 月 2 日）》，《中华民国工商税收史料选编》第 3 辑，第 1768—1769 页。

④ 《由沪运粤烟件不再征税》，《广州民国日报》1931 年 3 月 27 日第 2 张第 3 版。

表 2-4　　卷烟税率表（1928 年 12 月）

枝数	售价（元）	等级	税银（元）
5 万	1073. 440 以上	一	404. 625
	729. 940 以上	二	258. 375
	558. 190 以上	三	158. 250
	386. 440 以上	四	136. 500
	257. 630 以上	五	93. 625
	128. 810 以上	六	53. 625
	128. 810 以下	七	29. 250

表 2-5　　雪茄税率表

枝数	售价（元）	等级	税银（元）
1000	60. 00 以上	一	29. 250
	30. 00 以上	二	12. 675
	15. 00 以上	三	7. 313
	7. 50 以上	四	3. 656
	4. 50 以上	五	1. 950
	4. 50 以上	六	1. 463

资料来源：《卷烟税率表（1928 年 12 月）》，《中华民国工商税收史料选编》第 3 辑，第 2042—2043 页。

广东卷烟统税在财政部统税署接手后不久，便因宁粤对峙局面的形成而再度易手。中原大战后，蒋介石再次着手裁军减费，使陈济棠感到唇亡齿寒。他在胡汉民被扣留后，选择与一众南京政府粤籍大员联合反蒋，并与广西李、白通款言和，将入桂粤军撤回广东。① 时任广东省政府主席的陈铭枢与陈济棠等政见不合，"坚持不可以武力解决国是之说"，于 4 月 28 日悄然离粤。② "自陈主席（陈铭枢）离省赴港后，粤局顿然变化，财政厅厅长范其务日来仆仆省港间，劳苦成疾"，向省政府请辞。③ 后省府委员会公推广州市市长林云陔兼任财政厅厅长与财政特派员。④ 陈济棠联合汪精卫、孙科、李宗仁等各派势力，与南京政府决裂，成立广州国民政府，以邓召荫为财政部部长。⑤ "粤桂两省一切税收已直接归财政厅办理"，郑芷湘"无权过问"，卸任粤桂闽区统税局局长，离省赴港，"不日赴京谒见财政部部长宋子文报告一切"。⑥ 粤桂闽区统税局奉陈

① 谢本书、冯祖贻主编：《西南军阀史（三）》，贵阳：贵州人民出版社，1994 年，第 135 页。

② 《粤局波澜与陈铭枢离粤真相》，《香港工商日报》1931 年 5 月 1 日第 3 张第 1 版；《粤局剧变之因果及其形势》，《香港工商日报》1931 年 5 月 4 日第 1 张第 3 版。

③ 《范其务打销辞职意》，《香港工商日报》1931 年 5 月 6 日第 1 张第 3 版。

④ 《广东省政府第五届委员会第一百六十五次议事录（五月八日）》，广东省档案馆：《民国时期广东省政府档案史料选编 2（第四、五届省政府会议录）》，1987 年，第 538 页；《冯祝万将任财厅长说》，《香港工商日报》1931 年 5 月 15 日第 1 张第 3 版。

⑤ 广东经济年鉴编纂委员会编：《广东经济年鉴》（二十九年度下册），广州：广东省银行经济研究室，1941 年，第十八章财政，第 23 页。

⑥ 刘国铭主编：《中华民国国民政府军政职官人物志》，北京：春秋出版社，1989 年，第 47 页；《郑芷湘过港不日赴京谒宋》，《香港工商日报》1931 年 5 月 12 日第 3 张第 1 版。

济棠命令，自 5 月 1 日起继续征收统税，从统税署手中夺回统税收入。① 于是，财政部再次失去广东卷烟统税征收权，同时停止向广东拨补协款。② 宁粤的对峙斩断了 1931 年广东统税制度正常化的可能，广东政府再度将统税税收纳入囊中。

广州国民政府存续期间，卷烟统税一度面临停征危机。在林云陔兼任财政厅厅长后，统税局对省外所运统税商品重征统税，引发卷烟生产商、运商的连锁反应。运粤国产卷烟出厂时须缴纳一次统税，运入广东时又缴纳一次统税，税上加税。广东卷烟业受其影响，生意萧条。财政厅提议筹设卷烟公卖局，统制全省卷烟贸易。1931 年 9 月 1 日，卷烟公卖局成立，在西堤二马路粤桂闽区统税局内办公，由陆匡文出任局长。③ 根据公卖办法，公卖局应根据华洋卷烟的货色等差，先给价收购，加贴公卖证，再委托商店经理销售，所定售价比批发价高 50%。④ 建设厅与商店试图组成新的销售模式，阻断了卷烟运商财路。因此，广州卷烟运商去电上海烟厂请示办法，上海烟商电请广东当局撤销公卖，并停止卷烟运粤。⑤ "各卷烟公司，以专卖若成事实，则某洋商公司，势必恃其资本雄厚，减价平沽，届时各国货公司，定必因其挽夺，而至货

---

① 《本省收入概收现金》，《广州民国日报》1931 年 5 月 2 日第 2 张第 1 版。

② 《卷烟库券基金实况》，《申报》1931 年 6 月 4 日第 13 版。

③ 《陆匡文任卷烟公卖局长》，《广州民国日报》1931 年 8 月 20 日第 2 张第 1 版。

④ 《财厅筹设全省卷烟公卖局》，《广州民国日报》1931 年 8 月 13 日第 2 张第 3 版。

⑤ 《卷烟公卖局办理结束》，《广州民国日报》1931 年 9 月 24 日第 2 张第 2 版。

品滞销，亏着赔累"，因此致电"港沪各总公司一律停止办货"。① 广州国产卷烟顿时供不应求，价格从一毫涨至一毫四五，上涨近50%。② 财政厅通过广州卷烟公会向上海卷烟公司传达态度，称专卖办法对其并无影响，希望其继续运烟来粤。其中汉昌公司等陆续派员来局接洽，表示愿意继续运货来粤。③ 但上海仍然没有重新发运国产卷烟，广州市面上卷烟依旧紧缺。卷烟公卖局成立后，在1个月内的公卖期仅收获1,000余元，成绩惨淡，反而使财政收入严重缩水。④

广东省财政厅最终在烟商罢市罢运、坚决抵制的压力下宣布停止卷烟公卖，恢复征收卷烟统税。随后林云陔请辞财政厅兼职，冯祝万再度出任财政厅厅长⑤，推荐孙家哲代替简作桢就任粤桂闽区统税局局长。⑥ 孙家哲上任后，结束卷烟公卖，将卷烟公卖局改为卷烟加税所。⑦ 但上海烟商方面仍不满意，表示只有政府明令撤销公卖局、取消加税，才会恢复输入卷烟。⑧ 孙家哲与冯祝万商议后，同意烟商诉求，决定10月1日

---

① 《国货烟公司果停止办货》，《香港工商日报》1931年8月22日第1张第3版。

② 《卷烟来源已窒》，《广州民国日报》1931年9月5日第2张第3版。

③ 《卷烟公卖之最近进行》，《广州民国日报》1931年9月9日第2张第1版。

④ 《卷烟公卖局办理结束》，《广州民国日报》1931年9月24日第2张第2版。

⑤ 《广东省政府第六届委员会第三十三次议事录（十月二日）》，广东省档案馆：《民国时期广东省政府档案史料选编3（第六届省政府会议录）》，1987年，第49页。

⑥ 《财厅开始办理交代》，《广州民国日报》1931年9月25日第1张第4版。

⑦ 《卷烟公卖局办理结束》，《广州民国日报》1931年9月24日第2张第2版。

⑧ 《冯祝万筹办卷烟加税之进行》，《广州民国日报》1931年10月1日第2张第1版。

起按照原有统税章程征收卷烟统税。① 孙家哲上台后，统税收入激增，"视前此收入最旺之月，犹有过焉"②。在这场较量中，粤沪卷烟商人无疑占据了上风，使卷烟统税得以保留。

广东卷烟统税的实质属性，在开征过程中经历了从地方税到国家税，再到地方税的两次转变，核心原因是宁粤关系的分分合合。其间，广东政府与南京政府均曾极力争取卷烟统税收入的归属。广州国民政府成立后，卷烟统税一度遭遇停征危机。广东政府可以通过调整卷烟统税征收规则实现截留税收的目的，也可以采用专卖等方式获取财政收入。相较而言，粤沪烟商更在乎采取何种财政汲取方式，要求恢复征收卷烟统税，成为帮助南京政府推广统税制度的帮手。

二、火柴统税的开征与反复

南京国民政府在出台裁撤厘金方案前，进行了长达数年的探索和实践。在方案形成过程中，美籍财政顾问甘末尔及其设计委员会曾提交《税收政策意见书》，认为所得税、遗产税等直接税尚不适合在中国开征。其改进方案仍以间接税为工商税收主体，建议征收火柴、水泥消费税，集中于少数财源，反对广泛征收消费税。这种消费税③并不直接向消费者征税，而是

① 《沪烟停运潮已告解决》，《广州民国日报》1931 年 10 月 1 日第 2 张第 4 版。

② 《〈粤桂闽区统税月刊〉序》，《粤桂闽区统税月刊》第 1 期（1931 年 10月），第 1 页。

③ "货物税是消费税，可用种种方式征收之：1. 于货物出产之时征课者，为货物出产税；2. 于货物达到销场时征课者，为落地税，或销场税；3. 出产税与销场税并征者，为产销税；4. 于货物之运送中征收者，为货物通过税；5. 于货物之交易时征收者，为货物贩卖税，或货物销售税。"《财政学与中国财政——理论与现实》，第 306 页。

向生产者征收。① 中原大战结束后，宋子文曾约各财政专家及部内要员谈话，重新着手裁厘，征收抵补税。② 最终，财政部选择对火柴、水泥、棉纱 3 种商品征收统税，连同此前开征的卷烟统税、麦粉特税组成新的统税体系。

广东火柴工业发育早，其中"珠江口三角洲地带，向为华南火柴工业中心"③。1929 年下半年，广东火柴厂家因瑞典火柴倾销倒闭过半。④ 相比缺乏工业基础的卷烟、棉纱，广东火柴税征收过程中面临的关系更加复杂。广东财特署与南京财政部、火柴厂商围绕着如何征收火柴税进行了多回合的讨论。火柴统税的开征过程颇为曲折，直到 1931 年 7 月才确定下来，不再反复变化。

1931 年 1 月南京政府统税征收条例出台前，广东财特署正奉部令筹备征收特种消费税。财政部原计划于 1930 年 10 月 10 日开始全面裁厘。筹备裁厘初期，财政部计划征收出厂税、特种消费税、特种营业税 3 种抵补税。⑤ 为讨论如何征收特种消费税，财政部"通电各省选派财政厅主管厘税职员赴部备询"，将厘金"属国库收入者，举办特种消费税，计有十九种"。⑥ 财政特派员范其务据此迅速制定广东省财政整理计划。

---

① 《财政部甘末尔设计委员会〈税收政策意见书〉和部长声明（1929 年 12 月—1930 年 10 月）》，《中华民国工商税收史料选编》第 1 辑，第 195—198 页。

② 《财宋整理财政》，《广州民国日报》1930 年 11 月 29 日第 1 张第 3 版。

③ 《财政年鉴续编中》，第八篇统税，第 31 页。

④ 陈真编：《中国近代工业史资料》第 4 辑《中国工业的特点、资本、结构和工业中各行业概况》，北京：生活·读书·新知三联书店，1961 年，第 629 页。

⑤ 《裁厘后之递补税问题》，《广州民国日报》1930 年 12 月 3 日第 3 张第 2 版。

⑥ 《范其务整理全省财政计划（四）》，《广州民国日报》1930 年 11 月 8 日第 1 张第 4 版。

他认为"此种方案，未正式颁布，然裁厘抵补计划大端，要不出此，业已交由税制整理委员会积极筹备"①。税制整理委员会9月征选出特税货类调查员麦志学、梁有成、余日焜等人，分赴各县市实地调查，以便尽快制定特税章程，抵补裁撤行厘带来的国家税损失（每月约48万元）。②

但范其务对特种消费税的设想与中央存在分歧。他认为广东特种消费税需要变通，在财政部所定19种特税基础上加以甄别。"非民生必需品者，始加以课税，至若课税税率，除区别品物性质如奢侈品、半奢侈品、日常用品等酌定轻重外，对于国货仍取保育主义，于课税方法，则注重产销地点，征收手续，则取简便方法，至关于设置征收局所，除有特种原因必须独立设置外，其余一律采取统一征收办法，仿照本省税务局之组织。"③ 在范其务的整理计划中，特种消费税分为国家税、省税两部分。财政部所拟19种特种消费税属于国家税，而由筵席捐、土敏土附加捐等所改的消费税则属于省税。

广东裁厘筹备处主任沈毅具体解释了裁厘抵补方案。广东裁厘计划分两步走：第一步先裁撤国库厘金（行厘），举办特税以补充损失约700万元；第二步再裁撤省库厘金（坐厘），

---

① 《范其务整理全省财政计划（四）》，《广州民国日报》1930年11月8日第1张第4版。

② 《令各县市保护协助特税货类调查员》，广东省立中山图书馆、广东省档案馆编：《广东省政府公报》第78册，北京：国家图书馆出版社，2016年，第214页；《调查特税时期再延长一月》，《广州民国日报》1930年10月27日第1张第4版。

③ 《范其务整理全省财政计划（四）》，《广州民国日报》1930年11月8日第1张第4版。

办理营业税补充损失约 400 万元。[①] 广东厘卡数量居全国之首，计有 115 处，裁厘难度可见一斑。[②] 同时沈毅也表示将遵循财政部要求，在举办特税时严守一物一税原则，于商品出产地点或集中地点统一征收。但裁厘计划中并没有明确特税收入的归属，后来广东省财政厅宣布不专门设置特税局负责征收特种消费税，而是将其交由原负责省税之税务局一同办理。[③] 特种消费税在筹备过程中从国家税变成了地方税。

　　而火柴内地消费税则是特种消费税中较早开征的一项。"财政厅以省库奇拙〔绌〕，军费日繁，决拟抽收火柴税。"[④] 虽然财政部将"火柴一类，亦划入关于国税范围，而财厅以此项捐税，行将征收在即，惟有依照原案办理，仍归省库收入"[⑤]。财政部察觉到各地频频发生此类情况，为此"拟具在实行裁厘前应行解决办法三项"，强调"特种消费税，原系中央税收，须由中央筹设专局，方能使税法章则，全国归于划一，期成良税"，如果"各省政费不敷，由中央酌量各该省收支情形，分别补助之"。[⑥]

　　南京政府于 1931 年 1 月出台《棉纱火柴水泥统税条例》，决定征收火柴统税。这与广东正在筹备的火柴消费税相抵触。

---

① 《裁厘处成立后之进行》，《广州民国日报》1930 年 12 月 17 日第 1 张第 4 版。

② 《财政部调查 1928 年度全国 16 省厘金比额与实收数》（1929 年 4 月 30 日），《中华民国工商税收史料选编》第 3 辑，第 1666 页。

③ 《各项特税由税务局征收》，《广州民国日报》1930 年 12 月 12 日第 1 张第 4 版。

④ 《内地火柴特税批行承办》，《广州民国日报》1930 年 11 月 3 日第 2 张第 2 版。

⑤ 《火柴税归省库》，《广州民国日报》1930 年 12 月 12 日第 2 张第 1 版。

⑥ 《裁厘先决问题》，《广州民国日报》1930 年 12 月 20 日第 3 张第 2 版。

因此，广东省财政厅于 1930 年 12 月底同意遵照部令，停止征收火柴消费税。[①] 但在收到省政府继续征收火柴消费税的决议后，广东省财政厅随后又颁布《广东征收火柴内地消费税章程》，定于 1931 年 1 月 16 日开征。[②] 根据征收章程，除非火柴商持有财政部颁发的"特准免抽厘税凭证"或在外省缴纳同类税费并携有凭证，否则不论华洋商人，一律须缴纳消费税。其中广东生产火柴可发还火柴原料税及其他杂税，即广东火柴厂商实际上无须负担消费税，享有税收优惠。[③] 1931 年年初，火柴税呈现统税、消费税两税并行的怪诞局面。

广东火柴税的形式与归属尚未落定，因此南京财政部与广东财政机关尚在积极争取火柴税。按照范其务的设想，若征收火柴消费税，则税款归入省库，形成广东财政收入；若征收火柴统税，则税款归入国库，形成中央财政收入。由于财政部正试图收回统税征收权，广东还是更倾向于征收火柴消费税，在 3 月以裁厘后税收大减为由，经由财政部批准获得火柴税、水泥税的办理权。[④] 广东自 4 月 1 日起停止举办火柴统税、水泥统税，召回驻厂员，将两税交给财政厅自行办理。

但 4 月财政部突然决定停办特种消费税，并禁止各省擅自征收。财政部原本计划举办特种消费税，抵补裁厘损失。可多

---

① 《火柴税决停办》，《广州民国日报》1930 年 12 月 28 日第 2 张第 2 版。

② 《训令公安局市商会为奉民政厅令抄发广东征收火柴内地消费税章程及施行细则仰知照并饬属知照由（二月十日）》，《汕头市市政公报》第 66 期（1931 年），"财政"，第 6—7 页。

③ 《本省征收火柴内地消费税章程》，《广州民国日报》1931 年 3 月 4 日第 2 张第 3 版。

④ 《火柴水泥统税概归省库由财厅征收》，《广州民国日报》1931 年 3 月 27 日第 2 张第 1 版。

地自行开征消费税，将其改为地方税，既不等待中央政策指令，也不将税收交给财政部。此类情况使得财政部发现，即便特税开征也并不掌握在中央手中，甚至可能影响关税自主的大局。"全国特税每年约计三千万，除开支只半数能到国库，流弊至多"，因此宋子文于4月3日在国民政府会议上宣布停止办理特种消费税。[①] 各省政府接到财政部电告，令其不准举办特种消费税，巧立名目，使厘金禁而不止。[②] 广东火柴消费税丧失了存在的合法性。

粤桂闽区统税局从财政厅手中又收回火柴税、水泥税办理权，重新征收统税。统税署[③]4月22日电令粤桂闽区统税局继续征收火柴统税、水泥统税，并着郑芷湘派员前往财政厅磋商移办问题。粤桂闽区统税局翌日发出布告："财政厅所承办水泥捐及火柴消费税，应即日停征，由统税局办理……所有水泥、火柴两税，悉照征收统税条例办理……自四月二十六日起，所有土制舶来上项货物，均应遵章到所在地管理所查验所分所或驻厂员，分别报验纳税，方准行销。"[④] 郑芷湘派出大

---

① 《最近财政计划》，《广州民国日报》1931年4月6日第1张第3版；《西洋税制在近代中国的发展》，第90页。

② 《广东省政府第五届委员会第一百五十八次议事录（四月七日）》，《民国时期广东省政府档案史料选编2（第四、五届省政府会议录）》，第525页。

③ 1932年7月"统税署及印花烟酒税处合并为税务署……财部内旧日错综机关已次第归并，仅余盐务署、关务署、统税署［税务署］三机关"。《统税处改为税务署谢祺任署长（1932年7月12日）》，《中华民国工商税收史料选编》第3辑，第1888页。1933年5月税务署事务扩增，"掌理全国统税及印花、烟酒、矿产等税"。《税务署转发财政部修正〈税务署暂行组织章程〉的训令（1933年5月11日）》，《中华民国工商税收史料选编》第3辑，第1893页。

④ 《火柴水泥统税廿六日开征》，《香港工商日报》1931年4月25日第2张第3版。

批驻厂委员，分往佛山、巧明、文明、东山等火柴厂、河南士敏土厂检查出品，就厂征收。由于特种消费税已经被明令禁止，所以广东只好放弃征收火柴消费税，恢复征收火柴统税。

到广州国民政府成立后，无论征收火柴统税，抑或是消费税，其收入都将构成广东财政收入，对广东政府来说并无二致。更关心税目形式的反而是广东火柴厂商，他们正伺机请求恢复火柴消费税，继续享受免税优惠。火柴消费税之所以率先开征，一是如范其务所言，目的在于紧急筹措军费；二是与火柴业深陷倾销危机，广东火柴商人联合全国火柴商人抵制舶来火柴有关。20世纪20年代末，广东土制火柴业深陷日本、瑞典等国舶来火柴低价倾销危机。为谋自救，广州土造火柴商业公会倡议，组建中华全国土造火柴同业联合会，并召开联商会议，抵御舶来火柴倾销。[①] 中国火柴商人呼吁政府保护民族工业，提供税收政策扶持。他们联合召开全国火柴业代表会议，成立全国火柴业同业联合会，向政府提出如下要求：1. 对舶来火柴征收屯并税；2. 提高舶来火柴入口税率；3. 免去国产火柴的进口原料税。[②] "尽管南京政府有关部门在口头上答允要维持全国火柴工业，但至一九三〇年仍然没有采取什么具体措施。广州地区的火柴厂商又向广东省政府请愿，夸大说工人三十万人失业"，因此省务会议议决维持火柴业，交财政厅厅

---

① 《火柴商人投袂以起》，《广州民国日报》1929年10月7日第2张第2版。
② 《火柴业代表赴京请愿之代表》，《广州民国日报》1929年12月16日第2张第2版；《土制火柴挽救方法》，《广州民国日报》1930年4月8日第2张第2版。

长范其务办理此事。①

　　范其务应火柴生产商请求，采取差别税率征收火柴消费，救济本省火柴业。他对于火柴消费税"征收章则甚为慎重，向火柴商征求意见"②。火柴生产商向其陈说国产火柴负担厘金之重，即便"一再降价，也无法与洋火柴竞争"，于是范其务推动成立广东全省火柴消费税局。其所颁火柴消费税章程规定："火柴数量不过1200小盒、其重量不过27斤（海关36磅）者，为一件，征收大洋2元。"③省外所运火柴需照章完税；而广东土制火柴可申请退税，每件火柴退还火柴原料进口税及其他杂税2元。因此，火柴消费税对广东火柴商而言几近于无，得到他们的衷心支持。广东火柴行业公会在范其务故去后，还筹款修建了范其务纪念亭，感怀"业务不致崩溃，当时全得范故专员之力"④。

　　与火柴消费税不同，火柴统税要求省内、省外商人一律同等纳税，不予退税。相比于火柴统税，广东火柴商人当然更青睐征收火柴消费税。1931年广州国民政府成立后，广东火柴商人便通过土制火柴行业公会呈请恢复火柴消费税。商人们

---

①　利耀峰：《广州火柴工业与东山火柴厂》，中国民主建国会广州市委员会、广州市工商业联合会、广州市政协文史资料研究委员会合编：《广州文史资料》第36辑《广州工商经济史料》，广州：广东人民出版社，1986年，第9页。

②　《火柴征税尚须考虑》，《广州民国日报》1930年10月26日第2张第2版。

③　如每件盒数、排数超过1,200，而重量不及27斤；或每件重量超过27斤，而盒数、排数不及1,200者，均作两件计抽。《广东省征收火柴内地消费税章程（十九年十二月廿六日本府第五届委员会第一三一次会议议决照修正）》，《广东省政府公报》第142期（1931年1月31日），第37页。

④　《火柴公会筹建范其务纪念亭》，《中山日报》1937年3月3日第2张第3版。

称，"洋来火柴同等纳税，在洋来火柴资本充裕，借此获遂其压迫之目的，而土制火柴资本薄弱，遂致有江河日下之势"，请求财政厅将火柴税收回办理，照旧征收内地消费税，"以维持土制火柴之生命，而增省库大宗之收入"。① 此时正值西南联合讨蒋之际，广东"每月军政费之开支，较诸曩时，剧增一倍，现为筹措军费起见，亟须使各种税捐，增加收入"②。财特署采纳商人部分意见，命令新任粤桂闽区统税局局长简作桢停止征收火柴统税，交财政厅办理火柴消费税。③ 商人借助局势变幻，再次掀起火柴统税与消费税之争。

此次统税改消费税，由商人而起，也由商人而终。火柴商人与财特署的诉求虽然都是改变现行火柴税办法，但最终目的显然是矛盾的。火柴商人希望降低本省所产火柴的税率，而财特署则希望增加税收，支应膨胀至 600 万元的军费。④ 因此改征消费税后，火柴商人并未得偿所愿。根据新火柴消费税税率，每箱火柴抽税数额提高至 4 元，仍只发还原料税 2 元，不能完全抵消所纳税额。⑤ 而且新税率甚至还高于之前的火柴统税税率。火柴统税每箱（7,200 小盒）征税 5 元至 10 元不等；

① 《广东财政特派员公署训令：令知征收火柴内地消费税准俟财政厅批商承办时，应即将原征火柴统税停止征收由》，《粤桂闽区统税月刊》第 1 期（1931 年 10 月），"公牍"，第 5 页。

② 《征收火柴税之官商见解》，《香港工商日报》1931 年 7 月 3 日第 1 张第 3 版。

③ 《财特署令统税局撤销火柴税》，《广州民国日报》1931 年 6 月 15 日第 2 张第 1 版。

④ 《本省军费增至六百万》，《香港工商日报》1931 年 7 月 13 日第 2 张第 2 版。

⑤ 《火柴行代表昨赴财厅请愿修改税章》，《广州民国日报》1931 年 7 月 2 日第 2 张第 2 版。

火柴消费税每箱（1,200 小盒）征税 2 元，若以 7,200 小盒火柴计算，则征税 12 元。广东火柴商人对此并不满意，认为新火柴消费税率过高，请求政府依照原消费税办法征收。[①] 雪上加霜的是，广东火柴商运送火柴前往云南、贵州、湖南、广西销售时，仍需在销售地重申手续、重纳统税，再持纳税凭证向广东申请退税。[②] 高额税负与繁杂手续使得火柴商转而反对新消费税，并提出两全其美的解决方案。他们通过广州市土造火柴行同业公会提议，发还本省火柴商所纳消费税，"倘以军需待支，正资筹备，则请仍照统税名称"，对舶来火柴照 3 倍税率征收，对土造火柴照原定税率征收，如果两项办法"均难照准，则请勿更张，仍任粤桂闽区统税局照章办理"。[③] 财特署最终同意商人请求，自 7 月 21 日起恢复火柴统税，并对不同来源的火柴采取差别税率。

在恢复征收火柴统税前，广东省建设厅曾提议组建火柴专卖局或火柴营业管理局。与卷烟专卖局不同的是，火柴专卖局在设计上更注重发展广东火柴工业。在建设厅计划中，专卖局由建设厅领导，由商人负责具体事务，整合全省之资源与力量发展生产，集商人资本建造一个大工厂，对抗省外运粤商品。[④] 此时，火柴行同业公会正忙于请求减税之事，无暇顾及

① 《征收火柴税之官商见解》，《香港工商日报》1931 年 7 月 3 日第 1 张第 3 版；《火柴行代表请愿》，《香港工商日报》1931 年 7 月 3 日第 2 张第 2 版。

② 《火柴行代表昨赴财厅请愿修改税章》，《广州民国日报》1931 年 7 月 2 日第 2 张第 2 版。

③ 《建厅召集火柴商会议》，《香港工商日报》1931 年 7 月 4 日第 2 张第 2 版。

④ 《如何救济本省土制火柴业》，《广州民国日报》1931 年 7 月 6 日第 2 张第 3 版。

建设厅所提出的火柴营业管理办法。① 相较于控制生产，火柴商人更希望借建设厅之力提高销量，但专卖办法只限于广东省内有效。减税之事解决后，火柴商人享有比省外商人更加优惠的税收政策，对火柴专卖兴趣寥寥。因此，设立火柴专卖局一事再无人问津。

在火柴税开征过程中，火柴消费税与火柴统税之争可分为两个阶段：第一阶段是税收归属之争。宁粤对峙前，火柴消费税属于省库收入，而火柴统税属于国库收入，应解交财政部，导致火柴税在两种形态之间反复变化。宁粤对峙开始后，广东决意截留火柴税收入，两种形态都可以达到目的。第二阶段是税收政策之争。广东火柴商人希望政府采取保护性税收政策，救济火柴工业。新的消费税政策并未给予商人税收优待，而又与省外统税手续难以对接。广东政府最终部分采纳火柴商的意见，恢复火柴统税，采用差别税率。这一办法在实现增加税收目的的同时，也满足了火柴商人的救济请求。

三、水泥统税的开征与中止

在 5 项统税商品中，广东火柴工业与水泥工业相对发达，其中火柴工厂属于民营产业，而水泥工厂属于官营产业。省营士敏土厂的存在意味着官方力量的介入。而广东市场中的水泥又以舶来为主，这意味着广东市场与国内其他地区相对隔绝。广东水泥统税所面临的产业环境、市场结构与其他 4 项统税均大不相同。上述因素再叠加时局的变动后，使得广东水泥统税

---

① 《建厅定期再召集维持火柴业会议》，《广州民国日报》1931 年 7 月 9 日第 2 张第 2 版；《官商会议组设火柴公销局》，《香港工商日报》1931 年 7 月 14 日第 2 张第 3 版。

成为 1931 年 5 项统税中唯一停征的一项。

　　简单来说，广东公私事业中所用水泥包括两种：1. 广东士敏土厂自制水泥；2. 省外运粤水泥。广东水泥工业肇基于清末，先后经历 1909 年至 1932 年河南士敏土厂时期与 1932 年至 1937 年西村士敏土厂时期两个阶段。清末两广总督岑春煊利用没收的矿山和田产，募集资金 120 万银元，创办广东士敏土厂（即河南士敏土厂），打破进口水泥独占广东市场的局面。[①] 但 1911 年至 1928 年期间，河南士敏土厂"或归官办，或招商办，或官督商办，或官商合办"，几任承包者均未能改变颓势，以致"无甚起色，浸成废业"。[②] 1928 年，因基础设施建设需要大量水泥材料，河南士敏土厂重新启用。

　　广东省建设厅改用官督商办方式经营河南士敏土厂，结束包商承办。建设厅派黄玉成担任河南士敏土厂监督，召集华侨联合用普益公司名义承包士敏土厂 3 年。[③] 经营模式为政府派人监督，商人出资 15 万元从事经营，利润由政府与投资人对半分配。[④] 不过这次官督商办的尝试也没有摆脱经营不善的局面。1930 年承包商普益公司便因"厂中炉窑机器均属残废不堪，须不时修理乃能制造，以致时作时辍，而营业方面则受外

---

　　① 王燕谋编著：《中国水泥发展史》，北京：中国建材工业出版社，2005 年，第 57—59 页。

　　② 《广东士敏土厂筹建》，广州市地方志办公室编：《广州近现代大事典（1840—2000 年）》，广州：广州出版社，2003 年，第 124 页；《广东士敏土厂调查》，《中国商业循环录》第 12 期（1933 年 12 月 31 日），第 114 页。

　　③ 《函广东省建设厅据士敏土厂普益公司黄镇球呈为转请宽限接收俾制存熟土块全数磨清请查照秉公办理由》，《侨务月报》第 2 期（1931 年），第 53 页。

　　④ 《官督商办广东士敏土厂简章》，《广东建设公报》第 2 期（1928 年），"法规"，第 90—93 页。

土之侵略与压迫，而政府并未予以充分维持，因此厂土常见滞销"提请退包。[①] 普益公司称 1929—1930 年总计亏损 3 万元，垫支亏折 9 万元以上。建设厅厅长邓彦华不愿数百工人失业，使广东失业情况雪上加霜，勉励其继续开工制土。事实上，未到 1932 年 1 月承包期结束，普益公司便早已停止了生产。1931 年，建设厅决定取消合约，收回河南士敏土厂。[②]

而在恢复办理河南士敏土厂的同时，建设厅另一边着手建设一座规模更大、技术更高的新厂——西村士敏土厂。该厂筹备自 1928 年，当时河南士敏土厂每日出产量约 200 桶，全省每日所需士敏土约 3,000 桶，仅足供全省 7% 的需求量，无余力供应铁路需要。鉴于粤汉铁路尚未完成，需要大宗水泥，铁道部倡议广东省当局设立水泥厂，以应其需。厂址选在西村狮头岗，前临珠江河道，后倚粤汉铁路。广东省政府向丹麦史密芝公司购买价值近 200 万港币的制土机器，由广东中央银行先行垫付，财政厅每月偿还 10 万元，建厂及第一套制土机器总耗资 400 余万。[③] 西村士敏土厂在 1932 年投产后，才承担起生产公私建设所需水泥建材的重任。虽然 1931 年水泥统税开征时，广东省营士敏土厂并未处于生产状态，但它仍然是确定征税方法时所要考虑的因素。

由于广东士敏土厂属于官办事业，因此其在税收方面享有政策优惠，无须负担附加大学经费。士敏土征收附加大学经费

---

① 《函广东省建设厅据士敏土厂普益公司黄镇球呈为转请宽限接收俾制存熟土块全数磨清请查照秉公办理由》，《侨务月报》第 2 期（1931 年），第 54 页。

② 《广东省营士敏土厂概况》，《统计月刊》第 1 卷第 2 期（1934 年 12 月），第 4 页。

③ "The Kwangtung Cement Factory," in *The Far Eastern Review*, Feburary, 1931, p. 84.

办法由邹鲁提出，本是将河南士敏土厂所得余利拨充大学作为教育经费，后来该项税捐由财政厅直接招商投承，每桶征收9角。① 1928年河南士敏土厂改为官督商办后，建设厅为吸引商人承包，免去其所有税费，通过降低成本建立价格优势。其生产的商标为双叶飞机的士敏土，可免税通过各关卡，不必缴纳任何税捐。② 不过，"该厂出品成本为每桶九元余，价钱仍高于加了税后的进口水泥。加税根本起不到保护国产水泥的作用，反促水泥商人竞相进口，事实上只是一种分肥的手法而已"③。而且广东水泥免税办法并不合乎中央规定。根据南京政府行政院训令，"除教育仪器、赈灾物品，及军械弹药，仍照规定章程办理外，所有中央地方政府机关购运各项建设机器材料，无论属于创办，或属于扩充整理，一律照章完税"④。也就是说，水泥并不在财政部规定的免税范围之中，这部分税收本不应该免除。

　　省外运粤水泥，包括舶来水泥与外省水泥两类。由于河南士敏土厂所产士敏土可以免税，因此附加大学经费只对省外运粤水泥征收，每桶0.9元。在1931年财政部颁布条例开征统税时，财特署曾按照财政部要求落实水泥统税。因统税实行

---

　　① 中山大学档案馆编：《孙中山与中山大学——孙中山关于中山大学（原名国立广东大学）的命令、训令、指令、题词及演讲》，广州：中山大学出版社，1999年，第31页；林宏照：《广东水泥市场和水泥工业》，中国人民政治协商会议广东省广州市委员会文史资料研究委员会编：《广州文史资料》第16辑，1965年，第67页。

　　② 《令免广东士敏土厂出品各税（三月四日）》，《广东省政府公报》第181期（1932年3月20日），第96—98页。

　　③ 林宏照：《广东水泥市场和水泥工业》，《广州文史资料》第16辑，第68页。

　　④ 《令知建设材料一律照章完税案》，《广东省政府公报》第71期（1930年3月6日），第14页。

"一物一税"原则，广东省财政厅便不能继续招商承投士敏土附加大学经费。而在失去该项税收后，广东省财厅拒绝支付中山大学经费。南京政府教育部"当时对北京大学等校都长期拖欠经费，对中山大学更加无力兼顾"①。中山大学经费没有着落，广东省财政厅怂恿其向粤桂闽区统税局交涉。粤桂闽区统税局局长郑芷湘无法应付，请示财政部后，退出水泥统税，听由财政厅自行办理。因此有了前文中4月1日将火柴、水泥统税移交财政厅办理的命令。广东省财政厅接到命令后，又恢复办理水泥大学附加经费，重新招商承投。② 但这并不是水泥统税真正的停征时间。不久郑芷湘奉南京财政部统税署电令，于4月26日恢复征收水泥统税。

广州国民政府成立后，财政厅从财特署手中拿回水泥税的征收权，二度停办水泥统税，恢复士敏土附加大学经费。宁粤对峙期间，广东须将代理国库收入解交广州国民政府财政部，改由省库收入支应军费。财政厅以"军饷浩繁，待支孔急"为由，请求接手水泥税，充实省库收入。③ 财特署下令统税局结束办理水泥统税，将水泥税移归广东省财政厅办理，恢复征收舶来士敏土附加大学经费。④ 舶来士敏土附加大学经费由商人杨喜楼以达成公司名义包办，而水泥统税则自接办之日起停

① 林宏照：《广东水泥市场和水泥工业》，《广州文史资料》第16辑，第68页。

② 林宏照：《广东水泥市场和水泥工业》，《广州文史资料》第16辑，第68—69页。

③ 《关于广东水泥税拨归财政厅征收全案》，《粤桂闽区统税月刊》第2期（1931年12月），"特载"，第1—2页。

④ 《广东财政特派员公署训令：令知征收火柴内地消费税准俟财政厅批商承办时，应即将原征火柴统税停止征收由（六月十九）》，《粤桂闽区统税月刊》第1期（1931年10月），"公牍"，第5页。

止征收。商人承包期限为 1 年，税额为毫银 49.5 万元，折合国币 39.6 万元。[①] 这里的"舶来士敏土"包括外省和国外运粤水泥。其间，外省水泥公司运往广东的水泥被当作舶来品重征附加大学经费，因此向粤桂闽区统税局申诉，认为其产品不应将"他省市运入之国货视同外货"，与广东所产水泥"待遇两歧"。粤局则回复称，其只是遵照省务会议决定，"对本省士敏土厂产制之土免抽附税"，并未满足外省水泥公司的要求。[②] 1936 年归政以前，广东政府一直以附加士敏土大学经费取代水泥统税，并对省内、省外所产士敏土采取差别税率。

同火柴统税一般，水泥统税亦是经过多次废立。但二者的结局大不相同，火柴统税最终得以举办，而水泥统税则难以继续征收。出现这种情况，一是因为财政部试图收回广东统税征收权，广东政府不愿让步，因此倾向于继续征收附加大学经费；二是因为水泥税捐用途特殊，财政部、教育部顾忌中山大学经费没有着落，态度有所反复；三是因为广东特殊的产业环境与市场结构，这一点是决定性的。从产业环境来说，广东本省所产水泥与火柴不同，靠本省市场便可以消化，无须运往省外销售。从市场结构来看，广东水泥市场中舶来士敏土的比例远高于国产士敏土，因此不似卷烟受外省烟商辖制。广东水泥市场与外省市场的流通性比较弱，因而不受统税体系的制约。

从广东省营水泥工业与水泥税收的后续发展来看，即便水

---

① 《关于广东水泥税拨归财政厅征收全案》，《粤桂闽区统税月刊》第 2 期（1931 年 12 月），"特载"，第 1—2 页；《广东财政厅公函：广东全省舶来士敏土附加大学经费核准达成公司认饷承办函请查照将水泥统税停止征收由》，《粤桂闽区统税月刊》第 2 期（1931 年 12 月），"特载"，第 4 页。

② 《函复粤桂闽区统税局本省士敏土厂出品免予抽费》，《广东省政府公报》第 95 册，第 79 页。

泥统税在广东开征，其收入也很有可能呈下降趋势。1932 年以后，广东省营水泥工业愈发蒸蒸日上。广东省政府甚至依靠政治权力建立排他性的垄断市场，限制舶来水泥进入广东。在省营工业产品免税政策下，水泥税的税源不断萎缩，不但水泥统税无法正常征收，即便是士敏土附加费收入也逐渐被蚕食。在政府从水泥业获取的收入中，水泥税收的比例在下降，而经营收入的比重在上升，经营收入正在逐步取代税收成为政府从水泥业中获利的主要方式。

水泥统税开征与停征的过程虽然并不复杂，但却造成水泥统税的缺位，深刻地塑造着陈济棠时期广东统税的格局与广东水泥市场的结构。与卷烟统税、火柴统税不同，水泥统税的结局折射的是不受统税体系约束的条件。广东水泥产品基本不进入外省市场，而水泥消费主要依赖舶来水泥进口，因此广东水泥业与外省的贸易沟通相对隔绝，税收手续上的影响也极为有限。停征水泥统税，恢复舶来士敏土附加大学经费，在省内并没有遭遇明显阻力。1931 年 6 月至 1936 年 9 月间，水泥统税在广东统税体系中处于缺位状态，而舶来水泥附加大学经费的高税率变相提高了外来水泥的准入门槛，为省营士敏土厂的垄断式发展创造有利条件。

在 1929—1931 年统税开征过程中，宁粤关系好坏是其征收顺利与否的指向标。1929 年宁粤关系向好，促成卷烟统税与麦粉特税的开征，推动税制的统一；1931 年宁粤关系恶化，导致卷烟、火柴、水泥统税面临新方案的挑战，存在终止的风险。卷烟专卖、火柴消费税、水泥附加大学经费等新方案各有其历史渊源，代表着广东财政原本的改革方向。

得益于卷烟商人、火柴商人的努力，卷烟统税、火柴统税在经历曲折变化后恢复征收。卷烟商人通过停止向广东运输烟件，使得卷烟专卖方案最终束之高阁。火柴商人通过不断向财政厅请愿，最终选择恢复火柴统税，放弃火柴消费税方案。而广东水泥既不进入外省市场，也不依赖外省进口，因此其生产与市场自成一体，不受统税体系的约束。广东最终建构起四统税格局，与中央五统税体系稍有区别。

统税制度在"半独立"的广东落地，反映出制度本身的约束力。这种约束力通过商人传导到粤桂闽区统税局及财特署，影响到财政方案的抉择。尽管处于"半独立"状态，但广东仍在裁撤厘金与财政统一的道路上迈出了关键性的一步。

第三节 广东营业税的开征

允许地方开征营业税，是国民政府引进西方现代税制，抵补地方裁厘损失的重要举措。课税标准是现代营业税制度的核心要素之一。较之西方发达国家，中国社会经济发展水平落后，营业税应该采用什么课税标准？课税标准对征纳双方利益和营业税征收有何影响？由于中国各地社会经济发展不均衡，西方营业税制度在地方的实践必然存在多种不同模式，故有必要对不同地区的营业税展开个案研究。① 本节拟利用有关历史资料对民国时期广东营业税课税标准作具体考察，以期进一步

---

① 目前关于地方营业税的研究主要集中在上海、浙江、天津、四川等少数地区。如马军《1945 至 1949 年上海米商研究》（《史林》2007 年第 6 期），潘国旗、汪晓浩《民国时期的浙江营业税述论》（《浙江社会科学》2010 年第 12 期），宋美云、王静《民国时期天津牙税向营业税的过渡——以油行为例》（《史林》2011 年第 6 期）以及拙文《战时政府与商界的税收关系——以四川营业税税率风波为中心的考察》（《抗日战争研究》2012 年第 2 期）、《民国时期地方税收权力的流失——以 1939—1949 年重庆营业税为中心的考察》（《安徽史学》2012 年第 1 期）等。

拓展民国地方税收史研究。[①]

一、广东营业税课税标准的制订及其特点

营业税是对以营利为目的的事业课征的一种税，其最先兴起于法国，随后在欧美主要资本主义国家发展起来，并在国家税收收入结构中占有较大比重。[②] 由于不同国家的历史传统和社会经济条件有很大差异，营业税在各国税收体系中的定位有所不同。大体而言，西方营业税有两种模式：一是以德国和日本为代表，主要采用纯收益额、资本额为课税标准的营业税，属于直接税性质；二是以法国为代表，主要采用营业额为课税标准的营业税，属于间接税性质。[③] 相对而言，以纯收益额为课税标准较为繁杂，"因营业费种类甚多，不易校对，而倒账预备金及折旧费等，亦无正当标准计算。且扩充营业费及借用资本之利息等，应否从毛利中除去等之问题，皆使找出正确纯利时发生困难"[④]。西方国家营业税之所以能够以纯收益额为课税标准主要得益于其有比较完善的税收体系和会计制度。

在中国，营业税要以纯收益额为课税标准却不易。按照中国传统商业习惯，商人往往将账簿及经营状况视作商业秘密，不会轻易对外公开，这给营业税征收带来很大阻碍："我国内

①　张晓辉《民国时期广东财政政策变迁》、《民国时期广东的税负与官商博弈》（《广东史志》2012 年第 4 期）等关于广东地方财政税收的论著对广东营业税课税标准问题尚未论及。

②　魏华：《现代各国营业税制之发展及其现况》，《工商半月刊》第 3 卷第 7号（1931 年 4 月 1 日），第 1—4 页。

③　孙桓三：《中国营业税问题》，《民鸣》第 2 期（1931 年），第 79—80 页。

④　马寅初讲，丁藏林记：《江浙两省筹备之营业税》，《交大季刊》第 4 期（1931 年），第 99 页。

地商家，对于簿记类多付缺如，征税者欲查核某一商号全年营业数额，实属难能……是以蒙蔽隐匿申报不实之弊，随在都是。"① 基于中国国情的考虑，经济学家马寅初提出中国营业税先效仿法国，待时机成熟以后再效仿德国的主张："中国向无普通营业税，商界中人亦有不知营业税为何物者。若于创办之始，骤然采用德国复杂之营业税法，深恐窒碍难行，反为改良税制之梗。故于改革之始，可先由贩卖税入手，迨二三年间商家习惯养成后，再徐图改行德国之营业税法。"②

事实上，马寅初的主张在中央和地方营业税立法中已经有所体现。1927 年财政部赋税司起草的《营业税条例草案》规定，营业税以资本额为课税标准。③ 1928 年裁厘委员会拟订的《各省征收营业税大纲》规定，营业税以营业收入额为标准，但特种营业得以资本额或其他方式为标准。④ 1931 年 6 月颁布的《营业税法》规定，营业税以营业额、资本额和纯收益额为课税标准。⑤ 各省市在执行过程中大都采用营业额和资本额两种课税标准。如《浙江营业税条例及施行细则》规定，物品贩卖业、转运业、交通业、包作业、电气业、租赁物品业、照相业以营业额为课税标准；印刷出版书籍文具教育用品业、

① 许元新：《营业税之课征程序》，《公信会计月刊》第 5 期（1941 年），第 144 页。

② 马寅初：《马寅初全集》第 4 卷，杭州：浙江人民出版社，1999 年，第 98—99 页。

③ 《行将施行之营业税法规汇志》，《银行周报》第 13 卷第 22 号（1929 年 6 月 11 日），第 25 页。

④ 《裁厘会议纪要》，《银行周报》第 12 卷第 29 号（1928 年 7 月 31 日），第 27—28 页。

⑤ 中国第二历史档案馆编：《中华民国史档案资料汇编》第 5 辑第 1 编《财政经济（二）》，南京：江苏古籍出版社，1994 年，第 426 页。

制造业、货栈业、钱庄业、保险业以资本额为课税标准。①

　　与其他省市相比，广东省政府在创办营业税过程中更加重视学习和借鉴西方国家的经验。早在 1929 年，广东省政府便派沈毅等人前往日本考察营业税发展状况，以期为日后创办营业税提供参考："营业税一项，有国家营业税、府县营业税、市町村国税营业税附加税之分，其法令章制，早已编订。但其举办之始，有无困难情形，其实施方法如何，最近改善程度如何，均非派员前往实地考查，不能窥其全豹。"② 经过考察之后，广东省政府派员筹备开办营业税③，组织税则委员会，并由该会拟订《营业税税率草案》。该草案规定，营业税课税标准有资本额、铺租额、从业人员数等几种。④ 后因裁厘问题未获解决，该草案也未能施行。

　　1931 年 1 月，广东省政府奉中央政令开始裁撤厘金，并拟创办营业税作为抵补。考虑到"营业税各种章则之起草，暨设局地点之指定等，一切筹备事宜，似非组设专处，罗致专门人才，负责办理，难收速效"⑤，广东省财政厅设立营业税筹备处，负责营业税筹备事宜。经筹办处的积极筹备后，广东省财政厅决定于 1931 年 9 月 1 日首先在广州开办营业税，将

---

① 《财政部修正浙江营业税条例及施行细则》，《工商半月刊》第 3 卷第 8 号（1931 年 4 月 15 日），第 10 页。

② 《派沈毅赴日本考查税制案》，《广东省政府公报》第 14 期（1929 年），第 20 页。

③ 《粤省筹办营业税》，《申报》1929 年 8 月 7 日第 8 版。

④ 《广东税委会拟定营业税率草案》，《工商半月刊》第 1 卷第 20 号（1929 年 10 月 15 日），第 3—6 页。

⑤ 《民国时期广东财政史料》第 2 册，第 51 页。

全市分为 15 区征收。① 至 1932 年 3 月，鉴于广州市营业税办理大体就绪，广东省财政厅呈请省政府将各营业税区裁撤，改设广州市营业税局征收，并委财政厅第一科科长武梅生兼任广州市营业税局局长。② 7—8 月间，广东省政府将营业税推广至其他县市，在新台开（新会、台山、开平）、南番三（南海、番禺、三水）、汕头、中山、琼山等处设立营业税局。③

在由点到面设立营业税征收机构的同时，广东省政府和财政厅根据日本经验，结合本地情形，拟订了《广东省营业税征收章程草案》。该草案规定，营业税征收采用资本额、铺租额、从业人员数 3 种混合标准，对特种营业则根据其性质，以营业额、报酬金额、收入金额等为标准。④ 广东省政府之所以如此设置课税标准主要出于以下几方面的考虑：（1）广东商人没有确实可信的簿记，调查营业额非常困难。（2）工商业营业资本大都以固定设备的形式存在，广东已有陈报，可供征收营业税参考。（3）采用资本额、铺租额、从业人员数等混合标准，较营业额或资本额的单一标准更为公平。⑤

当广东省政府将《广东省营业税征收章程草案》呈请财政部核准时，财政部以铺租额和从业人员数两种标准与《各省营业税征收大纲》不符为由，未予通过，加之广州各行商

---

① 《财厅呈报分区举办广州市营业税开征日期》，《广东省政府公报》第 163 期（1931 年 8 月 31 日），第 46—48 页。

② 《财厅呈报广州市营业税设局征收》，《广东省政府公报》第 183 期（1932 年 4 月 10 日），第 103—104 页。

③ 顾翊群：《广东省营业税之回顾与展望》，《广东省政府公报》1940 年元旦特刊，第 36 页。

④ 《粤省规定营业税率》，《申报》1931 年 3 月 14 日第 8 版。

⑤ 《民国时期广东财政史料》第 2 册，第 51 页。

认为这两种课税标准"有碍商业前途之发展，且违营业税之
本旨"，一致主张予以取消。① 迫于中央和商界的压力，1931
年 7 月，广东省政府第六届委员会第八次省务会议议决通过了
《修正广东省营业税征收章程》。与其他省市的课税标准不同，
该章程规定，广东营业税以资本额、营业额、收入金额、报酬
金额为课税标准：其中储蓄、理发、印刷品等 14 个行业以资
本额为课税标准，税率分为 5‰、10‰、15‰、20‰四级；电
话、电力等 6 个行业以营业额为课税标准，税率分为 2‰、
6‰、10‰三级；包工、仓库等 8 个行业以收入金额为课税标
准，税率分为 3‰、10‰、20‰、30‰、40‰五级；庄口、报
税馆等 4 个行业以报酬金额为课税标准，税率为 50‰，具体
见表 2-6。采用以资本额为主的混合标准是广东营业税制度的
一大特点。

表 2-6 广东省营业税课税标准及税率表

课税范围	课税标准	税率
物品贩卖业	资本额	5‰—20‰
储蓄业、理发业、印刷品业	资本额	5‰
加工制造业、银行业、运送业、 不动产买卖业、信托业	资本额	10‰
银号业、浴室业、物品租赁业、茶馆业	资本额	15‰
映相业	资本额	20‰
电话业、电力业、酒菜馆业、旅馆业	营业额	2‰
洋服业	营业额	6‰

① 《粤省进行营业税》，《申报》1931 年 6 月 21 日第 10 版。

续表

课税范围	课税标准	税率
酒店业	营业额	10‰
包工业	收入金额	3‰
仓库业	收入金额	10‰
铁路业	收入金额	20‰
码头业、市场业、屠宰场业、广告业	收入金额	30‰
娱乐场业	收入金额	40‰
庄口业、报税馆业、代理业、经纪业	报酬金额	50‰

资料来源:《修正广东省营业税征收章程(1931年7月)》,《民国时期广东财政史料》第2册,第6—9页;《修正广东省营业税征收章程》,《广东省政府公报》第159期(1931年7月20日),第14—17页。

二、"权宜之计":按商业牌照资本额计税

既然广东营业税课税标准以资本额为主,那么政府如何确定各行商的资本额也就成为营业税征收的关键问题。一般而言,资本额应由营业税征收机关对各行商经营情况进行详细调查所得,但由于各行商账簿尚未完备,调查成本较大,且容易给各行商带来种种苛扰,所以广东各行商提出,按商业牌照资本额进行课税。商业牌照本是广东省政府为收取牌照费而调查各行商店资本额并发给的证明。按商业牌照所载资本额课税,可减少政府重新调查的烦琐手续和成本。但各行商资本额和营业状况每年均有所不同,政府担心如果按数年以前所登记的资本额作为营业税课税的标准,"资本增加者,而仍照未增资本课税,则政府受其损失;资本减低者,而仍照未减资本额课

税，则纳税者难以负担，核与公平原则，实相背驰"。因此广东省政府决定，按商业牌照资本额课税须以 1930 年和 1931 年所领的商业牌照为限。①

对于资本额课税标准的计税问题，广州市商会特别召开各同业公会会员代表及商店会员代表会议商议，经过充分讨论之后，提出商业牌照不必限于 1930 年和 1931 年所领的商业牌照。② 1931 年 8 月 26 日，广东省财政厅在复函中再次强调，1930 年以前商业牌照资本额与各行商实际资本已有很大不同，本应不予采用，但为推行新税及减少争执起见，财政当局不得不作出让步，即"所有章程内规定以资本额为课税标准者，本年（1931）内暂准照原商业牌照资本额课税"③。这意味着 1931 年度营业税资本额计税问题基本解决，但各行商更关心 1932 年资本额如何确定的问题。经与各业同业公会商议之后，广州市商会认为，"有必要由官商双方共同组设广州市各行商店资本额审定委员会，于当年内将各行商店资本额计算问题予以解决"④。

广东省财政厅对商会提出设立资本额审定委员会的主张深存疑虑，一方面担心该委员会权力过大，"课税标准之审定，乃督征机关之权衡，即征收机关亦无此种权限"；另一方面认为，政府与商界已经设有营业税评议委员会，"可作公正之咨询机关""似更无另行由厅派员会组之必要"。⑤ 为打消财政当

---

① 《函复广州市商会解释营业税征收章程订定原则》，《广东省政府公报》第 160 期（1931 年 7 月 31 日），第 106—107 页。

② 《民国时期广东财政史料》第 2 册，第 66 页。

③ 《民国时期广东财政史料》第 2 册，第 65 页。

④ 《民国时期广东财政史料》第 2 册，第 68—69 页。

⑤ 《民国时期广东财政史料》第 2 册，第 68 页。

局的顾虑，广州市商会在致财政厅的函中表示，该委员会只有"审定之责"，"核准备案之权仍在官厅，绝非侵夺督征机关之权衡"。商会同时明确指出营业税评议委员会和审定委员会的区别：前者"系以营业税征收机关交付之评议事项为限，即有涉及资本之评议，亦仅属某一商店临时发生之事"；后者"系就各行商列送之资本额为整个之审定，及为全年度征收根据者"。①

1931 年 12 月 28 日，广东省财政厅在复文中对广州市商会拟订的资本额审定委员会草案提出一些修改意见，如将该会名称中的"审定"改为"审查"，但财政厅表示不派员参加该委员会。② 在接到财政厅的复文后，商会方面认为，如果将审定委员会改称为审查委员会，"则实际只等于政府之咨询机关，其职务只等于各区之调查员司"，必然造成该会"形同虚设"；且政府不派员参加，也就没有"表示官商合作之精神"。经过讨论后，商会方面提出两项主张：（1）请求照原定审定委员会草案准予备案。（2）在审定委员会未审定资本额以前，请求 1932 年营业税仍照原有课税标准征收。③

确定课税标准事关 1932 年营业税征收。为尽快解决这一问题，1932 年 3 月 5 日，广州市商会选派 4 名代表到广东省财政厅当面商议营业税资本额课税标准问题。对于商会代表提出仍照 1931 年标准课税的要求，财政厅表示，"上年（1931）营业税因创办伊始，为便利商人起见，凡以资本额为课税标准之营业，暂准以商业牌照资本额为课税标准，原属权宜办法，

---

① 《民国时期广东财政史料》第 2 册，第 72 页。

② 《民国时期广东财政史料》第 2 册，第 71 页。

③ 《民国时期广东财政史料》第 2 册，第 74 页。

本年自难援照办理"①。为避免与商界争执不下，影响营业税征收，财政厅向省政府提出一种变通办法：即在课税标准问题未解决以前，"凡以资本额为课税标准之营业，准照商业牌照资本额计税"；待该问题解决时，"再行按照从实征税"，"其已照商照资本额纳税者，得照缴过税额分别不足追补，有余发还，或流抵下期税款"。②

广东省财政厅提出的"从实征税"实际上是按照中央税法规定，以营业额作为主要课税标准。但在各行商看来，广东"商场簿记，尚未完备，即勉就营业额课税，恐亦未得确实之标准"。各行商坚持主张由官商合组的资本额审定委员会核实资本确切数目。③广东省财政厅在复函中对此予以批驳："广州市商业牌照十之八九，系属多年前给领，其所列资本额……当与现在营业规模多异，若必强照原领商照资额计税……则其结果，库收固属减短。同时资本减缩者，加重负担，既悖于公平原则，尤抵触于大纲原旨。"为解决这一问题，广东省财政厅提出，由政府和商会共同派员组设"商店营业额估定委员会"，对商店营业额进行估定，呈由财政厅核准，即按照核准数额进行征税。④

广东省财政厅分别拟订了《广州市商店营业额估定委员会章程草案》和《广州市商店营业额估定办法》两份文件，作为"从实征税"的依据。根据《广州市商店营业额估定委员会章程草案》规定，该会人员由财政厅委员 3 人、广州市

---

① 《民国时期广东财政史料》第 2 册，第 73 页。

② 《核准财厅变通课征广州市本年营业税办法》，《广东省政府公报》第 188 期（1932 年 5 月 31 日），第 95—97 页。

③ 《民国时期广东财政史料》第 2 册，第 80 页。

④ 《民国时期广东财政史料》第 2 册，第 77—78 页。

营业税局委员 2 人、广州市商会委员 2 人、广州市各行同业公会委员 2 人组成；该会的职权以估定广州市各商店营业额为限，各商店营业额经估定，并呈报财政厅核准备案后，即由财政厅发交市营业税局按照征税。① 至于具体估定手续和程序则按照《广州市商店营业额估定办法》办理。该办法规定，估委会估定商店营业额，应依据该商店全年一切总支销（包括员工工资总额、铺租金额、自来水和电灯费总额及其他一切支出）及酌加普通利率为标准。② 不难看出，广东省财政厅是在否决商会提出设立资本额审定委员会的基础上，拟组设营业额估定委员会，并希望借此彻底改变营业税的课税标准。

　　然而，各行商并不同意广东省财政厅提出的"变通方案"。因为缺乏商会参与，营业额估定委员会最终未能设立。受此影响，营业税征收只能按照原有办法征收。1932 年 8 月 31 日，财政厅在给广州市营业税局的指令中指出：在改善课税标准办法未解决以前，"凡以资本额为课税标准之营业，暂准照商业牌照资本额课税"；待改善办法决定后，"其已照商资额纳税者，得照其缴过税额分别不足追补，有余发还"。③ 这意味着经过反复争论之后，营业税课税标准又回到了搁置争议的"权宜之法"。至 1933 年 12 月 25 日，财政厅不得不再次布告："所有二十三年份以资本额为课税标准之商店，准予一

---

① 《民国时期广东财政史料》第 2 册，第 78—79 页。
② 《民国时期广东财政史料》第 2 册，第 79—80 页。
③ 《令市营业税局第五六两期营业税准照一二三四各期办法征收》，《广东省政府公报》第 199 期（1932 年 9 月 20 日），第 59 页。

律仍照原领商业牌照资本额计税。"① 由此可见，商界的反对和政府方面未能拿出切实有效的办法使得营业税课税标准陷入了"积重难返"的困境。

三、"积重难返"：课税标准的艰难调整

营业税本是南京国民政府为抵补地方裁厘损失而由地方开征的新税。从各地营业税收入状况来看，浙江、河北、江苏、山东等省均在 300 万元以上。② 相比之下，自 1931 年开征以后，广东营业税收入一直停滞不前。据统计，1931 年 10—12 月广东省营业税收入 143,649 元，各项经费支出 46,612 元；1932 年 1—12 月营业税收入 695,607 元，各项经费支出 124,531 元。也就是说，开征营业税 1 年多，营业税实际净收入仅 668,113 元。③ 数据显示，1933 年度营业税收入为 763,605 元，1934 年度为 984,079 元。④ 造成广东营业税收入有限的最主要原因是，以资本额为主的课税标准未能反映各行商经营实况，由此带来巨额税收损失。为改变此种情形，广东省政府试图调整营业税课税标准，但因陈济棠统治下的广东处于"半独立"状态，其所订营业税章则未经国民政府财政部审核通过，不具有最高法律性，未能得到各行商的认可和接受。

---

① 《二十三年份营业税以资本额为课税标准之商店准予仍照商业牌照资本额计税》，《广东省政府公报》第 246 期（1934 年 1 月 10 日），第 92 页。

② 江苏省中华民国工商税收史编写组、中国第二历史档案馆编：《中华民国工商税收史料选编》第 5 辑，南京：南京大学出版社，1999 年，第 477—478 页。

③ 《民国时期广东财政史料》第 2 册，第 224—227 页。

④ 《广东省营业税收入统计》，《统计月刊》第 2 卷第 4 期（1936 年 4 月），第 13—14 页。

　　直至 1936 年，广东归政中央以后，宋子良出任广东省财政厅厅长，决意整理地方财政税收，将调整课税标准作为改革地方营业税制度的突破口。1937 年 1 月，广东省政府公布了经财政部修正通过的《广东省营业税征收章程》。根据该章程规定，物品贩卖业、特许商办业、旅馆业、包作业、运送业、浴室业、理发业、介绍代理业、庄口业、茶馆业、中西餐馆业、洋服业、物品租赁业、映相业、酒店业、仓库业、码头业、市场业、屠宰场业、娱乐场业均以营业额为课税标准；印刷出版业、制造加工业、信托业、不动产买卖业、银号业以资本额为课税标准。[①] 由此可见，新章程采用营业额和资本额两种课税标准，其中以营业额为主。这表明广东省政府希望通过将营业税课税标准由以资本额为主改为以营业额为主，并借此化解持续已久的课税标准之争，进而实现营业税收入的增加。

　　然而，新章程遭到以广州市商会为代表的各行商的激烈反对。1937 年 1 月 8 日，各行商召开代表会议，决定向财政当局请愿[②]，并表示"如官厅不能收回仍照二十五年度课税标准成命时"，各行商"决停业，候财部解决"。[③] 各行商强烈反对营业额课税标准的重要原因，是认为广东绝大多数的中小商店主要在市内从事辗转贩卖，"若对营业收入额课税，每经转卖，即课税一次。若转行贩卖无限之次数，即重抽无限之税款……则除少数直接贩运商店外，其余大多数之中下等级商店，势必无业可营"[④]。虽经广州市商会及各行商代表数次请求改

---

①　《民国时期广东财政史料》第 2 册，第 185—187 页。

②　《粤各行商反对营业税新章》，《申报》1937 年 1 月 13 日第 4 版。

③　《粤省反对营业税新章》，《申报》1937 年 1 月 14 日第 4 版。

④　《粤商民坚请变更营业税新标准》，《申报》1937 年 1 月 16 日第 11 版。

善，但广东省财政厅仍决定继续执行新章程。

为给政府当局施加更大的压力，广州商界组织成立"反对营业税课税新标准案联合办事处"。该办事处通告全省商店："一致暂勿申报 1937 年度营业税，以待解决；纵使新章程仍照资本额课税，亦须请求重新核实课税标准，以免除苛扰"。1937 年 1 月 15 日，广州市商会全体执监委代表 120 余行商，赴广东省政府、财政厅、营业税局请愿。① 但财政厅厅长宋子良"以群情激昂，恐酿事变"，于当天上午乘机飞往上海"暂避风潮"。最终只能由财政厅秘书桂竞秋及科长董仲鼎代表宋子良接见请愿代表。商会主席请求财政厅"收回成命""令营业税局准照旧额课税"。②

商界的请求未能为政府接受。财政厅在复函中指出，"不准照资本额课征营业税"，但表示，"各行商有特别情形，在不抵触法令范围内，可予以考虑"。各行商认为不满，决定再开会力争。③ 1 月 26 日，广州市商会召开 120 余行商会议，一致反对营业税新章程，要求仍照资本额课税，并以罢市相威胁。④ 与此同时，广州各行商致电国民党五届三中全会，请求中央出面"撤销营业税新章，仍照资本额征税"⑤。在各行商的反对声中，广东营业税征收相当困难，"申报者寥寥"，为此广州市营业税局不得不呈请财政厅核准，"将申报期限展

---

① 《粤商坚决表示反对营业税新章》，《申报》1937 年 1 月 15 日第 4 版。

② 《粤商民请变更营业税新标准》，《银行周报》第 21 卷第 3 号（1937 年 1 月 26 日），第 51—52 页。

③ 《粤各行商力争营业税》，《申报》1937 年 1 月 23 日第 4 版。

④ 《粤商会继续反对营业税》，《申报》1937 年 1 月 26 日第 4 版。

⑤ 《粤商请撤销营业税新章》，《申报》1937 年 1 月 28 日第 4 版。

期"。① 为缓和官商矛盾，广东省财政厅拟对营业税征收办法稍作调整，即"有娱乐性之商业，仍照营业额课税，批发制造等业则照资本额征税，但须重新申报资本额"②。

政府单方面制订的营业税章则显然未能让商界满意。1937年2月1日，广州市商会再次召开各行商代表会议，决议组织广州市商会研究税则委员会，以市商会执监委员22人和各商行推举代表19人为委员，该会主要职责和宗旨在于"对营业税课税新标准，加以详细之研讨""汇集各行商意见，贡献政府，以收集思广益之效"。③ 财政部对于成立税则委员会的行动表示支持，并致电广州市商会，"允改善征收办法"，由税则委员会将各行营业状况及分类课税标准呈营业税局核办，"如能照营业额征收者，照旧办理，其不能者照资本额征税，以上两法均不适合者，则照报酬金额征税"。④ 由此可见，财政部对此次课税标准之争十分关注，为化解纷争，甚至"允许"广东课税标准"偏离"中央税法的规定。

广东营业税课税标准之争并未因财政部的表态而平息。1937年2月17日，广东省商会联合会代表再次赴财政厅请愿，并表达了两点意见：第一，在营业税问题未解决前，准各地商人暂缓申报。第二，仍照资本额征税。财政厅秘书桂竞秋在答复中表示，第一点建议"可以照办"；第二点意见"仍需考虑"。⑤ 3月22日，广东省财政厅公布了《修正营业税减税

---

① 《粤营业税陈报寥寥》，《申报》1937年1月21日第4版。

② 《粤拟变更营业税征收办法》，《申报》1937年1月31日第4版。

③ 《粤商界组织研究税制委会对于营业税课税标准汇集各行商意见研究》，《申报》1937年2月4日第10版。

④ 《粤营业税潮大致解决》，《申报》1937年2月6日第4版。

⑤ 《粤商继续反对营业税新章》，《申报》1937年2月18日第4版。

办法》。根据规定，贩卖业仍照营业额征税，但对原定税率有所减轻。此举意味着政府当局试图通过减轻税率换取各行商对新课税标准的支持。但在各行商看来，财政厅颁布的减轻营业税税率办法，仍然主张以营业额为课税标准，"对于商人全体之请求，尚未着边际"。而各行商的实际要求是："惟望变更以营业额课税，恢复以前照资本课税之标准。"①

由于各商要求按照原课税标准征税的要求未能实现，广州市商会于3月24日开会，商量应对办法。② 会议决议，由各行派代表1名组成请愿团，再次向省政府、财政厅、营业税局请愿。广州市商会的行动得到了佛山、江门、汕头、海口、番禺、乐昌、台山等地商会的支持和响应。③ 经政府与商界方面多次协商，最终决定由官商共同设立的营业税评议委员会核对税额。后因评议工作进展缓慢，严重影响地方财政收入，广东省财政厅决定，依照1937年1月公布的《广东省营业税征收章程》办理，同时规定，当年7月以前"商会已评定之税额，若超过全年额半数者，则本年第一二两期税额，仍准照评定额数征收"；"其尚未评定部分，亦在指定期间内评竣，但评定之额，仍须送由当地营业税稽征机关审定"。④ 此项办法经广东省政府第八届委员会第八次会议议决通过施行。尽管商界仍有异议，但这项决议毕竟成了当时广东营业税征收的唯一法律依据。

民国时期是中国从传统税制向现代税制转变的重要阶段，

① 《财政厅修正营业税减征办法》，《申报》1937年3月28日第7版；《粤省商人反对营业税课税潮》，《申报》1937年3月28日第7版。

② 《广州营业税决改善新章》，《申报》1937年3月24日第4版。

③ 《粤商再反对营业税新章》，《申报》1937年3月25日第4版。

④ 《粤营业税实行照章稽征》，《金融经济月刊》1937年第1期，第66—67页。

在改革田赋、盐税、厘金等传统税制的同时，从西方国家引进了印花税、所得税等现代税制。作为引自西方国家的现代税种，营业税"取代"了在中国沿袭近 80 年之久的"恶税"厘金，是中国税收制度发展进程中的一大进步。作为现代税收制度的核心要素之一，课税标准是营业税立法进程中的重要内容。民国时期的经济学家侯厚培曾言："课税手续中最重要，而最难设定者，莫过于课税标准；而课税标准内之最难设定，又莫过于营业税。"① 由于中国各地社会经济发展不平衡，西方营业税制度在中国地方的实践存在不同模式，各地课税标准也不尽相同。与大多数地方采用以营业额为主的课税标准不同，广东营业税制度的一大特点是采用以资本额为主的混合式的课税标准。

营业税课税标准关系到政府与纳税人（各行商）的利益。为减少稽征手续及降低征税成本，广东省政府最初以商业牌照资本额作为营业税资本额的计税依据。但随着营业税的推广和实施，此种计税方式因未能反映各行商的经营实况，反而给政府带来巨额税收损失。于是广东省政府试图将课税标准由以资本额为主改为以营业额为主。各行商因担心变更课税标准使其税负加重，故一直抵制和反对新课税标准，致使广东营业税征收困难重重。不过，从另一个角度看，在这场持续长达数年之久的课税标准之争中，以广州市商会为代表的广东各行商作为一支独立的社会力量，能够反映各商的诉求，维护各商的利益。这说明当时广东地方政府与纳税人（各行商）已经形成一种相互制约机制，营业税制度的调整正是双方互动和博弈的结果。

---

① 侯厚培：《营业税问题之研究》，《经济学季刊》第 2 卷第 2 期（1931 年 6 月），第 93 页。

第三章　广东舶来物产
专税的创办与征收

20 世纪 20 年代以后，在外国商品的倾销之下，广东经济面临严峻困难和挑战，工商业经营日益恶化，农村经济面临破产境地。在政治上，陈济棠与南京国民政府关系紧张，不断扩军备战，财政支出巨大。为增加财政收入和保护地方经济，广东省政府决定开辟新税源，先后开征了舶来士敏土税、舶来皮革税、洋纸专税、蜡类专税、颜料专税、洋布匹头专税、舶来肥田料税等多项物产专税。舶来农产品杂项专税是物产专税的重要组成部分。陈济棠统治时期，在各属舶来农产品杂项专税局的管理下，舶来农产品杂项专税逐步成为地方最为重要的税项，不仅为陈济棠的统治提供了丰裕的财源，而且进一步推动了舶来物产专税的发展。1936 年 7 月广东归政中央以后，经过宋子良、曾养甫等人的整理，各属舶来农产品杂项专税局最终改组撤销，舶来农产品杂项专税改由广东省各区税局征收。全面抗战期间，为满足战时财政需求，广东地方当局将舶来农产品杂项专税和其他各项舶来物产专税合并征收，使其成为战时广东地方税收的支柱。1942 年因战时消费税的举办，广东停征各项舶来物产专税。舶来物产专税在给广东带来巨额财政收入的同时，也加重了部分商民的负担。所以在征收过程中难免引发各种纷争。这些税收纷争交织着中央与地方、广东与外省、政府与商人等多重利益冲突，反映了税制建设中制度设计与征税实践之间的差异以及不同利益主体围绕税收的博弈。

第一节 舶来物产专税的开征

舶来物产专税的开征有其时代背景和社会土壤。一方面，广东特殊的地理位置与历史背景造成外国货品在此大量倾销，为专税的开征提供了税源基础；另一方面，民元以来广东入不敷出的财政状态及日益破产的农村经济，要求当局开辟财源，保护本土经济的发展。为此，自 20 世纪 20 年代起，广东地方当局陆续开征舶来士敏土税、舶来皮革税、洋纸专税、蜡类专税、颜料专税、洋布匹头专税、舶来肥田料税等多项专税。

一、舶来物产专税的开征背景

（一）舶来品的倾销

近代以后，随着一系列不平等条约的签订，汕头、上海、宁波等通商口岸相继开辟。[1] 帝国主义国家凭借轻税和低运费，对中国进行商品倾销。1929—1933 年，资本主义世界发生了经济危机，为了转嫁危机，资本主义国家纷纷向中国大肆倾销工农业产品。美国推行的白银政策导致中国大量白银外流，农村金融枯竭，农产品价格大幅下降，国家经济面临风险与挑战。[2]

广东与外洋通商最早，商业相比其他各地为盛，销售外货

---

[1] 吴郁文编著：《广东经济地理》，广州：广东人民出版社，1999 年，第62 页。

[2] 张志平：《粤民应坚决反对粤省征收洋米税》，《上海潮声月刊》第 1 卷第 7 期（1933 年 10 月），第 4 页。

也最多。① 如表 3-1 所示，1930—1934 年广东进出口贸易长期处于入超状态，1930 年入超价值仅 6,096,701 元，1931 年增至 103,227,563 元，1932 年为 221,720,849 元，1933 年为 174,862,646 元。就进出口货物种类而言，出口货品每年超过 100 万元的，有丝、抽纱品、刺绣、菜蔬、果、草席、纸、绸缎等项。进口货品以制造品最多，占进口总值 48%；饮食及烟草次之，占 36%；原料及半制品只占 13%。② 正如时人所言："外来的机器制造的商品，最美观而又最中用，易引起生活较为丰裕之人的注意而购用。久之，国内的手工业就向下崩溃，外来的商品便全然代替了手工业品。这时各种均由简略朴素变成华丽美观，人民在生活上，就感到万分的痛苦，农村经济就不能维持，崩溃，破产！……中国现在的时代就是这个时代，就是帝国主义经济侵略致农业衰落与家庭手工业破产而陷农村社会经济于高度崩溃的时代！"③

表 3-1　1930—1934 年广东省对外贸易进出口价值比较表

（单位：国币/元）

年份	洋货进口价值	土货出口价值	进出口价值
1930 年	250,750,377	164,653,676	入超 86,096,701
1931 年	255,262,284	152,034,721	入超 103,227,563
1932 年	314,259,054	92,538,205	入超 221,720,849

① 柱涛：《国货运动与省营物产》，《广东经济建设》第 5 期（1937 年），第 6 页。

② 黄瑞伦：《广东对外贸易的现势》，《广东经济建设》第 6 期（1937 年），第 27 页。

③ 林缵春：《救济广东农村经济应以农产品工业化为前提》，《农声》第 165 期（1932 年 5 月 30 日），第 38 页。

续表

年份	洋货进口价值	土货出口价值	进出口价值
1933 年	269,313,000	94,450,354	入超 174,862,646
1934 年	156,553,123	78,252,674	入超 78,300,449
合计	—	—	入超 664,208,208

资料来源：《本省五年来对外贸易进出口价值比较》，《新广东月刊》第 2 卷第 27 期（1935 年 3 月 31 日），第 133 页；符泽初：《广东入超与财政经济统制》，《新广东月刊》第 2 卷第 20 期（1934 年 8 月 31 日），第 14 页。

帝国主义经济侵略加剧了中国农村经济的崩溃，"帝国主义者挟其优越之势力，以洋货输入中国，使我国手工工业完全失败，农村附业便不能立足，农产原料即被其廉价收买，捆载而去，一经加工制造，又复以高价卖给我国农民，于是农民生产收入，不足消费之支出，循环以往，我国农民血汗为帝国主义者榨取殆尽，农村经济即宣告破产"[1]。广东农村每年要大量购入舶来肥田料。商品检验局调查统计显示，由香港输入广州、梧州、厦门的肥田料数量惊人，每年达 2,000 万元以上。[2] 从前中国农民多用人的粪便作为肥料，自从外国肥田料输入后，因其价格低廉，农民纷纷购买。经年后，各肥料公司纷纷提价，已用惯化学肥料的农民不得不以高价继续购买，从而增加了农民的生产负担。

原本脆弱的广东农村经济，在舶来品的倾销下日趋崩溃，

——————

[1]　彭侃：《广东农村经济之危机与挽救对策》，《中国经济》第 1 卷第 4、5 期合刊（1933 年），第 3 页。

[2]　《某经济家谈农村经济崩溃原因及补救》，《香港工商日报》1933 年 10 月 9 日第 2 张第 3 版。

农民纷纷离开农村，农村经济日趋破产。时人认为，复兴农村的先决条件是：开征舶来农产专税，停止征收苛捐杂税，使农民不再流离失所。[①] 针对广东农村经济破产的种种现象，农学家冯锐提出，要保护农村现有的生产，"只有将外国向我国倾销之农产品加以相当之重税，以遏止其畅销之路……增加洋米的特税，……一方面固可以使农民多得机会从事增加生产米粮的发展，一方面又可使人民减少懒惰的劣习惯"[②]。

（二）地方财政需求增大

广东素称富庶之地，毗邻港澳，物产丰饶，是中国的重要口岸。清末以后，广东每年岁入仅次于江苏，居全国第二位。[③] 民国成立以后，政局混乱，兵匪相寻，广东财政同各省相比，每年岁入名列前茅，而岁出则尽居榜首。[④] 在1911—1929年，广东省年均财政收入约为4,000万元，年支出则为5,000万元，年度财政赤字高达1,000万元。[⑤] 据表3-2统计显示：1912—1930年，广东财政入不敷出，连年处于财政赤字的状态。

---

① 邦之：《征收舶来农产专税与取消苛税杂捐》，《农业世界》第2卷第5期（1933年11月16日），第1—2页。

② 冯锐：《挽救我国农村经济崩溃之急切办法》，《广东建设月刊》第1卷第8期（1933年），第17页。

③ 秦庆钧：《广东省的财经情况》，广州市政协文史资料研究委员会编：《广州文史资料》第37辑《南天岁月——陈济棠主粤时期见闻实录》，广州：广东人民出版社，1987年，第278页。

④ 《民国时期广东财政政策变迁》，第64页。

⑤ 秦庆均：《广东省的财经情况》，《广州文史资料》第37辑《南天岁月——陈济棠主粤时期见闻实录》，第279页。

表 3-2 1912—1930 年广东省财政收支盈亏情况

（单位：国币/元）

年份	岁入	岁出	收支比较
1912 年	26,697,300	22,383,800	+4,413,500
1913 年	13,775,200	19,534,800	−5,699,500
1914 年	14,299,600	16,082,500	−1,782,900
1915 年	13,949,600	16,982,700	−3,033,100
1916 年	17,539,900	26,772,900	−9,233,000
1917 年	19,611,200	28,121,100	−8,509,900
1918 年	20,205,500	28,079,100	−7,873,600
1919 年	22,524,600	32,939,200	−10,414,600
1920 年	15,667,400	25,685,800	−10,018,400
1921 年	21,326,200	28,753,200	−7,427,000
1922 年	16,875,670	23,592,800	−6,717,130
1923 年	9,672,600	11,706,800	−2,034,200
1924 年	6,822,200	8,537,200	−1,715,000
1925 年	35,259,700	49,198,800	−13,934,100
1926 年	59,475,400	87,801,000	−28,325,600
1927 年	55,397,300	77,872,200	−22,474,900
1928 年	68,886,901	86,744,420	−17,857,519
1929 年	70,347,417	96,018,146	−25,670,729
1930 年	34,577,078	35,966,274	−1,389,196

资料来源：广东省政府秘书处编译室编印：《广东财政》，广东省政府秘书处第二科，1943 年，第 79—81 页；秦庆钧：《三十七年来之广东省财政（续）》，《经济论坛》第 2 期（1949 年），第 16 页。

事实上，造成广东财政困难的一个重要因素是军费开支巨大。由表3-3可见，1925年军费达2,516万元，1926年增至5,828.6万元，1928年和1929年依然维持在3,500万元左右。

表3-3　1923—1929年广东财政支出统计表

（单位：国币/千元）

年份	内务	外交	财政	教育	司法	军费	还债
1923年	583	19	486	223	78	6,171	2,066
1924年	421	34	374	113	64	4,346	1,786
1925年	790	1,623	850	804	221	25,160	3,875
1926年	272	3,983	2,603	942	95	58,286	11,094
1928年	2,045	120	3,221	1,730	620	36,955	847
1929年	3,124	14	1,756	2,218	1,057	34,561	14,425

资料来源：秦庆钧：《三十七年来之广东省财政（续）》，《经济论坛》第2期（1949年），第17—18页（注：1929年以前支出均为国、省库合计）。

广东地方财政收入包括田赋、工商税收、官营实业收入、补助收入、债务收入、其他收入等。[1] 税收是财政收入的重要来源之一，常年的财政赤字使历届广东省政府十分注重税源的培养及税收制度改革。对于整顿税捐，陈济棠明确提出"改善税制第一步在于整顿包商，第二步在于改包商制为委办制"。[2] 广东省税、县税多实行包税制，如京果海味捐、屠牛

---

[1] 《民国时期广东财政政策变迁》，第61页。

[2] 广东省政府秘书处编印：《广东省三年施政计划说明书》，广州：东城印务局，1933年，第10页。

牛皮税等多由商人包办。这种开包标税的制度，对政府而言可以提前确定税收数额，减少派员稽征的麻烦；对商人而言则便于从中取利，故逐渐成为一个固定的制度。① 陈济棠统治广东初期，蒋介石安插在广东的财政厅厅长冯祝万从中作祟，以筹款应急的名义，刻意压低税捐定额，低价批给商人承办，致使每月财政收入逐渐减少，政府面临破产的危机。陈济棠发觉冯的阴谋后即将其免职，改命自己的亲信区芳浦担任广东省财政厅厅长。②

1932 年 5 月，区芳浦就任广东省财政厅厅长，并根据陈济棠的计划开始整顿税捐。5 月 24 日，财政厅公布《整理各种税捐大纲》，规定："所有已满期之商办税捐一律当众明投，其前任预先批准承办之税捐，在 5 月 6 日后、9 月底以前接办者，准予维持原案，但防务须加三，其他须加二。至 9 月底以后承办者，则将原案撤销另投。"③ 从该年 7 月起，广东省政府按照上述大纲规定：将商人承包的税捐由省财政厅重新公开招商投标，所有已满期之商办税捐都当众明投。1933 年 9 月，陈济棠提出"建设新广东"。不久，向西南政务委员会提交《广东省三年施政计划提议书》，由于符合时下需要，提议书很快获得通过。在财政方面，三年施政计划要着重整理的包括廓清积弊、改善预算、整顿税捐、整顿金融、整理土地及其赋税、清理公债 6 个方面。④ 其中，在整顿税捐方面，广东省政府除公开竞

---

① 《民国时期广东社会经济史》，第 333 页。

② 陈伯任等：《财政和捐税》，《广州文史资料》第 37 辑《南天岁月——陈济棠主粤时期见闻实录》，第 295 页。

③ 区芳浦：《粤财政三个月来整理经过》，《广东省政府公报》第 198 期（1932 年 9 月 10 日），第 19 页。

④ 钟卓安：《陈济棠》，广州：广东省地图出版社，1999 年，第 158—159 页。

投捐税外，还取消苛细杂捐，改善税制税率，举办新税。①

完善税制旨在增加财政收入，但也需要付出很大代价。随着南京国民政府裁厘改税政策的实施，陈济棠在压力之下也不得不实行裁厘。据统计，1930 年广东财政预算收入总额为 2,576.5 万元②，其中厘金收入约 1,410 万元，高居各省榜首。③一旦裁撤厘金，势必会使广东地方财政收入大幅减少，严重影响地方财政的运转。所以，陈济棠对裁厘是相当谨慎的。

为改善税制，广东省政府从三年计划实施之日起，开始裁撤各种苛捐杂税。1933 年 1 月 1 日，宣布废除南雄梅关税厂等 21 种杂税。④ 8 月 6 日，又取消 13 种杂捐。⑤ 1934 年 5 月 11 日，裁撤全省土糖捐。⑥ 至 1934 年 8 月 1 日，前取消苛捐杂税共 80 余种，每年短收 470 余万元。⑦ 1935 年 8 月 1 日，省政府裁撤省城坐厘台费 42 种，佛山坐厘台费 25 种，合计 1,749,460 元。总计先后取消苛捐杂税 7 次，共 344 种，合共 649 万余元。⑧

---

① 《广东省政府三年来的政治工作（廿三年八月廿三日林主席在省参议会报告）》，《新广东月刊》第 2 卷第 20 期（1934 年 8 月 31 日），第 190 页。

② 《广东省财政纪实》，沈云龙主编：《近代中国史料丛刊》第 3 编第 52 辑，台北：文海出版社，1989 年，第 137 页。

③ 《十一省厘金收入约数》，《工商半月刊》第 2 卷第 18 号（1930 年 9 月 15 日），第 166—167 页。

④ 《广东省废除苛捐杂税概况（1935 年 5 月）》，《中华民国工商税收史料选编》第 5 辑，第 2091 页。

⑤ 《粤省取消十三种杂捐》，《申报》1933 年 8 月 6 日第 8 版。

⑥ 熊理：《广东省报告取消苛捐杂赌经过（1935 年 8 月 2 日）》，《中华民国工商税收史料选编》第 5 辑，第 2113 页。

⑦ 《粤省廿三年度预算》，《申报》1934 年 11 月 9 日第 8 版。

⑧ 熊理：《广东省报告取消苛捐杂赌经过（1935 年 8 月 2 日）》，《中华民国工商税收史料选编》第 5 辑，第 2113 页。

面对裁撤苛杂后的财政短少，广东省政府不得不寻求其他的增税方式。

二、舶来物产专税的初步开征

广东裁撤厘金后，陆续开征了营业税、煤油贩卖营业税等一系列新税，其中创设的舶来物产专税发展迅速，成为广东省地方财政收入的支柱。[①] 除财政功用外，该税对保护民族工商业也有一定作用。现将 1924—1932 年开列的专税，按时间列表如下：

表 3-4　1924—1932 年广东开征的主要舶来物产专税列表

序号	开征时间	名称	征收方式	属性
1	1924 年	舶来士敏土税	从量征收	专税
2	1931 年 7 月	舶来皮革税	从量征收	专税
3	1931 年 11 月	洋纸专税	从量征收	原（厘金）
4	1932 年 1 月	蜡类专税	从量征收	原（厘金）
5	1932 年 2 月	颜料专税	从价征收	原（厘金）
6	1932 年 6 月	洋布匹头专税	从价征收	原（特种消费税）
7	1932 年 6 月	舶来肥田料税	从量征收	专税

　　资料来源：广东省地方史志编纂委员会编：《广东省志·税务志》，广州：广东人民出版社，1995 年，第 96—98 页；广东省地方史志编纂委员会编：《广东省志·财政志》，广州：广东人民出版社，1999 年，第 80 页。

----

① 《民国时期广东财政政策变迁》，第 61 页。

从表 3-4 可以看出：1924—1932 年广东省政府对各种进口货品陆续开征专税，征收方式有从量征收和从价征收两种。这些专税大致可以分为两类：一是带有"舶来"二字的专税税目，包括舶来士敏土税、舶来肥田料税、舶来皮革税，其创办目的即对进口多、市场大的外来商品征税；二是由原厘金或裁厘后抵补纳入专税范畴，包括洋纸专税、蜡类专税、颜料专税、洋布匹头专税，前三者原为厘金，后者原为裁厘后抵补开征的特种消费税。现将各专税办理情形详述如下：

（一）舶来士敏土税

广东舶来士敏土税开征时间最早。1924 年，孙中山创办广东大学。为解决办学经费问题，大元帅府决定，除对进口水泥征收关税外，另征舶来士敏土税（又称舶来士敏土附加大学经费），采用从量征收方式，每百斤征收大洋 0.3 元，收入归国库所有。[①] 为减少征税成本，舶来士敏土税实行包税制。如 1929 年 1 月 17 日，商人赵庆以建和公司名义承办舶来士敏土税附加大学经费。[②] 1931 年 1 月，南京国民政府宣布裁厘，并创办统税以抵补中央裁厘损失，列入课税有卷烟、火柴、水泥、面粉、棉纱等项。舶来士敏土税属于地方收入，水泥统税属于国家收入。1931 年 4—5 月，广东舶来士敏土税曾短暂改征水泥统税，后复由财政厅招投。[③] 这是受广东和南京国民政府关系恶化的影响，反映出中央与广东地方围绕税源的争夺。广东舶来士敏土税采用包税方式。1931 年 5 月 30 日，达成公

[①] 《广东省志·税务志》，第 96 页。

[②] 《函财政厅关于建和公司承办广东全省舶来士敏土附加大学费一事令局饬属保护由》，《广州市市政公报》第 316—317 期（1929 年 3 月），第 192—193 页。

[③] 《广东省志·税务志》，第 97 页。

司商人杨喜楼认缴年饷大洋 39.6 万元，承办广东全省舶来士敏土附加大学经费，自 6 月 1 日起饷承办，以 1 年为期。[①]1933 年 2 月，广东省财政厅在广州市商会再次开投广东舶来士敏土附加大学经费。[②]据统计，1925 年至 1933 年 5 月，舶来士敏土税共征收大洋 253.68 万元。[③]这笔税收为广东大学（国立中山大学）的办学提供了重要的支持。1934 年 5 月 1 日起，广东开始征收全省舶来士敏土附加费，并在舶来士敏土下附加五成，拨充全省长途电话费用，由各舶来农产品杂项专税局负责兼收解库。[④]6 月，广东士敏土营业处及各分处停办，由农税局负责征收所有舶来士敏土大学附加费。[⑤]

（二）舶来皮革税

广东舶来皮革每年进口量巨大，在皮革特税开办前，经广东税制整理委员会审议，按如下税率分级征收：（1）漆光小牛生熟皮，每担征收大洋 80 元；（2）漆光小羊皮、漆光熟黄皮，每担征收大洋 20 元；（3）熟羊皮、鞋底皮、皮箱皮、皮带皮，每担征收大洋 8 元；（4）生水牛皮、生黄牛皮，每担征收大洋 3 元；（5）熟皮碎皮、生碎牛皮，每担征收大洋 1 元。[⑥]1931 年 7

---

① 《达成公司接办广东全省舶来士敏土附加大学经费》，《广东省政府公报》第 155—156 期（1931 年 6 月 12 日），第 42 页。

② 《布告开投广东舶来士敏土附加大学经费》，《广东省政府公报》第 214 期（1933 年 2 月 20 日），第 58 页。

③ 《广东省志·税务志》，第 98 页。

④ 《农产专税局接收舶来士敏土附加费》，《广东省政府公报》第 258 期（1934 年 5 月 10 日），第 55 页。

⑤ 《舶来士敏土征费放行手续》，《广州民国日报》1934 年 6 月 18 日第 1 张第 4 版。

⑥ 《呈复省府开征舶来皮革税之经过情形》，《广东省政府公报》第 145 期（1931 年 2 月 28 日），第 184 页。

月，广东省财政厅颁布《舶来皮革税章程》，对进口皮革、外商投资在上海设厂所制皮革以及用进口皮革在省外加工后运入广东的皮货，开征舶来皮革税。根据规定，皮革税分别种类，从量计征，以大洋为计征本位，其税率如下：漆光小牛生熟皮，每担征80元；漆光小羊皮、漆光熟黄皮，每担征20元；熟羊皮、鞋底皮、皮箱皮、皮带皮，每担征8元；生牛皮，每担征3元；生熟碎皮，每担征1元。① 1935年9月10日，广东省财政厅布告定期开征舶来皮革制品入口税，并于16日起开始征收省外舶来皮革制品入口税。② 广东舶来皮革税的征税对象包括外国输入和外省输入两种，对这两种输入的皮革征税，旨在减少本省皮革业的外部竞争，维护本省皮革业的发展，同时也可以增加政府的财政收入。

（三）舶来肥田料税

广东地处华南，气候温和，物产丰富，肥料需求量大。据统计，广东省舶来化学肥田粉数量大，1932年进口数量达88.6万担，价值442.2万余元关饷。③ 1930年，汕头中华国货维持会函请广东税制整理委员会加征舶来人造肥料入口税，寓禁于征。广东税制整理委员会接函后，询问国立中山大学农科意见。经国立中山大学农科会同仲恺农工学校讨论后，回复称："加征舶来人造肥料税之利点，则直接能堵塞漏卮……间接能维持大豆、花生等产业……至若纯然为裕地方财政而征收

---

① 《广东省志·税务志》，第97页。

② 《布告定期开征舶来皮革制品入口税》，《广东省政府公报》第307期（1935年9月20日），第58页。

③ 《建厅取缔化学肥田料》，《广东旅沪同乡会月刊》第1卷第6期（1934年1月），第28页。

舶来肥料税，则徒增农民之负担。"[1] 1932 年 6 月 16 日，西南政务委员会决议对进口肥田料征税，在进口时向第一次购进或直接采办的中国商人征收，每百斤征大洋 0.8 元；在舶来肥田料下征收附加税，用作国立中山大学建筑费用，税款按月拨校，其中 10%的税收收入用于国立中山大学农科改良农业。[2] 广东舶来肥田料税，除琼崖由海关代收代解外，其余各区采用招商承办。1932 年 9 月至 1933 年 8 月，实收大洋 23.69 万元。[3] 一年期满后，广东省财政厅再行招商承包。1933 年 8 月 23 日，财政厅布告："商人范新以惠丰公司名义，用年饷三十七万九千元大洋认缴全省舶来肥田料附加中山大学建筑费，为期一年，9 月 1 日起开始征收。"[4] 此次包税额大洋 37.9 万元，较上期增加 14.21 万元。

（四）纸类专税

中国土纸张向来畅销，自洋纸输入以后，土纸销路一落千丈。鉴于此前广东省财政厅开征广东舶来士敏土附加大学经费及洋布匹头进口专税以后取得了不错的成效，在一定程度上抵抗了舶来品的入侵，广东省士敏土及国产丝绸等项销路有所增加，于是省财政厅拟筹办洋纸专税，寓禁于征。1931 年 10 月，有商人提请年饷毫洋 20 万元承办，实行包征包缴。对此提议，财政厅以"事属创办，所认饷额难以确定"为由拒绝，并决定实行委办，在广州市设立征收办事处，在汕头、北海、江门、琼州等处设立办事分处，在汕尾、三门、水东、麻章、

---

① 《函复税委会咨询舶来肥料案》，《农声》第 140 期（1930 年），第 88 页。

② 《令知舶来肥田料附加特税拨作中山大学建筑费》，《广东省省府公报》第 191 期（1932 年 6 月 30 日），第 152 页。

③ 《广东省志·税务志》，第 98 页。

④ 《广东省志·税务志》，第 98 页。

黄坡、斗山、都城、大钟、小影、三水、深圳、拱北等地设立分卡，对进口洋纸抽收专税。[1] 对于财政厅开征洋纸专税的决定，中国纸厂商民均表示赞同，而洋纸商贩未肯就范，相率罢业。10 月 20 日，财政厅派遣专员钟襄到各稽征处劝导各反对的洋纸商贩积极纳税。[2] 11 月 21 日，广东省财政厅成立广东全省洋纸进口专税征收处临时公卖所，委任王文为公卖所主任，负责办理广州洋纸公卖事宜。[3] 1932 年 1 月 8 日，任命钟冠球为广东省洋纸专税征收局长，训令各县属商民自 11 日起照章缴纳专税。[4] 此后，广东税务机构经历了诸多变化。至 1941 年 2 月 1 日，广东省财政厅训令广东省税局直接征收纸类专税。根据章程规定，凡在广东省水陆区域出入口转运的土纸、洋纸，均须缴纳此项专税，土纸和洋纸税率各分甲、乙、丙 3 个等级，以甲等最高，丙等最低，从量征收，每百斤征收 1 至 5 元不等。华商在购进或出口应税纸类时，到当地征收机关申报纳税。缴完税款后，方能运入仓库、店铺。[5]

（五）蜡类专税

蜡类专税的前身是蜡类台厘。根据规定，所有黄蜡、白

---

[1] 《令知本省洋纸进口奉准征收专税（征收办法由财厅与商人协商改善）》，《广东省政府公报》第 172 期（1931 年 11 月 30 日），第 52 页。

[2] 《广东省志·税务志》，第 98 页。

[3] 《委王文为广东洋纸专税征收处临时公卖所主任》，《广东省政府公报》第 173 期（1931 年 12 月 10 日），第 17 页。

[4] 《准和利公司定期接办全省洋纸专税》，《广东省政府公报》第 177 期（1932 年 1 月 20 日），第 95 页。

[5] 《广东财政厅征收纸类专税章程》，《广东财政半月刊》第 23 期（1941 年），第 7—8 页。

蜡、鱼油蜡均征收蜡类台厘，由财政厅委派专员征收。[①] 1931年9月，广东全省蜡类台厘专员陈柏森辞职，委派钟奇办理。[②] 随着广东裁厘进程的发展，省财政厅于1932年1月11日宣布取消广东全省蜡类台厘，改征蜡类专税，其征收方式亦由财政厅委派员征收改为招商投承。不久，开源公司商人梁开源以年饷毫洋415,000元认缴此项专税，于1932年1月16日起，正式起饷征收。根据规定，广东全省进口蜡类从量征收专税，白蜡每百斤抽毫洋4元5毫，黄蜡每百斤抽毫洋5元，鱼油蜡每百斤抽毫洋2元。[③]

（六）颜料专税

舶来颜料的输入对土产颜料产生了严重的冲击，"自舶来颜料输入后，品类骤增。且制成粉质，方便取用，人们多乐于使用，土产颜料逐渐被淘汰"[④]。商人在进口洋颜料时，须前往省河杂货坐厘台费办事处缴纳厘费。[⑤] 1932年2月，广东取消对广州颜料行征收厘费，改为在全省范围内征收颜料专税。根据规定，自2月16日起，中国商人经营进口颜料，按照海关税则所列税类，在进口时从价计征，税率8%。5月10日，广东省财政厅宣布撤销征收局及征收专员，由裕源公司认额承

---

① 《饬遵照布告缴纳蜡类台厘》，《广东省政府公报》第163期（1931年8月31日），第75页。

② 《委专员征收广东全省蜡类台厘》，《广东省政府公报》第165期（1931年9月20日），第66页。

③ 《准开源公司承办广东全省蜡类专税》，《广东省政府公报》第177期（1932年1月20日），第95页。

④ 《土产颜料归淘汰》，《广州民国日报》1936年7月22日第3张第1版。

⑤ 《照准洋颜料洋杂货等八项台费抽率》，《广东省政府公报》第167期（1931年1月20日），第56—57页。

办此项颜料专税。① 后来广东全省进口颜料专税由有信公司商人承办，承办期满后几经开投，无人投承。至 1934 年 2 月 23 日，财政厅发出布告，宣布将广东全省进口颜料专税由招商承办改为委办，由各地舶来农产品杂项专税局于 3 月 1 日起照章征收。根据章程规定：广东全省进口的各类舶来颜料均为颜料专税征收范围，按照规定种类，照海关估价值百抽八，即每百元抽大洋 8 元，以加三伸合毫银缴纳。国货不在课征范围之内。② 3 月 30 日，财政厅令广州舶来农产品杂项专税局委员在征收颜料专税时，照海关估价值百抽八；无关单者，可以按照洋行货单价值估价征收。③ 同日，广州农税局九佛稽征处增设颜料专税分卡。④

（七）洋布匹头专税

1932 年 6 月 25 日，广东取消对进口布匹征收织物类特种消费税，改征洋布匹头专税。对中国商人经营进口的布匹、羽毛、呢绒、人造丝、棉织品、毛织品、丝织品，均在进口时，按照海关估价，以 3% 税率计征。⑤ 同日，广东省财政厅将中山及琼崖两区划出，在广州市商会当众开投全省洋布匹头专税。⑥ 此

---

① 《广东全省颜料专税照案于本月十五日以后改用承商名义征收》，《广东省政府公报》第 188 期（1932 年 5 月 31 日），第 111 页。

② 《颜料税改为委办》，《广州民国日报》1934 年 2 月 24 日第 2 张第 1 版。

③ 《颜料专税估价无关单可作根据者应照货单价值复估》，《广东省政府公报》第 253 期（1934 年 3 月 20 日），第 57 页。

④ 《准广州农税局九佛稽征处增设颜料专税分卡》，《广东省政府公报》第 255 期（1934 年 4 月 12 日），第 79 页。

⑤ 《广东省志·税务志》，第 97 页。

⑥ 《布告划出中山及琼崖两区洋布匹头专税核定底价明投》，《广东省政府公报》第 192 期（1932 年年 7 月 10 日），第 78 页。

项专税经广东省政府核定，在全省统一征收。1933 年 9 月 13
日，中兴公司认缴年饷 257,000 元，承办全省洋布匹头专税，
22 日起征。① 承办期满后，重新开投，但无人投承，遂改由各
舶来农产品杂项专税局兼征，1934 年 9 月 1 日起开征。②

　　1934 年 9 月 18 日，广州舶来农产品杂项专税局布告规
定，在中兴公司承办时期领取过税票的商人在限期前来局申报
登记，方发给运照。③ 财政厅亦规定商人在 1934 年 9 月底之前
到农产品杂项专税局登记，不登记不发放运照。④ 1935 年，广
东省财政厅对全省本色棉布品类、印花棉布品类、杂类棉布品
类、棉制品类、毛绒品类、丝及其制品类 6 类洋布在进口时，
按照海关估值，每百元抽收大洋 3 元；商人赴专税局申报种类
价值，缴纳专税，领取完税单后起运出仓；度量不超过 5 码或
总额不超过 3 件的入口布匹，可免抽此项专税。⑤ 1936 年 7 月
28 日，汕头市绸缎布业同业公会致函广东省政府、财政厅，
请求撤销匹头专税，该公会认为，进口洋布既由海关征税，自
不宜再征专税，否则就违背了政府"一物不二税"的原则。⑥

　　综上所述，自 20 世纪 20 年代起，广东省政府先后开征
了舶来士敏土税、舶来皮革税、舶来肥田料税、洋纸专税、

---

　　① 《令准中兴公司承办全省洋布匹头专税》，《广东省政府公报》第 236 期
（1933 年 9 月 30 日），第 68 页。

　　② 《洋布匹头税改由农税局兼收》，《广州民国日报》1934 年 8 月 24 日第 2
张第 2 版。

　　③ 《洋布匹头领证转运手续》，《广州民国日报》1934 年 9 月 19 日第 2 张第
3 版。

　　④ 《已税洋布转运手续》，《广州民国日报》1934 年 9 月 14 日第 2 张第 3 版。

　　⑤ 《广东洋布匹头舶来农产品专税率摘要》，《苏华商业月报》第 2 卷第 9—
10 期合刊（1935 年 11 月 20 日），第 36—37 页。

　　⑥ 《请裁匹头税》，《广州民国日报》1936 年 7 月 29 日第 2 张第 4 版。

蜡类专税、颜料专税、洋布匹头专税等专税。这些专税的开征很大程度上是为了抵补裁厘后的地方财政损失，大多采用招商承投的方式，由财政厅公开招标，商人投标起饷，承办期限多为1年，期满后重新招投。各项专税有相互独立的征收章程。

第二节 舶来农产品杂项专税的征收与管理

舶来物产专税作为广东独特的税项，自20世纪20年代初步开征后不断变化。舶来农产品杂项专税征收范围之广、税收收入之多，远远超过其他物产专税税项。20世纪30年代以后，舶来农产品杂项专税同其他各项专税一起，在时代的裹挟中不断调整变化，推动着整个舶来物产专税的发展。本节主要对舶来农产品杂项专税的征收与管理制度进行探讨。

一、陈济棠统治时期的舶来农产品杂项专税

（一）征管机构的设置

1933年7月4日，在广东省政府委员会第201次会议上，财政厅提出了创办广东全省舶来农产品杂项专税的建议，并向省政府提交了所拟章程。[①] 10天后，广东省政府委员会第204次会议修正通过了《广东全省舶来农产品杂项专税征收章程》。[②] 同年8月，广东省财政厅在广州市商会几次公开招投

---

① 《省府第二零一次会议》，《广州民国日报》1933年7月5日第2张第1版。

② 《广东全省舶来农产品杂项专税征收章程》，《广东省政府公报》第229期（1933年7月20日），第29页。

舶来农产品杂项专税，均无人应投。① 于是，财政厅改变征收方式，在广州、潮梅、五邑、钦廉、琼崖 5 地设立专税局，委派专员负责此项专税的稽征，各局直接受财政厅管辖。②

在人员安排上，财政厅委任江楫、潘桂严、何春敷为广州舶来农产品杂项专税局委员，③ 梁敬义、关沃泉、林奋吾为五邑局委员，赖超万、何公辅、钟英茂为琼崖局委员，刘公义、张守植、黄景昌为潮梅局委员，④ 叶吉桢、利伟明为钦廉局委员。⑤ 各委员在接到委任后，前往财政厅领取印记、征收联票等，随即分赴所在地区选址设局。⑥ 经过一系列的筹备，1933年 9 月 16 日，广东全省舶来农产品杂项专税正式开征。同日，广州舶来农产品专税局率先成立，⑦ 该局暂设在广东省财政厅4 楼。后来因业务扩展，迁至下九路 32 号。⑧ 随后，五邑、潮梅、琼崖、钦廉各局分别于 9 月 23 日、10 月 1 日、10 月 8

① 《全省舶来农产品杂项专税》，《中华民国工商税收史料选编》第 5 辑，第 1885 页。

② 《广东全省舶来农产品杂项专税局暂行章程》，《统计月刊》第 7—9 期合刊（1936 年 9 月），第 146—147 页。

③ 《财厅开办农产专税》，《广州民国日报》1933 年 9 月 15 日第 1 张第 4 版。

④ 《积极筹设各地舶来农产品专税局，委定五邑、琼崖潮梅各局委员》，《广州民国日报》1933 年 9 月 18 日第 2 张第 1 版。

⑤ 《钦廉局即将开征》，《广州民国日报》1933 年 9 月 28 日第 1 张第 4 版。

⑥ 《舶来农产品专税各局将陆续成立》，《广州民国日报》1933 年 9 月 19 日第 1 张第 4 版。

⑦ 《财厅开征舶来农产品专税》，《广州民国日报》1933 年 9 月 16 日第 1 张第 4 版。

⑧ 《农品局四九次会议》，《广州民国日报》1933 年 11 月 14 日第 2 张第 1 版。

日、10 月 29 日相继成立。① 各专税局建立后，为方便管理，形成稽征网，很快在各自辖区内设立了稽征处、检查所及各分卡。

在完成派员设局后，广东省财政厅进一步确立和完善各专税局内部的管理机制。1933 年 9 月 26 日，广东省政府核准通过《广东全省舶来农产品各局暂行章程》。根据章程规定，各专税局采取分股管理制，广州局、潮梅局下设总务、税务、会计三股，五邑局、钦廉局、琼崖局下设总务、税务两股；总务股负责收发文件、保管印信、庶务稽查及其他不属各股事务，税务股负责征收税款、填发证照等事务，会计股负责保管公款、统计、预决算各事务。② 在未分股前，广州局全体职员由财政厅暂行分配工作。③ 分股后，权责更为明确，有利于调动各部门的积极性。在实际工作中，一般由税务股将稽征情形详报总务股，再由总务股呈报财政厅。④ 这种分股办事的设置并非一成不变，而是在实际工作中不断调整。广州局曾将总务、会计、税务三股扩组改课，原组长相应地改为课长。⑤ 总务课、税务课、会计课下各设 4 组办事。⑥ 每月 1 日及 16 日召开局务会议，由总务课拟定局务会议细则；课员以上人员均须出

---

① 秦庆钧：《广东三年施政计划下一年来财政之回顾》，《新广东月刊》第 1 卷第 15 期（1934 年 3 月 31 日），第 17 页。

② 《广东全省舶来农产品杂项专税局暂行章程》，《统计月刊》第 7—9 期合刊（1936 年 9 月），第 147 页。

③ 《洋米税率不变更》，《广州民国日报》1933 年 9 月 29 日第 1 张第 4 版。

④ 《米商昨纷纷完税》，《广州民国日报》1933 年 9 月 28 日第 1 张第 4 版。

⑤ 《农税局决议案》，《广州民国日报》1933 年 10 月 8 日第 1 张第 3 版。

⑥ 《舶来农产税局稽征处开始稽征》，《广州民国日报》1933 年 10 月 15 日第 1 张第 4 版。

席，"其余职员如遇必要得指派列席"。① 税务课负责制定填销票照、日报表、票存票照、月报表，分发各稽征处。②

各专税局职员在管理上采取委员制，各局设委员 3 人，其中主任 1 人，职员 2 人；主任由财政厅委任，雇员由各局自行选聘；各委员之间权责相等，通过抽签的方式轮流担任主席；轮值委员负责核判文书和召集当值的委员会议，非轮值委员核阅常务文稿并副署意见。③ 各税局下设稽征处、检查所及各分卡。此外，还设有稽查组和稽征组，各组职员为稽征（查）长、稽征（查）主任、稽征（查）员；稽征（查）长由财政厅委任，稽征主任向财政厅呈报稽征费用。④ 稽查员经税局审核后发给稽查证，稽征员负责报告税目及协助缉私。⑤ 由此可见，各专税局建立了一套相对完整的管理制度。

各舶来农产品专税局及其所属各稽征处负责的登记稽查、估价验货、发证收税等事项，与商民密切相关。工作人员众多，内勤、外勤事务繁忙，极易滋生弊端。如 1935 年 6 月，广东省财政厅财政视察员曾毓东发现，广州舶来农产品杂项专税局肇庆稽征处江德分卡稽征员林伯清勾结雇员王孟麟私运洋米，特将二人扣留解省，由政务委员会发交特别法庭审判，经特庭审判长邓青阳、审判员何启礼和陈达材合议，宣布林伯清

---

① 《广州局之决议》，《广州民国日报》1933 年 10 月 7 日第 1 张第 4 版。

② 《舶来农税局会议》，《广州民国日报》1933 年 11 月 3 日第 1 张第 4 版。

③ 《舶来农产品专税各局将陆续成立》，《广州民国日报》1933 年 9 月 19 日第 1 张第 4 版。

④ 《舶来农产品专税各局将陆续成立》，《广州民国日报》1933 年 9 月 19 日第 1 张第 4 版；《洋米限期登记》，《广州民国日报》1933 年 10 月 19 日第 1 张第 4 版。

⑤ 《农品税局截获私运舶来米》，《广州民国日报》1933 年 10 月 5 日第 1 张第 4 版。

无罪，王梦麟因欺诈取财，被判处有期徒刑 6 个月。① 对此，财政厅曾多次强调所属员司的廉洁性。在财政厅的倡导下，各专税局纷纷制定并完善局内人员管理规定。1935 年 9 月 26 日，广州舶来农产品杂项专税局宣布："凡属本局所辖员司丁役，如有借端勒索、故意留难及索取饭食茶资手续费等情事，准由商人当场指证，扭送来局，或用书面详细叙述实施，将讹索者姓名秘密呈控，一经查明属实，定即依法重惩。如有奸商私枭，贿赂员役走私瞒税，并经一体举发，即行查办；如有商民欲遂其走私瞒税之图，公然向本局职员行贿，一经职员将贿款举报，定予拘案解究，绝不姑容。"② 然而虽有明文规定职员渎职惩罚，但税员违法行为却屡禁不止。10 月 4 日，财政厅悬赏 500 元，令各县县长协助通缉携款潜逃的五邑舶来农产品专税局拱北稽征处前主任黄志文，并令卸任五邑舶来农产品杂项专税局委员林奋吾负责填偿款项。林奋吾查明逃税员黄志文身份来历后，呈请财政厅将黄氏家产查抄，变抵填补税款。③ 对于所属职员的违法行为，财政当局坚决追查到底。

（二）舶来农产品杂项专税的制度规定

1. 对征税范围的规定

顾名思义，"舶来农产品杂项专税"主要对外国进口的农产品征税。1933 年 7 月 17 日，广东省政府第六届委员会第

---

① 《渎职农税人员，昨经特庭判决》，《广州民国日报》1935 年 6 月 13 日第 2 张第 2 版。

② 《农产税局禁员役勒索》，《广州民国日报》1935 年 9 月 27 日第 2 张第 2 版。

③ 《财厅购缉淘款农税员》，《广州民国日报》1935 年 10 月 5 日第 2 张第 2 版。

204 次会议修正通过了《广东全省舶来农产品杂项专税征收章程》。① 8 月，广东省舶来农产品杂项专税开始征收，对中国商人经营进口农产品，在购进时征税，国产农产品一律免征。其中，米、谷从量计征：大米每担征大洋 1 元，稻谷每担征大洋 0.6 元；其他农产品从价计征，税率在 1%—15% 不等。② 实际上，在征收过程中，各属舶来农产专税局不断扩大征收范围。

　　1934 年 4—5 月，各属农税局先后经征洋纸专税（4 月 1 日）、舶来士敏土附费（5 月 1 日）以及舶来糖类捐（5 月 11 日）。③ 11 月，钟超在广东省参议会第一届参议员第一次会议上提出将糖类捐、洋纸、颜料、洋布匹头等专税并入舶来农产品专税局征收。④ 次年，各属舶来农税局继续扩大经征范围。1935 年 7 月 1 日起，兼征舶来皮革税。⑤ 7 月 24 日，对舶来槟榔照舶来农产品专税章程未列名鲜果，从价征收，每百元抽大洋 11 元，另附收加二。⑥ 9 月 16 日起，征收舶来皮革省外制品入口税。⑦ 同日起，征收废烂胶轮专税。⑧ 12 月 7 日，广东

---

　　① 《广东全省舶来农产品杂项专税征收章程》，《广东省政府公报》第 229 期（1933 年 7 月 20 日），第 21 页。

　　② 《广东省志·税务志》，第 97 页。

　　③ 《农税局兼征洋米专税》，《广州民国日报》1934 年 4 月 3 日第 2 张第 2 版；《舶来士敏土征收附加费章程》，《广州民国日报》1934 年 4 月 3 日第 2 张第 2 版；《财厅免征土糖捐》，《广州民国日报》1934 年 5 月 10 日第 2 张第 1 版。

　　④ 《改善税制决案》，《广州民国日报》1934 年 11 月 16 日第 1 张第 4 版。

　　⑤ 《舶来皮革税七月一日开征》，《广州民国日报》1935 年 6 月 23 日第 2 张第 2 版。

　　⑥ 《舶来椰油决征入口税》，《广州民国日报》1935 年 7 月 25 日第 2 张第 2 版。

　　⑦ 《舶来皮革省外制品入口税》，《广州民国日报》1935 年 9 月 13 日第 2 张第 2 版。

　　⑧ 《废烂胶轮征收入口税》，《广州民国日报》1935 年 9 月 7 日第 2 张第 2 版。

省政府第六届委员会第 320 次会议决议将舶来机器税列入舶来农产品杂项专税内予以征收。[①] 12 月 16 日起，广州舶来农产品专税局兼征舶来机器税。[②] 至此，各舶来农税局已先后兼征或接征不下 6 种专税税目。

不同于 1934—1935 年多兼征或接办已有专税税目，各属舶来农产专税局陆续于 1936 年开征了外煤入口保护税（2 月 27 日）、舶来木料入口专税（6 月 15 日）、舶来胶类专税（6 月 16 日）、舶来树胶货品入口专税（6 月 16 日）、未列名输入油类专税（7 月 15 日）等新的专税税目。[③] 随着征收范围的扩大，广东省财政厅于 1936 年 2 月重修章程，将应税货品分为 11 类：谷米类、杂粮类、肉品类、果品类、饮料类、罐头类、油类、调味类、杂类、舶来机器类、外煤类。其中，谷米类（洋米、洋谷）、外煤类从量征收，杂类从价从量兼收，其他皆为从价征收。[④] 广东舶来农产品杂项专税局课税范围之广，正如时人所称："海关所有抽税之品物皆有增抽该项税，海关无税之品物亦有抽捐税。"[⑤]

2. 对税率的规定

自开征起，舶来农产品杂项专税的税率就处于不断调适变

① 《财厅开征舶来机器税》，《广州民国日报》1935 年 12 月 7 日第 1 张第 4 版。

② 《农税局征收舶来机器税》，《广州民国日报》1935 年 12 月 13 日第 2 张第 3 版。

③ 《外省煤亦征入口税》，《广州民国日报》1936 年 2 月 25 日第 2 张第 3 版；《舶来木料定期征专税》，《广州民国日报》1936 年 6 月 9 日第 2 张第 3 版；《今日开征舶来树胶税》，《广州民国日报》1936 年 6 月 16 日第 2 张第 3 版；《财厅规定输入油税率》，《广州民国日报》1936 年 7 月 16 日第 2 张第 3 版。

④ 广东省财政科学研究所、广东省立中山图书馆、广东省档案馆编：《民国时期广东财政史料》第 1 册，广州：广东教育出版社，2011 年，第 192 页。

⑤ 《农产局验货场》，《申报》1936 年 7 月 9 日第 10 版。

化之中。根据 1933 年 9 月 16 日广东省财政厅公布的《广东全省舶来农产品杂项专税征收章程》规定，征收对象除洋米外，大都属于奢侈品与非必需品，税率则自从价 15% 下调至 1.5%。[①] 因原定征收章程列举税目有限，1934 年 4 月，广东省财政厅对税率、税目进行了修正，其中较为明显的税率变动是洋米（不分类别）每担抽大洋 1 元 2 角，洋谷每担抽大洋 6 角，并增加了不少新的税目。如省外运粤生油及豆油每担抽大洋 1 元 5 角；舶来及省外运粤豆类（不分类别）、花生仁、玉蜀黍，均为每百斤抽大洋 4 角。[②]

为便利商人纳税免携现金，1934 年 4 月，财政厅发行舶来农产品抵纳证 300 万元。[③] 对此专税，广州市花生芝麻行、豆业行、米糠行均表示无力认领，并向财政厅建议"在农品专税原有税率外附加二成"。[④] 5 月 22 日，财政厅将广州农税局汇集的行商意见转呈省政府，经省务会议讨论通过"将舶来农产税原有税率附加二成"。[⑤] 也就是说，洋米每百斤原有税率 1 元 2 角大洋，附加 2 角 4 分；洋谷原有税率 6 角，附加 1 角 2 分；生油原有税率 1 元 5 角，附加 3 角；花生原有税率

---

① 《广东全省舶来农产品杂项专税征收章程》，《广东省政府公报》第 236 期（1933 年 9 月 30 日），第 14—15 页；《征收舶来农产品专税》，《广州民国日报》1933 年 9 月 23 日第 1 张第 3 版。

② 《财厅修正舶来农产品税率》，《广州民国日报》1934 年 4 月 25 日第 1 张第 4 版。

③ 《财政厅发行农产专税抵纳证》，《广州民国日报》1934 年 4 月 14 日第 2 张第 1 版。

④ 《农品行商对发农税证意见》，《广州民国日报》1934 年 5 月 13 日第 1 张第 4 版。

⑤ 《舶来农税照原税率附加二成》，《广州民国日报》1934 年 5 月 23 日第 2 张第 1 版。

4 角，附加 8 分；花生仁原有税率 9 角，附加 1 角；豆类原有税率 5 角，附加 1 角；其余舶来农产品什项，均照原有税率，一律附加二成。① 随后，财政厅将省政府决议通知各农税局。② 5 月 30 日，全省舶来农产品杂项专税在现行税率的基础上增加二成。③ 6 月 16 日起，各舶来农产品专税局及所属处、所、卡开始实行舶来农产品加二征税。④

为方便各属舶来农税局征收，财政厅还制定了专门的报解办法：（1）各委办征收机关应先刊备"附收加二"戳记若干个，于征收税款时，加盖戳记于税票上，不必另发附收二税票；惟税票内应注明税额若干，附收加二若干，无论发给商人，或缴纳存局，均须一律照填。（2）报解附收加二税款时，应遵照第八三四号通令专案解库，即随同正饷，另呈报解，并须列具清册，注明商号及税额、加二税款收税时日、税票号数等项。（3）各委办征收机关兼征别项税款时，应分起列报，不得混同汇报。⑤

（三）舶来农产品杂项专税的稽征管理

如果说对舶来农产品杂项专税的税率、征收范围的规定影响着税收的预期收入，那么征税管理则关系到税征实践的实际效果。

---

① 《中止废行广州农税抵纳证》，《广州民国日报》1934 年 5 月 24 日第 2 张第 1 版。

② 《农税附加即将实行》，《广州民国日报》1934 年 5 月 29 日第 1 张第 4 版。

③ 《令加二征收舶来农品专税》，《广东省政府公报》第 261 期（1934 年 6 月 10 日），第 105 页。

④ 《粤省明日实行舶来农产品加二征税》，《申报》1934 年 6 月 15 日第 9 版。

⑤ 《广东省财政厅厘定加二附加款报解办法》，《广东省政府公报》第 256 期（1934 年 4 月 20 日），第 66 页。

首先，为了解货物进口情况，各专税局自开征入口税后，派专员前往各地调查舶来农产品的入口情况。如广州农税局曾派辛渭卿、李培滋、陈绍武至三水，茹仲禄、何继、陈浩然至肇庆，调查两地舶来农品入口。[1] 并派遣稽征员前往辖内各代报税馆，逐日登记各商号舶来农产品杂项的进口数量。[2] 广州市内就有 66 间代报税馆，[3] 自广州舶来农产品专税局成立后，各报税馆纷纷来局登记并呈交纳税图章。[4] 此外，各专税局还选派海关抄单员，每日到海关誊抄报单。[5]

在调查了解所属舶来农产品杂项的进口情况后，为促进征税，方便辖内商人来局登记，税局及财政厅做了不少努力和尝试，并在征税过程中不断调整。譬如完税证的制发与使用。起初，完税证由各属税局自行制定派发，稽征员将完税证贴在入口完税新货上，用于标明货物纳税状态，商人凭借完税证起卸转运货物。完税证不对商人另外收费，各税局按月列表派发完税证数量后，向财政厅报销。后来，财政厅为了方便稽征管理，令各舶来农产品杂项专税局上报每月所需完税检验证数量。[6] 根据上报情况，财政厅统一制发完税证，核定完税证编

---

① 《农税局决拘款欠税米商》，《广州民国日报》1933 年 10 月 5 日第 2 张第 1 版。

② 《米商昨纷纷完税》，《广州民国日报》1933 年 9 月 28 日第 1 张第 4 版。

③ 《专税局昨日议案》，《广州民国日报》1933 年 10 月 6 日第 2 张第 1 版。

④ 《农税局决拘款欠税米商》，《广州民国日报》1933 年 10 月 5 日第 2 张第 1 版。

⑤ 《米商抗税派队传追》，《广州民国日报》1933 年 10 月 4 日第 2 张第 1 版。

⑥ 《财厅制发舶来农品税证》，《广州民国日报》1935 年 2 月 13 日第 2 张第 2 版。

号后颁发各局领用。① 至 1935 年 6 月，财政厅分别印制了洋米、农产品杂项、洋纸、士敏土附加、糖类、洋布匹头、颜料7 种完税证。② 然在实施过程中，税收、商情难以兼顾，各属税局反应也各不相同。财政厅根据商情不断调整，最终决定，除洋米及杂项等税收征物免贴完税证外，其余均须贴用。③

其次，为方便征税管理，财政厅与各税局及其下设稽征处、检查所、各分卡在工作管理上形成联动。为了加强对各属税局的管理与了解，财政厅制定《舶来农产品杂项专税局所属稽征处所卡成立日期及经费额暨收过税款表》，分发各舶来农税局委员填写。④ 各舶来农税局委员则将所辖地区稽征处所需职员数量及办公费用预算呈报财政厅⑤，并负责调查所辖各地谷米价值，按市价每旬列表上缴财政厅。⑥ 在财务管理上，财政厅将预算表及工作编排表发放给专税局，专税局再分发给各稽征处及分卡。⑦ 各稽征处每月制定支付预算书及岁出预算书⑧，按

① 《洋纸类进口须粘贴完税证》，《广州民国日报》1935 年 5 月 19 日第 2 张第 2 版。

② 《洋米等物品准免贴完税证》，《广州民国日报》1935 年 6 月 3 日第 2 张第 3 版。

③ 《洋米颜料等物准免贴完税证》，《广州民国日报》1935 年 6 月 10 日第 2 张第 2 版。

④ 《令各农税局将各处所卡成立日期及经费额列报》，《广东省政府公报》第 256 期（1934 年 4 月 20 日），第 73 页。

⑤ 《令钦廉舶来农产品专税局在东兴设立稽征处》，《广东省政府公报》第 248 期（1934 年 1 月 31 日），第 71—72 页。

⑥ 《各农税局应调查所辖各地谷米价按旬列报》，《广东省政府公报》第 250 期（1934 年 2 月 20 日），第 51 页。

⑦ 《农税局决议案》，《广州民国日报》1933 年 10 月 8 日第 1 张第 3 版。

⑧ 《农品税局第卅九次会议》，《广州民国日报》1933 年 11 月 2 日第 1 张第 4 版。

月将税款解缴财政厅核收。①

　　在了解全省税情、做好局务管理等工作的基础上，各属舶来农税局还对入口船只进行管理登记。20 世纪 30 年代，省、港、澳及东、西、北三江船只往来频繁，各口岸商船进出口数量也有了较大发展。水运的发达给舶来农产品杂项专税的征收带来了很多困难。譬如，各渡船运载舶来农品杂项入口，多不报各稽征处查验，或所报不实。针对渡船的漏税虚报行为，广州舶来农产品专税局曾通过民船公会布告各船户，"民船轮渡载运舶来农品须抄列舱扣单报查，缴税后方能起运"②。除此之外，轮渡夜运问题也给税收的征收造成了一定困难。1934年 3 月 8 日，广州农税局下属黄埔稽征处设立新造分卡。新造是省港航线必经之地，除省港澳大船外，轮拖米舿白天进口转入数量众多，夜间经过者亦不在少数。分卡只有 3 名稽查员，即使昼夜工作仍无法应对。若夜间任由各船通过，则难保走私漏税。为了解决这个问题，财政厅下令"所有夜间经过新造分卡的轮拖米舿须在新造停泊一晚，待次日早晨经检查后才许入口放行"。③ 针对渡船在征税中存在的种种问题，财政厅专门修订《舶来农产品什项专税渡船申报查验取缔办法》，其主要内容有：（1）凡渡船运载舶来农产品杂项入口，无论自运或代运，一律受本办法取缔。（2）运载农产货物入口的渡船，设立仓口簿，记明运送货物的种类、数量、重量、价值等。（3）渡船运载农产品途径大铲或伶仃、三门等地时，即须停

---

① 《严缉私运舶来品，海洋河面派舰截缉》，《广州民国日报》1933 年 11 月10 日第 1 张第 4 版。

② 《农品税局第卅九次会议》，《广州民国日报》1933 年 11 月 2 日第 1 张第4 版。

③ 《夜经新造须停泊》，《广州民国日报》1934 年 4 月 1 日第 2 张第 1 版。

泊并派人到该地农产稽征处领取申报单填写，报请查验；各稽征处随报随验，不得留难。（4）渡船携带仓口簿及申报单到各稽征处报请查验，查验合格后，由稽征处出具查验通知单，并在仓口簿上加盖戳记。（5）渡船在到达目的地时，将查验稽征处出具的查验通知单及加盖戳记的仓口簿交由目的地所载稽征处查核。[1]

最后，加强对进口华商的监控，规避其偷漏税行为。进入民国以后，广东省沿海走私问题日益严重。1929 年以前，因协定关税税率甚低，商民少有逃税。关税自主以后，因税率提高，致偷税漏税之风日甚一日，舶来物产专税亦不例外。其中，广州走私货物甚多，如江瑶柱、虾米、洋纸、洋糖、人造丝、肥料、抽纱、皮革、钟表、奶粉、药材、颜料、影像材料等，应有尽有。[2] 自开征全省舶来农产品杂项专税后，各地奸商走漏专税案件层出不穷。如 1933 年 11 月 8 日下午，广州农税局稽查员在沙基东桥口截获 3 箱昌和号漏税牛肉汁，9 日上午又在渡船上截获 3 箱漏税舶来农产杂项产品。[3] 商人在运送各舶来农产品杂项货物进入内地时，往往以目的地未设有专税局或稽征处为借口，企图偷税漏税。[4]

为严密防止偷税、漏税，各舶来农产品专税局纷纷订立防

---

[1] 《舶来农产品专税渡船报验取缔法》，《广州民国日报》1934 年 4 月 4 日第 2 张第 1 版。

[2] 陈城：《走私与国民经济之建设》，《广东经济建设》第 4 期（1937 年），第 34 页。

[3] 《严缉私运舶来品，海洋河面派舰截缉》，《广州民国日报》1933 年 11 月 10 日第 1 张第 4 版。

[4] 《舶来农产品运入内地在未设税局及稽征处起卸应由经过之税局或稽征处完税》，《广东省政府公报》第 244 期（1933 年 12 月 20 日），第 149 页。

范缉私办法。如 1934 年 4 月 28 日，五邑舶来农产品专税局制定了《防范走私漏税办法》，该办法对所属稽征处查验手续做出了详细规定。首先，稽征处接受货商申报后，应即查明该商号是否能负担应纳税额，核查合格后发给准运通知单。其次，稽征处在征收税款后，填具税票，并在税票上注明通知单的单号号数。如在伶仃检查发现申报数量与实际数量不符，即在税单内注明逾额数量。最后，货商将货物运抵石岐后，稽征处再次派员核对数量以防漏税。[1] 五邑舶来农税局通过对每个环节的层层把控，降低了货商偷税、漏税的可能性，也使运载舶来农产品沿经伶仃运往五邑局石岐及经由三门运往潮梅局汕尾的船舶纳税有了可供参照的依据。

除了在稽征环节加大监管的力度严查走私外，各属舶来农产专税局十分注重利用自己的情报来源，加强缉获走私的力度，主要体现在培养线人及所属各稽征处稽查组成员上。1933年 11 月，广州舶来农税局调整罚款分成，改"罚款六成解厅、四成留局为二成解厅、八成留局"[2]，以便税局支付线人。1935 年 11 月 27 日，据稽查组探报，十八甫怀远驿站 4 号新记、12 号鸿昌、20 号江楷住宅藏有大量瞒税私货，广州市舶来农产品杂项专税局随即派员会同宝华分局长警前往搜查，果然搜出大量瞒税洋货。[3] 此外，广东省财政厅及政府当局也不断加强惩戒走私的力度。广东省财政厅明令规定："所有私运、私藏、私售、私买舶来农产品及什项货物，未照规定手续

---

① 《五邑舶来农税防范走漏办法》，《广州民国日报》1934 年 4 月 29 日第 2 张第 2 版。

② 《舶来农税局会议》，《广州民国日报》1933 年 11 月 3 日第 1 张第 4 版。

③ 《农税局缉获私货》，《广州民国日报》1935 年 11 月 27 日第 2 张第 3 版。

完纳专税，一经查获，除没收私货外，并照私货价值处以五倍罚款，所有接藏私货的商店、货仓、住宅、轮船、货艇，得标封投变，没收充公。"①

陈济棠统治时期，广东舶来农产品杂项专税局除对主要农产品征税外，还兼征其他专税项目，随着征收管理制度的不断完善，在实际征收中也取得了一定的成绩。首先，舶来农产品的数量减少。粤海关进口贸易统计，1933 年广州口岸糠麸、豆类、米谷、麦粉 4 类进口农产品数字较 1932 年有明显降低，1932 年糠麸、豆类、米谷、麦粉进口数分别为 13,705 担、61,675 担、512,956 担、639,093 担，1933 年分别为 2,566 担、11,885 担、189,850 担、186,149 担，具体见表 3-5。

表 3-5　1932 年和 1933 年广州口岸四类农产品进口比较表

农产品名		1932 年	1933 年
糠麸	数量（担）	13,705	2,566
	关金单位	18,878	5,194
豆类	数量（担）	61,675	11,885
	关金单位	175,458	56,689
米谷	数量（担）	512,956	189,850
	关金单位	1,870,893	727,659
麦粉	数量（担）	639,093	186,149
	关金单位	3,906,287	1,124,727

资料来源：《广东省舶来农产品杂项专税局别及税别统计表（二十三年七月至十二月）》，《统计月刊》第 1 卷第 8 号（1935 年 6 月），第 17 页。

---

① 《财厅重罚私运舶来农产品》，《广州民国日报》1935 年 12 月 14 日第 2 张第 3 版。

　　其次，改变了广东地方的税收结构。在 20 世纪 30 年代以前，广东地方的税收收入主要有田赋和厘金两项。30 年代以后，随着营业税、舶来农产品专税等新税的开征，广东税收结构发生了很大的变化。由表 3-6 可见，1933—1936 年广东舶来农产品专税分别为 1,086.3 万元、1,798.5 万元、1,526.8 万元、881.3 万元，每年收入均远远超过了田赋、营业税、煤油贩卖营业税的总和，在财政收入中占有相当重要的地位。

表 3-6　1933—1936 年广东省库税收统计表

（单位：毫券万元）

会计年度	岁入	田赋	营业税	煤油贩卖业营业税	舶来农产品杂项专税
1933 年	4,940.9	419.1	76.2	230.1	1,086.3
1934 年	6,029.4	472.2	101.2	396.7	1,798.5
1935 年	6,181.9	301.9	83.1	340.8	1,526.8
1936 年	3,119.4	462.0	177.1	184.7	881.3
合计	20,271.6	1,655.2	437.6	1,152.3	5,292.9

　　资料来源：《广东省志·财政志》，第 50—51、83 页。

　　注：岁入指省库扣除债务后的收入，不含国库收入。除田赋一项外，营业税、煤油贩卖业营业税、舶来农产品杂项专税均属工商税收项目。1912—1937 年实行跨年制财政年度，这里的会计年度指当年 7 月至次年 6 月。

二、归政中央以后的征收与整顿

　　舶来农产品杂项专税的征收为陈济棠时期广东的建设提供了丰裕的财源。陈济棠下台后，广东归政中央，中央先后派出宋子良等人对广东财政进行整理。裁废苛捐杂税是这一时期财政整理的一项重要内容。舶来农产杂项专税是否同其他苛捐杂税一样面临被裁撤的命运，舶来农产品杂项专税局又发生了哪些变化？全面抗战时期，舶来农产品杂项专税同其他各项物产专税在整个税收结构中起了什么作用？

1936 年 6 月，陈济棠武装倒蒋失败，于 7 月 18 日宣布下野离粤赴港，财政厅厅长区芳浦亦随之而去。陈济棠下台后，与南京国民政府相对立的西南执行部、西南政务委员会均被撤销，南京国民政府恢复了对广东的直接控制。[①] 在粤省军政改革之际，财政部决定彻底整理粤省财政金融。7 月 21 日，财政部部长孔祥熙提请行政院任命宋子良兼任广东省财政厅厅长，并派财政部次长邹琳率秘书陈汝霖赴粤视察。[②] 22 日晨，邹、宋二人由京飞粤，随行者还有新任粤桂闽区统税局局长吴健陶、财政部税务署主任秘书萧仲鼎、中央银行业务局副局长周邦新等人。[③] 23 日上午，宋子良在财政厅宣布就职。[④]

上任后，宋子良秉承中央意旨，从废除苛捐杂税、减轻田赋附加及确立地方预算等方面着手，改革粤省财政。截至 1936 年 7 月 27 日，财政厅先后明令废除米谷税、各县房捐、渔业税、士敏土附加税、生猪出口税、机器税、船捐、木排捐、生仁税、豆类税、生油税、菜子税、舶来农产品税、新旧

---

① 《粤局和平安全解决》，《广州民国日报》1936 年 7 月 20 日第 1 张第 2 版。

② 《中央委派粤省税收重要人员》，《广州民国日报》1936 年 7 月 21 日第 1 张第 2 版。

③ 《邹琳宋子良等昨乘飞机抵粤》，《广州民国日报》1936 年 7 月 23 日第 1 张第 3 版。

④ 《宋子良昨就职情形》，《中山日报》1936 年 7 月 24 日第 1 张第 4 版。

洋什木税、颜料税、橡胶税、匹头税等 30 余种。① 8 月 10 日，宋子良在财政厅组设广东省裁除苛捐杂税审议委员会。② 9 月 13 日，宋子良确定废减捐税的步骤：（1）废除赌捐及各项抵触中央法令的税捐；（2）减轻尚未能废除的各项税捐税率。③ 值得注意的是，宋子良对税捐的整理并不是一刀切，而是按轻重缓急逐步推进。对于舶来农产品杂项专税及各项广东独有的专税，广东省财政厅遵照财政部命令规定废除步骤，先将涉及重征、有碍国计民生的洋谷米税，妨碍国民经济、损害地方收入的舶来士敏土附加大学经费，长途电话费，舶来废烂胶轮税，舶来机器税，以及抵触中央法令的煤炭税一律裁撤。然后将有关民食的农产品各项专税下的油豆花生专税，核减二成征收；④ 并将需要裁减的农税分为收入无多而过于零碎者、妨害国内实业发展者、妨害平民生计者、妨害中央税收者 4 类。⑤

在广东归政中央之前，全国各地对于舶来农产品杂项专税的不满之声已日益扩大。青岛、上海等地商民均曾电请中央，要求裁撤此项专税：粤省开办农产专税的初衷在于抵御外货、保护国产。然而在实际征收中演变为主要外货大量避税漏税，

---

① 《苛细杂税已裁卅余种》，《广州民国日报》1936 年 7 月 27 日第 2 张第 1 版。

② 丘斌存：《抗战四年来之广东财政》，《经济汇报》第 4 卷第 8 期（1941 年 10 月 16 日），第 26 页。

③ 《财厅确定废减省税捐步骤》，《广州民国日报》1936 年 9 月 13 日第 2 张第 1 版。

④ 《厘定农产税及各项专税》，广东省财政科学研究所、广东省立中山图书馆、广东省档案馆编：《民国时期广东财政史料》第 3 册，广州：广东教育出版社，2011 年，第 188 页。

⑤ 《财厅对于农产专税的裁减》，《到农村去》第 1 卷创刊号（1937 年 8 月 16 日），第 8 页。

实际主要对国产征税。不仅广东省收入有限，广东与非广东商人、广东农民与非广东农民都深受其害。① 1936 年 7 月，中央统一粤局后，广州杂粮同业公会电请财政部撤销农产专税。② 11 月，广州各行商联系广州市商会，预备召开联席会议商讨办法，并表示在必要时联合举派代表请愿，请求自明年 1 月起免征此项农产专税。③ 考虑到省内外裁废舶来农产专税的要求及中央裁撤苛捐杂税的既定计划，1936 年冬，广东省财政厅曾将农产专税减征二成。④ 但现实的财政需要，使宋子良不能将此项专税立刻裁废。

自 1936 年 9 月后，广东省政府省库不足部分，经财政部核准，由中央银行、中国银行和交通银行抵押垫用，每月 400 余万元。然银行垫款并非长久之计，故广东省政府计划在省税范围内选择一种弹性较大、与中央税制又无抵触的税目进行调整，以扩大税收。陈济棠统治时期，在全省各属专税局的经征管理下，舶来农产品杂项、油豆、芝麻、颜料、洋纸、洋糖、舶来皮革及邻省牛皮、洋布匹头、舶来橡胶制品等货物进口后，均由商人送往各属农产品专税局申报纳税。宋子良上任前夕，舶来农产品杂项专税除洋米拨为海关征收外，还有洋纸、洋木、旧报纸、树胶制品及各项农产品，种类繁多，税收收入为各项税捐之首。据统计，自 1935 年 10 月至 1936 年 5 月，

---

① 《青岛广帮粮商反对粤豆饼税》，《申报》1935 年 9 月 19 日第 8 版。

② 《商会电请院部撤销粤省农产税》，《申报》1937 年 5 月 27 日第 10 版。

③ 《粤市商人请求撤销舶来农产品专税》，《香港工商日报》1936 年 11 月 1 日第 2 张第 3 版。

④ 《上海市商会电请院部，立即撤销粤省农产专税》，《中外经济情报》第 150 期（1937 年 5 月 27 日），第 11 页。

各项杂项税收约 800 万元。^① 舶来农产品杂项专税范围广、收入大，成为当局扩充税源的重点对象。1937 年 1 月 14 日，广东省政府令财政厅第三科在舶来农产品杂项下重新整理以广税源，用于弥补政府政费的不足。^②

为了更好地征收舶来农产品杂项专税，宋子良对全省各属舶来农产品杂项专税局进行了整顿。1936 年 7 月 28 日，宋子良委任陆文澜为广州舶来农产品专税局委员，会同原委员江楫、梁文中一起整理农税局局务。^③ 陆文澜到任后，从职员管理及征收手续两方面入手，清查账目，整理局务。^④ 10 月 1 日，财政厅将广州舶来农产品专税局改为广东农产品杂项专税局总局，由陆文澜担任总局长，统理全省各属舶来农产品各项税收。^⑤ 在接到财政厅命令后，陆文澜将广州、潮梅、五邑、钦廉、琼崖各分局改为第一、二、三、四、五分局，除第一分局局长由自己兼任外，分别委任梁家斡、李凰耀、钟英发、唐宜赏为第二、三、四、五分局局长。^⑥ 改组以后，总局组织结构进一步扩大，除原有总务、税务、会计 3 课外，增设秘书 1

---

① 《农产专税局设总监察》，《广州民国日报》1936 年 12 月 10 日第 2 张第 4 版。

② 《本省政费不敷，财厅筹增设农税弥补》，《香港工商日报》1937 年 1 月 15 日第 2 张第 2 版。

③ 《财厅派员整理农产税局》，《广州民国日报》1936 年 7 月 29 日第 2 张第 2 版。

④ 《广州舶来农产品杂项专税局关于呈报陆文澜到差视事日期一事的函》，广东省档案馆藏，档案号：006-009-0043，第 108 页。

⑤ 《委任陆文澜为广东省舶来农产品杂项专税局局长》，《广东省政府公报》第 349 期（1936 年 11 月 20 日），第 88 页。

⑥ 《舶来农产品专税局改组完竣》，《广州民国日报》1936 年 10 月 2 日第 2 张第 1 版。

人、视察员 2 人。在经费开支方面，总局月支第一分局
18,000 元左右，第二分局 5,000 元左右，第三分局 8,000 余
元，第四分局 4,000 余元，第五分局 2,000 余元。[①] 11 月 6
日，在广东省政府第七届委员会第 22 次会议上，财政厅向省
政府汇报改组广东省舶来农产品杂项专税局的情况，提交并通
过了修正章程及经费概算表。[②] 通过整顿舶来农税局，缩减经
费开支，弥补之前因税局委员携款私逃所带来的财政亏空。同
时，裁免机器、煤炭、废烂胶轮等专税及士敏土附加税，维持
省行纸币加二专款；又减轻油豆税率二成等项。[③] 通过裁撤一
些原属于农税局兼征的专税税目，来调整其征税范围。

陆文澜任广东省舶来农产品杂项专税总局局长期间，省内
走私舶来农产品杂项案件频发。1936 年 11 月 21 日，浪人曹
培（化名）公然勾结地方势力，利用铁路、公路交通走私大
量洋行货物。[④] 12 月 17 日，西堤大涌口及东堤河面截获走私
船只，搜获 50 多匹什色人造丝。[⑤] 12 月 23 日，在惠福东路宝
光阁文房书籍印务馆缉获大量未纳税咭纸。[⑥] 与此同时，两广
事变解决后，全省商民请求减免各种苛捐杂税。而广东省税捐

---

① 《农产专税局经费核定，总局扩大组织》，《广州民国日报》1936 年 10 月
3 日第 2 张第 1 版。

② 《省府二二次会议，加委陆文澜充任农产税局长》，《广州民国日报》
1936 年 11 月 7 日第 2 张第 1 版。

③ 《农产税局过去征收状况》，《中山日报》1937 年 7 月 15 日第 2 张第 7 版。

④ 《农税局破获浪人走私续讯》，《广州民国日报》1936 年 11 月 22 日第 2
张第 3 版。

⑤ 《农税局昨破获走私案两宗》，《广州民国日报》1936 年 12 月 18 日第 2
张第 4 版。

⑥ 《文房店缉获私货续讯》，《广州民国日报》1936 年 12 月 26 日第 2 张第
4 版。

名目繁杂程度远超他省，税捐事务向由财政厅第三科税捐股负责，而一股部门不过 10 余人，办事人手十分有限。11 月，为统一全省税捐，宋子良划定全省为 8 个税务区，在广州、汕头、江门、惠阳、韶关、高要、梅菉、海口各设一税务局，合并改组原营业税局、农产品税局、煤油税局，将舶来农产品杂项专税改名为舶来物产专税，连同煤油贩卖业营业专税、普通营业税合并征收。依此组织，全省分设税捐征收处 50 处，以八区局统率之，界限分明。① 12 月 24 日，宋子良委任财政厅第四科科长史遁修为农税总监，负责管理舶来农产杂项专税。②

　　经宋子良的整理，原广东全省各属舶来农产专税局经过改组合并，最终在全省统一税捐的浪潮中被撤销，舶来农产杂项专税暂由财政厅负责监理。1937 年 1 月以后，宋子良因病请假，北上接受治疗。4 月 6 日，行政院第 307 次例会批准宋子良病假请求，并令广州市市长曾养甫暂代财政厅厅长职务。③ 曾养甫任广东省财政厅厅长后，继续整顿全省税捐机关。7 月 1 日，曾养甫将全省划分为 9 区，各区设立一个税务局，各局隶属财政厅。④ 所有原日之营业税、舶来农产品杂项专税、煤油营业税经收各税，自改组之日起，统归当地税务机关征收。⑤ 次日，委任郑芷湘、陆文澜、李凰耀、梁家轩、区国

　　① 《改善稽征机构》，《民国时期广东财政史料》第 3 册，第 194 页。

　　② 《财政厅设农产税总监》，《广州民国日报》1936 年 12 月 24 日第 2 张第 3 版。

　　③ 《曾养甫暂代财厅职务》，《中山日报》1937 年 4 月 8 日第 2 张第 3 版。

　　④ 《农产税局过去征收状况》，《中山日报》1937 年 7 月 15 日第 2 张第 7 版。

　　⑤ 《布告自各区税务局成立日起，所有营业税、舶来农产品税、煤油税由当地区所征收》，《广东省政府公报》第 373 期（1937 年），第 65 页。

强、何公辅、余日焜、邓鸣球、李遴汉等人为第一至九区税务局局长。[①] 后因郑芷湘、陆文澜请辞[②]，改任李直生、梁家祥为第一、第二区税务局局长。[③] 15 日，各局在广州、佛山、江门、汕头、惠州、肇庆、韶关、梅菉、海口分别成立。[④] 至此，舶来农产品杂项专税局在经历宋子良、曾养甫等两位财政厅厅长的改组归并后，逐渐退出历史舞台。但舶来农产品杂项专税并未停止征收，在全面抗战期间因战时财政需要几经调整。

1937 年 7 月 7 日，卢沟桥事变爆发，日本帝国主义发动全面侵华战争。虽然敌人势力尚未侵及广东，但广东地方当局在财政方面施行新措施，如扩大舶来农产杂项专税征税范围，取消"通过粤境之原载原装不拆卸之货物免征"的规定，"凡经过粤境之应征专税物品一律征收"。[⑤] 舶来农产品杂项专税在此时增加不少。1938 年 4 月 3 日，广东地方当局为节制人民无谓消耗及增加奢侈税收，决定开征舶来品增加税："无论仇货（即日货，引者注）改装或其他舶来制品，一律分别加征，加征额大约为百分之五、百分之十与百分之十五。"[⑥] 广州及附近各县向为全省收入大宗税区，收入占全省的 2/3，自

---

① 《九税务局将成立》，《中山日报》1937 年 7 月 2 日第 2 张第 7 版。

② 《各区税捐局月中成立》，《中山日报》1937 年 7 月 3 日第 2 张第 7 版。

③ 《曾养甫召各税务局长谈话》，《中山日报》1937 年 7 月 15 日第 2 张第 7 版。

④ 《全省九区税务局昨成立》，《中山日报》1937 年 7 月 16 日第 2 张第 7 版。

⑤ 丘东旭：《战时广东财政动态》，《广东省银行季刊》第 1 卷第 1 期（1941 年 3 月 31 日），第 126 页。

⑥ 《本省筹征舶来品增加税，加征税率大致拟定》，《中山日报》1938 年 4 月 3 日第 1 张第 4 版。

广州沦陷后，收入顿形减少，政府税收从上年的 3,000 多万元锐减为 1,300 多万元。① 同时，省政府一再迁移，国民党广东地方当局所能控制的地区大为缩减，各项事业陷于停顿，经济面临着严重的困难。1939 年 1 月，国民党五届六中全会召开，通过了《第二期战时财政金融计划案》，为弥补财政收入不足，国民政府计划"此后一年半中，除将旧税继续整顿外，拟逐渐举办新税。凡奢侈品之消费与战时之过分利得，均应酌课重税，兼以扩充税源，平衡国民之负担"②。广东为中国对外贸易之重要区域，舶来物品输入为数颇巨。战时省财政支出浩繁，各项税收又因沿海富庶地区相继沦陷而日形短绌，省库收入拮据。2 月，省财政厅厅长顾翊群在省政府会议上报告财政情况称："本省财政收入，以广府一带素占大半，因日本入侵而全部失收。加以全省百业凋零，税收锐减。估计本年省库每月收入，不足平时月入的 1/4。以往库收各税中，以舶来物产专税为大宗，月均约 72 万元，现损失约 80%。"③

1939 年 6 月，广东省政府调整舶来农产专税的税率：（1）工农业生产和医疗用的各种机械和军政机关公用物品免税；（2）载重 1 吨以上的汽车，按原税率征收；（3）擦器砂纸及干电池，按原税率加半征收；（4）豆类、花生、植物油（不包括椰油、橄榄油）、生饼、菜籽，均按原税率加二成征收；（5）其他舶来物产，均按原税率加一倍征收；（6）从价征收的物产税率超过 40%，一律照 40% 征收。④ 同时，将舶来糖类

① 《民国时期广东财政政策变迁》，第 193 页。

② 《民国以来广东财政政策探析》，第 72 页。

③ 《粤省财政状况及整理方针》，《星岛日报》1939 年 2 月 2 日第 2 张第 5 版。

④ 《粤省府制定战时课税章则九项》，《申报》1939 年 6 月 3 日第 6 版。

捐、京果海味捐、舶来皮革税、洋纸专税、蜡类专税、颜料专税、舶来农产品杂项专税、舶来木料专税、舶来胶类制品专税、舶来瓷器玻璃金属制品专税、舶来化妆装饰品及玩具专税等多项专税合并整理，颁布了《广东省舶来物产专税战时税则》。[①] 征收范围进一步扩大，不仅对进口货品征税，同时也对省外运入的化妆装饰用品、省内日军占领区运入的物产征税。"舶来物产专税"日益成为战时广东国统区经济的主要支柱，1938年下半年征得280万元，1939年征得684万元，1940年达2,500多万元，1941年达5,600万元。[②] 1941年6月，第三次全国财政会议召开，决定将各省征收的货物通过税取消，举办全国统一的战时消费税。1942年1月起，广东停征舶来物产专税，开征战时消费税。[③] 至此，在广东延续10多年的舶来物产税退出了历史舞台。

第三节　舶来物产专税的征收纷争

舶来物产专税的征收，一方面给政府带来了巨额的财政收入，在一定程度上抵制了外国商品的输入，另一方面加重了部分商民的负担。所以在征收过程中，难免引发各种纷争。本节重点探讨洋米专税、舶来肥田料附加税征收纷争，以期呈现舶来物产专税这一广东特有的税种在征收实践中的复杂面相。

---

① 广东省地方史志编纂委员会编：《广东省志·财政志》，广州：广东人民出版社，1999年，第80页。

② 左双文：《华南抗战史稿》，广州：广东高等教育出版社，2014年，第114页。

③ 《广东省志·税务志》，第98页。

一、洋米专税的征收纷争

南京国民政府成立以后，对于洋米征税有所讨论，但广东方面一直持反对态度。由于各地米价低迷，国民政府财政部于1932年10月主持召开全国民食会议，提出订定洋米入口税则，利用关税政策调节国内民食。① 国民党中央执行委员会西南执行部通电反对加抽洋米入口税。② 1933年，米价继续跌落，产米各省鉴于洋米充斥市场，国米销路大受打击，纷纷联名电请行政院从速开征洋米进口税。8月25日，产米省区湘、鄂、皖、豫、赣五省主席联衔致电行政院，恳请征收洋米麦进口税。③ 全国商会联合会、安徽省商会联合会等团体亦通电呼吁。④ 在这种情况之下，财政部于9月召集各机关召开审查会议，拟定征收草案，送立法院审议。⑤ 9月12日，国民政府行政院通过加征洋米进口关税原则。⑥ 但正式开征的时间还没有确定。

就广东而言，由于经济作物面积的扩大，稻田面积随之减少，缺粮情况日益严重。1919—1923年，共进口大米99万

---

① 《民食会议开幕》，《申报》1932年10月7日第7版。

② 《执行部通电昨即发出，米商公会亦会议协争》，《香港工商日报》1932年11月24日第2张第2版。

③ 《洋米征税在进行中》，《银行周报》第17卷第39号（1933年10月10日），第59页。

④ 张志平：《粤民应坚决反对粤省征收洋米税》，《上海潮声》第1卷第7期（1933年10月），第4页。

⑤ 《洋米进口征税不久即可实行》，《申报》1933年9月23日第6版。

⑥ 冯柳堂：《洋米免税及其征税之经过》，《申报月刊》第4卷第7号（1935年7月15日），第79页。

吨，从省外调入 187 万吨，平均每年输入 57 万吨。① 广东缺粮甚多，"对运米之输入者不唯免税，且可以其所运多寡给予官职"②。30 年代，广东洋米入超数量惊人，远超国内其他省份运米粮。广东是当时全国最大的洋米市场，中央想开征洋米税，广东的态度至为重要。

面对省内庞大的洋米进口量与日益破产的农村经济，以及全国范围内要求征收洋米税的呼声，广东省政府一反此前之态度，紧锣密鼓地筹议开征洋米税事宜。1933 年 7 月，农林局局长冯锐在政治研究会上提议征收洋米税，并将提案交经济组研究讨论，经济组专家一致认为有征收洋米税的必要，并将审查意见报告政治研究会，由政治研究会提请省政府讨论，最终拟定抽收洋米特税，每担最少征税 1 元，所征税款用于发展农业、救济农村。③ 陈济棠对这个商议结果无疑是满意的，只是苦于以何种方式将洋米专税的收入纳入地方收入。为此，陈济棠派冯锐赴京商议，向南京国民政府提出了两点建议：（1）各省粮食生产情形不同，洋米征税应由各省订立税率；（2）洋米征税增加人民负担，所得税款应拨作地方建设费用。④ 冯锐的建议实际上是要将洋米征税"地方化"，一则由地方制定税则，二则将所得收入供地方使用。此项建议显然有损中央利益。为此，财政部、外交部继续与广东方面进行交涉，试图以

① 《广东经济地理》，第 137 页。

② 黄锦翔：《从救济农村到粤省洋米征税》，《自强杂志》第 1 卷第 2 期（1933 年），第 84 页。

③ 《区厅长芳浦报告征收洋米进口税理由》，《军声》第 3 期（1933 年 9 月 30 日），第 34 页。

④ 胡继贤：《最近本省粮食行政之概况》，《南大经济》第 3 卷第 2 期（1934 年 6 月 1 日），第 10 页。

"洋米缴税问题不特中央体面生死攸关，实是影响国际视听"
为由说服广东，但均被广东方面拒绝。① 广东方面的强硬态度
是当时宁粤对峙局势的一个具体表现，令南京国民政府十分
无奈。

　　既然无法与南京国民政府在开征洋米税问题上达成一致，
广东当局以迅雷不及掩耳之势宣布开征洋米税。1933 年 9 月
16 日，广州舶来农产专税局宣告成立，即开始着手征收洋米
专税，派出稽征员许道新，股员张镜华、曾有林等人赴芳村、
花地、广九、黄沙等地的码头、车站，调查外来农产品进口数
量，并雇佣各小船随时派员赴河内各处查验各入口船艇农
品。② 9 月 19 日，西南政务委员会召开第 87 次政务会议，正
式宣布抽收洋米特税，每担最少抽收 1 元，③ 并强调所征洋米
税款将用来发展全省农村经济、研究农艺暨国立中山大学及其
他学校农业教育。④ 为便于征收和管理起见，财政厅厅长区芳
浦于 9 月 23 日下令，将洋米特税加入舶来农产品杂项专税内
一并征收。两天后，区芳浦在总理纪念周上发表讲话，从财
政、国民经济、救济农村等多个方面论述了征收洋米税的理
由。他指出：就国民经济上说，中国国民经济枯竭已达极点，
正亟须设法补救，中国虽号称农业立国的国家，但每年输入的

---

① 吕芳上：《抗战前的中央与地方——以蒋介石先生与广东陈济棠关系为例
（1929—1936）》，《近代中国》总第 144 辑，台北：近代中国出版社，2001 年。

② 《舶来农产品专税各局将陆续成立》，《广州民国日报》1933 年 9 月 19 日
第 1 张第 4 版。

③ 《政务会第八十七次会议，洋米税款指定为发展农业之用》，《广州民国日
报》1933 年 9 月 20 日第 1 张第 4 版。

④ 《征收舶来农产品专税》，《广州民国日报》1933 年 9 月 23 日第 1 张第
3 版。

农产品数目惊人。如果要设法挽救国民经济之崩溃，就不能不实行护农政策，不能不防止舶来品的倾销。再就复兴农村来说，洋米不能不征税。农村米价低落，"谷值每担已由七元跌到三四元"，土米销路已被洋米占据，"弄到农民旦夕勤劳，而田中收获尚不足以弥补人工肥料"。要改善农民生活，必须使土米有销路且价格不至于过低。就工商业而言，农民的购买力薄弱影响工商业的发展，"洋米征税，和振兴工商业，也有很大关系"。最后就国防而言，"现在洋米在国内倾销，土米不能立足，其结果必致农民不肯种谷，米之产量，焉得不日就减少，这是国防上一大危机，故欲足食以固国防，也有征收洋米之必要"。①

　　面对广东当局抢先开征洋米税之情，南京国民政府只得进一步加快在全国开征洋米税的步伐。1933 年 10 月 21 日，国民政府在南昌举行各省粮食会议预备会议，广东省政府派温仲琦为代表前往参加，在会议上汇报了广东征收洋米入口税的经过、目的、方法及粮食状况。② 会议决议通过了"杜绝洋米倾销案"，其主要内容有：（1）征收洋米税，并严定税率；（2）洋米进口税按市价抽 30%，采取滑准税则，每石征税洋米最高三金单位半，最低一金；（3）洋米洋麦面粉实行许可输入制度，最高二金单位，最低一金单位。③ 会议闭幕后，国民政府立法院于 11 月 17 日通过洋麦洋粉入口税率，财政部于 20

---

① 《区厅长芳浦报告征收洋米进口税理由》，《军声》第 3 期（1933 年 9 月 30 日），第 31—32 页。

② 《温仲琦谈出席粮食会议经过》，《香港工商日报》1933 年 11 月 12 日第 2 张第 3 版。

③ 《八省粮食会议详情》，《新广东月刊》第 1 卷第 10 期（1933 年 9 月 30 日），第 157 页。

日宣布在全国抽收洋米入口税，其税率为：征收洋米入口税每公担 1.65 金单位，洋麦每公担 1.24 金单位。[①] 12 月 16 日起征，由各省海关代征，汇缴财政部。[②]

南京国民政府筹划开征洋米税的目的是压制洋米的进口，为土米市场的发展创造条件，同时平衡米粮产销区之间的矛盾，增加中央政府的财政收入。广东在中央下令前抢先开征，通过把"洋米"改为"舶来品"，将"国税"改变为地方性质的"专税"。[③] 一物不能两税，所以，在陈济棠的统治下，洋米专税成为广东地方的财政收入。中央与广东在洋米征税上税率、稽征方式的不同，也引起了各方的不同反应。

广东开征洋米入口税的消息一经公布，全国各地函电纷至沓来。以上海市米糠发行同业公会为代表的众多米业商人团体，纷纷电请粤当局"即日停止征收"。[④] 上海米糠行同业公会派出卢维东为代表，谒见区芳浦，请求取消洋米税。[⑤] 区芳浦以"洋米倾销致土米价跌，若不设法维持则农村经济行将破产"为由婉拒，但表示洋米征收"从量征税或从价征税"尚有商量余地。[⑥] 与上海米业极力反对粤省抽收洋米入口税形成鲜明对比的是，湘、桂两省表示赞同与支持。1933 年 10 月 7 日，广西省主席黄旭初分别致电西南政务委员会及广东省、

---

① 李庆蘼：《洋米麦面入口税应作救济农村专款》，《农村经济》第 1 卷第 11 期（1934 年 9 月 1 日），第 71 页。

② 《中央洋米税不再向粤征收》，《香港工商日报》1933 年 11 月 17 日第 2 张第 2 版。

③ 钟卓安：《陈济棠》，第 191 页。

④ 《粤财厅设舶来农产品专税局》，《申报》1933 年 9 月 19 日第 8 版。

⑤ 《粤米糠行同业请免征洋米税》，《申报》1933 年 9 月 20 日第 7 版。

⑥ 《粤开征洋米税》，《申报》1933 年 9 月 25 日第 9 版。

市商会，表示愿意"源源运米来粤销售以济民食"。① 湖南是产粮大省，开征洋米税提高了进口米的成本，无疑有利于湖南米在广东获得更大的市场。

广州是广东最大的米粮贸易中心，省内土米、外省国米与洋米均在此处汇集。当时，广州市面上经营米业的商人大体分为4类：米机业、米糠业、杂粮业、米店。米机业即碾米业，所碾米谷多为广东土产米，土谷购自各地谷市，洋谷在香港采购。② 米糠业主要采购省内土米、国米及进口米，售予各地米店，特别是在省内产米不足时，米糠行在港购办安南、暹罗、仰光等地生产的大米，供销广州及其他米食不足的县市。③ 杂粮业主要采购长江流域皖、赣、鄂、沪等产米省区所产国米。④ 各行在经营过程中建立起行规和行业组织，即各业同业公会。如1930年，米糠行成立广州市米糠发行同业公会。⑤ 1931年，米店行改名为广州米业同业公会。同年，米机行和杂粮行分别成立广州市米机同业公会和广州市花生芝麻杂粮业同业公会。⑥ 这些同业公会在洋米税征收过程中发挥了重要作用。

---

① 《桂米源源运粤》，《广东旅沪同乡会月刊》第2期（1933年11月），第17页。

② 《汕头米市之调查》，《潮梅商会联合会半月刊》创刊号（1929年），第175页。

③ 《广州粮食商之近况》，《广州民国日报》1934年9月8日第3张第1版。

④ 广东省地方史志编纂委员会编：《广东省志·粮食志》，广州：广东人民出版社，1996年，第73页。

⑤ 张晓辉、徐霞辉：《市场与行业：晚清民国时期广东的洋米进口贸易与洋米贸易行业》，《民国档案》2018年第1期，第54页。

⑥ 顾翊群：《广州之米业》，广州：广东省银行经济研究室，1938年，第63页。

对洋米商而言，洋米征税增加了贩运洋米的成本，势必会影响其既得利益。洋米商行业组织召开会议，商讨对策，并向政府请愿，以表达自己的诉求和维护行业的利益。其实，早在南京国民政府筹议征收洋米进口税期间，洋米商就已经开始反对。在广东省当局正式发布征税通告后，其反对之声愈演愈烈。1933 年 9 月 17 日，广州市米糠行召开紧急会议，商议应对办法。9 月 19 日，广州市米商同业公会主席张铁军率会员 300 余人向省政府请愿，呼吁取消"洋米专税"。① 9 月 21 日，广东米商公会召开各埠同业会议，商讨应对之策。② 9 月 23 日，广州米商公会在茶楼召开会议，通过决议如下：（1）函市商会请转全国商联会，电达中央，撤销筹议；（2）通电全国，痛陈利害，一致坚决力争；（3）于必要时，将联合米糠发行公会，会同派代表赴京请愿。③ 9 月 24 日起，广东米商暂停运米入粤以示抗议。④ 与之相比，以采购国米为主营业务的"三江帮"和以代客碾米为生的米机业则毫无动静。"三江帮"曾向广东省政府请求，对于购运长江各省米食给予一定的便利。⑤ 由此可见，在洋米征税问题上，米商团体内部因存在不同的利益而呈现出明显的态度分化。

面对米商的连续请愿及罢运抗议，广东当局一方面加强各舶来农税局对于米商纳税的监督，如广州舶来农税局拟定

① 《粤开征洋米税》，《申报》1933 年 9 月 25 日第 9 版。

② 《洋米进口征税不久即可实行》，《申报》1933 年 9 月 23 日第 6 版。

③ 《执行部通电昨即发出，米商公会亦会议协争》，《香港工商日报》1932 年 11 月 24 日第 2 张第 2 版。

④ 《粤省举办舶来农产税》，《申报》1933 年 10 月 1 日第 13 版。

⑤ 张晓辉、徐霞辉：《市场与行业：晚清民国时期广东的洋米进口贸易与洋米贸易行业》，《民国档案》2018 年第 1 期，第 56 页。

《纳税须知》，将征税通告书和纳税申报单发给水陆各处往来米商，并继续派员前往各米商号催缴税款①；另一方面向各米商反复强调洋米税的好处及用途的正当性。广东省财政厅厅长区芳浦在"总理纪念周"上称：征收洋米新税旨在保护农民免受竞争及使农民改善其生活，此项专税的征收已得到桂省政府和粤机工联合会的支持。②广东财政当局试图通过宣传洋米征税的正义性削弱米商们的反对之声。

就在财政厅及各舶来农税局通过各种渠道促进洋米征税的同时，米商群体内部在洋米征税问题上的分歧进一步加深。1933年10月3日，全省米商代表开会讨论洋米征税问题，会上不同米业商人态度产生分歧，一方主张积极反对征税，坚持罢运，以期达到撤销此项捐税的目的；另一方则认为政府开征此项新税以救济农村、振兴实业为原则，似乎不宜反对。次日会议继续，香港、汕头、江门、陈村、大良、西南、佛山、海口、北海等地米商代表30余人到场。经过激烈的讨论，最终决定采取后者的主张，米商停止罢运，要求政府推迟开征洋米税的时间。③ 对于米商的请求，区芳浦表示，可将纳税期限延至10月2日，征税期限则自9月16日起。④ 然而米业商人对此结果并不满意，米糠行复请财政厅展期至10月1日开征。⑤

---

① 《舶来米谷未缴税不准起运》，《广州民国日报》1933年9月27日第1张第4版。

② 《粤商反对征洋米税》，《申报》1933年9月25日第7版。

③ 《洋米征税问题官商两方态度》，《香港工商日报》1933年10月4日第2张第2版。

④ 《湘米运粤办法》，《广州民国日报》1933年10月5日第1张第4版。

⑤ 《财厅扣留抗缴米税船》，《广州民国日报》1933年10月6日第2张第1版。

对于米商"得寸进尺"的要求，政府变得"强硬"起来。区芳浦声称："洋米征税既属为救济农村经济唯一办法，则开征自宜越早越好，且既经公布计划及通知各地米商，故决定不予展缓征税日期。"①

1933 年 10 月 4 日，广东省财政厅派出一支特务队协同广州舶来农产专税局 4 名工作人员，前往花地、芳村、白鹅潭等处河面稽查入口船只。当日，扣留敏孚、昌盛、德兴、裕益隆、永同昌、利源昌、德安、祥发源、安发、南兴、南栈等多家商号米船，并派兵看守，同时命令各商在 7 日以前前往农税局申报纳税，否则将所缴米粮没收充公。② 广州舶来农产专税局突如其来的扣押行为，令各米商惊惶不已。广州米糠发行同业公会召开全体会员会议，商议应对办法，经过激烈讨论，各商号决定"16 日以前买入后到货物由局登记听候解决，16 日以前运到入仓未沾货物请免除登记，准予贩运"③。米糠行派代表黄咏零前往财政厅，就米船被扣事件进行商议。对于米商提出的办法，为了缓和征纳矛盾，区芳浦最终予以批准，并令广州舶来农税局将被扣各船查明后发还。④ 各米商则纷纷赴广州舶来农税局登记缴税。⑤ 至此，广东省内米商的抗税风波暂时平息。

就在广东省财政厅令各米商遵章纳税的时候，北方各省对

---

① 《洋米征税问题官商两方态度》，《香港工商日报》1933 年 10 月 4 日第 2 张第 2 版。

② 《农税局昨扣留欠税洋米多起》，《广州民国日报》1933 年 10 月 6 日第 1 张第 4 版。

③ 《米糠行遵章纳税》，《广州民国日报》1933 年 10 月 8 日第 1 张第 3 版。

④ 《农税局决议案》，《广州民国日报》1933 年 10 月 8 日第 1 张第 3 版。

⑤ 《米商纷纷完税》，《广州民国日报》1933 年 10 月 10 日第 2 张第 1 版。

广东擅自征收洋米税的不满渐起。按照南京国民政府最初的计划，洋米税应由海关征收，所得税款上缴中央。然而广东当局却将此项税收纳入地方收入，并非由粤海关征收管理，而且广东洋米税税率仅有关税的 1/3，故洋米商纷纷避重就轻，从广东运进洋米，再转运其他省份，1934 年初"洋米之装轮驶入粤省者有十六艘之多"①。这极大地损害了长江流域产米省区的利益。1934 年 2—4 月，上海杂粮油饼业同业公会、豆米业同业公会多次电请广东省政府提高洋米税率，与全国保持一致。1934 年 5 月，在第二次全国财政会议上，产米省区也提议中央统一征收洋米税，南京国民政府亦不甘心此项国税被变相截留，于是下令广东"取消洋米税，改归海关一律征收"②。在南京中央与北方省份的压力下，陈济棠再派广东省农林局局长冯锐进京磋商，与南京方面商定广东将洋米税征收之权转交海关的日期，但最终并未履行。1935 年 8 月，陈济棠通过广东省临时参议会向南京国民政府正式提出将洋米税确定为地方税。③ 受当时中央与广东政治军事关系的影响，南京方面对于广东争夺税源的行为显得无可奈何。

1936 年春、夏两季，因入广东粮食减少，广东省政府为调节市面上的米价，数次减征洋米税。3 月 28 日，广东省财政厅布告：入口洋米由本年 4 月 1 日起至 5 月 21 日止，减税四分之一。④ 3 月 31 日，财政厅再次发出布告，宣布所有"入

① 《米粮业再电粤请统一征收洋米税率》，《申报》1934 年 4 月 5 日第 12 版。

② 《粤定期征收洋米入口税》，《农业周报》第 3 卷第 10 期（1934 年 3 月 16 日），第 15 页。

③ 《昨日通过提案多项，请中央确定粤洋米税为地方税》，《广州民国日报》1935 年 8 月 23 日第 2 张第 2 版。

④ 《财厅布告减征洋米税》，《广州民国日报》1936 年 3 月 28 日第 2 张第 2 版。

口洋谷，事同一例，应予照洋米进口减征案办理"①。减征之后，洋米每百斤共收大洋1元2角9分6厘，② 每担洋谷共收大洋8角4分5厘。③ 广东减征洋米税在一定程度上降低了洋米进口的价格成本，也得到了市场的积极回应，"各米商连日分电安南、暹罗各米帮购运洋米来粤"④。4月4日，广州市商会主席熊少康根据各委员意见，函请省政府及财政厅："将洋米谷专税再行核减或全部豁免或减征一半，以三个月为限。"⑤ 4月15日，财政厅批复广州市商会称："因洋米谷入口税已照原额减轻四分之一，故所请缓征三个月碍难照准。"⑥

事实上，为了稳定粮食市场，财政厅还是不断拖延减征期限。1936年5月6日，广东省财政厅宣布将本省入口洋米、洋谷税率减征期限延长1个月。⑦ 6月3日，财政厅又宣布：自6月2日起，继续减征洋米谷进口专税50天。⑧ 也就是说，

---

① 《洋谷进口减征农产税》，《广州民国日报》1936年3月29日第2张第2版。

② 《财厅布告减征洋米》，《广州民国日报》1936年3月28日第2张第2版。

③ 《洋谷进口减征农产税》，《广州民国日报》1936年3月29日第2张第2版。

④ 《洋米减税，委米价将回降》，《广州民国日报》1936年4月3日第2张第3版。

⑤ 《商会请缓征洋米税三个月》，《广州民国日报》1936年4月5日第2张第2版。

⑥ 《商会呈请缓征洋米税》，《广州民国日报》1936年4月16日第2张第2版。

⑦ 《布告洋米洋谷专税减征延长一个月》，《广东省政府公报》第330期（1936年5月10日），第62页。

⑧ 《米价再减税后略回顺》，《广州民国日报》1936年6月4日第2张第3版。

洋米每担征收大洋 7 角，洋谷每担征收大洋 3 角 5 分。① 在不断延长减征期限的同时，财政厅再次降低洋米、谷入口税率。财政厅规定，6 月 15 日起，入口洋米每担征收大洋 2 角，洋谷入口税每担只征收大洋 1 角。② 与此同时，广东省内米商不断电请当局撤销洋米税。汕头市商会、潮安县商会先后电请财厅将洋米入口税全部豁免以惠民生。③

　　就在广东省内商人请求减免洋米税的同时，广东的政治形势发生巨大变化。两广事变后，陈济棠被迫通电下野。就在陈济棠下台前，财政厅下令自 7 月 21 日至 8 月 20 日豁免洋米、洋谷入口专税 1 个月。④ 然而，粤海关突然于 7 月 21 日宣布接征洋米专税。⑤ 按财政部所订税率，每公担征收关税 1.65 关金（约合国币 3.3 元）。⑥ 消息一经传出，广州市米糠行立刻派员前往粤海关了解情况，其余各米商则决定暂不起卸 21 日以后抵省洋米以静观其变。⑦ 7 月 23 日，沙基米糠公会召集全体会员商议办法，请求当局照财政厅原令豁免洋米税 1 个月，期满后再行斟酌。⑧ 然 24 日起，广东省内土、洋米价大涨，

---

　　① 《财厅布告续减洋米税》，《广州民国日报》1936 年 6 月 3 日第 2 张第 3 版。

　　② 《米糠行再减洋米税后，米行纷电安遑购米》，《广州民国日报》1936 年 6 月 14 日第 2 张第 3 版。

　　③ 《各方请求撤销洋米专税》，《香港工商日报》1936 年 6 月 18 日第 2 张第 3 版。

　　④ 《洋米谷全免税》，《广州民国日报》1936 年 7 月 19 日第 1 张第 4 版。

　　⑤ 《粤海关征洋米入口税》，《申报》1936 年 7 月 24 日第 3 版。

　　⑥ 《广东省志·粮食志》，第 73 页。

　　⑦ 《粤海关突征洋米税后，米商联起反对》，《香港工商日报》1936 年 7 月 26 日第 1 张第 2 版。

　　⑧ 《海关由前日起征收洋米税》，《广州民国日报》1936 年 7 月 24 日第 2 张第 2 版。

每百斤比前日涨了将近 1 元。① 7 月 25 日，汕头市商会电请财政部，请求暂缓征洋米税：

> 本日奉潮梅关布告，自本月廿日起，凡洋米进口每百公斤征关金一元六角五分税率。奉命之余，群情万分惊异。查中央政府征收之洋米税之原则在保障国产粮米之畅销，此在产米之省区自属适宜。独粤省一隅，尤其潮梅一区产米无多，时有缺粮之虞。国内虽可通运，供求不足，一向须赖洋米以资救济，情形与其他各省迥异。故在中央施行洋米税法令之日，粤省政府曾经据呈请求免征，特蒙例外豁免。厥后粤省政府为德不卒，举行洋米特税。虽商民力争无效，然尚较中央所颁税率为轻。本年以来，粤省因各地歉收，将成米荒之象。故虽在苦难如毛之政府，对此项洋米特税尚且一再减征，最近且宣告全部豁免一月矣。不图粤省方宣告豁免，而中央即于其宣告豁免之日下令征收……每米一包即须纳税粤币大洋五元有奇，较之特税时期重逾数倍。人民骇汗走告，殆如大祸临头。全市各同业环请救济前来，迫得据情愿请钧部俯念潮梅民众憔悴已极，望救情殷，准予令行潮梅海关将洋米税暂缓执行。②

汕头市商会先是表示对中央统一洋米税的支持，再言商民

---

① 《海关征洋米税，米价复高涨》，《广州民国日报》1936 年 7 月 25 日第 2 张第 3 版。

② 《潮汕各公团纷请裁撤苛捐杂税》，《香港工商日报》1936 年 7 月 26 日第 2 张第 3 版。

税负之重，以期争取中央的同情。同时，各属舶来农税局亦继续征收洋米税。南京财政部考虑到广东政局初定，决定采取变通办法，令粤海关：（1）7月20日起至8月10日期间已到洋米免税放行；（2）8月10日后运入粤省米谷，照应征关税税则规定减半征收，并照征一成附加税；（3）该减税办法到8月底为限，期满后由海关照进口税则办理；（4）所有在粤免税、减税洋米谷转销粤省以外各口岸时，照税则补税。① 与此同时，广东省财政厅为了安抚省内商民情绪，决定再次降低洋米税率，宣布自8月15日起，洋米税减为每担征收2角，为期1个月。② 8月20日，洋米谷专税豁免期限结束，按广东省财政厅的指示，各属舶来农税局21日起停征洋米税。③ 至9月1日，广东洋米进口税率最终与其他地区统一起来。④ 然而，就在粤省执行统一关税后不久，各地米价高涨，广东粮食供应紧张，最后爆发米荒，并由此引发了一场持续达1年的"洋米税减免风潮"。

综观洋米专税在广东的税征实践，可以说波澜起伏：从一开始广东抢先设立舶来农产品杂项专税局开征洋米税，变中央税款为地方收入；到广东省财政厅联合各属农产专税局平息各米商抗税风波，推动洋米税的征收；再到中央统一洋米税的征

---

① 《财部对粤洋米税特准变通办法》，《广州民国日报》1936年8月25日第1张第3版。

② 《省府第四九九次会议》，《广州民国日报》1936年6月24日第2张第2版。

③ 《昨日起，停征洋米税》，《广州民国日报》1936年8月22日第1张第3版。

④ 田锡全：《多重利益分歧与广东免征洋米税风潮》，《社会科学》2016年第8期。

收，广东爆发米荒，当局及商人一致要求减免洋米税。从税制建设的角度来看，洋米专税作为舶来物产专税下的典型一例，它的税征实践所反映出的是税制建设背后复杂的利益纠葛。洋米征税问题同广东地方当局及中央关系的演变密切相关，它的经征存废涉及中央与地方、政府与商人、广东与外省等多重利益分歧，任何一项调整都可能引起广泛的讨论与争议。

二、舶来肥田料附加税纷争

舶来物产专税是广东特设的税项，主要对国外进口商品征税，但在实际过程中征税的对象常常扩大到进入广东的外省商品，如东北运往潮汕等地的大豆、花生、豆油、豆饼等商品。接下来主要通过具体案例，探讨舶来物产专税的征税实践与制度设计之间的背离。

清中后期，各种饼类[①]已成为中国南方农耕的重要肥料。民初因禁种罂粟，饼类在广东的销售大为减少。国外化学肥料的输入使豆饼等本土肥料大受打击，但化学肥田料利害参半，不及豆饼之有利无弊，故豆饼尚留一线生机。[②] 20 世纪 30 年代重新迎来高峰，这与广东省政府加强糖业建设、推行种植甘蔗密切相关。伴随蔗场的大量建立，广东对饼类肥料的需求与日俱增。以 1934 年为例，中国各通商口岸饼类进口中，豆饼进口量为 3,501,928 公担，广东占 63.67%；花生饼进口量为 4,895 公担，广东占 97.88%；其他子饼进口量为 11,341 公

---

① 粤人称豆饼为豆麸、花生饼为生麸，均系广东蔗田和其他农田的主要肥料。
② 《旧案重翻之豆饼捐风潮》，《旅外岭东周报》第 1 卷第 9 期（1933 年 3 月 29 日），第 8 页。

担，广东占 97.79%。①

1932 年 6 月，国立中山大学请广东财政特派员公署拨款建筑工学院，因库款支绌，遂议及征收舶来硫酸亚肥田料附加费，以资挹注。② 为扶植国货及筹建中山大学新校舍起见，西南政务委员会于 6 月 16 日开会，决议对进口肥田料征税，在进口时向第一次购进或直接采办的中国商人征收，每百斤征大洋 0.8 元，并在舶来肥田料下征收附加税，用作中山大学建筑费用。③

1933 年 8 月 23 日，惠丰公司以年饷 37.9 万大洋认缴全省舶来肥田料附加中山大学建筑费，并制定了相应的征收章程，定于 9 月 1 日起开始征收。④ 11 月，改由泰利公司承办此项附加税费用。⑤ 然而，对国产麸类肥田料征收附加税引起广大商民强烈不满。为此，广东财政特派员公署曾几度明令布告对"广东及各省土制豆麸、花生麸等类肥田料一律免征附费"⑥。但捐商滥征屡禁不止，并变本加厉。

1934 年 5 月，捐商惠丰公司再次承办舶来肥田料附加中大建筑费，并向财政厅厅长区芳浦提议，将东三省豆生等麸作

<hr>

① 柳塘：《粤省征收麸类附费问题》，《申报》1935 年 9 月 2 日第 17 版。

② 亦平：《从根本上撤销豆饼捐》，《旅外岭东周报》第 1 卷第 12 期（1933 年 4 月 19 日），第 3 页。

③ 《令知舶来肥田料附加特税拨作中山大学建筑费》，《广东省政府公报》第 191 期（1932 年 6 月 30 日），第 152 页。

④ 《肥料附加中大建校费》，《广州民国日报》1933 年 8 月 24 日第 2 张第 2 版。

⑤ 1931 年冬，广州国民政府决定建筑中山大学新校舍。此项建筑费以前由广州国民政府在财政部关余项下拨支，宁汉合流后此项拨支中止。参见《国立中山大学现状（民国二十四年）》，台北：传记文学出版社，1971 年，第 33 页。

⑥ 《各地油饼厂反对粤方增捐》，《申报》1935 年 8 月 30 日第 11 版。

为舶来肥田料一律征收附费。惠丰公司的理由是"自东三省被日军占领后，农产资源被侵夺殆尽"。5月1日，区芳浦将捐商提案呈请西南政务委员会第118次政务会议。经审议后，西南政务委员会通过了此项提议。① 5月8日，广东省财政厅宣布对东三省进口豆麸、花生麸征收附加费，由惠丰公司负责征收：凡属东三省运入之豆麸作为舶来肥田料，从5月8日起，征收附费每百斤大洋8毫；其余各省所产者，仍照上年4月之原案免征。②

对于财政厅的决定，捐商、麸商对于5月8日以前进口豆麸免征附费一点均无异议，唯因豆麸原料产地问题产生分歧。③ 双方争执之际，惠丰公司突然以"产自东省"为由，将5月10日由上海中兴船装运的18,200片豆饼全部扣留，全国舆论一片哗然。5月13日起，以上海市杂粮油饼业同业公会为代表的涉事厂商多次与中央行政院、财政部、实业部及广州、汕头当局、各机关团体进行函电往来。④ 22日，上海市商会将上海杂粮油饼业报告及附送国产油饼商标分函广东省政府、财政特派员及汕头市商会，以此证明被扣豆饼属于国产，请广东当局转令包商逐一查核，并将误扣之货迅予发还。⑤ 在中兴船豆饼被扣一案发生后不久，西南政务委员会再次强调不

---

① 《东三省运粤豆麸》，《广州民国日报》1934年5月2日第1张第4版。

② 《豆饼运粤被扣》，《申报》1934年5月22日第10版。

③ 《土麦公会拥护征伪麸附费》，《广州民国日报》1934年5月28日第1张第4版。

④ 《粤省扣捐豆饼之反响》，《申报》1934年5月18日第10版。

⑤ 《豆饼运粤被扣》，《申报》1934年5月22日第10版。

可对国内产品征税的原则。① 然而，对省外运粤肥田料征收附税的做法并未停止，且愈演愈烈。

1935 年 8 月 8 日，捐商联安公司以年饷 5,006,000 元，承办"广东全省入口麸类肥田料附加中山大学建筑费"②，并向广东当局提议"不论何地运往之麸类，征附加费每担大洋二角五分"。消息一经传出，舆论一片哗然，上海、汕头、武汉 3 地的油饼杂粮业商人反对最为强烈。原因在于"九一八"事变爆发以前，东三省是全国油饼的唯一来源，其他各地油饼业并不发达，上海一埠亦不过寥寥四五家。东北沦陷后，南京政府对于东三省毅然施行封锁政策，"凡自东省输入各货征以重税"③。为了取代东北饼类生产，全国各地纷纷建立工厂，上海、汉口、无锡、武进、昆山等处新兴油厂共 20 余家，所制豆饼、花生饼为农人肥田要素，销路以广东省为大宗。④ 如果粤省对省外运入麸类征收附加税，将极大损害沪、汉、汕三地杂粮油饼商的利益，故三地杂粮油饼商纷纷行动起来，设法阻止捐商实施此项提议。

8 月 9 日，上海市商会就此事分电中央政府、广东省政府及广州市商会。⑤ 11 日，上海市榨油厂业同业公会致电广东当局，请求制止捐商征收附加费：

① 《油饼商反对粤方征捐，粤汉汕客帮加入罢运》，《申报》1935 年 8 月 31 日第 11 版。

② 《潮汕实行征豆饼捐，汕商已消极罢运》，《申报》，1935 年 9 月 10 日第 9 版。

③ 《汕头捐局扣留豆饼，杂粮油饼业分电吁请释放》，《申报》1934 年 5 月 16 日第 12 版。

④ 《粤省扣捐豆饼之反响》，《申报》1934 年 5 月 18 日第 10 版。

⑤ 《市商会电政府请饬粤省免麸类附征》，《申报》1935 年 8 月 10 日第 12 版。

项闻广州捐商对于不论何地运往之麸类议征附加费每担大洋二角五分，群情惊异，请电制止等情到会。查上项麸类即系大豆、花生所制之豆饼、花生饼，厥为肥田要素。近年国人设厂榨制，以应农需，流通国内，一律免税。其运销粤省者，捐商屡议征收附加费。曾奉财厅廿一年十二月布告第十五号，切令非舶来品一律免征。上年五月间，续奉西南政委会重申非东三省之麸类不缴费之前令，各在案。甫在萌芽期间之厂饼，是非仰赖官厅之扶掖奖进不能展其生机。今者，农商益形凋残、奄奄垂毙，粤省方又废除苛杂四十二种，力纾民困。捐商初不应再有此议，乃因于利欲罔议大体，不恤故智复萌。设令一旦实行附征，值无异为舶来品推广销路，将使我新与工业之厂饼斳丧无遗，万千厂商工友，同陷绝境，是与官厅维护农商之政旨，宁非背道而驰？窃据前情，心殊谓危。迫切电陈，伏祈垂察。查照前案，迅予严饬制止，以维厂商生机，而符煌煌政旨。①

此后，上海市杂粮公会、广东旅沪同乡会、广肇公所、潮州同乡会等团体先后分电广东党、政当局，但均未获得明确回应。8月底，捐商联安公司宣称：自9月1日起，对天津、青岛、上海的豆饼与东北豆饼一体征税。也就是说，"往日东省进口麸类扣三角者，今改征二角五分；往日天津、青岛、长江、上海一带口岸运来麸类向不抽者，今则一律征费二角五

---

① 《榨油厂业公会电请制止征收麸类附税》，《申报》1935年8月11日第11版。

分"①。此讯一出,全国舆论一片哗然。

一方面,上海、武汉、江苏多地杂粮油饼业同业公会、油厂业同业公会联电国立中山大学校长邹鲁,请求主持公道,证明捐商抽征名义的不正当性:

> 粤省捐商近议不论何地运往麸类,一律承抽贵校附加费每担大洋二角五分。事关培植教育,苟商人力裕,谁不乐尽义务?无如国内油厂,甫在萌芽,会承工商业极度凋散,兼被舶来田料竭力竞销,厂商勉为挣扎,备感艰困。正有赖当局之扶植,何堪再加荷负。窃查上年五月间,捐商指土制麸类为东省所产,加征重税,呈奉崇座俭电,以抽收豆饼、生麸附加费,凡东三省出产者始征,土制者概不征收,切令承商遵照有案。仁言利溥,迄今称颂勿替。乃者阅时一载,农商困顿益甚。设令此次捐商之会议见诸实行,则土制与舶来之捐费无分轩轾。税垒既撤,行见舶来倾销,厂商一线生机,由是斩绝,抑将致崇座维护国产之原旨,未克贯彻始终。敝会等同业骇汗奔告,情至惶迫。为亟联名电达,吁恳崇座一本初衷、主持纠正,不胜哀感之至。②

另一方面,上海油厂公会发布通告,通知各地厂商派代表来沪召开紧急会议:

> 定于八月三十日下午三时,在本公会二楼议事厅讨论

---

① 《各地油饼厂反对粤方增捐》,《申报》1935 年 8 月 30 日第 11 版。
② 《粤捐商实行抽征饼捐》,《申报》1935 年 8 月 29 日第 11 版。

粤省捐商抽征麸类附加费。届时务希驾临与议，筹商一切
……并定是日下午七时，由上海市杂粮油饼业同业公会主
席顾馨一等，假座四马路一枝香，招待全市新闻界，报告
粤捐商违法抽征麸捐经过。①

　　通知一经发布，8 月 29 日晚，上海、无锡、常州、昆山、
汉口等 20 余家油饼厂商代表纷纷抵沪。30 日下午，各地油饼
厂商代表在上海民国路杂粮油饼同业公会召开联席会议。② 会
上，上海市杂粮公会主席顾馨一首先向各地油厂商代表报告
"粤捐商承包抽征麸类捐经过案"，继由各代表发表意见。经
过一番讨论，最终通过决议：（1）厂、运双方采取一致行动，
实行联合停业罢运，以示抗议；（2）分电中央及西南各党政
机关及广、汕两地商人组织，以示坚决反对征税的决心；（3）
组织请愿团分向中央及西南各机关请愿，要求取消此项附
加捐。③

　　就在上海方面预备通过停业罢运等方式抗税的时候，8 月
31 日，广东财政特派员公署宣布自 9 月 1 日起，正式开征进
口麸类肥田料附加中山大学建筑费，每担征大洋 2 角 5 分，并
颁布《广东全省舶来肥田料附加中山大学建筑费征收局稽征
章程》。④ 根据章程规定，此项附加费由广东财政特派员公署
委派局长征收，在广州市设立征收总局，在汕头、江门、北

---

　　① 《粤捐商实行抽征饼捐》，《申报》1935 年 8 月 29 日第 11 版。

　　② 《各地油饼厂反对粤方增捐》，《申报》1935 年 8 月 30 日第 11 版。

　　③ 《油饼商反对粤方征捐，粤汉汕客帮加入罢运》，《申报》1935 年 8 月 31
日第 11 版。

　　④ 《广东省建设厅关于送舶来肥田料附加中大建筑费征收章程一事的训令及
附件》，广东省档案馆藏，档案号：006-003-0443-008~009。

海、海口设立分局。试办期限为 5 个月，期满后恢复招商投承。同日，汕头市南北港杂粮经纪等公司接到通知，广东财政当局将在抬商横路 16 号设立潮梅区征收办事处，"凡有运进本市之麸类，依章由各该商号先将俚纸及报关单送潮梅征收处核明。按照数量完纳税费、领有单证，始得提输船或火车或航船。转运时，应具单申报领有转运照据，并将完费证在面贴固。至九月以前运进准从宽免予缴费，惟转运各属仍须将数量列明到处登记"①。

汕头是华南沿海重镇，1922 年设市以来，商埠日渐繁荣。作为广东第二大港，汕头不仅是潮梅及闽赣边区 40 余县出入必经之地，而且与东北、上海、南洋交流频繁。② 从表 3-7 可见，汕头 1934 年购进饼类的数量远超广州等其他口岸，其中豆饼数量最多，达到 2,103,389 公担。潮梅农田向来以豆饼为重要原料，每年所用豆饼在 700 万块以上。加征麸类肥田料附加税后，潮梅农村每年至少增加 80 万元负担。为此，汕头商民极为反对抽收此项附加税。8 月 31 日，消息一经传出，汕头市南北港货物运输公会③立刻召开大会，商讨应对办法。经

---

① 《潮汕实行征豆饼捐，汕商已消极罢运》，《申报》1935 年 9 月 10 日第 9 版。

② 《汕头市情况缩写》，《香港华商总会月刊》1935 年第 7 期，第 8 页。

③ 汕头市南北港货物运销公会，略称南北行，主要经营远距离贸易运输业务。例如，向东北出口潮州的土糖、菜、椰子油等，从东北进口豆饼、大豆、落花生等豆类；向南洋出口油豆和土产品，从南洋进口大米和干鱼。除南北行外，汕头还有杂粮公会和经纪业公会。这 3 个公会是汕头重要的商人团体组织，在争取维护商民利益上发挥了重要作用。参见姜抮亚：《1935 年的汕头事件——1930 年代广东地方关税（专税）和日本》，中国社会科学院近代史研究所中华民国史研究室、四川师范大学历史文化学院编：《"1930 年代的中国"国际学术研讨会论文集》上卷，北京：社会科学文献出版社，2005 年，第 327 页。

过激烈的讨论，确定办法如下：（1）请政府勿受捐商瞒怂，将案撤销；（2）各同业以前向外埠定办之豆饼，限9月1日前报告公会向何家所办及饼数若干须记明；（3）途中运行所到各饼，如捐商交涉时，准从权向其登记，惟附费暂勿即缴以利交涉；（4）举出15人为执委，专责办理。[①] 会后，汕头市南北港货物运输公会派出饶洞明向捐商联安公司交涉，请将9月1日以后进口豆饼暂缓开征，先作临时登记，待省方交涉解决后再行定夺。对于汕头市南北港货物运输公会的请求，联安公司以饷源关系为由拒绝缓征。9月1日，联安公司派员到汕头建立潮梅区征收办事处，委任杜日东、卫萃明为正、副主任。[②]

表 3-7　1934 年广东省饼类进口数量表

（单位：公担）

口岸	豆饼	花生饼	其他子饼
汕头	2, 103, 389	26, 989	10, 594
广州	130, 489	20, 744	496
琼州	60	190	
合计	2, 233, 938	47, 923	11, 090

资料来源：柳塘：《粤省征收麸类附费问题》，《申报》1935 年 9 月 2 日第 17 版。

广东在汕头开征麸类肥田料附加中山大学建筑费的消息很快传到上海，9月1日，广东绥靖公署驻沪通讯处杨德昭先后

---

① 《潮汕实行征豆饼捐，汕商已消极罢运》，《申报》1935 年 9 月 10 日第 9 版。

② 《潮汕实行征豆饼捐，汕商已消极罢运》，《申报》1935 年 9 月 10 日第 9 版。

接到中山大学校长邹鲁、财政特派员公署区芳浦来电，表示"进口麸类肥田料征收附加中山大学建校费现已招商投承，难以取消"①。同日，上海市榨油业公会、上海市杂粮油饼业公会两公会发动厂商实行总停业罢运。各地油厂商积极响应，据大公社记者调查，上海、无锡、汉口等地40余家油饼厂商及广东各帮驻沪客商参加了此次联合罢运。②

在中国内地，油厂属新兴工业，自"九一八"事变后，上海、无锡、常州、昆山、汉口多地纷纷建立油厂。各厂雇用榨油工人及职员的数量，平均每厂400人，总共1.3万余人。③每出饼一担，除利息、工资各项开支外，厂方所盈不到二三分。④自8月31日，上海、汉口、无锡等地油厂停工后，制饼原料黄豆、花生等杂粮原料无法销售，各产地存货堆积、价格暴跌，农民生计大受影响，油工纷纷失业。9月2日，上海市油工召开会议，向上海市当局请求援助，"粤捐商近又承包征收麸类附加费一案，一则违反迭次非东三省麸类不征费之明令，二则抵触当局历年维护国产之初衷，三则妨碍粤省农村更陷绝境，四则摧残各地厂商运商绝其生计"⑤；而油厂同业公会常委陈子彝则表示"此项麸类附费，一日不撤消，则厂商

————————

① 《粤省今日起开征麸捐，油饼厂总停工罢运》，《申报》1935年9月1日第16版。

② 《饼厂商联合罢运后，万余油工吁请救济》，《申报》1935年9月2日第13版。

③ 《饼厂商联合罢运后，万余油工吁请救济》，《申报》1935年9月2日第13版。

④ 《油饼商组代表团定期分赴京粤请愿，召集第二次联席会议商应》，《申报》1935年9月3日第19版。

⑤ 《饼厂商联合罢运后，万余油工吁请救济》，《申报》1935年9月2日第13版。

决一日不复业、不复运"①。

然而，这次停业罢运并没有带来各地油饼厂商想要的结果。因此，9月4日，各地杂粮油饼厂商在民国路杂粮市场召开第二次联席会议，商议应对办法。经过一番讨论，决定派出上海2人、无锡1人、汉口3人、汕粤各帮1人，分赴中央及广东各机关请愿。②9月5日晚，上海市商会执委郑泽南与上海市杂粮油饼业工会代表顾馨一，厂商陈子尧、曹莘耕、江鸿斌，旅沪运商何权生和吴资生等人乘快车进京，分别向中央党部、行政院、立法院、财政部、实业部请愿，呈文如下：

今粤征麸类附捐，不惜致各地油饼厂之死命，予新兴工业以一大打击，而使舶来田料乘机侵入、攘夺利权，其不可者一也。

查训政期内，约法第六十二条，其第三款为复税；第五款为一地方之利益，对于他地方货物之输入，为不公平之课税；第六款各地方物品之通过税，均应由中央以法律限制，免除其左列弊害。今粤征麸类附捐，违背上述条文，显然无□，此以国家大法言，其不可者二也。

又查二十一年十二月七日，广东财广东财政特派员公署第十五号布告"广东及各省土制豆麸、花生麸等肥田料，一律免征附税"。又二十三年五月，西南政务委员会，重申"非东三省豆麸不缴费"之令。明令煌煌，成

---

① 《油饼商组代表团定期分赴京粤请愿，召集第二次联席会议商应》，《申报》1935年9月3日第19版。

② 《旅沪汕粤各帮议决一致力争，厂商代表陈子谈油厂状况》，《申报》1935年9月3日第19版。

案确定。今忽自食其言，任令捐商呈报，□民上者，岂应如此？此以官厅威信言，其不可者三也。

夫粤征麸类附捐，果有必不得已之用途，或犹可谅。今乃巧借国立中山大学建筑费名义，不知大学既系国立，经费应支国税，而竟抽收之于麸类，毋乃不伦。且国立大学不止一所，其设于他处者，未闻有借征附费之事。万一粤省作俑，以后他省援以为例，纷纷借征，摧残民生，其何以堪？此以征税用途言，其不可者四也。

更退一步言，若粤征附捐，而民力尤能担负，未尝不乐于捐输，以供增植人才之用。然试观广东旅沪同乡会等，近日电呈京粤当局一文中……良足见粤农民之痛苦。至最近各地厂商、各帮运商，惕于苛征之不胜担负，迫不得已，而停业停运。困苦情形，尤为灼然可见……彼中大建筑费，是否必需，尚属疑问，而民力凋敝如是，粤省长官，更何忍出此？此以人民生命言，其尤不可者五也。①

请愿代表从新兴工业发展、财政政策、政府威信、大学声誉、农村经济5个方面论述了粤省征收麸类附加税的危害。南京中央方面，实业部据上海市商会、广州市花生芝麻杂粮业同业公会暨广东同乡会、广肇公所等各团体来函，会同财政部致电广东财政特派员公署，要求取消此麸类抽征附加税。② 不久，广东财政当局对于麸类肥田料附加中山大学建筑费一案做出回应。9月11日，上海市油饼杂粮业公会接到广东财政特

① 《商会代表等昨晋京，请愿撤销粤征麸类捐》，《申报》1935年9月6日第13版。

② 《各地油饼厂反对粤方增捐》，《申报》1935年8月30日第11版。

派员公署来电：

> 查麸类肥田料附加中山大学建筑费一案，系奉西南政务委员会令办理。前每百斤抽八角，现减为二角五分。负担极轻，本省商民已遵抽。事关建筑中山大学费用，所请撤销应毋庸议。[1]

广东当局以附加税税率较低为由，拒绝了各地杂粮油饼商的请求，从而引发了上海、武汉多地的不满。汉口市杂粮油饼业同业中人毫不留情地指出，广东方面给出的理由实属荒谬。内地各省运往广东的豆饼、生饼，每担售价不超过 3 元，抽收附加税 2 角 5 分，税率已达到 83‰，比一般营业税率 5‰ 要高出 16 倍多。商人贩运饼类肥田料来粤，获利不过 3%。根据租税原则，凡以收入为目的的租税，税率以不伤税本为度。然而粤省高税率麸类肥田料附加税已伤饼类税本。[2]

在收到广东财政当局的复电后，上海市杂粮油饼公会第三届执监委员暨各厂商代表、运商代表立刻召开了第三次联席会议。会上，上海市杂粮公会主席顾馨一、上海市商会执委郑泽南先后就请愿团进京情况做了报告，接着就今后的打算进行讨论，决定将前次进京请愿代表推为赴粤请愿代表。[3] 4 天后，南京财政部、实业部应上海市杂粮油饼业同业公会的请求，致

---

① 《粤电复不准废麸捐，杂粮业昨开会决议继续力争》，《申报》1935 年 9 月 12 日第 11 版。

② 宗伊：《粤征麸类附加捐评议》，《汉口商业月刊》第 2 卷第 10 期（1935 年 10 月 10 日），第 3 页。

③ 《粤电复不准废麸捐，杂粮业昨开会决议继续力争》，《申报》1935 年 9 月 12 日第 11 版。

电广东省政府及相关各方，要求撤销麸类附加中山大学建筑费。① 与此同时，各地油厂公会将麸类肥田料附加中山大学建筑费一案情形呈报中华工业总联合会，请求援助。中华工业总联合会对各地油厂公会的遭遇表示同情。随即，该联合会主席郭顺电请西南政务委员会取消麸类附费。在接到中央和中华工业总联合会的来电后，9月17日，广东当局做出回应。广东省政府主席林云陔表示，财政厅现正查办捐商承包征收麸类附加费，但未明确表态是否应允取消此项附加费。②

9月18日，上海市商会监委郑泽南、上海市杂粮公会主席顾馨一、上海市油厂同业公会常委陈子彝等人赴粤请愿，中华工业总联合会派委员钱承绪一同前往。9月20日，郑泽南等人前往沧州饭店拜访西南政务委员黄季陆，请其居中斡旋。③ 在了解情况后，黄季陆同意了顾馨一等人的请求，当即电西南政务委员会磋商。在黄季陆的居中协调下，西南政务委员会表示愿意做出让步，将原定捐费每担2角5分予以减半征收。④ 然而，这个结果对上海、武汉多地的杂粮油饼商而言，仍不尽如人意。10月20日，黄季陆因国民党四届六中全会的召开而离粤赴沪。⑤ 21日，郑泽南离粤，前往谒见黄季陆，询问粤省征收麸类附加税案后续发展。22日，汕头豆饼业代表

---

① 《粤征麸类附捐，部批电粤废止》，《申报》1935年9月15日第12版。

② 《杂粮商坚决反对麸捐》，《申报》1935年9月18日第9版。

③ 《杂粮商坚决反对麸捐》，《申报》1935年9月18日第9版。

④ 《粤省麸捐让步，将照原捐费折半征收》，《申报》1935年9月20日第9版。

⑤ 《黄季陆昨抵沪》，《申报》1935年10月21日第7版。

蔡时帆、唐伯言、饶洞明赴沪接洽。① 当晚，上海市杂粮公会主席顾馨一在上海市福佑路萃秀堂宴请饶洞明，席间郑泽南报告了拜访黄季陆的经过。同日，上海市杂粮公会分别致电汕头市商会、汕头市杂粮公会，请汕商继续坚持，切勿缴纳麸类附费。②

10 月 30 日下午，全国各地杂粮油饼业团体暨厂运商代表在上海市民国路杂粮市场召开第四次联席会议，决定成立"全国杂粮油饼业请求撤销麸捐联合会"，由上海、汕头、汉口、青岛等地 21 名杂粮油饼厂商代表担任委员，即日起开始办公。③ 11 月 1 日，国民党四届六中全会召开，厂商代表顾馨一、郑泽南、朱静安等 7 人向六中全会请愿，各地厂商则于中国国民党第五届全国代表大会（以下简称"五全大会"）召开时，再举行联会扩大请愿。④ 7 日，杂粮油饼业同业公会、榨油厂业同业公会合函上海市商会推定代表，备请愿呈文会同进京。10 日，上海市商会推举代表郑泽南会同全国各地杂粮油饼业代表顾馨一等，向五全大会请愿。⑤

11 月 11 日下午，全国杂粮油饼业联合会召集各地杂粮公会成员暨油饼厂商 40 余人举行联席会议。议决通过：（1）推选各地行业代表组成请愿团，会同上海市商会代表郑泽南，向

---

① 《郑泽南昨谒黄季陆，汕头代表饶洞明已抵沪》，《申报》1935 年 10 月 22 日第 8 版。

② 《杂粮油饼业代表月杪赴粤请愿》，《申报》1935 年 10 月 23 日第 10 版。

③ 《全国杂粮商成立联合会，坚决请求撤消麸捐》，《申报》1935 年 10 月 30 日第 10 版。

④ 《全国杂粮商成立联合会，坚决请求撤消麸捐》，《申报》1935 年 10 月 30 日第 10 版。

⑤ 《市商会杂粮业代表请愿撤销麸捐》，《申报》1935 年 11 月 10 日第 12 版。

五全大会请愿，请求撤销粤省农产专税麸类附捐；（2）准备请愿书，分呈五全大会出席代表；（3）联系粤省代表邹鲁请求援助。① 12 日，在各地厂商的一再呼吁下，请愿团乘快车进京，向五全大会请愿。在请愿书中，请愿团强调，广东省对国产麸类征收附费，既违背了专税专征舶来的初衷，又不利于各省之间的商品流通。② 11 月 15 日，五全大会在南京召开。会议结束后，各地油厂相继复工。12 月初旬，五届一中全会通过中山大学建设经费一案，中央对于中大建筑费已另行筹措。然而，至 12 月底，广东当局却迟迟未撤销征收麸类附加费。故 12 月 28 日，上海市杂粮油饼业等团体再电西南当局，请求明令免征非东三省国产豆麸附费。③

　　1936 年 1—2 月，上海市商会、上海市杂粮油饼业同业公会、上海市榨油厂业同业公会等团体继续电请中央及西南当局撤销麸类附加费。④ 3 月，中华工业总联合会秘书长王志圣受顾馨一委托，向区芳浦及中山大学校长邹鲁恳切商洽。在多方努力之下，3 月 21 日，上海市杂粮油饼业同业公会接到区芳浦来电，他在电文中表示"对国产麸类附加捐，每担自 2 角 5 分减微为 1 角 5 分。惟外货麸类附加捐，仍照每担二角五分征

---

① 《全国杂粮油饼厂代表今晚上晋京请愿》，《申报》1935 年 11 月 12 日第 11 版。

② 《市商会杂粮业代表请愿撤销麸捐》，《申报》1935 年 11 月 10 日第 12 版。

③ 《杂粮业再电西南当局，吁请撤销麸类附捐》，《申报》1935 年 12 月 29 日第 10 版。

④ 《市商会再电请撤销国产麸类附捐》《申报》1936 年 1 月 14 日第 8 版；《杂粮油饼业再电呼吁，撤消粤省铺类附捐》，《申报》1936 年 2 月 7 日第 12 版；《杂粮榨油业再电粤财厅撤销麸类附捐》，《申报》1936 年 2 月 22 日第 13 版。

收"①。23 日，西南政务委员会正式宣布"国产麸类减为每担收费大洋一角五分"②，现各地运商已恢复将豆饼等运入广东。4 月 13 日，王志圣返回上海；次日，拜访顾馨一，报告"该项麸类捐税经请求后现已减低，预计年内可望完全取消"③。

至此，在全国各杂粮油饼业团体的共同努力下，广东当局在麸类附加费的征收上做出让步，降低国产麸类附加税费税率，国产麸类附加由每担征收 2 角 5 分减为 1 角 5 分。各地杂粮、油厂商恢复生产和运输，但距离彻底废除对国产麸类征收附加税的目标尚有一段时间，直到 1936 年 6 月，事情才出现转机。

1936 年两广事变后，中央开始改组广东省政府④，并派财政部次长邹琳、财政部税务署主任秘书萧仲鼎、中央银行业务局副局长周邦新等人赴粤整理财政。⑤ 上海市杂粮业见中央有心整顿广东税收，7 月 26 日再电粤省当局请求撤销麸类附加税：

> 敝会当以国内油厂方在萌芽之际，生机将被斩绝，迭经吁请撤销，久无效果，旋向第五次全国代表大会请愿，当荷议决，转饬纠正。迨至本年五月一日，始减为每担收费大洋一角五分。最近奉财政部佳日代电，以中山大学原征豆麸捐一事，业由西南政委会俟此次商办期满，国内麸

① 《粤减征国产麸类附捐》，《申报》1936 年 3 月 21 日第 10 版。

② 《粤省批麸类捐准减低》，《申报》，1936 年 3 月 24 日第 9 版。

③ 《粤省麸类捐年内可望完全取消》，《申报》1936 年 4 月 14 日第 11 版。

④ 《粤局和平安全解决》，《广州民国日报》1936 年 7 月 20 日第 1 张第 2 版。

⑤ 《中央委派粤省税收重要人员》，《广州民国日报》1936 年 7 月 21 日第 1 张第 2 版。

类，悉行免收，至于外国及东三省所来之肥料，仍照旧征收等因。查承商承包之期，至本年九月届满，则此项国麸附费之撤销，为时当不在远。惟刻下正当农田施肥饼销最旺之时，为轻农民负担并利商人销售计，允宜及时废除。所谓民之云劳，迄可小休，若俟商办期满，供求过令，此时免征则所裨于农商者几希。今恳崇座对于此项病农害商之饼捐克日撤销，严饬包商遵办。而于外国及东三省运粤肥田料及饼类仍旧征收，以维国产而恤商艰。以上数端，关系民生，至甚且巨，当在崇座茞筹硕画之中。敝会敢复致其款款之诚，深望垂赐采纳，迅予实施，不胜屏营待命之至。①

在接到上海市杂粮油饼业同业公会来电后，广东当局很快做出回复，表示"俟该省财政整理略有头绪后，麸类附税当可准予撤销，以利农商"②。同时，在上海方面的请求下，中央财政部多次电催广东当局尽快查明办理麸费事项。对此，广东财政当局承诺：承商承办期满后，即行停征。8 月底，捐商联安公司承办期满，广东省财政厅宣布停征麸类附加税。③ 至此，持续近 1 年的麸类附税纷争宣告结束。

综观广东征收舶来肥田料附加税的全过程，起初，广东当局本着抵制舶来肥田料倾销、资助国立中山大学建筑费的目的，开征此项附税。然而，在征收过程中，各捐商公司法外取

---

① 《上海杂粮公会电请粤省减除杂税》，《申报》1936 年 7 月 26 日第 12 版。

② 《粤麸类附税可望撤销》，《申报》1936 年 8 月 4 日第 10 版。

③ 《财部电复沪杂粮公会粤省麸捐已撤消》，《申报》1936 年 10 月 21 日第 9 版。

利。1933 年至 1934 年，捐商泰利公司将豆饼等肥田料比附于舶来肥田料之列，以"九一八"事变后东北为日人控制为由，扣留上海、汉口、安东、营口等地运来豆饼，引发汕头市各团体不满。广东财政特派员公署几经布告，声明对国产麸类肥田料不予征收此税，但捐商滥征行为却屡禁不止。1935 年 8 月捐商联安公司承包此项附税后，更是公然无视广东当局对国产免征的规定，要求对省外运粤的麸类肥田料一律征收附税。这引发了上海、武汉、汕头等多地杂粮油饼商的不满。以上海杂粮公会为代表的全国各地杂粮油饼商人，通过召开联席会议、组成请愿团、停业罢运等多种方式，向广东当局表达不满和抗议。中央方面亦出于利益的考量，多次电粤制止征收此项附税。值得玩味的是广东当局的态度，对于上海等多地商人团体的来电，广东省先是以招商承包难以取消为由，后以保护本土肥田料及征税附税税率甚低为借口，最后做出的让步也只是降低国产麸类肥田料的税率。至于完全撤销，则是等到捐商承办期满后。足见广东方面虽名为保护国产征收此项专税附税，但在实际征收过程中，出于利益的考量，加之东北的复杂形势，默认了捐商对国产征税的行为。

　　舶来物产专税作为广东特设的税项，其特殊性体现在 3 个方面。一是舶来物产专税为广东独有的税收。一方面，鸦片战争后，广东经济急剧殖民地化。进入民国以后，农业商品化浪潮席卷广东城乡。人民的衣食住行习染欧化。西方商品凭借发达的交通，如同水银泻地般地涌入广东的城市和乡村，[1] 为专税的开征提供了税源基础。另一方面，广东对物产征税有其历

---

　　① 符泽初：《广东入超与财政经济统制》，《新广东月刊》第 2 卷第 20 期（1934 年 8 月 31 日），第 17 页。

史传统。据《广东省志·税务志》记载，"物产专项税捐是民国时期广东特有的一大税类，其税种个别沿袭清制，少数是民国时期由县开征。至抗日战争后期，随着税制统一整理而先后停征"[1]。

二是舶来物产专税是一种"地方关税"，[2] 其开征同广东与中央的关系密切相关。1929 年，广东的税收收入划分为国家税、地方税两部分。1930 年，中央通电全国进行裁厘。厘金向为地方收入大宗，一旦裁撤，地方财政收入必损失巨大。1931 年陈济棠上台后，为弥补裁厘带来的财政损失，除了发行债券及截留国税税目外，只能通过广开税源来平衡财政。此时，广东与中央的财政关系发生巨大变革。从 1931 年 2 月扣胡事件的发生到 1931 年 5 月广州国民政府的成立，广东脱离了南京的统领，对财政的安排更加自由。宁粤对峙结束后，陈济棠对广东的控制大为增强，这为舶来物产专税的开征提供了政治基础和社会前提。

三是舶来物产专税的征税对象为外国商品，其开征除了增加政府财政收入外，还带有保护国产、抵制外货倾销的目的。舶来物产专税的征税初衷，很大一部分在于挽救农村经济。广东农民人均耕地面积十分有限，还要承担高昂的地租、高利贷及额外的费用分摊，负担极重。此外，广东的农业耕作方式较为原始，农力有限，一旦遭遇天灾，农村极易破产。历史上，广东水旱灾害频发，加上舶来工农业品的大量倾销，迫使大量

---

① 《广东省志·税务志》，第 94 页。

② 这个观点由韩国学者姜抮亚提出，他认为广东的专税是一种地方关税，广东当局通过对进口到粤省的外国商品征收地方关税来支持 1930 年代广东省的财政。参见姜抮亚：《1935 年的汕头事件——1930 年代广东地方关税（专税）和日本》，《"1930 年代的中国"国际学术研讨会论文集》上卷，第 324 页。

农民纷纷离开农村另谋出路，农村经济日趋崩溃。对舶来物品征收专税，在某种程度上能抑制外来工农业品的倾销，挽救日渐衰微的农村经济。

因其特殊性，舶来物产专税在征税实践中也暴露出很多问题。首先，在征税中，政府面临增加财政收入与践行税收初衷之间的矛盾。广东开征舶来物产专税的初衷，在于抵制舶来品倾销、保护农村经济。但在实际征收过程中，往往会出于财政需要，扩大征收范围，对省外的国内商品同样征税。舶来肥田料附加税的征收就是其中的一个典型案例，广东财政当局起初为了筹措国立中山大学建筑费而征收此项附加费用，然而在征收过程中，却纵容捐商不断扩大经征范围，违背了国产免税的原则和初衷，反映出制度设计与税征实践之间的出入。

其次，一项税收征收的成功与否，同征纳双方密切相关，舶来物产专税因其特殊性，在征收过程中还涉及中央与地方、广东与外省等多重利益分歧。以洋米专税为例，洋米专税的开征同广东和中央的关系密切相关。1933 年，广东凭借地方势力抢先征收洋米税，截留中央税款，迫使中央做出让步。再看政府与商人的关系，广东征收洋米专税，增加了洋米贸易的成本，并引发米价变动，势必引起省内商民的不满。此外，广东因抢先征收洋米税，税率低于全国水平，导致大量洋米从广东低税进口，再高价售出，从而影响了其他省份的米粮市场，引发外省商人的强烈不满。

最后，征收方式是影响征收效果的重要因素。舶来物产专税的发展大体上经历了 3 个阶段：初立阶段（1924—1932）、发展阶段（1933—1936）、整顿终结阶段（1937—1942）。在初立阶段，征收方式多采用商人承包制。1933 年，广东省政府开征舶来农产品杂项专税，设立专门的征税局，负责征收此项专税，建立了一套较为完善的征收管理制度，为陈济棠的统治提供了丰裕的财源。全面抗战爆发后，舶来物产专税因战时财政需要而不断调整，在 1942 年消费税的开征后最终退出历史舞台。

总之，舶来物产专税的作为广东特有的税目，20 世纪 30 年代为广东的财政税制增添了独有的色彩。一方面，其经征增加了广东的财政收入，在陈济棠时期，成为省库的重要财政支柱。全面抗战时期，更成为国统区财政经济的重要支柱。另一方面，它的复杂性和特殊性又引发了许多争议和纷争。这反映出税制建设中税制文本与税征实践之间的出入、税收与多方利益之间的博弈。

第四章　广东直接税的创办与征管制度

　　直接税是移植自西方国家的新税制，在中国的发展极不平衡。广东地区推行直接税较晚，直至 1937 年 7 月才开始创办。后根据财政部的决定，为增加财政收入，广东直接税局结合地方实际情况，对组织机构、人事制度、征收管理制度等方面进行了改革和调整，直接税制度逐步完善。直接税取得一定的成果，成为政府税收的重要来源之一。广东直接税在执行过程，存在预算超过承受能力、贪污腐败、征收执行不力等诸多问题。伴随着中央和地方财权的重新分配，人事纠葛与无序扩张加速了直接税的衰落。起初口碑良好的直接税，因贪腐和不断提高的征收标准激起民愤，最终被视为苛捐杂税。1948 年国民政府为挽回濒临崩溃的经济，将直接税体系并入货物税体系，广东直接税制度至此结束。

第一节　广东直接税的组织机构

一、抗战时期的沿革发展

　　清末民初，中国政府已经筹议引进印花税、所得税、营业税、遗产税等西方税制，但由于受到北洋政府时期军阀割据以及南京国民政府初期新旧军阀混战等政治因素的影响，直接税的推进进程艰难而曲折。随着国民党政权逐步稳固，而日本帝国主义对中国蠢蠢欲动，国民政府和经济学界都意识到，既有的以关税、盐税、统税等间接税为主体的税收结构难以应对战争之需，建立直接税体系已刻不容缓。1936 年 7 月 1 日，财政部成立直接税筹备处，筹备施行事宜，后来为集中事权以专责，将直接税筹备处改为所得税事务处，于各省市分设办事处，各地成立区分处从事推办。① 中国的直接税体系由此发轫。

广东直接税亦先从所得税开始发展。1936 年 11 月，财政部所得税事务处广东办事处开始筹备，1937 年元旦正式成立并开征所得税。此时"两广事变"业已平息，中央派员接收广东军、政、财大权。遵照中央政令开征直接税，成为改革原有财政税收制度的重要内容。广东直接税的推进步骤大致为：由开办第二类所得税渐及于一、三两类，所得税征课范围从广州市区渐及粤中各县。② 广东直接税创立伊始，组织机构极其简单，广东所得税办事处内部分为 4 组，第一组主办一类所得税，第二组主办二类所得税，第三组主办三类所得税，第四组为总务，另外设一会计室，全处职员不到 20 人。③ 办事处主任为区兆荣，中层骨干有马弘绪、杨亨华、叶绿水等人。④ 办事处成立数月之后，先后增设潮梅、海口、韶关、江门 4 个分

---

① 《西洋税制在近代中国的发展》，第 37 页。

② 《五年来粤省直接税概况》，《广东直接税导报》创刊号（1942 年 12 月 1 日），第 23 页。

③ 叶绿水：《广东直接税发展史略》，《广东直接税导报》第 2 卷第 5 期（1947 年 5 月 15 日），第 3 页。

④ 黄升平：《抗战时期广东开征所得税的梗概》，中国人民政治协商会议广东省委员会文史资料研究委员会编：《广东文史资料》第 53 辑，广州：广东人民出版社，1987 年，第 100 页。（注：黄升平回忆财政部所得税事务处广东办事处于 1938 年元旦开办，但核对《五年来粤省直接税之概况》《广东直接税发展史略》及财政部命令等史料，应该是 1937 年元旦开办，此处对黄文进行了订正。）

处。此时，一般商民对直接税知之甚少，视其为苛捐杂税，征税工作十分困难。[1] 各类所得税都处于宣传、调查试行阶段，只开征了薪给报酬所得税及存款利息所得税等部分所得税，税收数很少。[2]

全面抗战爆发后，华北、华东、华中等大片国土相继沦陷，这些地区原来是国民政府的主要税源地，受此影响，国民政府财政极其困难，为了增加收入不得不开辟新税源，扩大和推广直接税被寄予厚望。1938年10月，中央决定于次年1月起开征非常时期过分利得税，旨在重征战时暴利。[3] 然而过分利得税在广东尚未启动，省会广州就已失陷，广东所得税办事处暂迁香港，后又播迁遂溪，另设遂溪分处。[4] 不久后，沿海地区相继失守，业务陷于停顿，潮梅分处迁往梅县；江门分处取消，改并入肇雷区分处，设于肇庆。1939年3月，中央所得税办事处令广东所得税办事处裁撤，广东直接税失去省级办事机构。遂溪分处也取消，改并入肇雷分处。继而海口沦陷，海口分处撤销。因为没有省级机构，当时全省裁并后仅存的3个分处都归别的省区管辖：潮梅区分处改隶福建办事处指挥，

① 叶绿水：《广东直接税发展史略》，《广东直接税导报》第2卷第5期（1947年5月15日），第3页。叶绿水原文"乃分在汕头、海口、韶关、江门成立分处"，根据叶文后面叙述及《五年来粤省直接税概况》和邱斌存《广东直接税之动态》记载，应为潮梅、海口、韶关、江门4分处。

② 黄升平：《抗战时期广东开征所得税的梗概》，《广东文史资料》第53辑，第97—98页。

③ 直税署：《直接税之现状与改进计划》，《广东直接税导报》第3卷第3—4期合刊（1948年5月15日），第2页。

④ 叶绿水：《广东直接税发展史略》，《广东直接税导报》第2卷第5期（1947年5月15日），第3页。

韶关区分处改隶江西办事处，肇雷区分处改隶广西办事处。[①] 1938 年到 1940 年，在日本侵略者的蹂躏之下，广东大部分地区的税收业务几乎陷于停顿，所得税分处隶属别省，这是广东直接税最黯淡的时期。

直接税征收机构调查的工商业簿据凭证是印花税的最大税源，为节省人力财力、充裕税收，中央政府于 1940 年 6 月 1 日依照《抗战建国实施纲领》，将原属税务署主管的印花税交由直接税系统办理，中央所得税事务处接办烟酒印花税局，业务大为增加。[②] 为求名实相符，原中央所得税事务处改称直接税处，统理全国直接税征收事宜，高秉坊代理处长。1940 年 7 月 1 日，直接税处又开办遗产税。至此，直接税体系涵盖的税种有所增加，中国直接税体系初具规模。

继中央设立直接税处后，各省所得税办事处也改为直接税局，区分处改为直接税局分局。中央因广东局势有所安定，于 1941 年元旦恢复省级行政指挥机构，设立广东直接税局，同时重新收管潮梅、韶关、肇雷三区分处，并改组为粤东（兴宁）、粤北（韶关）、粤西（肇庆）分局，增设粤中（开平）、粤南（茂名）两个分局。[③] 同年，广东直接税局奉令开办货运登记，粤北首先开办，然后扩大到粤东、粤中等地，直接税税

---

① 叶绿水：《广东直接税发展史略》，《广东直接税导报》第 2 卷第 5 期（1947 年 5 月 15 日），第 3 页。

② 邱斌存：《广东直接税之动态》，《经济汇报》第 8 卷第 4 期（1943 年 8 月 16 日），第 389 页。

③ 《五年来粤省直接税概况》，《广东直接税导报》创刊号（1942 年 12 月 1 日），第 23 页。

源得以控制，税收成绩也日渐好转。① 这一时期广东直接税机构的业务推行还限于分局所在地，其他货运经济据点及重要税源所在地无力兼顾，全省职员也不过数百人，税收每年只有数百万元，但是为直接税走出黯淡奠定了基础。②

为统一和规范各省区直接机构、提高征税效率、增强抗战力量，财政部于 1941 年 7 月 10 日颁布《财政部各省市直接税局组织条例》。根据规定，各省市直接税局受财政部直接税处管理，各局设三课：所得税课办理所得税，兼办过分利得税的调查、复查、审核、催征、督征税额之退补等事项；遗产税印花税课办理遗产及印花税的调查、审核、催征、督征税额补退等稽征事项；事务课办理文件收发缮校、保管，印信的典守，本局及所属各机关职员的监督、考核、庶务和出纳事项。直接税局设局长 1 人，秘书、审核员、督查若干人，课长 3 人，税务员 16—48 人，税务助理员 20—60 人，事务员 8—20 人，事务助理员 10—30 人，会计室设会计主任 1 人、会计助理员 8—24 人，名额视事务繁简由直接税处酌定。下设分局分为特等、一等、二等、三等 4 等级，特等及一等局设三股，二、三等分局设两股，分掌直接税及印花税的稽征、会计、文书、庶务、出纳等事项。分局设局长 1 人，各股设股长 1 人，税务员、会计员、事务员及助理员若干人。直接税局及分局办理税务人

---

① 叶绿水：《广东直接税发展史略》，《广东直接税导报》第 2 卷第 5 期（1947 年 5 月 15 日），第 3 页。

② 《五年来粤省直接税概况》，《广东直接税导报》创刊号（1942 年 12 月 1 日），第 24 页；叶绿水：《广东直接税发展史略》，《广东直接税导报》第 2 卷第 5 期（1947 年 5 月 15 日），第 3 页。

员，由直接税处就考试训练合格人员遴选任用。①

　　1941 年 6 月，国民政府召开第三次全国财政会议，决议改订财政收支系统，将各省属的营业税划归国家财政收入。各省市营业税由财政部直接税处接办。直接税体系进一步壮大。1942 年 1 月起，直接税处正式接收地方营业税机构，广东省财政厅原设税务局所改为直接税分局所，增加了 55 个分局，以县为单位的查征所 16 所，以乡为单位的 17 所，再加上直接税原有的 5 个分局，形成了 60 分局、33 查征所的规模。② 营业税税款缴纳从省库转移到国库。接收地方营业税虽然对直接税的发展大有好处，但人员机构的增加也带来诸多问题，如直接税处处长高秉坊所言："以少数之基础组织，及少数之干部人员，在短期之内，统制新接各省市，组织不同，品质不同，待遇不同，办法不同，种种内容复杂之税卡税吏……以往新税新人新精神之信条，已陷入名存实亡之危境中，盖以整理难于创造，内忧甚于外患也"，"自所得税开办起，五年内无一控案"，接办营业税后则"攻讦控诉之件，连篇累牍，贪赃枉法之案，层出不穷"。③

　　1942 年 7 月 1 日，为便利管征起见，广东直接税机构重新调整，分局数量大为削减。当时重要经济据点，在东江为河源、龙川、兴宁、揭阳、惠来等县，在西江为肇庆、郁南、阳

---

① 《财政部各省市直接税局组织条例》，《广东省银行季刊》第 1 卷第 4 期（1941 年 12 月 31 日），第 525—526 页。

② 《广东直接税局九月来之业务概况》，《广东直接税导报》创刊号（1942 年 12 月 1 日），第 34—35 页。

③ 高秉坊：《中国直接税的生长》，中国人民政治协商会议、山东省淄博市博山区委员会编：《山东淄博市博山区政协文史资料》第 5 辑《中国直接税创始人——高秉坊》，1993 年，第 63 页。

江、开平等县，南路为遂溪、合浦、茂名等县，北江则为清
远、韶关等县，以上各地除兴宁、郁南、开平、茂名、韶关原
5 分局外，在其他各县分设 9 个分局。经过此次大范围的调
整，全省共设 14 分局 74 查征所。① 机构数量得到精简，中层
管理组织数量被压缩。10 月 1 日起裁撤广利、白土等 6 个查
征所，增设流沙、赤坎两所，形成共 70 个查征所的局面。②
（见表 4-1）当时全国有 14 个省局，共有数百余查征所，广东
查征所数量居全国之首。③ 所有分局分为 4 等，均设 4 股 3 室，
一、二等所分设税务事务两组。④ 各分局会计部分独立设一
室，由局派员主持，会计制度日渐健全。⑤ 组织体系健全后，
所有机构一律开征所利得税及遗产税。⑥ 改组后，直接税人员
机构渐渐充实，风纪好转，"本税印象业已深入民间"。⑦ 接办
营业税后产生的问题得到缓解，直接税重新走向正轨。

---

① 《五年来粤省直接税概况》，《广东直接税导报》创刊号（1942 年 12 月 1
日），第 24 页。

② 《五年来粤省直接税概况》，《广东直接税导报》创刊号（1942 年 12 月 1
日），第 28—29 页。

③ 邱斌存：《广东直接税之动态》，《广东省银行季刊》第 3 卷第 2 期
（1943 年 6 月 30 日），第 389 页。

④ 《五年来粤省直接税概况》，《广东直接税导报》创刊号（1942 年 12 月 1
日），第 27 页。

⑤ 《广东直接税局九月来之业务概况》，《广东直接税导报》创刊号（1942
年 12 月 1 日），第 35 页。

⑥ 邱斌存：《广东直接税之动态》，《广东省银行季刊》第 3 卷第 2 期
（1943 年 6 月 30 日），第 390 页。

⑦ 《本局纪念周纪录六》，《广东直接税导报》创刊号（1942 年 12 月 1 日），
第 43 页。

表 4-1 1942 年 10 月 1 日机构调整后广东省直接税局所一览表

分局名称	地点	等级	所辖查征所名称	查征所数量
韶关	韶关	一	南雄（1）、始兴（3）、翁源（4）、仁化（4）、乐昌（2）、坪石（4）、乳源（4）、连县（1）、连山（4）、阳山（3）	10 所
兴宁	兴宁	二	梅县（1）、松口（4）、畬坑（4）、蕉岭（3）、平远（2）、五华（3）	6 所
揭阳	揭阳	三	棉湖（4）、澄海（4）、饶平（2）、丰顺（2）、隆隍（4）、大埔（2）、潮阳（3）、潮安（4）	8 所
惠来	惠来	四	普宁（3）、海丰（2）、陆丰（3）、南山（4）、流沙（缺）	5 所
龙川	老隆	三	和平（3）、连平（3）、新丰（4）	3 所
河源	河源	四	博罗（4）、龙门（4）、增城（4）、东莞（4）、紫金（3）、惠阳（1）	6 所
清远	清远	四	英德（2）、三水（3）、四会（2）、广宁（3）、佛冈（4）、花县（3）	6 所
肇庆	高要	二	高明（3）、新兴（2）、云浮（3）、鹤山（2）	4 所
开平	开平	三	新昌（4）、新会（4）、台山（1）、恩平（2）、赤坎（缺）	5 所
郁南	都城	四	德庆（4）、封川（3）、开建（3）、罗定（2）	4 所
阳江	阳江	四	阳春（3）、电白（2）	2 所

续表

分局名称	地点	等级	所辖查征所名称	查征所数量
茂名	茂名	四	化县（3）、梅菉（2）、信宜（3）、东镇（4）	4所
遂溪	寸金桥	二	廉江（3）、海康（4）、徐闻（4）、吴川（3）	4所
合浦	合浦	四	灵山（4）、钦县（4）、防城（3）	3所
说明：括号内数字代表查征所等级

资料来源：《五年来粤省直接税概况》，《广东直接税导报》创刊号（1942年12月1日），第27—29页。

1943年1月，中央下令开征财产租赁所得税，所得税制度趋于完善。8月，广东直接税局和广东货物税局合并，成立广东省税务管理局，局长为吴子祥，副局长为原直接税局局长张兆符、原货物税局局长谢恩隆。[1] 辖下分局相应合并，但县一级的货物税办事处与直接税查征所依然各立门户、互不合并。[2] 广东省税务管理局设有秘书室、督查室、政策研究室、会计室、统计室。还设8个科，第一科负责所得税，科长马弘绪；第二科负责遗产税、印花税，科长陈维新；第三科负责营业税，科长李兆华；第四、五、六科负责原货物税；第七科负责人事；第八科负责总务。[3] 货运登记开始后行商有法控制，住商办理

---

① 黄升平：《抗战时期广东开征所得税的梗概》，《广东文史资料》第53辑，第100页。

② 《广东省志：税务志》，第156页。

③ 黄升平：《抗战时期广东开征所得税的梗概》，《广东文史资料》第53辑，第100—101页。

困难，1944 年 6 月货运登记停办，但税收也蒙受打击。[1]

1944 年冬，粤北战事紧张，广东税务管理局东迁兴宁，后迁平远，重心移往东江。当时日军到处窜扰，局势动荡，省局与各地交通断绝，指挥不便。1945 年 6 月，直、货两税奉命分家，广东和江西直接税合并成立粤赣区直接税局，张兆符任局长，总部仍设在平远。[2]

受到中央税收政策的影响，又因抗战形势和战时财政的需要，广东直接税经历了从无到有的发展。在动荡环境下，推行直接税非常艰难，这一时期组织架构比较简陋，征收网点的设置不够广泛，开征的税目不多不全，落实情况不够理想，初创时期的发展情况可谓筚路蓝缕。道路虽艰，成就却不少，广东直接税体系基本建立，从单一的所得税渐次推广，五大税种的体系基本形成。1942 年接收营业税后，更实现了大扩张，覆盖全省，征收网点也扩大到广大县市，人员更加充实，税收有所提高，甚至能超过年度预算。1943 年后，因局势动荡，直接税陷入低迷，只得与货物税体系合并，直到抗战结束后才重新分立。

二、抗战胜利后的调整

1945 年 11 月，粤赣区直接税局迁往广州。12 月 1 日，广东区直接税局成立，张兆符任局长，局址在广州市一德路 370

---

① 叶绿水：《广东直接税发展史略》，《广东直接税导报》第 2 卷第 5 期（1947 年 5 月 15 日），第 3 页。

② 叶绿水：《广东直接税发展史略》，《广东直接税导报》第 2 卷第 5 期（1947 年 5 月 15 日），第 3 页。

号。① 奉中央命令，广东直接税在复员过程中也接管了土地税和契税，征税范围进一步扩大，职员增至 1,800 多人。② 全国区局分为 3 等，广东属于一等区局。全省设立了 22 个分局，一等局 3 个：广州、汕头和新会；二等局 5 个：海口、中山、湛江、开平和韶关；三等局 8 个：兴宁、南海、梅县、清远、东莞、惠阳、高要和郁南；四等局 6 个：揭阳、茂名、合浦、阳江、海丰、龙川。另设查征所 80 所，由分局辖属。③

为适应新形势的发展，广东直接税机构也面临新一轮调整。此次调整以《财政部各省区直接税局组织条例草案》和《财政部各县市直接税分局组织条例草案》为主要依据。

根据《财政部各省区直接税局组织条例草案》规定，直接税省区局设 4 科 1 室，第一科掌管所得税、过分利得税、遗产税的调查稽征、纠纷处理、单证颁发保管等事项，指导考核所属县市直接税分局。第二科和第三科职责范围与第一科相同，第二科掌管土地税和契税，第三科掌管营业税和契税。第四科则办理文书、印信、经费等庶务。督导室掌管所属县市直接税分局督导事项，分局执行法令和税款征纳事项、税纪纠察和调查事项等。省区局设局长 1 人，副局长 1 人，秘书、审核员、技士若干人，科长 4 人，税务员 10—30 人，科员 10—20 人，助理员 20—30 人，督导 8—14 人。人事室设主任 1 人，科员 2—5 人，助理员 2—4 人，掌管人事事务。会计室设主任

① 广州市地方志编纂委员会：《广州市志·卷一·大事记》，广州：广州出版社，1999 年，第 270 页。
② 李应兆：《广东直接税回顾与展望》，《广东直接税导报》第 2 卷第 1 期（1947 年 1 月 15 日），第 4 页。
③ 《本省直接税机构奉准核定》，《广东直接税导报》光复版第 2 期（1946 年），第 6 页。

1 人，统计员 1 人，科长 10—15 人，助理员 10 人。另设科员雇员 10—20 人。[1] 广东区直接税局为一等区局，按照编制要求人员数量在 120—163 人之间。

根据《财政部各县市直接税分局组织条例草案》规定，县市直接税分局一般设 4 课 1 室，但税务较简的县市可以精简机构。第一课掌管分局辖区及所属查征所所利得税、过份利得税、遗产税的稽征。第二课掌管本分局辖区及所属查征所土地税、契税的稽征、指导、考核、调查。第三课掌管分局辖区及所属查征所印花税、营业税的稽征、考核、调查、抽查。第四课掌管本分局所属职员人事事项。县市直接税分局设局长 1 人，审核员、秘书若干，课长 4 人，税务员 10—80 人，人事助理员 10—60 人，事务员 5—20 人，练习税务员 2—5 人；人事管理员 1 人，事物助理员 1—3 人；会计主任 1 人，会计室设课员 2—6 人，助理员 2—12 人。县市直接税分局查征所的员额视情况而定，最少 6 人，最多 12 人，由分局员额内派出。[2]（见表 4-2）税务繁重的地区可由财政部设局直接管辖，广东最初没有设立直辖局。

表 4-2 广东省各级直接税分局员额编制表

等级	最低员额	最高员额
一等分局	100 人	180 人
二等分局	50 人	100 人

① 《财政部各省区直接税局组织条例草案》，江苏省中华民国工商税收史编写组、中国第二历史档案馆编：《中华民国工商税收史料选编》第 4 辑，南京：南京大学出版社，1994 年，第 591—594 页。

② 《财政部各县市直接税分局组织条例草案》，《中华民国工商税收史料选编》第 4 辑，第 594—596 页。

续表

等级	最低员额	最高员额
三等分局	30 人	60 人
四等分局	25 人	40 人

资料来源：《各级直接税区分局员额编制表》，《广东直接税导报》光复版第 3 期（1946 年），第 8 页。

1946 年 7 月，国民政府改订财政收支系统，恢复中央、省、县 3 级财政，营业税、土地税、契税于当年 7 月至 9 月底归还各省自办，直接税征收税种减少，征收机构大大简化。区局第一科掌管所利得税，第二科掌管遗产税，第三科掌管印花税，其余机构执掌基本不变。执掌粤省直接税 5 年的张兆符请辞，李应兆自 1946 年 10 月起担任局长。[1] 地方机构裁并，仅留广州、汕头、湛江、开平、韶关、中山、海口、兴宁、高要和惠阳 10 个分局，南海等 21 个查征所（见表 4-3），职员减至 1,100 余名。这次全省机构调整时间仓促，筹划不周，没有充分考虑据辖区范围、税源分布等客观条件。[2] 比如中山分局，员额从成立之初的 91 人缩减为 70 人，加上一部分人被调走，另外有 7 人辞职，实际用人额为 50 人，因为辖区辽阔，业务繁重，人员严重不敷分配，给税收带来了阻碍。[3]

---

① 《各区局及直辖局名称地址主管人姓名一览表》，《直接税通讯》第 1 期（1947 年 2 月 20 日），第 7 页。

② 李应兆：《广东直接税回顾与展望》，《广东直接税导报》第 2 卷第 1 期（1947 年 1 月 15 日），第 4 页。

③ 李秉枢：《三十五年度中山分局业务概况》，《广东直接税导报》第 2 卷第 4 期（1947 年 4 月 15 日），第 14 页。

表 4-3　1947 年 2 月直接税各级机构名称及等级一览表

机关名称	等级	所在地
广州分局	一	广州
南海查征所	一	佛山镇
河南查征所	二	河南
番禺查征所	二	市桥
汕头分局	一	汕头
潮安查征所	一	潮安
揭阳查征所	二	揭阳
潮阳查征所	二	潮阳
湛江分局	一	湛江
茂名查征所	二	茂名
合浦查征所	三	合浦
开平分局	一	长沙镇
阳江查征所	一	阳江
新会查征所	一	江门
台山查征所	二	台山
韶关分局	二	韶关
南雄查征所	二	南雄
连县查征所	三	连县
中山分局	二	石岐
顺德查征所	一	大良
海口分局	二	海口

续表

机关名称	等级	所在地
琼东查征所	三	文昌
兴宁分局	二	兴宁
梅县查征所	一	梅县
龙川查征所	二	龙川
高要分局	二	高要
郁南查征所	二	郁南
清远查征所	二	清远
惠阳分局	三	惠阳
东莞查征所	一	石龙
海丰查征所	二	汕尾

资料来源:《直接税各级机构名称一览表》，广东省档案馆藏，档案号：043-001-0571，第1页。

三税移交后，直接税业务缩小为所得税、过分利得税、遗产税及印花税4种。1946年4月所得税分为分类所得税和综合所得税两大类；10月，又拟订特种过分利得税，于1947年替代之前的非常时期过分利得税，直接税的体系和税法经过此次修改更加完善。[1] 1948年4月1日，因全国工商界反对，特种过分利得税被迫废止，直接税体系只剩所得税、遗产税和印花税3个税种。[2]

---

[1]　李应兆:《广东直接税回顾与展望》，《广东直接税导报》第2卷第1期（1947年1月15日），第4页。

[2]　《中华民国工商税收史——直接税卷》，前言第2页。

1947 年 10 月，自马弘绪、李秉枢因贪污相继下狱后，广州市直接税分局地位提高，升为财政部直接税署直辖局。[①] 财政部全国直辖局从上海、天津、重庆、汉口和青岛 5 个扩大到 6 个。[②]

1948 年 8 月，国民政府因为内战局势紧张，调整税务机关，中央将直接税署与征收货物出场税的税务署合并成立国税署，而广东省直接税局也和税务局合并成了广东区国税管理局，所属征收单位随之合并。广东区国税管理局设局长 1 人，副局长 2 人，有 4 科 5 室，与之前变化不大，其中第一科负责直接税征收，全局共有职员 118 人。有南海、汕头、梅县、曲江、清远、中山、开平、高要、德庆、茂名、湛江、北海、琼山、惠阳 14 个稽征局，全省人员共 1,300 余人。[③] 1948 年 8 月陆冠莹接任广东区国税管理局局长，1948 年 12 月孙璞接任。[④] 广州市仍设货物税局、直接税局，直属财政部国税署。1949 年 8 月再次调整机构，撤销广东区国税管理局，改设广东国税督导委员办公处，只设广州、中山、汕头、湛江、琼崖 5 个国税局。[⑤] 直接税与货物税历经 3 次分合，最终被吞并。

①　尖兵：《穗市直接税局风云万变，两局长入狱后余音不断》，《针报》第 127 期（1947 年 10 月 20 日），第 6 页。

②　《各区局及直辖局名称地址主管人姓名一览表（卅六年二月）》，《直接税通讯》第 1 期（1947 年 2 月 20 日），第 7 页。

③　《财政部广东区国税管理局关于转发各级国税机构裁并设置交接办法及留用人员注意事项一事的训令》，广东省档案馆藏，档案号：004-001-0018-054~057。

④　《财政部广东区国税管理局代电　粤冠人字第 0006 号》，广东省档案馆藏，档案号：043-001-1172。《财政部广东区国税管理局代电　粤璞四字第 0001 号》，广东省档案馆藏，档案号：043-001-1172。

⑤　《广东省志：税务志》，第 157 页。

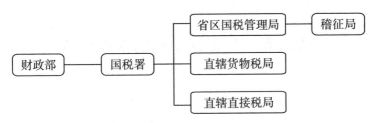

图 4-1　1948 年改组后架构

资料来源：《财政部广东区国税管理局关于转发各级国税机构裁并设置交接办法及留用人员注意事项一事的训令》，广东省档案馆藏，档案号：004-001-0018-054~057。

　　自抗战胜利后到被合并之前，广东直接税省级机构实现独立，各地税收恢复正常秩序。在短短四五年时间里，直接税体系的税目和机构几经调整，频繁的变动对直接税体系的发展十分不利。就税目而言，抗战胜利后，先接收土地税和契税，税务人员重新筹备开征，然而接管才 1 年，土地税和契税连同营业税就移交地方，营业税是直接税收入的主要来源，倾注的资源较多，移交后对广东直接税体系造成严重打击。从机构数量看，三税移交后机构削减，部分人员转交，部分人员裁减，造成了人才流失，对刚恢复元气的直接税体系是个严峻的考验。从地区平衡看，广东区直接税收入大部分依赖于广州市，后来中央让广州分局独立为中央直属局，广东区局收入骤减，其他地区税收压力加大。政策的摇摆不定，体系的不断变革，使得广东直接税缺乏连续稳定的发展环境，不利于税收落实，对税收成绩造成负面影响。

第二节 广东直接税的人事制度

1936年中央筹划直接税之初，孔祥熙就表示："办新税，决以新人才、新精神办之。用人概须经过考选，并加以保障，尤注重青年之训练，以利用其朝气奋发之精神，而不使有泄沓之习气滥竽其间。"[1] 长期领导整个直接税体系的高秉坊给直接税定的口号就是"用新人、行新政、办新事"[2]，广东一直以来也以这个思想为指导。

直接税系统还提出了"四训"和"四风"，作为税务人员的道德准则。"四训"是"廉、能、勤、毅"，直接税用人时，认为"德重于才"，办税人第一要廉洁，四字中廉字始终是首位。"四风"由崔敬伯先提出[3]，包括：军队之风，即重服从之意，要遵照长官的明令切实工作；家庭之风，即重合作之意，要大家共同努力，达成任务；宗教之风，即重信仰之意，对直接税之理论与实际均须有确实和坚定的信念，同时须以传教士的精神，去宣扬直接税的优点；学校之风，即重研究之意，对直接税之制度规章以及稽征方法等均须时时注意，加以

---

① 《直接税处东南区税务助理员讲习班第一期工作报告（节选）（1941年5月30日）》，《中华民国工商税收史料选编》第4辑，第656页。

② 黄升平：《抗战时期广东开征所得税的梗概》，《广东文史资料》第53辑，第99页。

③ 周邠：《深切怀念崔敬伯前辈先生》，慧定戒主编：《静泊：崔敬伯纪念文集》，2005年，第284页。周邠文中写作"学术之风"，此处采用《直接税四风》等其他文献的说法写作"学校之风"。《直接税四风》，《重庆营业税月报》第1卷第1期（1943年3月），第23页。

研讨，使其改善，以资适应社会环境，以达赋税公平合理之目的。

广东直接税系统发展初期基本贯彻了这些理念，"四训""四风"人事制度上体现得非常明显，呈现较好的风貌，助力税收的发展，直接税系统也成为社会英才向往的机关部门。抗战胜利后，广东直接税日渐腐朽，直接税的精神并没有得到贯彻，影响了工作的开展。

一、历任主管

广东开办新税之初，除开中央派来的短期负责人区兆荣没有多少经验外，"中层骨干如马弘绪、杨亨华、冯家珍、叶猛可、叶绿水等人都是由中央政治学校税训班结业派来的"[1]。这些人也经常在《广东直接税导报》上发表探讨直接税行政措施及税政理念的文章，成为之后 10 多年内广东直接税行政机构的核心人物。

张兆符是广东省直接税局历史上在任时间最长的局长。1941 年 11 月，时任广东省财政厅第三科科长的张兆符代替伍金陶，奉命接掌广东直接税，当时他才 31 岁。[2] 他是岭南诗人张守仁的次子，毕业于金陵大学文学院经济系，后获美国纽约大学文学学士学位。[3] 在财政部直接税处正准备扩大为直接税署时，张兆符凭借与财政部秘书长鲁佩璋、直接税处处长高

① 黄升平：《抗战时期广东开征所得税的梗概》，《广东文史资料》第 53 辑，第 99—100 页。

② 《五年来粤省直接税概况》，《广东直接税导报》创刊号（1942 年 12 月 1 日），第 23 页。

③ 张长韬、吴向南：《张兆符简介》，中国人民政治协商会议广东省大埔县委员会学习和文史委员会编：《大埔文史》第 28 辑，2010 年，第 12 页。

秉坊是金陵大学同学的私谊，加上与财政部次长邹琳的关系，多方活动，试图转入直接税系统。高秉坊为避任用私人之嫌，便让张兆符参加重庆中央训练团经济特别班受训，张兆符之后在多个岗位轮转，也没能得到重用。直到广东直接税局原局长伍金陶被控贪污舞弊案发，高秉坊一方面为了提拔张兆符，另一方面为了对各方表示整肃直接税税风的苦心，委派张兆符为广东直接税局局长。①

广东直接税局局长在人事任用上权力很大，省局有权对各查征所主任先委派，后呈报直接税处备案。接管营业税后进行机构调整，各省市直接税分局长和查征所主任为了保留职位或企图调升肥缺，想尽办法，通过中央和省地方军政要人势力纷纷向张兆符活动钻营。由于广东直接税局所辖粤东、粤西、粤南、粤北和粤中5个直接税分局是直接税处委派人员的重要据点，人事不得擅自撤换委派，事前要呈报核准，张兆符在权衡这些人物后台的势力大小后，抓住非考训人员占多数的直接税分局和查征所的据点，给他们作出调整和安置。② 那时广东省内直接税网点数量不多，5个分局是收入的主要来源，这些人事上的勾结多发生在税源不发达地区，对整个税收系统影响没那么大。

1943年6月间，奉国民政府财政部命令，广东直接税局和广东省货物税局合并成立广东省税务管理局，张兆符任税务管理局副局长，负责直接税方面的业务。"直接税的税务人员

---

① 张禹钦：《抗战时期广东税务机关内幕》，《广东文史资料存稿选编》第4卷，第647—648页。

② 张禹钦：《抗战时期广东税务机关内幕》，《广东文史资料存稿选编》第4卷，第648页。

主要是财政部所得税处委托中央政治学校办税训班，和江西赣州开设的税训班招收培训。整个直接税税务人员大体上是自成一个系统，与省财政厅无关，即使直、货两税合并，直接税方面的税务员、税务助理员，还是自成系统，不受更动。"① 直接税人员能自成系统，一方面因为在高秉坊的经营下，直接税部门有底气与其他部门抗衡；另一方面直接税征收对人员的专业性要求很强，在体系内部已经搭建了完整的考训体系，不容易被外界轻易打破。

1945 年 6 月，直、货两税分立，张兆符任粤赣区直接税局局长，1945 年 12 月回迁广州继续担任广东区直接税局局长。1946 年，营业税、土地税、契税移交地方，张兆符请辞，直接税机构也进行了改组，由之前大部分时间都在财政部任职的李应兆担任局长。

张兆符执掌粤省直接税达 5 年之久，这次主动请辞职务，他自称有 3 个原因。一是因为"因为工作单调厌倦"，以便换个环境。二是复员后百废待兴，税款尚未能依照正常状态征收，然而中央申令将土地税、契税、营业税等主要税务通通移交地方财政机关，营业税是直接税局收入的主要命脉，这里包括未经核定税率的店铺、税额增减未经办理的店铺、情形极为复杂。而移交的消息传出后，商人借机观望拖延税款，致使税款滞纳无从催收，枉费一番改进税政的心血。三是主要税务移交之后，工作范围缩减，各县分局，需要裁撤工作人员。广东区直接税局原有职员统计 1,900 人，现裁为 1,150 人，计裁去 750 人，虽然财政厅答允收用 400 人，尚有 300 余人失业，这

① 黄升平：《抗战时期广东开征所得税的梗概》，《广东文史资料》第 53 辑，第 101 页。

些人都是抗战时期同甘共苦的职员,于心不忍。① 另有文称,虽然张兆符的老师高秉坊因巨贪案入狱,但"中枢亦有人为张氏支持……货、直税分家,张氏亦能以中流砥柱之资望,不为摇撼。光复后,粤直税辖下所、利、营三大目之业务,更应推广,不能不倚重张驾轻就熟。矧氏目下成群手足,常动一柱,业颇自烦,而氏对于对所利得税之整理业务策划多年,不能否之为党劳瘁在也。迨至月前氏突有厌主粤直税,而营谋粤财政厅厅长之图不成,张亦无意再恋粤税局长"②。他的辞职,或许是这种种因素共同促成的。张兆符走后,广东直接税发展开始走下坡路。

经过此次机构调整,广东区仅保留 10 个分局,被合并的分局长如果愿意,可以任查征所主任,但需以接收分局审核员名义兼任,削名降级,分局长们要求给以区局督导名义。③ 最后区局决定仍然以审核员名义安置,许多分局局长纷纷辞职。合并命令发出后,区局长张兆符调职,总署派李应兆接任,于是区局忙于新旧任交接,放任了对合并分局的指挥监督。被合并的工作人员因为人事调整,无心工作,辞职的分局长频频催促交接,而区局得派出新查征所主任才能完成交接工作,许多人到处活动,希望得任查征所主任,出现了混乱的局面。④ 各

----

① 马二:《直税局继任人选未定,张兆符将拂袖而行》,《针报》第 37 期(1946 年 10 月 10 日),第 12 页。

② 《直税局明令易长后,张兆符未有下文,新局长李应兆尚留京》,《针报》第 42 期(1946 年 10 月 26 日),第 5 页。

③ 《本区局第一次局务会议记录》,《广东直接税导报》第 2 卷第 1 期(1947 年 1 月 15 日),第 15—16 页。

④ 《直税分局合并后,外地工作人员倒泻箩蟹》,《针报》第 40 期(1946 年 10 月 20 日),第 4 页。

局所裁并调派人员，原定必须在 1946 年 12 月 5 日以前到局所工作，否则免职，[①] 实际上，受人事纠葛影响，直到 1946 年底，被裁局所才接收过半，机构调整工作进度缓慢。[②] 抗战胜利后，广东大部分地区直接税工作才渐入佳境，马上就被这一变故打破，体系内人心思动，对税纪和精神风貌都产生了不利影响。

因广东的税收成绩在全国排倒数，迫于压力，1947 年 8 月，接任 1 年的广东区直接税局局长李应兆请辞，原任沈阳直接税局局长的金阿督担任广东区直接税局局长[③]。至 1948 年 8 月，广东区直接税局和税务局合并成立广东区国税管理局，局长先后由陆冠莹、由孙璞担任。

分局方面，广州分局较为特殊，起初隶属的广东区局，后来被中央直辖。复员后，广州直接税分局第一任局长是马弘绪，随后因贪污案被免。1947 年 4 月 16 日，李秉枢接替担任广州分局局长[④]，不久亦卷入贪污案件。1947 年 9 月，中央任命韩汝智接掌广州。[⑤] 韩汝智上任后，广州分局提为直接税署直辖局。广东区各分局主管人详见表 4-4。

---

① 《本区局第二次局务会议记录》，《广东直接税导报》第 2 卷第 1 期（1947 年 1 月 15 日），第 17—18 页。

② 《本区局第一次局务会议记录》，《广东直接税导报》第 2 卷第 1 期（1947 年 1 月 15 日），第 15 页。

③ 《财政部广东区直接税局局长金阿督关于呈报到差工作一事的函》，广东省档案馆藏，档案号：006-002-0164-198。

④ 《财政部广东区直接税局广州分局关于李秉枢接篆视事日期的公函》（1947 年 4 月 18 日），广东省档案馆藏，档案号：006-002-0163-092。

⑤ 《人事动态》，《直接税通讯》第 16 期（1947 年 10 月 5 日），第 6 页。

表 4-4　广东区直接税各分局名称、主管人、成立日期一览表

局名	主管人	成立日期
广州分局	李秉枢	1945-12-21
汕头分局	张殿昌	1945-11-16
湛江分局	延珍卿暂代	1946-02-01
江门分局	陶宗俊	缺
韶关分局	何家荣	1945-06-21
中山分局	杨次生	1945-12-16
海口分局	邓建嵘	1946-01-09
兴宁分局	苏启昌	1945-07-01
高要分局	刘思浚	1945-07-01
惠阳分局	梅杰生	1946-02-16
南海分局	甄北璋	1947-07-01
合浦分局	张石友	1947-07-01
阳江分局	王鸿桢	1947-07-01

资料来源：《广东区各分局名称地址主管人姓名一览表》，《直接税通讯》第 11 期（1947 年 7 月 20 日），第 6 页。

二、人员任用

直接税建立了一套从上到下的考核制度，从区局长到税务员，都要接受考核。直接税局局长遴选有比较严格的标准。1945 年 11 月 15 日，财政部施行《直货两税分局长遴选标准改订》，分局长须由署长、部内长官、区局长这些保举人举荐，年龄在 50 岁以下，满足下面 3 个条件之一：（1）主管署

及各区分局现职人员在专科以上学校毕业具有荐任资格、服务本税满 2 年成绩优良；（2）高等考试或特种考试高级税务人员考试及格后服务满 1 年并具有荐任资格；（3）部内各单位现职人员在专科以上学校毕业具有荐任资格、在部服务满 3 年、最近一年依法考绩列 80 分以上，部外人员年龄在 50 岁以下、专科以上学校毕业、从事财务行政工作满 3 年、税务工作满 1 年。满足条件者再由财政部遴选，需由财政部集中调训或由主管署调其到署服务以便考察调用，试用期 3 个月。如果各单位长官保举的分局长任职后有违法失职受到刑事处分者，保举人也得予以处分。①

直接税各级干部任职资历有严格的要求。比如区局业务科长、审核员、督导、主任、技士、直辖局业务课长，须是审核员或高级受训人员并服务直接税 3 年以上。各分局办理诉讼及有关法律案件的审核员须是高级税务员；每位审核员可配备助理审核员 1 人，须是高级税务员服务直接税 1 年以上或初级税务员服务直接税 2 年以上，具有查账经验。各分局业务课长须是高级税务员服务直接税 2 年以上；一、二等分局各股长须是高级税务员服务直接税 1 年以上或初级税务员服务直接税 3 年以上。查征所主任，须是高级税务员服务 2 年以上或初级税务员服务 4 年以上有成绩的人；组长须是高级税务员或初级税务员服务 6 年以上。各级查征人员，必须是高级税务员和初级税务员，办事员和雇员不可以充任查征人员。②

---

① 《直货两税分局长遴选标准改订》，《直接税通讯》第 1 期（1947 年 2 月 20 日），第 11—12 页。

② 《财政部直接税区分局所各级税务人员配备标准》，《广东直接税导报》光复版第 3 期（1946 年），第 11 页。

直接税通过内部刊物通报奖惩，征收成绩优异或者违法违纪的区局长、分局长姓名，都会在部里公布，直接税署所办的杂志《直接税通讯》每期都会有"人事动态"专栏，每月通报表扬和批评全国直接税分局以上官员。例如 1947 年 4 月，广东区直接税局局长李应兆因为"限期停售林故主席版印花一案迭令催报未据呈复"一事被通令"申斥"。① 因为当年 1 月 15 日，中央令广东区局停止出售该版印花，并饬通令所属及布告商民人等以前贴存是项印花者限 1947 年 2 月 15 日以前贴用，逾期禁贴，而广东区局并未遵守。② 同年 4 月，原梅县分局局长李兆华因为"稽延报表"被记过一次。③ 这年 7 月，李应兆又因"该局工作松懈仍未改善该局长督率不力"被记过一次。④ 当然，有时广东也会出现征收成绩不错的时候，比如 1947 年 10 月，广东江门直接税分局股长黄志强因为"办理特种营业税得力"纳库超征，财政部传令嘉奖。⑤

根据直接税署的有关规定，广东区直接税局半年进行 1 次考核。考核分几大板块，事迹类由主管对工作、操行和学识 3 方面下定评语，勤惰类考核迟到、早退请假、离职、请假逾限时数或日数，功过类记录功过次数。考绩委员会根据工作分

---

① 《三十六年四月份本署各科室暨附属机关主管人员任免名册》，《直接税通讯》第 5 期（1947 年 4 月 20 日），第 7 页。

② 《林故主席版印花禁贴售》，《直接税通讯》第 6 期（1947 年 5 月 5 日），第 5 页。

③ 《人事动态（1946 年 3 月）》，《直接税通讯》第 6 期（1947 年 5 月 5 日），第 6 页。

④ 《三十六年七月份本署各科室暨附属机关主管人员任免名册》，《直接税通讯》第 11 期（1947 年 7 月 20 日），第 6 页。

⑤ 《黄志强传令嘉奖》，《直接税通讯》第 17 期（1947 年 10 月 20 日），第 3 页。

数、操行分数、学识分数初核打分，主管长官再对这 3 项打分进行复核，最后评定总分数决定奖惩，如一等奖加月薪 10 元。①

直接税还有轮流迁调制度。比如 1947 年 4 月，广东区县市分局长进行了一次大轮调，陶希瀚不再担任南平分局局长，由薛梓担任；马弘绪不再担任广州分局局长，由中山分局原局长李秉枢担任；陈广仰不再担任高要分局局长，由刘思濬担任，陈之后担任江门分局局长，最后又任广州直接税局局长；冯家珍不再担任开平分局局长，由陶宗俊担任。②

三、考训制度

南京国民政府注重以考试选拔人才，直接税也不例外，以考训为人事制度之基础。③ 考训制度是直接税学校之风的重要体现。直接税在筹备阶段时，已经成立训练机构，采用公开考试的方法招收大学生。后来无论在何种颠沛流离、物质极端困难的情况下，直接税均没有忽略考训这一重要程序。④ 通过直接税考试的人员，经过定期训练后会分派工作，并给予考取人员充分的职业保障，没有过失不得辞退。不经公开考取进入的只能由局长派为事务员、事务助理员以示区别。这一制度给直

---

① 《财政部广东区直接税局雇员罗楚楠三十五年上下半年度考核表》，广东省档案馆藏，档案号：004-001-0181-174。

② 《三十六年四月份本署各科室暨附属机关主管人员任免名册》，《直接税通讯》第 5 期（1947 年 4 月 20 日），第 7 页。

③ 管伟伦：《本局甄用税务员概述》，《广东直接税导报》光复版第 3 期（1946 年），第 7 页。

④ 《开学典礼崔副署长训词》，《直接税通讯》第 11 期（1947 年 7 月 20 日），第 3 页。

接税系统较高的进入门槛，有利于体系的稳定和专业。

直接税机关招考有两级，财政部直接税署招考和区局招考，分别招考中央和地方工作人员。中央层面，财政部每年举行 2 次特种考试，各税种集体招考，直接税一年面向全国有 2 次考试。初级盐务、货物税、直接税由各区考试委员会就地评阅榜示，高级各组由部里集中评阅，考试合格人员部里根据各人志愿酌量分发任用。直接税录用人数比关务、盐务组要多，比货物税要少。

广东区的考试由甄试委员会负责，正局长和副局长任正、副委员，共 11 人负责出题和阅卷等工作。考试分高级和初级两组招考。① 高级组考生须在国民政府教育部立案或许可的大学或独立学院的经济财政商学等系，或者经各大学奉准设立的税务训练班高级组毕业，有正式证书，且年龄在 35 岁以下，才能报考。初级组考生须在国民政府教育部立案或许可的高级中学或商科职业学校（相当于高级中学者）及经在各专科以上学校或奉准设立的税务训练班初级组毕业或有正式证书，且年龄在 25 岁以下，才有报考资格。高级组和初级组不招考曾经在伪政府任职的人员。高级组笔试科目有国父遗教、国文、经济学、财政、会计学和英文。初级组笔试科目有国父遗教、国文、数学和常识。笔试合格后，所有考试都要参加口试。口试合格经过体格检查才能报到入职，以实习税务员资格分发到区局所辖的各直接税分局工作。②

---

① 管伟伦：《本局甄用税务员概述》，《广东直接税导报》光复版第 3 期（1946 年），第 7—8 页。

② 管伟伦：《本局甄用税务员概述》，《广东直接税导报》光复版第 3 期（1946 年），第 7—8 页。

　　广东直接税考训人员，一部分是由中央举办的讲习班——如东南、西南区讲习班派来的。1942 年 8 月东南区讲习班就曾派来高级学员 23 人，西南区讲习班派来 17 人，其中经济系毕业的占大部，其次是法律系毕业生；另一部分是广东省内自办的讲习班招考培训的。1942 年上半年，全省总计考训人员 220 人，连同非考训人员 1,200 人。① 考训人员占全省职员总额 19%。②

　　东南区税务人员讲习班由直接税署举办，主要为广东、江西、广西、福建、湖南等地的直接税机关输送人才，是广东直接税人才培养的重要基地之一。广东区直接税局还请东南区讲习班代训人才，在第四期初级班培训 214 名学员，有三成分发到广东直接税机关；③ 1942 年 8 月，赣州东南区训练班高级班 47 个学员，广东考区送去的受训考生占了 9/10。④ 培训班也分为高级组和初级组，高级组部分学员是招考的，也有部分学员是清华大学、中山大学、武汉大学等高校保送的。学习时分为高级组、初级组、税务生组，课程经过精心设计，培训时间在 2—3 个月。学生在培训的时候统一采用军事化管理制度，需要军训。担任讲师的人一般学术上比较专业，多为各省直接税高级职员或者高校老师。这个培训班很受地方直接税重视，

---

　　① 《五年来粤省直接税概况》，《广东直接税导报》创刊号（1942 年 12 月 1 日），第 29 页。

　　② 《广东直接税局九月来之业务概况》，《广东直接税导报》创刊号（1942 年 12 月 1 日），第 35 页。

　　③ 《本班历期各组结业学员分发省区名单》，《财政部东南区直接税税务人员讲习班第四期结业纪念特刊》，第 46—49 页。

　　④ 《本局纪念周纪录七》，《广东直接税导报》创刊号（1942 年 12 月 1 日），第 44 页。

各省局长会题词参加结业典礼。① 学生在学习期间课业充实、重视实践，从最后一个半月起，每天轮流有 16 个人去江西省直接税局赣县分局实习查账，风雨无阻，晚上总得 10 时或 11 时才回来。②

广东第一次自办讲习班是 1942 年 4 月，时值年初接收营业税后需要专业人才。高级税务班有 24 人，多由各大学毕业生考取。1942 年 7 月 1 日机构调整，人力缺乏，10 月又举办第二次高级税务员讲习班，共有 12 人考入，还培训了会计助理员一班共 20 人。1943 年 3 月开办第三期高、初级税务员讲习班各 1 班，高级班 28 人，初级班 52 人；同时对现职符合资格的职员进行调训，其中高级 41 员，初级 54 员。第三期讲习班训练时间两周，授课时数 80 小时，训练方法着重研究和检讨，强调纪律和直接税精神，同时很注重实际业务和技术，训练项目有查账、会计、核算、调查等，结业后分派各局所实习。讲习班由省局骨干任筹备委员会，班址在省局所在地曲江，经费从省局 1943 年度预算内拨发 30 万元。班委由省局高级职员和分局长荐任。班内设教务、训育、经理、文书 4 组，设 1 个军训大队，下分 15 小队，每组 1 个训导员，马弘绪担任教务组长，陈广仰为训育组长（马、陈二人在抗战后都担任了广州分局局长），叶绿水为经理组长，向日华为文书组长，杨竞华为军训大队长。因经费有限就从东南区讲习班借来服装，进行军事训练与管理。由各组组长、省局高级职员讲授

---

① 《我们的摇篮》，《财政部东南区直接税税务人员讲习班第四期结业纪念特刊》，第 16—19 页，第 29—31 页。

② 彭青元：《查账实习》，《财政部东南区直接税总务人员讲习班第二期纪念特刊》，第 37 页。

税务业务，还请了财政厅厅长张导民等高管担任精神导师，进行特约讲述。训练期间调训学员照样发给薪水，招训学员也按规定发薪津，班内还发放膳食津贴。① 这 3 期培训班后，因为机构改组中止举办，抗战复员后才重新有省内的招考。

直接税招考一直以来非常热门。各大学校商学院等都会介绍毕业生前来考试，农学院也有不少农业经济方向的学生报名。抗战时中山大学法学院有一次向直接税介绍 57 名经济系学生参加工作，这些报名考广东直接税的人员中，绝大多数人的志愿都是直接税署或广州分局，广东籍学生占了九成，年龄大都在 25—35 岁，大部分是男生，女生有 9 人，约占 15%。其中 37 人有工作经验，曾任广东省审计处审计员、食糖专卖局课长、建设厅农林水利处科员、中学教员等，基本都属于公务机关。② 这些学员有的有其他政府机构任职经历，取得学位后报考直接税，可见与其他机构比直接税的待遇是相当不错的，对知识分子很有吸引力。

从表 4-5 可以看出，1942 年直接税从业人员中，男性占了绝大多数，只有少部分女性从事这一工作。中学学历的人数最多，大概是由于初级税务员所占的比例较高。在省局和办税历史稍长、经济发达的地区，学历高的人员比例较高。与征收范围相比，每个分局的人数并不多，人力比较紧张。

---

① 《本省直税讲习班办理经过》，《广东直接税导报》光复版第 3 期（1946年），第 7—8 页。

② 《国立中山大学法学院介绍参加直接税工作学员登记表》，广东省档案馆藏，档案号：020-002-443-003~011。

表 4-5　1942 年广东直接税局从业人员学历统计表

（单位：人）

机构名称	总数	男	女	大学	专门	中学	其他
省局	111	92	19	31	19	61	
韶关分局	138	115	23	28	25	75	10
兴宁分局	98	96	2	13	11	63	11
肇兴分局	76	67	9	6	9	17	44
遂溪分局	70	62	8	8	19	34	9
郁南分局	49	42	7	7	7	29	6
龙川分局	50	46	4	11	7	26	6
河源分局	66	63	3	7	11	29	19
揭阳分局	78	78	0	16	12	16	34
开平分局	62	56	6	15	4	36	7
合浦分局	45	44	1	8	9	22	6
茂名分局	58	54	4	9	9	31	
阳江分局	40	35	5	10	10	15	5
惠来分局	53	50	3	7	9	24	13
清远分局	74	66	8	17	15	32	10
合计	1068	966	102	193	76	510	189

资料来源：广东直接税局编印：《广东直接税局卅一年度工作报告》，韶关：广东直接税局，1941 年，第 3—4 页。

1945 年抗战胜利后，因人手短缺，战时各地曾经遣散的人员或者失去联络、停薪留资的人员，在战后都召集派用，但仍感不敷分配。直接税在接办土地契税后，业务繁增，于是奉令重新开考录用人员。1946 年 2 月广东区直接税局招考 50 名高级税务员和 50 名初级税务员，报名高级税务员的有 400 余人。初试高级组 40 人，初级组 70 人，口试后高级税务人员正取 31 人、备取 2 人，初级税务人员正取 60 人、备取 4 人。①这一时期招收人员数量比战时明显增多，一方面因为恢复管理的地区增多，另一方面是直接税预算面临巨大的压力，面临继续开拓税源的压力。

从考训制度来看，直接税准入门槛很高，要求严格，人员整体学历较高，这也是由于税收性质特殊，需要专门技能决定的。随着直接税体系扩大和征收科目的调整，长期都处于人才紧缺的状态，且税务人才重视实践，新人招录后并不能马上投入工作，还要耗费成本再培养，从业人员的专业技能也要不断精进，系统内讲习班成为考训制度里非常重要的一环，为稳定人才队伍发挥了积极作用。

四、福利待遇和奖惩制度

直接税每年招考吸引众多人报考，福利待遇较为优厚，在没有灰色收入的情况下，薪酬待遇可以满足基本生活。但当经济恶化和通胀严重时，也要忍受清贫，当时"大小公务员也只有大贫小贫之分，其苦困是无异致的"②。抗战时期局里一般职员"衣服陈苦，鞋袜都买不起"，局里曾想发夏季制服，

---

① 管伟伦：《本局甄用税务员概述》，《广东直接税导报》光复版第 3 期（1946 年），第 7—8 页。

② 李应兆：《加强修养完成任务》，《广东直接税导报》第 2 卷第 1 期（1947 年 1 月 15 日），第 3 页。

经费有限只能选择向东南区讲习班廉价购买。张兆符曾在会上说，"粤省得风气之先，物质之享受向比别省为高"，"喜欢吃的要好，中西菜馆也特别发达"，"衣着要穿的好，青年人尤喜好穿讲究的西装，西北各省同胞就穿简单朴素的长褂子"，当时饮一次茶要数 10 元才勉强够饱，一套粗布衣服也要二三百元，所以提倡大家朴素节俭。局里的伙食，张兆符坦言"很为粗糙，谁也不否认"。① 区局开会的时候，多次强调战时上下交困，公务员吃苦是必然的，必须克服物质上的诱惑，提高道德水平和服务意识。

如果只靠薪水没有生活补助，是无法维持生活的，所以直接税局无论抗战时或内战时经费如何困难，生活补助这项一直尽量在发放，还尽量做到津贴和补助同时发。直接税所有职员除了基本工资外，长期发生活补助和米贴，米贴除了发放本人的以外，家属也有份例，米贴按照当地物价水平发放。比如在 1942 年时每名职员一个月的生活补助费是 80 元；韶关当时每市斗米 7 元，每人家属如需津贴者 5 人，每月便可领到 80 多元的米贴。② 当时全省员役不下千人，连同家属在内有 4,000 余人，米贴是一笔不小的开支，但即使垫发也能发放到位。请领补贴的手续上，禁止拖延，以免耽误时间物价高涨造成损失。局里所有人员的薪俸，服务到了一定的期限便可以增加。而当时环境下，"多数机关均未能按月发付"③，直接税局却能

---

① 《国父纪念周报告七》，《广东直接税导报》创刊号（1942 年 12 月 1 日），第 44 页。

② 《国父纪念周记录一》，《广东直接税导报》创刊号（1942 年 12 月 1 日），第 37 页。

③ 《国父纪念周纪录八》，《广东直接税导报》创刊号（1942 年 12 月 1 日），第 47 页。

对生活补助费与经费按月一齐拨付①，在全国范围内都是待遇好的部门。

直接税系统会给职员提供一部分服装，有的还解决住房，有利于减轻生活压力。局里会发放夏季制服一套，在物价高涨、物资缺乏的时代，也是不容易的事情。② 广州市南海分局市桥查征所因为"查本所各职员现穿衣服参差不齐，中西不一，有破烂修补，殊碍观瞻，限于薪金微薄，仰事俯畜之不足，安有余力添置衣服"，向广东实业公司申请购买公务员平价救济衣服。③ 抗战胜利后，中山分局为了员役福利，先后向中山县救济机构请领善后救济署分发的营养救济品、寒衣救济品一次。此外中山分局还租赁房屋两座，分配各职员及眷属租用，但是限于经费没有全部保证。④

除了薪酬待遇，直接税也关心职员的精神和生活。抗战时期广东直接税办过进修会，修建篮球场，鼓励职员多运动、多外出旅行，进修会可以拨款补助费用，每人赠送 1 本图书，充实精神生活。为了贯彻学校之风，提倡钻研理论和学习。1942年省局为了多作一些学术上的探讨，成立资料室，筹备出版

---

① 《国父纪念周纪录八》，《广东直接税导报》创刊号（1942 年 12 月 1 日），第 47 页。

② 《国父纪念周纪录八》，《广东直接税导报》创刊号（1942 年 12 月 1 日），第 47 页。

③ 《财政部广东区直接税局南海分局市桥查征所关于送职员名册请准购平价布的公函》（1946 年 5 月 17 日），广东省档案馆藏，档案号：019-002-172-050~052。

④ 李秉枢：《三十五年度中山分局业务概况》，《广东直接税导报》第 2 卷第 4 期（1946 年 4 月 15 日），第 13 页。

《广东直接税导报》，"以阐述本税学理，及发扬税人之精神"①。这个刊物类似中央的《直接税月报》和《直接税通讯》，广东和贵州、广西等省效仿办理，内容除了会议记录、法令规章外，有很多广东直接税人员的报告和学术探讨。这份报纸因为战事一度停刊，复员后又重新办理，从内容可以看出他们对直接税的学理做了较为深入的研究，在税收实践上也富有经验，字里行间能感受到他们办税的使命感和责任感。

广东直接税体系还很关注品质习惯的塑造。张兆符会去检查宿舍卫生，表扬床铺最干净整洁的职员。每周六 11 时至 14 时是检查时间，由省局和粤北分局的女同事当评判。检查卫生的目的是"希望大家从个人生活起居的整洁，做到税务的整洁，以完成本税的使命"②。

直接税崇尚军队风气，提倡实干作风，1942 年 4 月 1 日起举行朝会和军训，振作办公精神。工作量大、任务重，为了完成每年不断增加的预算，曾经举行过公事日清的比赛。每年 9 月是全国税收竞赛时间，全国各区会进行评比，广东面对全国范围内的竞争，加班是经常的事情。张兆符曾言，"本人每天一早起床到下午五六点钟回家，晚上还要干许多公务，十一二点钟才能就寝，午睡的习惯也废除了"。他要求公事日清，鼓励职员加班，"盼各同人夙夜匪懈，办公时间内办不完的事，到晚上再办"。③ 1942 年督导巡视时，对沿途分局都有较

---

① 《国父纪念周纪录七》，《广东直接税导报》创刊号（1942 年 12 月 1 日），第 46 页。

② 《国父纪念周纪录一》，《广东直接税导报》创刊号（1942 年 12 月 1 日），第 37 页。

③ 《国父纪念周纪录三》，《广东直接税导报》创刊号（1942 年 12 月 1 日），第 40 页。

好印象。韶关分局二里亭检查站，只有一个人负责登记及检查手续，但是效率很高，手续简便；翁源龙仙所主任叶鼎钧深夜时还忙于工作。

根据工作成绩会有相应的奖惩措施，一年里工作努力、成绩优良者，年终给公假及公费旅行。如果成绩不佳，则会受到严惩。还设置了一笔奖金，专门用来奖励强征出力的人员。[①]

直接税还要求职员和外人来往要慎重，业务上要严守秘密，不能告知外人，特别是还未发表的公事。1942 年陶子棠假借省局职员的名义，写信恐吓河源分局局长余世雄，说有人控告他，要他汇 500 元可以设法代为销案。后陶子棠被捉拿，供认是冒名诈取钱财。地方某分局局长、某查征所主任得批将被任用的时候，也会有人拍电报告诉原任人员，或许纯属私情以便准备，但是极容易滋生弊端，甚至会影响税收。[②]

直接税工作压力大、强度大，管理比较严格，进入门槛高，福利待遇自然较好。直接税初期注重培养学习、活力、进取、竞争、廉洁、自律等新精神新风貌，对于塑造良好的税收和税纪大有裨益。

五、办公经费

直接税局经常出现办公经费超支的情况，例如 1946 年办公经费支出 150 万元，严重超支。仅 11 月一个月办公经费超支数倍，这与领用公务核发不够严格有关。直接税所征收税款

---

① 《国父纪念周纪录三》，《广东直接税导报》创刊号（1942 年 12 月 1 日），第 40 页。

② 《国父纪念周纪录七》，《广东直接税导报》创刊号（1942 年 12 月 1 日），第 46 页。

的总额中，有5.5%为税收费用，税收成绩增加经费自然就增加了。① 经费与税收挂钩，有助于激发征收热情。

广东区局在分配办公经费的时候，优先分配县市分局，以利外面各分局所的运转。② 注重向基层征收机关的倾斜，也是因为它们工作的好坏关系着整个税收成绩。由表4-6可见，1942年直接税局的经费按所占比重依次为：下属查征所经费、俸给费、办公费、特别费、购置费，下属查征所的经费占40%，俸给和办公费各占大约25%和23%。省局的经费约占整个经费的1/4，其次是韶关分局，其他各局所分布比较均匀。1942年接受营业税后，省局增加经费，原直接税部分当年经费为70万元，营业税部分当年是84万元，各分局所每月由6.3万元增发至6.7万元。当年后又追加了112万元经费，省局只留40万元，这些费用大部分作为调遣人员的旅费，省局分配给分局所71万元，一等查征所每月经费有3,000元，四等也在900元，每月经费提前拨放，经费"相当充裕"。③ 分局经费原定三等为600元、500元、400元，之后每月增发办公费300元、250元、200元，查征费也同样增发。所以经费合计，三等局有1,000元左右专办营业税。④ 但是县市分局在分配经费的时候不太公允，查征所经费会少些，为了解决这

----

① 《国父纪念周纪录一》，《广东直接税导报》创刊号（1942年12月1日），第37页。

② 《财政部广东直接税局卅一年度岁出预算分配表》，《广东直接税导报》创刊号（1942年12月1日），第32页。

③ 《国父纪念周纪录八》，《广东直接税导报》创刊号（1942年12月1日），第46—47页。

④ 《国父纪念周纪录二》，《广东直接税导报》创刊号（1942年12月1日），第38—39页。

表 4-6 1942 年广东直接税局岁出预算分配表

（单位：元）

科目	总计	俸给费	办公费	特别费	购置费	查征费	所属查征所经费
合计	2,344,141	592,580	551,641	101,500	57,300	82,360	958,760
省局	591,401	140,560	342,741	78,100	30,000	/	/
韶关	249,080	69,980	33,600	3,600	4,800	10,420	126,80
兴宁	187,860	52,880	23,340	3,600	4,800	9,220	94,020
肇庆	175,700	50,000	23,340	3,600	4,800	8,820	85,140
茂名	125,360	38,360	17,880	2,400	2,400	5,900	58,420
开平	139,540	37,010	17,940	2,400	2,400	6,700	73,090
河源	115,750	36,970	3,200	1,350	1,800	5,100	67,330
合浦	78,940	24,300	9,850	1,350	1,800	4,300	37,340
揭阳	143,510	23,520	11,500	600	600	4,800	102,490
惠来	84,420	12,600	7,000	600	600	2,800	60,820
龙川	79,740	23,270	11,500	600	600	4,600	39,170
郁南	77,140	16,800	6,000	600	600	3,000	50,140
阳江	71,650	20,960	8,750	600	600	4,300	36,440
遂溪	109,680	34,320	16,200	1,500	900	7,800	48,960
清远	114,370	21,050	8,800	600	600	4,600	78,720

资料来源：《财政部广东直接税局卅一年度岁出预算分配表》，《广东直接税导报》创刊号（1942 年 12 月 1 日），第 32 页。

一问题，1947 年 3 月 12 日规定，查征所经费应按人数比例
分配。①

　　直接税的人事制度以考训制度为基础，提倡新税新精神，
区别于旧税务机关贪污腐败的风气。考训制度进入门槛高，人
员普遍学历高、年轻化，以广东籍为多，男性占了大多数。直
接税提倡军事化管理，工作强度大，经常进行竞赛考评，人员
压力较大。虽然工作辛苦，但与其他政府部门相比，直接税体
系的福利待遇处于领先水平，吸引了许多高级知识分子竞考，
在当时是热门部门。直接税的升迁也建立在考训制度的基础
上，升迁有学历、资历和税收成绩作为硬指标，相对比较合
理。得益于严格的管理制度，广东直接税的风纪在初期尚属良
好，抗战胜利后才风纪大坏。

第三节　广东直接税的征管制度

　　广东直接税征收过的税种主要包括所得税、利得税、印花
税、遗产税及营业税等。所得税创始于 1936 年 10 月；1938 年
10 月开征非常时期过分利得税，1946 年废止，开征特种过分
利得税；印花税肇始于 1913 年，1940 年 6 月，为了便于征收
改归直接税体系；遗产税自 1940 年 7 月开征；营业税 1942 年
接收，1946 年归还。本节重点论述这 5 种征收时间较长的直
接税的征收管理制度。

------

① 《查征所经费应按人数比例分配》，《直接税通讯》第 4 期（1947 年 4 月 5
日），第 5 页。

一、所得税

中国的所得税法逐渐形成为分类与综合所得税并课的体系，最开始征收的是分类所得税。财政部 1936 年 7 月 21 日颁布的《所得税暂行条例》[①] 和 1943 年 6 月 21 日颁布的《所得税法》[②] 中，所得税分为 3 类：（1）营利事业所得税，针对商号和企业。（2）薪给报酬所得税，针对个人。（3）证券存款所得税。1943 年，开征财产租赁所得税。1946 年 4 月 16 日修正《所得税法》，将所得税分为分类所得税和综合所得税两大类，分类所得税增添了财产租赁所得税和一时所得税两类。[③]所得税形成两类并课的制度，征课范围扩大，体系更加完善，标志着所得税制度的成熟。

（一）营利事业所得税

所得税以营利事业所得税为大宗，根据上年所得课征本年之税，按税法规定，需要查账才能确知有无所得及所得究竟有多少。查账课税原本是最公平合理的办法，但在实际操作中，查账的手续非常烦琐，需要很长时间。更重要的是，当时中国商业会计制度极不完善，查账制度遭到商家的抵制。中国商账简陋，缺乏组织，记载方法不合理，没有保存原始凭证的习惯，也缺乏专业的新式记账人员。而商人为了逃避税负，以攻击税务人员为手段，反对查账，同时准备两套账簿，以假账簿应付征收机关，以虚盈为借口故意拖延，使税收蒙受损失。正因如此，财政当局于 1944 年起暂停查账，转而施行简化稽征

---

① 《所得税暂行条例》，《中华民国工商税收史料选编》第 4 辑，第 90 页。

② 《所得税法》，《中华民国工商税收史料选编》第 4 辑，第 138 页。

③ 《所得税法》，《中华民国工商税收史料选编》第 4 辑，第 169 页。

制度，由工商业自动申报盈利额。[①]

事实上，简化稽征制度的弊端也非常明显，大部分的商号不如实填报，虚假申报的商号逍遥法外，如实申报的商号大吃其亏，商民对此不公现象不满，各商号申报的税额距离直接税局每年的预算相差甚远，简化稽征只能是战时的权宜政策。为了税制合理，复员后只能回归征收前查账的做法。1946 年第 11 月区局开会，商讨逐渐恢复查账办法，先从广州、汕头等分局开始恢复。然而，广东各行业没有统一的账簿格式，市场账簿格式繁多，纯粹凭学理推断事实不足。即使是熟练的查账人员，也不能马上确定账目存在的问题。所以外勤人员要随时提供有关资料给查账人员，查账人员对纳税单位的动态也要做详细记载。为了解决这个问题，广东直接税局在核定住商纳税单位的税额时，需要注重平时侧面的资料，编制各业的经济动态。[②]

虽然 1946 年广东直接税局按照财政部规定，逐渐恢复查账方法，但为图简便，实际操作大打折扣，多采用简化的方法，广州的报纸曾对查账制度变相实施引发的漏洞做过报道："查营利事业所得税之课征……则有赖于查帐，在直税法规之规定每年之申报，系于次年之二月十五日以至四月十五日，即卅六年度之所得税，列为卅七年度征收也，至商人之申报，原须备账册、资产负债表、损益表等项以为税局审核，然穗市商人所有会计制度，多为旧式计算办法，其帐目既为旧式簿记，

---

① 山禾：《直接税局查账内幕》，《财政评论》第 17 卷第 2 期（1947 年 8 月），第 61 页。

② 陈广仰：《三十五年度高要分局业务概况》，《广东直接税导报》第 2 卷第 3 期（1947 年 3 月 15 日），15 页。

自不能由会计师核算及盖章证明，因而税局核算困难，且怀疑缴验帐簿之商号所缴者为假帐册。财政部为避免种此麻烦，遂有各行业标准计税制之规定，其办法即在各业体中，抽查百分之五至二十，以其抽查所得资料以作全行业课税之标准，此种标准计税制，在前市直税分局马弘绪任内时，曾一度施行，尤以卅五年度征税，全按此计算方式。及至卅六年度申报开始，马氏亦曾于一部份行业中，抽查其上年度营业状况。旋马弘绪去职，李秉枢接长该局，所核税额亦采开天索价方式，从中欲求'水蟹'，由是纳税义务人颇有夤缘相托，以求核减，其能找得'门路'者，仅缴三分之一，即可了事，而无法打通途径者，则十足缴纳。"① 因为实际征收中商人多用旧式簿记，查账制度难以贯彻，征收时重新回到一刀切抽样定税额的老路子上，税额确定有极大主观性，被腐败分子钻了空子，与查账制度公平合理的设计初衷背道而驰。

（二）薪给报酬所得税

薪给报酬所得税，针对个人所得征课。政府因公教人员待遇微薄，生活困苦，规定按底薪起征，结果大多数人都在税法规定起征点以下，事实上等于免征。影响所及，一般公司行号从业人员、工厂工人以及自由职业者，都纷纷申请免征，或者虽经查定，经年不缴，税收并不高。② 财政部非常重视起征点的设置，在历次修订税法时都根据实际情况进行调整。1936年颁布的税法，薪给报酬所得税实行超额累进制，每月在30

① 《成绩至上·升官第一，韩汝智之新作风，明知征税标准不健全但未改善》，《电报》1948 年 4 月 14 日，第 6—7 页。

② 《直接税之现状与改进计划》，《直接税通讯》第 21 期（1948 年 1 月 5 日），第 4 页。

元以下的免征。后来随着通货膨胀起征点也在修改，比如1943年颁布的税法，起征点调整为100元，1946年税法起征点调整为5万元。①

抗战胜利以后，因通货膨胀严重，薪给报酬所得税核课时，市民也会与税局因课征标准产生分歧。比如1947年5月，直接税广州分局分函广州市牙医公会，嘱按照自由职业所得税征课要求，将所属会员分别评定等级以凭核课。② 牙医公会上交评定的纳税登记后，广州分局以牙医公会所评纳税等级与实际不甚相符的理由，决定在原基础上分别提高五级征课，直接税局评定的等级依据当时的环境和上年的税额为标准，认为与1945年的物价相比，1947年物价约高出10倍，理应大幅提高。牙医公会对此极度不满，8月致函局长李秉枢，"不景之气笼罩全市，会员业务已受极大影响"，指责直接税局"犹以未足，强令提高五级缴纳，似失政府兴民休息之意"，要求按照工会原定等级征税。③

（三）财产租赁所得税

财产租赁所得税以都市房屋为主，税源较为分散，所费人力较多。由于税法未规定房客扣缴义务，税源难以控制。财产租赁所得税于1943年开办，收入不多。战后广东的财产租赁因为通货膨胀也遇到不少困难。如汕头市出租的财产以房屋居

---

① 曾耀辉：《民国时期所得税制研究》，江西财经大学2012年博士学位论文，第65页。

② 《广州市牙医工会通告（卅六年五月廿七日）》，《广州市牙医公会月刊》第6期（1947年6月1日），第11页。

③ 《公牍一束·致直接税广州分局公函：牙新字第二号（卅六年八月二日）：为仍请依照本会评定纳税等级课税以纾民困而符实际由》，《广州市牙医公会月刊》第9期（1947年9月1日），第12页。

多，租佃关系非常复杂，征收所得相差很远。从租佃关系来看，有占住、借住，或业权不定无法构成租佃关系的。从租值看，旧租者沿袭长期租约，仍属战前租值；新租者则租值昂贵异常。业主也会设立鞋金等名目索取佃户非法所得。而税捐处定租值标准不得超过战前 40 倍，更助长租赁黑市所得，而他们公开所得多未达到修正所得税法的起征点，给财产租赁所得税的推行带来困难。①

（四）一时所得税

一时所得税以行商一时所得为主体。行商指非持续经营的流动商人，税源很普遍。1936 年税法列入第一类丙项，1943 年税法列入第五类一时营利所得，可见修改税法对此税的重视。最初为了控制行商，主要措施是开办货运登记，在货物起运这个环节控制税源。② 如 1942 年，为了办理所利得税，广东实施普查催促申报，成立货运登记室控制税源，限制滥肆担保一丙税款。③ 因为当时"担保一丙所得税的多有随便开一铺门，担保巨额款项，到了年终或闭门或改号名，继续营业，粤北就有韶关市几家保额达百万之巨者"，这样避税使税局损失很大，税局应对这种情况只得认真查办，以免助长不良风气。④ 1942 年广东直接税税收超额完成预算，货运登记功不可

---

①　张殿昌：《汕头分局税务概况》，《广东直接税导报》第 2 卷第 5 期（1947 年 5 月 15 日），第 6 页。

②　叶绿水：《如何控制行商》，《广东直接税导报》第 2 卷第 2 期（1947 年 2 月 15 日），第 6 页。

③　《广东直接税局九月来之业务概况》，《广东直接税导报》创刊号（1942 年 12 月 1 日），第 34 页。

④　《国父纪念周纪录二》，《广东直接税导报》创刊号（1942 年 12 月 1 日），第 38 页。

没。仅梅县一地，实行货运登记后平均每天有万元收入。[①] 征收时由于采用超额累进制税率，计算复杂，流动性纳税义务人交易完成后等待精审计算需要多日，纳税人往往不愿等待，而经纪商作为扣缴义务人也多托扣缴困难而逃漏。有鉴于此，1944 年 6 月货运登记停办，此举也使得税收蒙受打击。货运登记停办后，采用加强行住商登记、住商及代理行负责扣缴、仓库堆栈负责申报、与有关机构加强联络、奖励告密等方法来征收。[②]

二、利得税

利得税其实也是所得税的一种。1938 年国民政府开征非常时期过分利得税，主要目的是遏制战时暴利。利得税采取累进制税率，与第一类所得税的范围有重合，征课程序也与第一类所得税一并办理。[③] 根据财政部规定，所利得税征收时，广东直接税局于各地设立了所利得税审查委员会，聘请社会名流担任委员会委员。自从 1944 年货运登记办法取消后，利得税税源控制比较困难。直接税局曾召集代客买卖行到局开座谈会，解释所利得税报缴程序，对商号发每日进货申报表和每日代客销售货物申报表，如果有交易行为，须报核课税。但是商人多持观望态度，诸多借口不支持，所以查账工作开展很棘手。

---

① 《本局纪念周纪录六》，《广东直接税导报》创刊号（1942 年 12 月 1 日），第 48 页。

② 叶绿水：《如何控制行商》，《广东直接税导报》第 2 卷第 2 期（1947 年 2 月 15 日），第 6 页。

③ 马弘绪：《广州市税政报告词》，《广东直接税导报》光复版第 2 期（1946 年），第 8 页。

战后虽然直接税局恢复了查账制度，但此种制度没有货运登记所规定的那样严密，且在实施过程中问题不少，很容易失去原来宗旨，变成摊派性质，征收人员则借机中饱私囊。比如1947 年 5 月，韶关直接税局为了征收行商利得税，局长何家荣派出大批局员拦截商旅货运，"三民路等各行庄来往客货备受苛扰"，各行商为避免重税起见，所有货物进出改为午夜搬运，"苦力们亦潜伏夜出，大受其影响也"。何局长对这种逃漏税源，"苦思无法阻制，于是派亲信人员四出游说，以行商所利得税改为摊派，自该办法商妥后，商货运不受其扰矣"。三民路数十家行庄每月派定税额在 40 万—80 万元，合计3,000 万元以上，各行派定应纳税额后均按月缴纳该局外勤人员。但年度终结时，"所有各行庄所交去之税款迄未给回纳税收据，谅该项税款早已移解何局长公馆私库矣，现各该行之司理人员，亟待觅据向股东会报销，纷纷向经收人追索收据"[①]。

三、印花税

印花税是凭证税，税率轻微，税源丰富。广东省印花税在1940 年 6 月举办，开始时抽查工作难以发动，政府的检查也未切实落实。1942 年才开始普遍稽征，规定各分局所指定分局 2 人以上、查征所 1 人为抽查员，同时也电请地方政府充实检查人员。抽查的时候注意壮丁免役缓役证和住商登记证两种税源的贴花情况，延长晚上营业时间的抽检工作，举办发票竞

---

① 《韶关直接税局之疏忽　摊派税款忘发收据》，《针报》第 155 期（1948年 1 月 14 日），第 7 页。

赛，派督察前往各县督导抽查工作。① 当时限于经费，许多分局所抽查人员训练并未举行。② 抗战胜利后，广东办理印花税的主要工作放在经常抽查上，由直接税局核定各县市每月应行抽检户数，普遍设立抽检人员，延长检查时间。③ 抽查人员工作时发有印花抽查证。④

为便利印花税票购买，广东直接税局施行代售制度，除由邮局、中央信托局代售外，还可由部署批准的银行代售。根据《委托各省立银行及商业银行代售印花税票合同》，税款由代售机构逐日押解国库。印花税抽查办法规定，区局随时派职员到各地检查。如果有违反税法的案件，任何人都可以告发，违法案件移送法院办理。印花税票的领拨、核综，税收的推行，都由直接税局负责。⑤ 印花税征售时职能分离，程序上比较公平合理，推行起来也比较便利。但实际上印花税代售情况并不理想。

代售的问题主要有：第一，代售机构常常拖交印花税句报表等资料，耽误直接税部门统计汇报征收情况⑥，比如广州银行多次收到广州分局催促上报印花税销售情况的函电。第二，

---

① 《五年来粤省直接税概况》，《广东直接税导报》创刊号（1942 年 12 月 1 日），第 25 页。

② 《第四次局务会议纪要》，《广东直接税导报》创刊号（1942 年 12 月 1 日），第 49 页。

③ 《广东直接税局九月来之业务概况》，《广东直接税导报》创刊号（1942 年 12 月 1 日），第 34 页。

④ 《答市参议员问》，《广东直接税导报》光复版第 2 期（1946 年），第 10 页。

⑤ 《印花税二三事》，《广东直接税导报》光复版第 3 期（1946 年），第 6 页。

⑥ 《财政部广东区直接税局公函广二印字第 367 号》（1946 年 4 月 23 日），广东省档案馆藏，档案号：043-001-0034。

印花税票销售数量不多，代售机构分成比例只有2%。① 而过一段时间直接税才会计算代售机构应得分成，等到税款收到时，由于通货膨胀的缘故，代售机构本来不高的分成缩水，所以代售的积极性普遍不高。第三，代售时出现印花税票供应不足的情况，影响销售状况。②

广东所售印花税票都由中央供应，全国范围内税票供应分沪、平、汉、穗、渝五大据点，然后再由附近地区前往五大据点自行领运。沪、平在本地印制，汉、穗和渝的税票由直接税署从沪、平押运而来，其中，广州的税票来自上海。为了保证充分的供应水平，必须准备等于税收3倍水平的税票。中央计算好年度所需税票后，在上海、天津印制（额度500元至50万），分发各地供全年使用。③ 然而这只是在物价变动不大的情形下，实际情况是印花税票经常不够用。印花税票来源缺乏，所以一般商民都不能按规定贴用。印花税票中小面额缺乏，以至于会丧失一部分税源。银钱业借贷契据，为印花税之最大税源，环境动荡致使银钱业发展不佳，也影响了印花税的征收。

印花税征收中的违法现象屡见不鲜。如1946年度广州市抽查时，违反印花税法的案件就有67件。④ 贴用印花税票时，

① 《财政部广东区直接税局公函：为抄送委托代售印花税票合同一份函请查照办理见复由》（1946年1月25日），广东省档档案藏，档案号：043-001-0034。

② 《财政部广东区直接税局公函：函请来局领具领印花税票分发辖属分支行处代售由》（1946年6月22日），广东省档案馆藏，档案号：043-001-0034。

③ 《三十七年上半年度直接税工作要点》，《广东直接税导报》第3卷第3—4期合刊（1948年5月15日），第17页。

④ 马弘绪：《三十五年度广州分局业务概况》，《广东直接税导报》第2卷第1期（1947年1月15日），第14页。

要在税票原件骑缝处加盖图章或画押,这是对每一枚印花税票的规定,如果同时贴用多枚印花税票,中间的印花税票和四周的印花税票都应在原件骑缝处盖章画押,各枚印花税票之间也需要盖章画押,但是实际操作中会出现仅仅画销四周各枚等情况,这是违反税法规定的。① 机关团体的公债、票券等贴花,"多不遵章贴花",直接税局只能与广东政府和机关函商解决②,公务机关的贴花都不能按规落实,社会上的情况可想而知。

印花税实际征收时,会做很多的变通,也会寻求简便的操作方法。抗战时期,商店多无固定地址,所开发票很难坚持粘贴印花,于是财政部直接税署简化手续,曾颁布《印花税汇缴补销办法》,公司行号如果符合办法规定的,可以不用逐件贴印花,只需要按月或按季或年终计算营业税的时候,依照营业总额,换算应纳印花税额,一次性汇缴补贴就可以了。这种做法简单粗暴,带有包税色彩,但是可行性高,商民受影响小。抗战胜利后这项法令被取消。③ 按规定,大小发票都应该贴上印花,1946 年时粮价不断上涨,米的成本因为各种零什费用负担变高,每包米价值常常超出 10 万,发票上需要贴的印花票数额可观。这无疑增加了成本,抬高了米价,于是米行公会呈文呼吁申请减免,将苦衷告于广州分局。税局"以该项税收乃全国性之国税,不能罔加更改的,不过因环境急切需求,只许予以权宜折冲","各批发商自获悉母会已取得税局

---

① 《印花税二三事》,《广东直接税导报》光复版第 3 期(1946 年),第 7 页。

② 《第五次局务会议纪录》,《广东直接税导报》创刊号(1942 年 12 月 1日),第 50 页。

③ 《印花税二三事》,《广东直接税导报》光复版第 3 期(1946 年),第 7 页。

方面负责人口头答允后，对各发单一律开始缓贴印花"。这种全国性税收，广州直接税分局本与地方商人达成默契免征，相安无事，不料出现了意外。某家会员米店售米给地院看守所，发单上没有贴印花，采购人因为这是囚犯粮食，需要发单贴印花才能报销，店员不给，采购人回看守所报以实情，看守所将此事转告法院，并专函直接税局查询是否有明令免米店贴印花，这样一来马弘绪无法再包庇米行公会，于是明令该会要执行贴印花。这样一来，广州米粮发单曾一度免贴印花的特权终结了。[①] 1946 年，中山市各娱乐场所因为购买适额印花税票困难，请求改善贴花手续。该局为了适应现实，除了函请代售机构设法尽量供应外，准该娱乐场所按旬总贴印花税票，实施以来比较便利，税收也增加了。[②]

四、遗产税

遗产税为总额遗产税制，以遗产继承人及受遗赠人为纳税义务人，其征课对象包括被继承人的动产、不动产及其他一切财产价值的权利，采用累进制税率。当时的税人都认为，遗产税是符合孙中山"节制资本"思想的税制，目的是使私人资本不至于过分集中。广东的遗产税于 1940 年 7 月 1 日起开始实施，最初因为机构、人力不足没有普遍办理，1941 年征收的单位只有开平分局。1942 年 7 月接办营业税后，遗产税普遍开征，9 月 1 日在各分局设置遗印股，当月税收总额 32,000

---

① 丁丁：《商粮自取其咎米单重贴印花，直税局长马弘绪难作有心人》，《照明弹》第 1 期（1946 年 6 月 28 日），第 4 页。

② 李秉枢：《三十五年度中山分局业务概况》，《广东直接税导报》第 2 卷第 4 期（1947 年 4 月 15 日），第 13 页。

余元。遗产税办理时间不久，民众认识不深，所以一开始的重点是宣传和稽征准备工作。广东直接税局印发张贴报缴须知，举办10万元、5万元以上资产调查运动，各县局相继成立遗产评价委员会。① 广州市的遗产评价委员由市参议会陆幼刚、市商会何少海、市教育局孙甄陶、市民政厅赵沛鸿、地方法院余何、市财政局陈圣伟6人组成。先由税局根据调查所得分别发送申报表格，等当事人填妥，派局员查明后，提交评价委员会讨论执行征课。②

遗产税的调查工作需要与其他部门如警察局、田粮处、卫生机关等合作，然而其他财产登记机关，也没有可以作为确定稽征根据的资料，给征收工作带来很大麻烦。所以遗产税的财产调查工作，一般依赖在办理财产出卖租赁所得税时的调查资料。③ 因为征收程序上存在交集，做好所得税征收工作对遗产税征收也有促进作用。查清情形后，达到课税标准的是少数，这在经济不发达地区高要则更加明显。④ 1948年起，遗产税税收拨发地方五成⑤，这是因为遗产税的调查稽征工作仰赖地方其他部门配合，比如需要政府每月将人口移动表送来参考，需要印发人口死亡及遗产调查表分发局所让乡镇查填。遗产税征

---

① 《五年来粤省直接税概况》，《广东直接税导报》创刊号（1942年12月1日），第24页。

② 马弘绪：《广州市税政报告词》，《广东直接税导报》光复版第2期（1946年），第8页。

③ 马弘绪：《三十五年度广州分局业务概况》，《广东直接税导报》第2卷第1期（1947年1月15日），第14页。

④ 陈广仰：《三十五年度高要分局业务概况》，《广东直接税导报》第2卷第3期（1947年3月15日），第14页。

⑤ 《三十七年上半年度直接税工作要点》，《广东直接税导报》第3卷第3—4期合刊（1948年5月15日），第17页。

收时，政府对户籍及民间财产调查登记缺乏严密措施，对纳税单位的发现和遗产调查，都感到棘手。加之人力物力不足，推行地区仅限于少数较大城镇，对于更广大地区难以开展。纳税人企图瞒报的情况很多，开征时"事倍功半"，难以达到预算。① 即便投入过努力，遗产税在整个直接税体系内也不是开征效果理想的税种。

解放战争时期，货币贬值，物价飞涨，"谁都不要国币，人民如是，政府亦如是"，为了解决通货膨胀的问题，"直接税局的遗产税也奖励人民以实物抵纳"。② 遇到违法行为也有处罚措施，"对于死亡不申报遗产者，除根据罚则第廿六条处罚外，并得规定期限声请发言限令申报，如再不为申报者，可估定送由评委会评定遗产总额及核定限期完税，如再不依限完纳者，得依照暂行条例施行条例第卅六条之规定，请法院扣押其相对税额之遗产以资抵扣"③。

五、营业税

营业税是裁厘之后开办的新税种，有部分经济学者也把营业税划入直接税的范畴。营业税原来就有相当的基础，税收数高于其他税种，课征范围相当广泛，除了农业以外，以营利为目的的事业都在征税范围内。有的以营业总收入额为课征标准，有的以资本额为征税标准，按月缴纳或按季缴纳。抗战时期，营业税受到挫折，复员后得到相当重视。营业税税源广

① 李秉枢：《三十五年度中山分局业务概况》，《广东直接税导报》第 2 卷第 4 期（1947 年 4 月 15 日），第 13 页。

② 《一针见血》，《电报》第 174 期（1948 年），第 6 页。

③ 《第五次局务会议纪录》，《广东直接税导报》创刊号（1942 年 12 月 1 日），第 50 页。

泛，前期准备工作任务较大。如广州市在开征前把全市划分为10区，分派人员按户调查，编造地领户册、业领户册，仅广州一地，复员后纳税单位就达3万元以上。营业商号要向税局登记营业种类、商号名称及所在地、营业人姓名籍贯及住所、营业资本额等事项，才能发给营业税调查证，持证才能营业。① 营业税由商民申报后由税局调查决定通知缴纳，申报不实的则以查账方式确定。查账以账簿为标准，也会调查其他有关资料。营业税账簿开始使用前，需要送到税局登记并加盖戳记，不按规定办理的会处以罚锾。②

1942年1月，广东直接税局正式接管营业税。接收前历年税收平均在数百万之间③，接收后税率平均增高1倍，而税收猛增到3,000万元，成绩是十分明显的。财政部还因广东在当年营业税接收竞赛中成绩优良特令嘉奖。④ 能取得这些成就，源于广东直接税局采取了一系列的措施进行整改⑤，把之前人事复杂、税收不高的营业税系统拉入正轨。

第一，行新税法。因为旧税法分类太多，登记繁细，税率高低不平，1942年接管营业税时施行了新税法。实施新税法后，不分行业，以营业总收入额为课税标准的，一律按月课征

---

① 马弘绪：《广州市税政报告词》，《广东直接税导报》光复版第2期（1946年），第9页。

② 《答市参议员问》，《广东直接税导报》光复版第2期（1946年），第10页。

③ 《五年来粤省直接税概况》，《广东直接税导报》创刊号（1942年12月1日），第24—25页。

④ 《五年来粤省直接税概况》，《广东直接税导报》创刊号（1942年12月1日），第25页。

⑤ 下述各措施出自：《五年来粤省直接税概况》，《广东直接导报》创刊号（1942年12月1日），第26—27页。

2%；以营业资本额为课税标准的，一律按季课征 3%。方法简明扼要，收效很好。在开源方面，积极开征牙业行纪营业税、汽车业营业税、建筑业暨具有流动性质的水陆运输事业营业税，增加收入。

第二，建立公库，确立经征经收分离的制度。营业税最初是省库的收入，1942 年财政收支系统改革，划入直接税范围后收归国库，税收也严格实行经征经收分离的措施，已设有代库的地方严禁自收。营业者应纳税额一经查定，由收入机构填具缴款书，发交纳税义务人，向国库或其他代理机关径自缴纳，或委托当地金融或其他机构代为收款。在接收营业税之前，广东省的公库制度没有建立起来，这之后税款向公库缴纳，基础确立起来，商民的纳税习惯渐渐养成。

第三，参加营业税纳库竞赛。总处对各省接收营业税，发起了两个竞赛，一个是接收竞赛，一个是纳库竞赛，竞赛有效带动了税收的增长。广东参加第一期接收竞赛以后，随即参加纳库竞赛，成绩优良。

第四，严密稽征行商营业税。战时商业变动巨大，一时营利事业乘时而兴，在省财政厅管征时代，只侧重静的住商，较少注意流动商业。直接税接管后发现原办所利得税与营业税两税有较多共同之处，征课对象都是工商营利事业，于是各分局所举办直接税商货运销登记时，严课行商营业税，尽量避免对物课征，避免苛扰，增收甚大。

第五，扩大征收范围和征收机构。乡镇营业税征收在过去比较困难，之前商业活动多聚集于城市，战事加剧后，人口后移，乡镇商业日益繁荣，营业税在乡镇征收获得良好成绩。

第六，整顿人事制度。原营业税人员的工作作风比较懒散，"不明了本税的整个人事制度，观望动摇，看着本税天天招考新生，天天训练干部，以为将来会对他们不利"。① 还有一部分人听说国税局可能要成立，摇惑不定。原营业税人员"对于确定公平的基础工作查账多有因循，历年几次，未有彻底办理，随便比例查足，敷衍塞责，而暗中由商人包办者仍属不少，确实公平之根本寄托所在之查账未有切实办到，违背赋税原则，实与本税精神不合"。省视导团报告"各局所尚未依据查账结果而定税额，致有大商少纳，小商多纳，负担不公平现象"。② 张兆符批评原营业税人员积习没有彻底改变，"应以新税新精神来改进营业税"。张兆符在会议上安抚人心、明确纪律，"本局接管营业税，只是事权的转移，对人事上各级工作人员工作岗位，自然照旧。招考只因要补充直接税的人员，绝非为了排挤原办税人员"。所有人去留一律以工作成绩和操守为标准，并对这些人员进行分期调训。③

1946年9月底，中央决定把直接税中的营业税、契税和土地税3项移交地方政府，各地分局亦将营业税卷宗册籍移交当地税捐征收处接收，营业税又从直接税中分出。在广州，营业税的移交成为一个难题，牵涉到省市之间的税收争夺。在营业税未移交之前，市直接税局辖下的土地税和契税，土地税由省财政厅接管，契税由市政府接管。省财政厅致函直接税局，表示愿意接管营业税；市政府也致函称已得中枢训令由市政府接掌营业税。营业税移交给哪一方，让广州直接税分局局长马

---

① 《国父纪念周纪录一》，《广东直接税导报》创刊号（1942年12月1日），第37页。

② 《国父纪念周纪录二》，《广东直接税导报》创刊号（1942年12月1日），第38页。

③ 《国父纪念周纪录一》，《广东直接税导报》创刊号（1942年12月1日），第36页。

弘绪左右为难。直接税方面之前曾请示中央，中央根据移交地方政府的原则，主张移交市政府，但省财政厅已经率先正式成立了广州市营业税征收处，移交给省财政厅事实上也有便利。于是再电请中央，中央仍电复移交市政府，于是营业税由市政府接管，原先成立的财政厅营业税征收处转隶市政府，依然存在并办理征收工作。[①] 营业税移交之争因为中央指示至此得到解决。

第四节　直接税征收之得与失

一、征收状况

（一）抗战时期：曲折中进步

1937 年，直接税中的所得税于广东开办。1938 年，日军进犯广州，导致税源减少，税收短绌，全省总收入仅 9.4 万余元。1939 年，广东战局略为安定，所办理的一、二、三类所得税均有增加，但营利事业所得税因为空袭影响收入较少，这年税收收入仅 12.9 万元。[②]

1940 年广东省局势趋于稳定，各地商业与金融经济渐渐活跃，所得税机关也在各地充实人力稽征。非常时期过分利得税开征，税收显著增加，超过百万。征税范围和力度的扩大，

---

① 焦赞：《本市营业税移交的前前后后，马弘绪无从处决两度请示，征收处改隶市府办法折衷》，《中国报》第 19 期（1946 年 10 月 11 日），第 4 页。

② 《五年来粤省直接税概况》，《广东直接税导报》创刊号（1942 年 12 月 1 日），第 23 页。

扩大了直接税在社会中的影响力，"前此社会人士对于本税虽略有认识，但所得印象并不甚深，本年度因积极推行，与各有关方面接触渐多，尤其与本税主要税源之营利事业更发生密切之关系，已引起各方人士之深切认识，而各分处亦均能秉承本税一贯作风，以新税人之精神，克己从事，遂在各界人士之观感中，树下良好之印象"①。这一年直接税得到发展，不过广东境内的征收机构都隶属于他省。

1941年广东直接税恢复省级行政指挥机构之后，税收慢慢步入正轨。粤北分局局面较其他分局更安定，韶关地居粤北交通运输中心，货运频繁，税务推行比较有成效，工作进展顺利，各地同行到韶关后的观感，是"韶市的税源甚为丰富，粤北分局同人整日忙地不得了"②。1941年3月粤北分局纳库数额达30万元，纳库单位1,000家以上。粤西分局由肇雷分处改组而成，税务推行有相当基础，局址所在都城是广州、台山等地货物运往广西的孔道，一时营利事业所得税及利得税收入较好。粤东分局由前潮梅分处改组，局址原设梅县，后来因东江货运集中在兴宁，所以将局址迁往兴宁，局所在老隆，也是交通运输孔道，税源丰富，所得税征收情况也不错，但是进展比其他局缓慢，一甲所利得税未达预期。粤南、粤中是新设立的分局，税务推行还处于初期推广阶段。这一阶段业务仅限于分局所在地一地，其他货运经济据点、重要税源地都没有涉

---

① 《五年来粤省直接税概况》，《广东直接税导报》创刊号（1942年12月1日），第23页。

② 《国父纪念周纪录二》，《广东直接税导报》创刊号（1942年12月1日），第38页。

及。① 广东的税收在全国比还是比较"落伍"，只看他省得荣誉。9 月广东直接税局开始办理货运登记，可谓直接税发展的一个重要节点，仅粤北分局年终纳库数达 120 余万元，这表明货运登记有效地控制了税源，减少了税收流失。②

　　1942 年，中央给广东省直接税的预算陡增，1941 年直接税预算仅 200 万余元，1942 年将预算提升至 2,200 万元，营业税为 3,000 万元，全年预算共 5,200 万元，约略等同于 1940 年粤省财政厅岁入之和。③ 上半年接收营业税伊始，因人力财力不充实，所利得税未全面推广，上半年税收统计仅 2,100 万元，与预算差 400 余万元。④ 下半年（自 7 月 1 日）起，重新调整局所数量，全面开办所利得税，设立货运登记室。⑤ 税收不断增加，突破过去各月纪录。报纸上出现了《粤省直接税收入激增》的报道。⑥ 年底时提前、超额完成了全年的目标。这是直接税体系改革扩张的结果。

　　由于材料缺乏，目前无从得知 1942 年全年广东直接税的实际收入数据，只能通过前三季度一窥实情。单就营业税而言，

<hr>

　　① 《五年来粤省直接税概况》，《广东直接税导报》创刊号（1942 年 12 月 1 日），第 24 页。

　　② 《五年来粤省直接税概况》，《广东直接税导报》创刊号（1942 年 12 月 1 日），第 23 页。

　　③ 《国父纪念周纪录三》，《广东直接税导报》创刊号（1942 年 12 月 1 日），第 39 页。

　　④ 《国父纪念周纪录五》，《广东直接税导报》创刊号（1942 年 12 月 1 日），第 42 页。

　　⑤ 《国父纪念周报告七》，《广东直接税导报》创刊号（1942 年 12 月 1 日），第 54 页。

　　⑥ 《粤省直接税收入激增》，《财政知识》第 4 期（1942 年 8 月 1 日），第 37 页。

由表4-8可见，1942年广东营业税占全年直接税预算收入的
57%，是广东直接税的大头。这一年营业税预算3,000万元，实
际总征收额约4,176万元，在全国省份中排第五，与第三、四
的河南（4,365万元）、陕西（4,301万元）相差不大①。截至
1942年9月，广东直接税已经超过预算，完成全年计划的
84%，预计该年度出色地完成了征收计划。由此观之，1938
年到1942年，广东直接税经历了一个较快的增长，到1942年，
广东直接税征收水平在全国排名靠前，直接税征收状况良好。

表4-7　1938—1942年广东省直接税税收情况表

（单位：元）

税种	1941年 （预算）	1942年 （全年预算）	1942年1— 9月分配数	1942年1— 9月征收数
所得税	1,020,000	7,000,000	5,385,750	6,641,130
利得税	1,600,000	11,800,000	9,120,000	12,677,716
遗产税	100,000	1,000,000	760,000	6,041
印花税	300,000	2,500,000	1,870,000	712,747
惩罚收入	100	/	/	/
其他收入	100	/	/	/
营业税	/	30,000,000	23,461,720	24,338,441
合计	3,020,200	52,300,000	40,597,470	44,376,075

资料来源：《财政部广东直接税局卅一年度岁入预算比较表》，《广
东直接税导报》创刊号（1942年12月1日），第31页。《卅一年一至九
月份岁入预算数及征收数统计表》，《广东直接税导报》创刊号（1942
年12月1日），第33页。

---

① 高秉坊：《中国直接税的生长》，《山东淄博市博山区文史资料》第5辑
《中国直接税创始人——高秉坊》，第66页。

这一时期，广东直接税从无到有，税目逐渐增多，税入不断提升。虽然 1942 年之前历年征收成绩远较各省落后，但 1942 年接管营业税后出现了大飞跃，甚至超额完成预算，成为广东直接税发展历史上的最好时期。只可惜 1944 年 6 月，货运登记停办，税收蒙受打击，再加上后来战事紧张，管理机构裁撤，税收一度陷入低迷，直到抗战胜利才得以恢复。

（二）解放战争时期：勉力维持

1945 年 12 月 1 日，广东区直接税局在广州重建。1946 年的预算为 85 亿元，纳库数为 37.4 亿元，约达到预算的 44%，离目标相差甚远，"各省直接税征收，所遭遇的困难情形，是不相上下的"，"上海、山东、河南、江苏等区，都能超收……若与他们比较，则越见我们的成绩实在太差"。① 截至 1946 年 11 月，全国各省直接税已征起 1,100 亿元，广东区仅占全国征起数的 2.6%，税收成绩"委实落后"②，与广东在全国的经济地位不匹配。1946 年 12 月 2 日，李应兆对广州分局高级人员训话时直言："广东直接税税收情形不好。"③ 相比之下，其他地区成绩较出色。1947 年 7 月 30 日，财政部就曾嘉奖青岛直接税局，当年该局综合所得税预算数为 2.2 亿元，年中已查征 3.1 亿元，纳库 2.45 亿元，提前半年完成年度任务，

---

① 李应兆：《今后广东直接税发展的趋势》，《广东直接税导报》第 2 卷第 3 期（1947 年 3 月 15 日），第 3 页。

② 李应兆：《一年来广东直接税税收的检讨》，《广东直接税导报》第 2 卷第 2 期（1947 年 2 月 15 日），第 1 页。

③ 李应兆：《加强修养完成任务》，《广东直接税导报》第 2 卷第 1 期（1947 年 1 月 15 日），第 3 页。

"该局地临战区，竟能突破困难超过预算，具见工作努力"。[①]
"依据全国税收统计，广东省纳库数位居倒数第二，"仅仅较福建区为优"，但"闽省是贫瘠之区，工商各业，向不甚发达，其税收不佳，尚有原谅的余地。本区物价丰裕，沿海交通便利，工商事业发达，广州犹为华南出入口之中心，故历年税收均能达到任务，但去年特差，这虽有种种客观条件的障碍，然我们的努力不够，却是无可讳言的事实"。[②] 广东基础条件优越，直接税征收成绩却在全国排倒数，与其在全国的经济实力不相匹配。

除了绝对数量太低之外，战后广东直接税税收结构也不尽合理。1946 年广东各税征收情况，以营业税纳库最多，超过 18 亿元，其次是印花税，接近 10 亿元，再次是所得税 5 亿余元，利得税 2 亿余元，遗产税、契税等相比而言就非常少了。[③]

结构不合理的第一个表现是对营业税的依赖过大。营业税占据纳库数的 50% 以上，在征收过程中投入的人力物力自然不少，侵占培植其他税种的资源。一旦税收支柱被移交，势必会造成税收急剧下滑。之前把资源集中在营业税征收上，对其他税种重视不足，积累工作不足，营业税移交后其余税种的征收短期内难有较大幅度提升。第二个表现是印花税超过所利得税。一般而言，"直接税收入所利得税不应少于印花税"，广东的"印花税占实收第二位，所利得税之总和亦只占第三，

① 《综合所得税超收，青岛税局受奖》，《直接税通讯》第 12 期（1947 年 8 月 5 日），第 2 页。

② 延珍卿：《我们应有的工作态度——三十六年二月十七日延主任秘书在纪念周上致词》，《广东直接税导报》第 2 卷第 3 期（1947 年 3 月 15 日），第 6 页。

③ 《广东国税管理局关于最近广东货物税局与直接税局合并机构第一份补充材料》，广东省档案馆藏，档案号：004-001-0017-016~017。

显为不正常的现象"。① 印花税征收依靠代售机构征收，直接
税机构的任务变得简单，仅需做好发放税票和统计抽查这些事
情，税收好坏很大程度上取决于代售机构配合程度；而所利得
税征收离不开查账等亲力亲为的烦琐手续，征收难度相对较
大，成绩好坏才真实反映了税收机关的努力程度。印花税超越
所利得税这一畸形现象，体现广东直接税在征收过程中弃难取
易，税收执行不理想。

1945 年至 1948 年，广东直接税总征收额达数 10 亿元，与
抗战时期相比，规模更大，税收更多。1947 年营业税重新划
归地方税，大大减少了征收总额。这一时期广东直接税总征收
额较高，但在全国的排位反而下降，1946 年直接税总征收额
在全国的比重不到 3%，与广东经济大省的地位不符。除此之
外，还存在税收机构不合理的问题，各税种之间发展不平衡，
影响税收提升的潜力。

二、存在的问题

直接税在成立之初，是被时人寄予厚望的公平合理的进步
税制。广东的工商业还没有发达到具备实施直接税的良好条
件，迫于财政压力仓促开征，由于环境影响，直接税的发展过
程曲折坎坷。长期来看，广东直接税的收入在全国处于落后地
位，与广东经济大省的地位不符。直接税的发展也缺少一个稳
定的环境，在不断的变革中，存在诸多问题，逐渐从"良税"
变成了扰民的苛捐杂税，以致民怨沸腾。

第一，努力不够，预算过高。就税源而言，广东为经济大

① 《广东区国税管理局关于最近广东货物税局与直接税局合并机构第一份补
充资料》，广东省档案馆藏，档案号：004-001-0017-016~017。

省，区域广阔，是各省贸易的吐纳之地，是中国南部的经济中心，税收潜力巨大。正如韩汝智所言："广东税源本来是很丰富的，从海关的收入来看，仅次于上海，虽然香港占去一部分，营业税、土地契税移交地方，但如果注意稽征技术改进，前途发展无量。"① 李应兆也持相同的意见，认为广东物产丰富，交通便利，侨汇众多，"税源之增大尚不足恃，所应自问者，要在本局之机构是否坚强，工作能否展开"。李应兆提出了7条措施希望拓宽税源，提高征课成绩。② 1946 年 11 月，他在局务会议上坦承："本区今年税收成绩低落和努力不够，是我们无可讳言的事实。"③

广东直接税的高层干部认为，广东不能完成预算的重要原因是预算太重，超出了基层的承受能力。区局长李应兆直言，"上海、山东、河南、江苏等区都能超收，主要原因在于他们的税收分配额不大"④。1947 年，全国直接税预算达 9,430 亿元，占全国赋税收入的第二位，较去年直接税收增加了 8 倍多。而广东预算分配额为 452.2 亿元，其中所得税占 205 亿元，利得税 50 亿元，遗产税 15 亿元，印花税 174 亿元。从各省分配额来说，上海居首位，为 700 亿元，其次是天津 500 亿元，再次是江苏 460 亿元，广东排第四，在全国位居前列。从

① 《本区局第一次局务会议记录》，《广东直接税导报》第 2 卷第 1 期（1947 年 1 月 15 日），第 15—16 页。

② 李应兆：《广东直接税回顾与展望》，《广东直接税导报》第 2 卷第 1 期（1947 年 1 月 15 日），第 3 页。

③ 《本区局第一次局务会议记录》，《广东直接税导报》第 2 卷第 1 期（1947 年 1 月 15 日），第 15 页。

④ 李应兆：《今后广东直接税发展的趋势》，《广东直接税导报》第 2 卷第 3 期（1947 年 3 月 15 日），第 3 页。

省内看，广州市最多，为 317 亿元，其次是汕头 34 亿元，湛江 24 亿元，开平 23 亿元，中山 12.6 亿元，海口 12.5 亿元，韶关 8 亿元，高要 6.7 亿元，兴宁 6 亿元，惠阳 5 亿元。以全国大都市分配额来说，广州市分配额占全国大都市的第三位。事实上广州的发展不及上海、天津等城市，复员后仍未恢复，仅仅是表面繁荣，税源不如上海、天津等市丰富。1946 年纳库 37 亿元，1947 年预算比去年增长超过 11 倍，要完成目标，每月要征收 36 亿元，几乎去年的全年税收。加上 1947 年机构调整，22 个分局缩减为 10 个，77 查征所并为 21 所，原有 50 多个查征所的地方都要都要受现有分局指挥。人力不敷分配，税收受到严重影响。[1] 陈祖熙表示："以如此庞大之预算，能否依额征收，达成任务，殊难断言。"[2]

广东直接税预算庞大，为完成任务，摊派给商人的任务也大，引起商民不满，抗税拖延的情况严重，实际征收中经常难以完成任务。比如 1946 年征收所得税时，广州商人"以商业仍未达全部回苏之境，而税局所定税，又嫌过高，故不甘缴纳，一再拖延，虽经税局再三催促，仍不缴纳，因此本市之收入不足额定数十份之四"。税局对于不愿纳税的商人，一方面将若干商号送交法院办理，另一方面为了尽可能多揽税收，甚至准许商人先交纳一半，其余一半"开价还价，有申请余地"。[3]

第二，人事复杂，税纪不佳。影响广东直接税收入的另一

---

① 李应兆：《今后广东直接税发展的趋势》，《广东直接税导报》第 2 卷第 3 期（1947 年 3 月 15 日），第 3 页。

② 陈祖熙：《广东的税源与预算》，《广东直接税导报》第 2 卷第 2 期（1947 年 2 月 15 日），第 5 页。

③ 《马弘绪一再让贤》，《针报》第 62 期（1946 年 12 月 27 日），第 9 页。

大原因是人事纠葛和税风税纪败坏。抗战时期还能维持较好的税风税纪，即使有人事问题也能整顿。复员之后风纪几乎一路崩坏，在民间留下不好的印象。

抗战时期，直接税贪腐违纪案目前仅见少数记载，如1942年4月均昌转运公司伪造粤北分局证明单偷运盐斤案，当时运输的100吨盐中，有6张运照，其中2张运照伪造，涉及40吨盐，税务助理员傅祖莹、李佛恩、温乐牵涉其中；① 另有粤东分局长余国球舞弊案，阳江分局长陈瑞鹏及该局事务助员舞弊案，龙川分局雇员李桃舜舞弊案，以及1942年乐昌查征所主任张振声假借征收米津归费的名义私自收费的情况。② 而且，陈案、张案都有审讯，各案在逃人员都明令通缉。1942年接管营业税之后，"分支机构增多，贪污渎职案尚属少见，而舆论多所赞扬"③。这一年案件中"诬告案竟占十之六七"，省局受理的控案有43起，查办的有19宗，诬告16宗，免职3宗，送军法者3宗，送法院者2宗。④ 可见当时直接税的税风税纪不错，即便出现贪污腐败问题，也能从严处理。

抗战胜利后，广东直接税风纪恶化，和之前不可同日而语。韩汝智在广东区督察时，即在区局会议上报告："粤区人

---

① 《国父纪念周纪录四》，《广东直接税导报》创刊号（1942年12月1日），第42页。

② 《国父纪念周纪录八》，《广东直接税导报》创刊号（1942年12月1日），第46页。

③ 《广东直接税局九月之业务概况》，《广东直接税导报》创刊号（1942年12月1日），第35页。

④ 广东直接税局编印：《广东直接税局卅一年度工作报告》，韶关：广东直接税局，1941年，第2页。

事复杂和税风欠佳，这是一个不好的印象，留在署里同人的心上。"人事配合方面，"粤区的人事一向是各立门户的"①。1948年金阿督任在会上说"以事实的表现来答复社会人士对本税的批评和纠正其错误的观点"②，可见当时广东直接税在民众中的印象已经很糟糕。

典型案例是广州分局局长接连贪腐案。广州分局"人员最多，税收预算达全省之半，其办理成绩之优良，关系全区税收的成功与失败"③，局长却接二连三卷入贪污案，牵涉的主管高级职员数量众多。复员后广州分局第一任局长是马弘绪，第二任局长是1947年4月接任的李秉枢，这两人先后涉案被免引发中央注意，后果是1947年10月，中央将广州分局升格为直接税署直辖局，派上报这两个案子的督察韩汝智任局长。

最先被告发的是当时已卸任的马弘绪。1947年，广州市商会理事董直孚向地方法院检查处控诉直接税局广州分局原局长马弘绪及税务员萧智亮、李公俭、彭家澄、黄纲一等涉嫌贪污贪污，利用职务之便在征收收复区应纳营利事业所得税及过分利得税的过程中多收短报、贪污舞弊。④

在马弘绪被控贪污案二次公审时，时任直接税局广州分局

----

① 《本区局第一次局务会议记录》，《广东直接税导报》第2卷第1期（1947年1月15日），第15—16页。

② 金阿督：《本税的用人与作风——金局长对本年度第一次初级直税组考试及格分发本局工作人员训词》，《广东直接税导报》第3卷第5、6期合刊（1948年7月15日），第2页。

③ 李应兆：《加强修养完成任务》，《广东直接税导报》第2卷第1期（1947年1月15日），第3页。

④ 《马弘绪贪污案法院传韩汝智出庭》，《电报》第190期（1948年），第9页。

长李秉枢突然被法院逮捕。李秉枢是潮安人,当时 34 岁。[①]
他在广州分局任上声名不佳,曾非法拘留记者,导致"全市
新闻界起而援助",在社会上产生了恶劣的影响,当时的"社
会人士咸不值其所为","引起此间人士极大之愤激"[②],但他
并没有因此事受到处罚。李秉枢借贴印花税票成绩搜刮,处理
不善导致商人怨声载道。又因为侵吞某行商所利得税款 5,000
万元及志愿生活补助款,被部署联合向财政部密告,经查证有
据,移送广州地方法院办理。[③]

前两任局长入狱后风波没有结束。马弘绪被捕是因为韩汝
智检举,在马案审理时,他指责韩汝智为了当广州分局局长诬
陷他。李秉枢因为有叔叔提拔接任直接税局局长时,留用了不
少马弘绪的旧人,当马、李二人都倒台后,两方人马联合起来
反攻韩汝智,所以第三任局长韩汝智行事小心,恐留给反对派
以口实。[④]

韩汝智上任后,前任各科主管及高级职员多数辞职。[⑤] 不
久,他便将 60 余名由考训毕业的职员裁撤,按照规定,这些
考训铨叙合格的人,如无过失,是不易裁撤的。这些职员不

---

① 《继马弘绪之后,李秉枢昨被扣留》,《侨声(广州)》第 10 期(1947
年),第 22 页。

② 《直税局长李秉枢何以会扣留记者? 查实系因打完老婆唉笨气未消》,
《针报》第 102 期(1947 年 6 月 7 日),第 11 页。

③ 尖兵:《穗市直接税局风云万变,两局长入狱后余音不绝》,《针报》第
127 期(1947 年 10 月 20 日),第 6 页。

④ 尖兵:《穗市直接税局风云万变,两局长入狱后余音不绝》,《针报》第
127 期(1947 年 10 月 20 日),第 6 页。

⑤ 《穗新任直接税局长韩汝智昨已接事,李秉枢贪污证据搜集中》,《侨声
(广州)》第 10 期(1947 年),第 22 页。

服，通电全国，并联名上控财政部，参与上控的就有马、李的人马。韩汝智回击，在《星岛日报》《大光报》等报上表示："前任局长马弘绪、李秉枢先后因贪污渎职被法院拘押案仍未了，该批职员便有裁撤之必要，因局长一人从事舞弊实不可能……本局鉴于前失，不能不以往事为戒，故对于税务员中与马、李两任控案有连带关系，或操守难信者，不能不予以调整"，坚持不再任用这批人员。而这批被裁人员则在报章上指责韩汝智在将他们免职后，"大量安插其私人，甚至有原在梧州分局服务未有署调遣令者即行派往该局工作者，以科员而荐任督导者，有以事务员从无办税务经历与学历而办理税务员工作者，有请外边机构人员荐任本局职务者"。被裁之后的人员生活没有保障，苦于物价飞涨，向财政部要求赔偿。① 财政部"鉴于各员无重大过失，在理不应撤差"，因此准这批人员复职，未经呈复不得换人，"且诫韩氏嗣后勿再有此等事件发生"，这样就造成了异常焦灼的局面，撤差人员复职后"薪给将例必照支"，而"补遗缺者亦不能白做"，"此举诚使局座大费踌躇，盖此势非贴钱不可也"。② 韩汝智想对原直接税体系人员进行清洗的意图不仅没有成功，反而形成尴尬局面。

到了后期，直接税体系内越是重要的税源地，风气越容易腐化。考训制度作保障更使得犯罪低成本化，即使有除恶瘤的决心，在种种因素掣肘下，也难以实现。人事整顿很容易陷入一派打倒另一派的恶性循环里，很难区分公利和私欲的界限。

---

① 《被停职直税人员昨又再告韩汝智，无以为活要求财部救济》，《针报》第 140 期（1947 年 11 月 29 日），第 8 页。

② 《韩汝智宁愿不要乌纱，已裁人员决不再任用，复职团再向法院提出自诉》，《针报》第 135 期（1947 年 11 月 14 日），第 2 页。

第三，贪污腐败严重。直接税税种多，每种税下分类也多，征收范围广，各税种的贪污方法也多种多样。征营业税时会借私定税额敲诈勒索，或者与商人勾结帮忙瞒报偷漏。如有报道称"财政部广东直接税局莞城查征所乌龙事件层出不穷"，"自李主任莅任以来，莞城商众深感倍添重累，单就营业税言之，未依据商民申报调查课征，而所定税额又违离实情，借此从中'斟鉴'……商民方面，怕与税吏争持，基此，李某之计得遂所怀矣，而各员亦喜得沾惠……豪华享受，虽巨贾富绅，亦难望其肩背"[1]。再后来该所面临裁撤，临走前李氏还要借机搜刮一笔。"自营业税移交后……似无税可办，日来市面传该所裁撤……惟现该所正加紧稽征卅四年度利得税……一辈商民咸以为该所裁撤后，该项税当可免征，旋经李主任家添详为解释，知难豁免，李主任亦感频行在即，亟欲做个顺水人情……致税额则从宽核减，惟有交换条件，填发税票，则任凭该所喜欢，各商行多知李所座所想频行'刮'番一笔，一家便宜，两家合算，各行商亦乐得遵命。闻昨有某行认缴七十万，填发税单仅得伍万玖仟柒佰元，又莞城某大行商已允缴纳三百五十万（原指定缴一千万），要求该所填贰佰万税单，惟以条件未妥，现仍斟鉴中……今日之税吏，刮龙之租，诚骇人听闻矣！"[2]

所得税征收时，商人易与税务人员勾结瞒报。"譬如应缴一万，只报二千，以二三千元贿赂税务人员，商人尚可占五六

① 《东莞直税查征所查税起风波》，《针报》第 26 期（1946 年 9 月 7 日），第 9 页。

② 伯父：《传莞城直税所裁撤，李家添嘉惠商民》，《针报》第 42 期（1946 年 10 月 26 日），第 8 页。

千元便宜，但这只限较大商号，中小商人所负担仍重也。"①

印花税税源容易控制，"便由税务人员与纳税人讲定数，每月纳多少黑钱便不再检查印花。譬如戏院每天能销多少印花，应贴多少印花，实际不贴印花只缴三五成钱给收税款人，如此则两得共便"②。还有不按规定抽查找茬的，比如莞城查征所，"该所曾派出职员黄某抽查各店印花，彼于抽查时绝不会警示，而擅赴各店，闻至中山公隆时，曾执有该店漏贴印花单据两份，忝知该店少东范时亦曾服务税局，对法规甚稔，反驳黄某不合手段，自是发生冲突，引动路人围观如诸也"③。

遗产税侵吞方式也类似，"每当富翁死便由税务人员大施敲诈勒索手段，结果富翁家属所出之钱，只有一二成缴回库两，其余皆中饱了。譬如纳税人所出一万元，只有一二千元进入国库，其余便完全私占了"④。

直接税多是征收历史不长的税种，税法本就不尽完善，在立法和征收程序上漏洞较多，给以权谋私种种可乘之机。可钻的漏洞千疮百孔，税收的损失自然也大。广东是全国经济大省，征收成绩却在全国排倒数，因为大量的税收都落入了私人口袋。

---

① 《广州直接税局关于贪污来源的文》，广东省档案馆藏，档案号：004-001-0016-117~118。

② 《广州直接税局关于贪污来源的文》，广东省档案馆藏，档案号：004-001-0016-117~118。

③ 《东莞直税查征所查税起风波》，《针报》第 26 期（1946 年 9 月 7 日），第 9 页。

④ 《广州直接税局关于贪污来源的文》，广东省档案馆藏，档案号：004-001-0016-117~118。

第四，通货膨胀严重，逃税滞纳之风兴盛。直接税发展到后期，经济形势恶劣，通货膨胀相当严重，而税法上的各项规定，每每不及适应经济动态。通货膨胀造成了大量虚盈实税的现象，商人账面收入的增加抵消不了物价攀升的速度，实际是处于亏损的状态，所以对税收产生抵抗情绪。政府并非不知这种矛盾的局面，但一直没有彻底的办法，最合理的做法是资本额应依物价指数调整，与盈利额成正确比例，但是政府为顾全面子，不愿公开承认法币贬值，又怕这样税收没有着落，再加上重估资产价值手段繁复，所以一直没有实施。脱离经济情况的税法一直在实施，对商人来说是一种盘剥。

与此同时，对商人漏税和滞纳税款的处罚，不但没有加重，反倒因物价上涨而减轻。罚锾提高标准的速度跟不上通胀的速度，更增加商人的侥幸心理。许多人因而千方百计规避税负，拖延税款。政府的司法程序极其繁复，征收机关因为送罚程序滞缓也不生效力，广失威严，这种形式主义的处罚程序阻滞了许多税种的推动。商人把处罚金与脱缰之马似的物价共同衡量，滞纳而接受处罚反而较为有利，因此滞纳之风更盛，结果公库收到税款的时候，货币的价值已经贬去了一大半。直接税成立时肩负着主持正义、实现经济平衡的使命，但畸形经济下通货膨胀日益严重，税收缩水，调节社会公平的功效也日渐虚化。

第五，稽征技术要求高，操作困难。税收性质导致征税技术要求较高。直接税是对人课税，在控制税源和稽征技术上比较困难和复杂，不像货物税是从价课征，对物控制，相对容易。调查税源是税收的基本工作，直接税业务性质特殊，不能坐等商民前来纳税，必须主动先调查一切纳税资料，然后才能核定税额。1947年时李应兆感叹："本局虽成立多年，惟对于调查工作，尚未完备，以致核课计税，诸多不便，而税源之控制犹感困难。"所以需要加强动产、不动产、人口死亡、营业收益、物价、生产、交通、金融等资料的调查。①

广东工商业普遍采用旧式账簿，不符合会计原理，记载不翔实，核算不方便，直接税则提倡使用新式会计。② 四川的营业税能取得好成绩，与管理商账情况良好密切相关，但广东缺乏这些工作的基础，对商账未有严密的管理。③ 查账时候困难重重，税务征收时，工作人员多舍难取易，偏重营业税稽征。而营业税移交后，之前所利得税征收的基础工作不到位，妨碍了之后直接税的收入。

作为开办历史不久的税种，民众对直接税的认识普遍不够，特别是全面抗战爆发后，日军南下，广东"遂与中央政令脱节"，"一般商民对于中央颁行之法令，与乎应负纳税义务，遂亦形同秦人视越人"。④ "我国社会客观条件未够，收复区商人未明税法及无纳税的习惯，其推行尤不免有些障碍。"⑤ 因此直接税一直把宣传作为一项重要的工作内容——贴标语，在报章宣传，对民众讲解不太容易理解的税法。除了让民众已经有印象的所得税、印花税等税外，开征综合利得税、过分利

---

① 李应兆：《广东直接税回顾与展望》，《广东直接税导报》第 2 卷第 1 期（1947 年 1 月 15 日），第 4—5 页。

② 李应兆：《广东直接税回顾与展望》，《广东直接税导报》第 2 卷第 1 期（1947 年 1 月 15 日），第 5 页。

③ 《国父纪念周纪录二》，《广东直接税导报》创刊号（1942 年 12 月 1 日），第 39 页。

④ 马弘绪：《三十五年度广州分局业务概况》，《广东直接税导报》第 2 卷第 1 期（1947 年 1 月 15 日），第 14 页。

⑤ 《本区局第一次局务会议记录》，《广东直接税导报》第 2 卷第 1 期（1947 年 1 月 15 日），第 15 页。

得税、特种营业税等新税，都需要进行宣传推动。税种过多、新税过多，前期为宣传工作要花费大量时间和人力，税收见到成效的时间很漫长。而民众往往嫌弃直接税征收烦琐，并不关心征收方式学理上的公平性，偏爱简单明了的标准，这些无疑对直接税的工作造成困扰，很容易使税收往粗暴摊派的方向上发展。

第六，行政效率不高，政令传达不通。张兆符曾在会议上指责："所有各种章则及表式，各分局多未转发。"① 这种不通畅会延误事机，如各分局在开办所利得税时，不能尽到督导之责，"现三四等以下之查征所尚只办理催征催报工作，对于有关所利得税表册，据查各分局亦间有尚未转发下去，殊误事机。此外，间有分局所人员未能协调，尚不能切实遵守法纪，不能不引为一大缺憾"②。抗战时还有超出范围征税的情况，如惠州商人办杂货到老隆，经过惠阳、河源、老隆各地，遭节节收费，几乎等于通过税，造成苛扰。③ 直接税机构屡次调整，税法亦经常变动，行政指令下达和执行缺乏稳定的环境，不易形成惯性运转。直接税税务本就极为烦琐，征收过程中有赖于并不熟悉程序的纳税人和其他有关政府部门配合。但这一时期，广东纳税人的拖延和不配合司空见惯，行政效率着实难以提高。

直接税在广东的发展过程不过十来年，其发展虽未及时

① 《第五次局务会议纪录》，《广东直接税导报》创刊号（1942 年 12 月 1 日），第 50 页。

② 《本局纪念周纪录六》，《广东直接税导报》创刊号（1942 年 12 月 1 日），第 43 页。

③ 《第四次局务会议纪录》，《广东直接税导报》创刊号（1942 年 12 月 1 日），第 49 页。

人预期，实际产生的影响却是广泛而深远的。直接税在广东的发展历史是曲折的，历经本土政治、经济、社会文化力量的淬炼，也承受了战争的阻碍。广东作为经济大省，直接税税收除了 1942 年接管营业税后有一小段繁荣期外，抗战前期和抗战胜利后的税收成绩都不尽如人意，甚至在全国位居倒数，且在财政收入结构中的比例较小，与广东本省的资源不相匹配。

广东直接税创办之时，归政中央后的调整工作已经结束，直接税作为国家税在广东生根发芽，可以视为中央权力在广东扩张的表现。从 1937 年到 1948 年间，广东的直接税征收数额从数十万元增长到数百亿元，直接税也确实为扩大税基、筹措财政收入起过重大作用，为中央财政收入出力良多。直接税接管营业税，大大提高了营业税收入，助力了营业税的发展。营业税归还给地方财政后，地方财政得到充实，无形中对中央和地方财权调整分配作出了贡献。

直接税体系作为国民政府突破财政困局的尝试，一直在扩大征收。不同税种之间在征收范围、程序上存在交集，完善一种税项也有助于其他税种的开展。但由于环境动荡和人力物力有限，广东直接税局在征收过程容易弃难取易，资源向税源容易控制的营业税等大宗税项倾斜，其他税种的稽征和人才培养相对滞后。而营业税移交后，这种做法的负面影响开始显现：税收减少，开源潜力不足，税收结构不合理，执行过程打折扣，都不同程度地影响了广东直接税体制的健康发展。

直接税接管营业税，与货物税合并，其间经历多次的变革与整合，不同税种分分合合的过程中，难免造成机构设置不合理和人事混乱。中央政策变动频繁，朝令夕改，缺乏稳定的发展环境，动辄让之前的努力付之东流，妨碍了广东直接税体系的生长。

国人最初怀抱着构建进步西洋税制的热情引进直接税，希望通过税制改革为国家经济奠立基石。迫于战争带来的巨大财政压力和旧体制的掣肘，原本作风和效率较佳的直接税体系被迫承担了更多的征收任务。纵使直接税一直秉承培训用人的作风，但是营业税、货物税等机关的合并带来了人员良莠不齐、税纪松弛、贪污腐化等问题，尾大不掉的局面也随之出现。税收实施过程中，经常脱离原来设计的公平理论，向传统的包税等不良做法靠拢；再加上财政压力越来越大，直接税预算严重脱离实际，给纳税人增添了沉重的负担，引起征收机构与民众的冲突。民众起初怀着爱国情怀和建立公平合理税制的希冀对直接税寄予厚望，到了后期却感受到剥削而逐渐产生抗拒情绪，直接税的名声也日益凋敝，被视为苛捐杂税。人事制度纠葛和征收措施不到位，使得广东直接税征收与税政理念背道而驰。

广东的直接税建立了庞大的征收系统和一套完整的人事制度，将五大税种推及全省，传播了西方新的税政理念，也培养了新税的纳税习惯。当时的税务人员不乏怀抱信念之士，他们对税政理念和行政措施的钻研探讨，在学术上颇有建树，留下了宝贵的思想遗产，对今日我们了解当时的经济状况和税政思想也大有裨益。

第五章 广东财政整理与币制改革

　　1936 年 7 月，陈济棠"反蒋"失败后宣布下野，广东开始归政中央。为全面控制广东财政大权，南京国民政府任命宋子良为广东财政特派员兼省财政厅厅长，负责整理广东财政事宜。在中央政府和广东当局的大力支持下，宋子良采取多种措施，在筹集款项、废除苛捐杂税、整顿税务官吏和机构等方面取得了显著成绩。但由于身体健康的原因，宋子良不得不离粤北上接受治疗，所以在处理免征洋米税以及营业税课税标准等重要问题时显得有心无力，使其在广东的事业留下了不少遗憾。法币改革是国民政府试图统一全国货币的标志性政策，但实际上各地改革步调并不一致。陈济棠军事割据是国民政府在广东推行法币政策的最大障碍，财政部多次派员商洽无果而终。广东归政中央后，国民政府再次派要员南下改革广东币制。如何确定券币比率引发诸多争议。全面抗战爆发后，日军对广东实施野蛮轰炸，同时派军舰侵扰沿海各县。为加强国防建设，广东省政府在财政极其困难的情况下，决定自 1938 年3 月 1 日起发行国防公债。广东当局采取多种形式宣传和劝募，向广大民众传达购买国防公债与抗战的联系，激发民众的爱国之心。广东省国防公债的劝募得到商人、学生、华侨等团体和个人的支持与响应，体现出社会各界抵抗日本侵略的决心和力量。

第一节　广东归政中央后的财政整理

南京国民政府成立以后，致力于统一全国财政，但因地方实力派的军事割据，不少地方长期处于"独立"或"半独立"状态，以致中央财政改革在这些地方无法施行。全面抗战爆发前，蒋介石以武力为后盾，采取多种手段，对地方割据势力逐个击破，并将其纳入统治范围。归政中央以后，中央如何对这些地方的财政进行整理，是民国财政史领域值得深入探讨的问题。1929—1936 年，广东处于陈济棠的主政之下。1936 年 7月，陈济棠"反蒋"失败后宣布下野，广东开始归政中央。为全面控制广东财政大权，中央任命宋子良[①]为广东财政特派员兼省财政厅厅长，负责整理广东财政事宜。作为整理广东财政的关键人物，宋子良在其中的贡献与不足，是现有研究中尚未关注的问题。[②]

---

① 宋子良（1899—1987），原籍广东文昌（今属海南省），生于上海。早年留学美国。1930 年后先后任国民政府外交部秘书、总务司长，上海浚浦局局长，六河沟煤矿公司常务董事、协理，中央银行、中国银行、中国实业银行、中国农工银行等董事，中国建设银公司总经理，华美烟草公司、南洋兄弟烟草公司、华安合群保寿公司等董事。1936 年 7 月出任广东省政府委员兼省财政厅厅长。1944年 8 月出任中美英战后和平机构专门会议委员。1946 年被派去国际复兴银行任理事。1949 年去台湾，后移居美国。1987 年在纽约病逝，享年 88 岁。参见张宪文等主编：《中华民国史大辞典》，南京：江苏古籍出版社，2001 年，第 1012 页。

② 关于民国时期广东财政的代表性研究成果有冯海波、廖家勤的《民国以来广东财政政策探析》，郭小东的《广东财政百年实践中的思想求索——辛亥革命以来广东财政思想演进历程》（北京：经济科学出版社，2011 年），张晓辉的《民国时期广东财政政策变迁》。以上著作从宏观层面梳理了民国时期广东财政政策的发展演变历程，但并未注意到广东归政中央后财政政策的变化，也未论及宋子良对广东财政的整理。

宋氏家族是近代中国非常显赫的一个家族，有着极其特殊的地位，而且与广东财政有"不解的渊源"。吴景平探讨了宋子文在广东革命政府时期的理财主张和实践。① 张晓辉论述分析了宋子文在不同历史时期整理广东财政的种种措施。② 然而，广东归政中央后宋子良整理广东财政问题，却未能得到学术界足够的重视。事实上，相对于宋氏家族其他成员（如宋子文、宋庆龄、宋美龄等），关于宋子良的资料甚少，这是相关研究难以展开的最主要原因。③ 最近笔者在查阅资料的过程中发现，一些民国报刊对宋子良入粤整理广东财政颇为关注，并进行了详尽报道，留下许多弥足珍贵的历史资料。本节正希望借助这些有限的资料，探究广东归政中央后宋子良整理广东财政的贡献与不足，以期为民国时期广东地方财政史和宋氏家族史等相关研究提供一些有益的补充。

一、宋子良入粤任职前后

1929—1936 年，广东处于陈济棠主政之下，特别是经过1931 年的"汤山事件"胡汉民被囚后，陈济棠与蒋介石的关系不断恶化。④ 广东实际上处于"半独立"的状态，中央各项

---

① 吴景平：《宋子文广东理财述评》，《近代史研究》1990 年第 2 期，第180—184 页。

② 张晓辉：《宋子文与民国时期广东财政金融》，《暨南史学》2015 年第 2 期，第 145—146 页。

③ 符国华、王京的《宋子良的宦海生涯》一文简要介绍了宋子良不同时期的官宦生涯。参见中国人民政治协商会议海南省海口市委员会教文史卫体委员会编：《海口文史资料》第 13 辑，1997 年，第 135—141 页。

④ 梁广裁：《论陈济棠与蒋介石的矛盾与斗争》，《民国档案》1991 年第 3 期，第 111 页。

政策无法在粤施行。1936 年 6 月，陈济棠联合西南地方实力派举起"反蒋抗日"大旗，史称"两广事变"。后因蒋介石实行分化政策，陈济棠精锐部队相继倒戈。① 陈济棠被迫于 1936 年 7 月 18 日晚离粤赴港。② 蒋介石则给予陈济棠出洋考察的名义。③ 以此为标志，广东开始归政中央。对于中央政府来说，如何尽快全面接管广东军事、行政、财政大权是当务之急。为全面控制广东财政经济命脉，巩固国民政府在广东的统治，行政院院长蒋介石和财政部部长孔祥熙决定派员南下彻底整理广东财政。早在 7 月 16 日下午，蒋介石在看完《两广财政问题之报告》后发出如此之感叹："李白与陈济棠之野心，有苦我两广人民如此，尤以广东之番摊赌饷收入……为最可痛心者也。"④

1936 年 7 月 20 日，财政部公布了新任广东省中央税收机关重要人员：派宋子良为广东财政特派员，调江海关监督唐海安代两广盐运使，调江西省财政厅厅长吴健陶代粤桂闽区统税局局长。⑤ 同时，孔祥熙提请行政院派宋子良兼任广东省财政厅厅长，负责整理广东财政金融事宜："从废除苛捐杂税，减轻田赋附加及确立地方预算着手，进而改革小洋制，实施真正法币政策，成立隶属于发行准备管委会之广州分会，以期安定

---

① 罗敏：《蒋介石与两广六一事变》，《历史研究》2011 年第 1 期，第 92—95 页。

② 《陈济棠十八日晚离省经过详情》，《香港工商日报》1936 年 7 月 20 日第 2 张第 2 版。

③ 《中央将给陈济棠名义出洋考察》，《香港工商日报》1936 年 7 月 21 日第 1 张第 2 版。

④ 叶健青编注：《蒋中正"总统"档案：事略稿本》第 37 册，台北："国史馆"，2009 年，第 508 页。

⑤ 《财政部决彻底整理粤省金融》，《香港工商日报》1936 年 7 月 21 日第 1 张第 2 版。

金融，而谋粤民汇兑上之便利。"① 从孔祥熙的这番谈话中可以看到，他交给宋子良的任务有废除苛捐杂税、减轻田赋附加、确立地方预算、改革广东币制等项。在孔祥熙的大力支持下，7 月 21 日上午，行政院召开第 271 次例会，决议派宋子良兼代广东省财政厅厅长职务。② 对外界来说，宋子良到广东任职一事极为突然，因为就在财政部公布任职命令的前两天，身为中国建设银公司总经理的宋子良还在董事会议上做了该公司半年来营业状况的报告。③ 也许出于整理广东财政的迫切需要，中央高层才临时决定派宋子良南下。甚至连蒋介石都认为孔祥熙任命公布太早，担心会引起广东方面不满："广东财厅等职发表时间太早。今既发表，则切嘱子良等对粤中文武人员，应事事以谦和协商，不使粤人有中央争夺权利之感为要。"④

为便于宋子良更好地完成其使命，孔祥熙派财政部次长邹琳及秘书陈汝霖等代表其随宋赴粤视察，另派中央银行国库局副局长李惕生、中国银行上海分行经理贝祖诒、交通银行总经理唐寿民赴粤协助。在孔祥熙看来，这些人员"过去对粤财政均有相当经验，故抵粤后，即与林云陔洽商妥当，拟具体办法"⑤。孔祥熙强调此次整理广东财政的原则为："恢复粤民经

① 《财部整理粤省财政，宋子良任粤财派员》，《申报》1936 年 7 月 21 日第 6 版。

② 《令知行政院派广东财政特派员宋子良兼代广东财政厅厅长职务》，《广东省政府公报》第 338 期（1936 年 7 月 31 日），第 157 页。

③ 《中国建设银公司昨开董事会议》，《申报》1936 年 7 月 19 日第 13 版。

④ 《蒋中正"总统"档案：事略稿本》第 37 册，第 540 页。

⑤ 《中央对粤局善后将侧重于整理金融》，《香港工商日报》1936 年 7 月 22 日第 1 张第 2 版。

济元气，并使其原有建设更能发展，务使供求相应。"① 当然，要彻底整理广东财政必须得到广东地方当局的支持和配合。7月20日，孔祥熙电广东省政府主席林云陔和广东绥靖主任余汉谋，告知中央整理广东财政的人员安排："兹派宋子良君为财政特派员兼财政厅厅长，即日随邹次长乘机来粤，一切诸君洽办为荷。"② 作为广东地方最高的行政和军事长官，林云陔和余汉谋均表示拥护中央的决定。余汉谋特于7月21日电孔祥熙，请邹琳、宋子良尽快启程，先到韶关商洽整理财政事宜。③

　　行政院任命公布后，为做好赴粤各项准备，宋子良于7月21日上午先到中国建设银公司办理交接手续，随后邀请邹琳、贝祖诒、唐寿民、中央银行理事叶琢堂、中央银行业务局局长席德懋等一起商谈整理广东财政金融和设立中央银行分行事宜。④ 由于此次赴粤任务重大而艰巨，宋子良定于7月22日乘专机飞粤，计划抵粤后，先详细调查广东财政现状，然后北返复命，再定期赴粤。⑤ 临行前宋子良对记者说："粤省为吾之故乡，此次奉政府派往整理财政种种，膺命自所乐从。惟余乃帮忙性质，沪上建设银公司国货银行等方面职务，尚未摆脱，将来仍须返沪。"⑥ 从中可以看出，宋子良一方面非常乐意接

---

① 《孔祥熙谈整理粤省财政》，《申报》1936年7月22日第3版。
② 《邹琳宋子良将飞广州》，《香港工商日报》1936年7月22日第1张第2版。
③ 《余汉谋电孔祥熙》，《申报》1936年7月22日第3版。
④ 《宋子良等今日南下谋彻底改革》，《香港工商日报》1936年7月22日第2张第3版。
⑤ 《宋子良、邹琳今晨飞粤》，《申报》1936年7月22日第6版。
⑥ 《临行对所负使命各有谈话发表》，《申报》1936年7月23日第11版。

受中央交付的任务，同时也表达出自己具有过渡性的身份，待广东财政步入正轨后很有可能回上海继续任职。尽管孔祥熙的期望与宋子良的想法存在某些差异，但都不影响中央高层对此次派员入粤整理财政的重视。7月21日晚11时，孔祥熙赶乘快车离京来沪，次日清晨抵沪后，立即接见宋子良、邹琳、李惕生、贝祖诒、唐寿民等人，"指示甚详，并慰勉有加"。①

7月22日上午8时，宋子文、邹琳等乘专机离沪，中午12时飞抵韶关，与余汉谋商谈后续飞广州，下午3时抵达空军机场。② 在宾馆稍作休息后，宋子良随即出席各界欢迎会。③ 宋子良、邹琳一行的到来引起广东各界高度关注。众多记者纷纷前来探询中央整理广东财政的意见，宋子良仅交中央社记者一份书面谈话。这份书面谈话首先指出了广东的重要地位："广东为革命策源地，且系滨海重要口岸，对外贸易之发展，于国际上实占有相当地位。"宋子良进而强调整理财政的必要性和重要性，"非政令统一，无以救亡图存"，"财政金融，允关命脉，整理不容稍缓"。宋子良同时坦诚地向广东各界说明了此次来粤任职的主要计划和目的："到粤伊始，财政金融应如何筹定整个计划，彻底整理，当先将详细情形调查确切，各具方案，分别请由中央或地方政府核定逐步施行，总期于国计民生，两有裨益，毋负国人之望也。"④

1936年7月23日上午，宋子良正式就任广东省财政厅厅

---

① 《宋子良等行前谒孔》，《申报》1936年7月23日第11版。

② 《宋子良邹琳等昨午乘机抵粤情形》，《香港工商日报》1936年7月23日第2张第3版。

③ 《邹琳宋子良等抵粤，过韶时会与余汉谋商谈》，《申报》1936年7月23日第3版。

④ 《对整理粤财政发表谈话》，《申报》1936年7月23日第3版。

长。就职后，宋子良、邹琳等随即赴省政府谒见林云陔，协商广东财政金融整理事宜，并转述中央对整理广东财政的大体要旨。① 在取得林云陔的同意之后，宋子良即对财政厅主要人员进行改组：委任董仲鼎为第一科长，唐雪文为第二科长，李汤生为第三科长，马庆荪为第四科长，谢永年为第五科长，慕容清为第六科长；同时，委任吴健陶为高等顾问，董仲鼎兼秘书，李凤耀、郝重光为秘书。② 整理广东财政事关重大，需要召集各方开会，集思广益。7月25—26日，宋子良与邹琳、贝祖诒、唐海安、唐寿民及沈载和等10余人开会，商议整理广东财政金融的办法。③ 会议决议通过了整理广东财政的初步计划：（1）先行调查广东财政金融状况；（2）详细查核国省库收支情况；（3）着手进行整理税收；（4）集中白银存贮；（5）积极稳定外汇；（6）筹设中央分行。④ 会后，邹琳、宋子良等分别向林云陔和余汉谋报告会议结果，并得到两人的赞同和支持。广东地方军政当局的支持是宋子良整理财政的关键。

孔祥熙非常关心宋子良到广东任职，特于1936年7月25日给宋子良、邹琳发去3个电令，强调整理广东财政的任务和目标。孔祥熙在第一个电令中要求宋子良，"对于中央所定国地税制之划分统一办法，应即恪守奉行，一切税务之征收积弊，应即彻底剔除，庶几上有以裕国库之收入，下以轻人民之负担"。孔祥熙在第二个电令中要求宋子良抓住广东归政中央

---

① 《宋子良昨就厅长职，表示负责整理金融》，《香港工商日报》1936年7月24日第2张第3版。

② 《宋子良等就职》，《申报》1936年7月24日第3版。

③ 《邹琳召商整理粤省金融》，《申报》1936年7月26日第3版。

④ 《贝唐等抵省后商定整理财政步骤》，《香港工商日报》1936年7月26日第2张第3版。

的有利局面，"将所有苛捐杂税，彻底废除，申中央之德意，拯粤民于水火"。孔祥熙在第三个电令中要求邹琳、宋子良尽力统一广东币制："整理金融，统一币制，尤为当务之急……迅即查明详细情形，会同中中交三行派往人员，妥商具体整理办法，呈复核定施行。"① 以上电令主要有两层含义：一是向宋、邹强调划分国地税收、废除苛捐杂税和统一币制是整理广东财政最重要的内容；二是向广东地方当局及社会各界宣示中央整理广东财政的决心，为宋子良等在广东贯彻执行中央政策提供依据和扫清障碍。

为中央进一步控制广东军政大权，行政院于 1936 年 7 月 28 日在庐山召开第 272 次例会，会议决定改组广东省政府，并任命黄慕松、王应榆、宋子良、刘维炽、许崇清、李煦寰、罗翼群、萧吉珊、刘纪文为省政府委员，其中，黄慕松兼主席，王应榆兼民政厅厅长，宋子良兼财政厅厅长，刘维炽兼建设厅厅长，许崇清兼教育厅厅长；同时任命林云陔为蒙藏委员会委员长。② 7 月 31 日下午，林云陔赴京就职，在新省政府主席尚未到任期间，广东省政府公务由宋子良暂时代理。③ 由此可见，凭借中央政府的有力支持，宋子良入粤后不到 10 天便奠定了其在广东省政府中的特殊地位，成为广东政坛中仅次于余汉谋和黄慕松的"第三把手"，为其整理广东财政打下了重要的政治基础。

---

① 《孔部长电令邹宋》，《申报》1936 年 7 月 26 日第 11 版。

② 《蒋中正电余汉谋（1936 年 7 月 28 日）》，台北"国史馆"藏，典藏号：002-080200-00267-107，第 1 页；《庐山会议之结果，粤省府决彻底改组》，《香港工商日报》1936 年 7 月 29 日第 1 张第 2 版。

③ 《广东省政府关于本府职务暂交宋子良厅长暂代理（1936 年 7 月）》，广东省档案馆藏，档案号：006-009-0043，第 114 页。

二、宋子良整理广东财政的主要政绩

在中央政府和广东地方当局的大力支持和配合下，宋子良入粤后迅速掌控广东财政大权，并采取了多种措施整理广东财政，特别是在筹集款项、废除苛捐杂税、整顿税务官吏和机构等方面取得显著成绩。

（一）筹集款项以供整理财政之需

受局势影响，广东原有财政紊乱，加之陈济棠、区芳浦等出走时，私自携去大批存银及税款。据时人估算，陈济棠"出卖了省币的准备现金三千万元，携走了省库存银六七百万元，毫洋纸币七百万元，港洋纸币三百万元，同时在香港的省分行提走港币八十万元"①。虽然此项估算未必准确，但从一个角度反映出新广东省政府面临的财政困难。要整理广东财政，必须有比较充足的资金支持。为解决这一问题，宋子良就任财政厅厅长后，即与贝祖诒、唐寿民、中央银行业务局副局长周守良、国库局副局长李惕生商量对策，最终商定由广东省政府向中央银行、中国银行、交通银行借款 600 万元，作为整理广东财政之用，以广东省地方税收为担保：中央银行、中国银行各借 240 万元，交通银行借 120 万元。② 在宋子良的主持下，经各行负责人大力协助，1936 年 7 月底广东省政府即与中国银行和交通银行广州两分行签订借款合同，而中央银行借款则委托中、

① 王文元：《走向"统一"的广东金融财政》，《现世界半月刊》第 1 卷第 1 期（1936 年 8 月 16 日），第 49 页。

② 《整理粤财政向三行借款六百万，以广东全省税收为担保品》，《金融周报》第 2 卷第 7 期（1936 年），第 28 页。

交广州两分行代为办理,"由两分行直接缴解财政厅"。① 宋子良能够在如此短的时间内成功借到这笔巨款实属不易。

然而,600万元的借款尚未能弥补整理广东财政的资金缺口,为此宋子良不得不于1936年9月初向中国银行、交通银行、上海商业储蓄银行、中南银行、金城银行、盐业银行、中国国货银行、国华银行8家银行商借200万元。经宋子良与各银行广州分行经理洽商,此笔借款以广东省烟酒税、印花税收入作为担保,月息为9厘,期限为1年。经向上海总行请示核准后,各银行广州分行与广东省财政厅签订借款合同。根据借款合同,各行借款数目如下:中国国货银行借60万元,中国银行和交通银行各借27.5万元,上海商业储蓄银行借25万元,国华银行借20万元,中南银行借15万元,金城银行和盐业银行各借12.5万元;借款由以上各银行广州分行直接解于广东省财政厅。②

广东归政中央以后,各项事业的建设均需要大量支出,宋子良向各银行先后所借800万元仍不敷用。为筹集更多款项以推进财政金融改革,在宋子良的大力推动下,国民政府于1936年9月17日正式公布《民国廿五年整理广东金融公债条例》。根据条例规定,10月1日起发行整理广东金融公债12,000万元,票面额分10元、100元、1,000元、10,000元4种。③ 此次整理广东金融公债的用途主要为充实毫洋券准备金,年息4厘,每年3月31日及9月30日各付息一次;期限

① 《粤省向三银行借款,已由粤分行直接缴解》,《申报》1936年8月9日第12版。

② 《粤财政厅向中交等行,借款二百万元成功,以全省烟酒印花税收为担保》,《申报》1936年9月9日第10版。

③ 《粤新公债下月发行》,《申报》1936年9月14日第7版。

为 30 年，前 20 年每年还本 3%，后 10 年每年还本 4%；指定广东区的统税收入作为还本付息的基金，并由中央银行办理还本付息事宜。[①] 宋子良将金融公债的一部分向中央银行、中国银行和交通银行抵押现款，作为整理粤省财政之用。经宋子良与中央银行、中国银行、交通银行负责人商定，公债发出时即拨款。[②] 可以说，宋子良正是凭借其特殊的身份，得到金融界的大力支持，才能够筹集到如此大笔的资金，为整理广东财政金融提供了重要的支持。

（二）废除苛捐杂税以减轻民众负担

民国时期苛捐杂税名目种类繁多，普通商民深受其害，苦不堪言，严重影响地方社会经济的发展，社会各界要求废除苛捐杂税的呼声此起彼伏。在 1934 年 5 月召开的第二次全国财政会议上，废除苛捐杂税是一个非常重要的议题，会议决议通过了废除苛捐杂税的具体办法和步骤。根据规定，"不合法税捐各款，统自民国二十三年七月一日起至二十三年十二月底止，分期一律废除"[③]。出于减轻民众负担以巩固统治根基的需要，陈济棠不得不分批裁撤厘金及部分废除苛捐杂税，至 1935 年厘金彻底退出了广东的历史舞台，但各种苛捐杂税仍层出不穷。[④] 宋子良就任后，非常重视孔祥熙交付的废除苛捐

---

① 《民国廿五年整理广东金融公债条例》，《银行周报》第 20 卷第 36 号（1936 年 9 月 15 日），第 74 页。

② 《粤公债下月发行，向沪银行抵押现款》，《申报》1936 年 9 月 16 日第 12 版。

③ 《整理地方财政案（1934 年 5 月）》，《中华民国工商税收史料选编》第 1 辑，第 1221—1222 页。

④ 参见柯伟明：《民国时期广东裁厘及其对地方财政的影响》，《暨南学报》（哲学社会科学版）2015 年第 9 期，第 69 页。

杂税的任务。广东苛捐杂税当中，烟税和赌税收入最多，如果贸然将其废除，势必影响政府财政预算。经宋子良向省政府请示，1936 年度预算内所列赌饷 1,400 万元，"即行删列"，"其他苛杂，则分别缓急，凡违法病民，择要先禁"。[①] 宋子良在废除苛捐杂税时并没有"一刀切"，而是根据广东实际情形，分"主次""缓急"逐步推行，这样既能够尽可能地减轻民众的负担，又能够最大限度地缓解政府的财政压力。

在宋子良的亲自主持下，1936 年 8 月 10 日成立"广东省裁废苛捐杂税审议委员会"，并制订《广东省裁废苛捐杂税审议委员会简章》呈请省政府备案。[②] 根据简章规定，该委员会聘请市商会、省商会联合会、省政府、绥靖公署、两广盐运使署、粤闽桂三省统税局、市财政局及各团体代表、财政专家，定期召集审查会议，以集思广益。[③] 经各委员反复商议，广东省财政厅确立了废除苛捐杂税的四项基本原则：一是征收手续简单而收入确实者保留；二是带有保护性质而可以补助关税壁垒者保留；三是税率过重于平民生活有碍者酌减；四是妨害国民经济及中央税收来源者裁撤。[④] 据此原则，广东省财政厅于 9 月 1 日起将各县房捐、渔业税、士敏土附加、舶来废烂胶轮税、舶来机器税、佛山戏院附加、台山灰捐附加、台山砖捐附

---

①　仲瑞：《中央整理广东财政》，《中心评论》第 20 期（1936 年），第 29—30 页。

②　《广东省政府第七届委员会第一次议事录（民国二十五年八月十八日）》，广东省档案馆：《民国时期广东省政府档案史料选编 4（第六、七届省政府会议录）》，1988 年，第 405 页。

③　《宋子良招待记者报告整理财政方策》，《香港工商日报》1936 年 8 月 5 日第 2 张第 3 版。

④　《粤财厅长宋子良，裁减苛捐杂税》，《申报》1936 年 10 月 19 日第 10 版。

加、连江生猪出口捐、琼崖生猪出口捐、煤炭营业税等 10 多种妨害国民经济或损及地方收入的苛捐杂税裁撤。[①]

为彻底废除苛捐杂税，广东省财政厅明令各县市政府从速分别调查属地苛捐杂税种类范围，且及时呈报，以便分别审议确定，并决定于 1936 年内将全省苛捐杂税种类调查完毕，自 1937 年 1 月起一律废除。[②] 宋子良为如期实现裁撤苛捐杂税的计划，特饬财政厅所属各科对各项税捐进行详尽调查。12 月 1 日，据财政厅消息，"现各科已会同调查竣事，将本省捐税较为苛细者约十余种列表成册呈宋厅长察核，决于周内电呈中央财政部核准，由明年元旦起公布撤销"[③]。12 月 21 日下午，在宋子良的主持下，"广东省裁废苛捐杂税审议委员会"在财政厅举行第九次会议，办理结束该会事宜。[④] 至此，宋子良在广东废除苛捐杂税的工作基本完成。据统计，废除省属苛捐杂税 37 种，减免税额 2,480 余万元；废除县属苛捐杂税 347 种，减免税额 87 余万元。[⑤] 废除苛捐杂税为发展广东地方经济和改善民生创造了必要条件。

（三）整治官吏和改革机构以提高效率

要整理广东财政就必须整治官吏，如果官吏不良，各种努

---

① 《广东省政府第七届委员会第一次议事录（八月十八日）》，《民国时期广东省政府档案史料选编 4（第六、七届省政府会议录）》，第 406 页。

② 《积极与民更始，限期撤尽全省苛杂》，《香港工商日报》1936 年 10 月 20 日第 2 张第 2 版。

③ 《财厅再撤销十余种苛税》，《香港工商日报》1936 年 12 月 2 日第 2 张第 3 版。

④ 《裁捐会定本月底办理结束》，《香港工商日报》1936 年 12 月 23 日第 2 张第 3 版。

⑤ 《民国时期广东财政史料》第 3 册，第 342 页。

力很可能付诸东流。宋子良到广东任职后，非常重视税务官吏的廉洁问题。1936 年 8 月 1 日，广东财政特派员公署和省财政厅会衔布告："经征官史，必须以廉洁为先，增裕税收，首在清除积弊……现正秉承中央意旨，积极筹维，力图改善。举凡请托贿赂之污恶习惯，尤必切实矫正，扫除净尽。凡属在职人员，皆应洁己奉公，束身自爱。如有在外招摇，借端需索，一经发觉，定即依法严办，绝不宽容。"① 财政部对宋子良在广东整治税务官吏也大力支持。1936 年 8 月 21 日，孔祥熙电宋子良："其经征人员，应取具确实保证，如敢有营私舞弊者，应尽法严惩……倘有仍蹈故习，只便私图者，或土劣痞棍，把持反抗，应即呈奉委员长核示，以军法从事。"② 由此可见，中央对整顿广东税务官吏的重大决心。

在废除苛捐杂税和禁绝烟赌后，广东地方税收入大受影响，财政收支预算难以确定。为解决这个问题，宋子良于 8 月 11 日与贝祖诒及秘书飞抵庐山向孔祥熙请示。经商议之后，宋子良决定实行开源节流：（1）开源方面。尽快筹备开征所得税及遗产税，在全省普遍征收营业税，筹备开征土地税，确定各项专税。（2）节流方面。削减军费，暂停非生产性的建设事业费，抚恤救济慈善等各费由指定专款项下支拨，暂不增加教育费，缩减行政费，裁撤骈枝机关，其中财政厅缩减为 3 科：第五科并入第二科，第三科并入第一科，第四科改为第三科，原有第六科裁撤。③ 在改革机构的同时，宋子良大力压缩

①　《宋子良昨布告整饬官吏》，《香港工商日报》1936 年 8 月 2 日第 2 张第 3 版。

②　《财孔电宋子良，革除贪污恶习》，《申报》1936 年 8 月 22 日第 7 版。

③　《宋子良今日返粤，商定粤财政节流法》，《香港工商日报》1936 年 8 月 14 日第 2 张第 2 版。

厅内人员，财政厅原有职员 400 余人，宋子良将其减至 90 余人，工役 50 余人；财政厅所属部队包括税警团特务团二团、特务营二营，合计 8,000 余人，宋子良将二团、二营裁撤，仅保留税警 2,000 余人，每月节省经费 10 余万元，全年共省 120 余万元。①

为划一和整理广东全省税捐，宋子良决定成立广东省税捐总局，"本省税捐名目复杂繁多，在厉行废除苛捐杂税之际，以一股十余人主办，实虞不及，非另设机关办理不可。况本省税捐既如是复杂，其中为商人及下级税收人员中饱者不少，税捐股人少，耳目不周，无法查察"②。广东省税捐总局成立后，广州及各属舶来农产品专税局、营业税局一律裁撤，所有税捐征收事宜均由该总局办理。总局之下，在广州、汕头、江门、惠阳、韶关、高要、梅菉、海口设 8 个税务区局，税务区局下设若干征收处：广州区局设 11 个征收处；梅菉区局设 7 个征收处；汕头、江门、高要区局分别设 6 个征收处；惠阳区局设 5 个征收处；海口区局设 4 个征收处。经此项机构改革后，"稽征区域，渐次扩大，以便通筹，稽征机关，务求减少，以节靡费"③。

三、健康与宋子良未竟之事业

宋子良在广东任职期间，肩负了很重的任务，为处理各种事情而日夜操劳，以致身体健康出现问题，不得不离粤接受治

---

① 熊理：《政治统一后一年来之广东财政》，《新粤》第 1 卷第 6 期（1937年），第 27 页。

② 《全省税捐总局成立，粤财厅内部组织将变更》，《香港工商日报》1936年 8 月 24 日第 2 张第 3 版。

③ 《民国时期广东财政史料》第 3 册，第 194—195 页。

疗。1936 年 10 月中旬，宋子良赴上海处理中国建设银公司及国货银行等重要公务，并前往中央银行晋谒孔祥熙，详陈整理广东财政经过，后因操劳过度，肝病复发，暂留上海接受治疗："（宋子良）近以操劳过度，致染肝恙，刻正留沪延医调治，拟定下周离沪南旋。"① 经过近 1 个月的治疗和休养，宋子良才逐渐痊愈。11 月 7 日，蒋介石电宋子良嘱其尽快回粤任职："即赴粤回任，勿再延误为盼。"② 显然，蒋介石希望宋子良返粤后能够继续担负起整理广东财政的重任。在蒋介石的催督下，宋子良于 11 月 14 日上午与秘书庄永龄等坐邮船返粤。③

　　然而，好景不长，1936 年底再次传出宋子良患病，并将请假赴京看病的消息："粤财厅长宋子良，请假十天，飞京看病。"④ 后因公务实在繁忙，一时无法脱身，宋子良唯有带病继续处理公务。蒋介石对宋子良的病情十分关心，特于 1937 年 1 月 13 日来电慰问，叮嘱宋子良多加休息。⑤ 直至 1937 年 1 月 15 日，操劳过度的宋子良，终因染患湿瘟症，不得不向财政部请假北上接受疗治。⑥ 1937 年 2 月中下旬，一度传出宋子良病愈并即将返粤处理公务的消息："昨据宋氏左右称，宋氏

① 《宋子良昨谒孔》，《申报》1936 年 10 月 15 日第 9 版。

② 《蒋中正电宋子良（1936 年 11 月 7 日）》，台北"国史馆"藏，典藏号：002-010200-00167-025，第 1 页。

③ 《粤财厅长宋子良昨回任》，《申报》1936 年 11 月 15 日第 9 版。

④ 《宋子良飞京》，《申报》1936 年 12 月 27 日第 4 版。

⑤ 《蒋中正电慰宋子良病情（1937 年 1 月 13 日）》，台北"国史馆"藏，典藏号：002-010200-00171-006，第 1 页。

⑥ 《宋子良昨由粤飞抵沪，下机后即赴虹桥疗养院休养》，《申报》1937 年 1 月 16 日第 14 版。

患湿气病……来沪入安思医院诊治，现已渐痊。再经两周休养，即可南返销假。"① "宋氏自入宏恩医院诊治后，现已痊愈，加之假期已满……拟在沪稍留，即行乘轮南返销假视事。"② 对广东各界来说，这无疑是最好不过的消息，但事实上宋子良的病情并未好转，所以不得不再次向行政院请病假，由他人代理财政特派员和财政厅厅长职务。1937 年 4 月 6 日，行政院召开第 307 次例会，决议准予宋子良病假 3 个月，令广州市市长曾养甫兼代广东省财政厅厅长职务。③ 4 月 7 日，财政部也发布命令，宋子良所任广东财政特派员一职由曾养甫暂代。④

1937 年 5 月 18 日，行政院第 313 次例会决议改组广东省政府，任命吴铁城、宋子良、许崇清、徐景唐、李煦寰、胡继贤、邹敏初、欧阳驹为广东省政府委员，其中，吴铁城兼省政府主席，宋子良兼财政厅厅长；决议在宋子良未到任以前，由曾养甫代理财政厅厅长。⑤ 在此次改组过程中，吴铁城力主宋子良继续担任财政厅厅长一职，"为巩固财政金融之基础，及副人民之殷望计，即电谓宋氏继续出任"⑥。1937 年 6 月 2 日，新广东省政府委员会成立后，各方纷纷致电宋子良，希望其能够尽快回粤任职。遗憾的是，6 月中旬再次传出坏消息："粤财厅长宋子良，日前由天津抵北平，即入协和医院检验身体，

---

① 《宋子良病渐痊再经两周可南返销假》，《申报》1937 年 2 月 18 日第 14 版。

② 《宋子良昨返沪即将返粤销假视事》，《申报》1937 年 3 月 20 日第 14 版。

③ 《代理行政院长王宠惠昨晨视事并主持行政院昨例会》，《申报》1937 年 4 月 7 日第 3 版。

④ 《令广东财政特派员宋子良因病请假职务由曾养甫兼代》，《财政日刊》第 2742 期（1937 年 4 月 15 日），第 2 页。

⑤ 《行政院决议改组广东省政府》，《申报》1937 年 5 月 19 日第 3 版。

⑥ 《各方纷促宋子良速回任》，《申报》1937 年 5 月 21 日第 11 版。

宋子良此来的一个目的是医治足疾。"① 宋子良回粤的希望再次破灭。

总的来说，身为广东财政特派员兼省财政厅厅长的宋子良为整理广东财政事宜付出了诸多努力，在许多方面取得了有目共睹的成绩。但由于健康的原因，宋子良不得不离粤北上接受治疗，自1937年1月后，宋子良更是长时间请病假，并逐渐交出职权。值得注意的是，宋子良在整理广东财政的过程中有两个非常重要的问题未能得到及时有效的解决，使其在广东的事业留下了不少遗憾。

一是免征洋米税问题。国家为保护国内农业发展，对进口洋米征税，这本是应有之义。自归政中央后，广东出现了严重的米荒，米价居高不下，洋米商纷纷要求政府增加洋米进口和免征洋米税，但中央并未准许。在此情形下，广东省政府当局唯有另谋补救办法。1936年12月9日，宋子良召集民政厅、建设厅及中央银行广州分行、交通银行广州分行、中国银行广州分行及广东省立银行代表或负责人开调剂粮食会议。② 会议议决组织民食调节委员会，集资500万元购粮，由财政厅垫款100万元，其余400万元由广东省各银行摊认借出。③ 此次集资500万元主要用以购买皖、湘米粮运广东以调剂粮食，代替洋米输入。为便于外省粮食运粤以缓解广东米荒，宋子良提请设立广东省国内米粮营运处，专门负责粮食运输事宜。④ 对于

---

① 《宋子良抵平入医院检验》，《申报》1937年6月13日第8版。

② 《粤开会议调剂粮食》，《申报》1936年12月10日第4版。

③ 《关于提请成立调节民食委员会的文（1936年12月）》，广东省档案馆藏，档案号：006-002-0023，第8页。

④ 《广东省财政厅关于设立广东省国内米粮营运处一案（1936年12月）》，广东省档案馆藏，档案号：006-002-0425，第79页。

如何从根本上救济粮食恐慌，宋子良认为，须从救济农村着手，"以充裕农村资金，使增加稻谷生产，务达粮食足以自给为宗旨"。宋子良组织农村合作事业委员会，派员分赴各乡村，指导农民组合作社，由合作社负责领款贷出及主理农产品抵押事宜。① 事实上，宋子良此项办法并不能救急。1937 年上半年，广东米荒愈加严重，减免洋米税的呼声愈加高涨，患病在身的宋子良根本没有时间和精力处理这一问题。直至 1937 年 5 月，在新任广东省政府主席吴铁城的再三请求下，中央决定准予 400 万担洋米免税运粤的优惠。② 洋米税免征问题终告解决，此时宋子良仍在上海养病。

二是营业税课税标准问题。营业税是地方的一个重要税种，广东在陈济棠时期已经开征，但征收效果并不显著，主要由于课税标准存在争议。广东营业税以资本额为主要的课税标准，在征收过程中，按商业牌照所载资本额计税，因该项资本额未能反应商家的经营实况，反而给政府带来了巨额税收损失。③ 自宋子良就任财政厅厅长后，将改革营业税作为革新税制的突破口，"派员调查，规划改善，以裕库收"④，其重点在于改订营业税征收章程。在宋子良的主持下，财政厅于 1937 年 1 月起实施新章程。新章程主要变化是将课税标准改以营业

---

① 《洋米税未准撤销，粤省积极救济米荒》，《申报》1936 年 12 月 29 日第 7 版。

② 盛波：《税制调适与利益博弈——以抗战前夕的粤省洋米免税之争为视点》，《鲁东大学学报》（哲学社会科学版）2012 年第 6 期，第 20 页。

③ 参见柯伟明：《民国时期广东营业税课税标准之争》，《兰州学刊》2015 年第 7 期，第 109—110 页。

④ 《据呈派员调查营业税等情仍仰循序进行妥慎办理》，《财政日刊》第 2555 期（1936 年 9 月 2 日），第 6 页。

额为主。① 广东商界强烈反对新章程，纷纷向省政府、财政厅请愿。宋子良不为所动，坚决实行新章程，财政厅在批示中称："各行商对于法令所提意见，实多误解之至，所请援照向例，以资本额为课税标准一节，碍难照办。"② 广州各行商以120 余同业公会名义组织"反对营业税课税新标准案联合办事处"，通告全省商店一致暂停申报营业税。1 月 15 日下午，各行商代表前往财政厅举行"取消营业税课税新标准大请愿"。面对如此突变，身患湿瘟症的宋子良不得不于 15 日飞往上海暂避风潮，并向财政部请示办法。③ 至 1937 年 4 月，经广东省财政当局与商界反复讨价还价，最终政府在营业税税率上做出部分让步，降低了部分行业的税率，营业税风潮才最终得以平息。④ 解决营业税课税标准问题的并非在上海请假接受治疗的宋子良，而是代理财政厅厅长曾养甫。

南京国民政府统一全国是一个艰难而曲折的过程，诸如广东、广西、四川、云南、山西等地方长期处于"独立"或"半独立"状态。有的地方割据实力派名义上归附中央，但其所掌控的军事、行政、财政大权并未集中于中央，反而建立起与军事割据相适应的财政系统。⑤ 如果说地方军事割据是国民

① 《广东省政府第七届委员会第十一次议事录（九月二十二日）》，《民国时期广东省政府档案史料选编 4（第六、七届省政府会议录）》，第 419 页。

② 《广东省财政厅关于新颁营业税章程的批示（1937 年 1 月）》，广东省档案馆藏，档案号：004-002-0113，第 189 页。

③ 《粤省百余行商请愿请求变更营业税课税新标准》，《申报》1937 年 1 月 18 日第 9 版。

④ 《为据财政部转呈广东省营业税暂行减征税率表案由》，《行政院公报》第 2 卷第 23 期（1937 年），第 33 页。

⑤ 《整合与互动：民国时期中央与地方财政关系研究（1927—1937）》，第 171 页。

政府统一全国财政的最大障碍，那么当这种障碍随着军事和行政统一而被清除以后，中央能否对原割据地方的财政进行有效整理？在陈济棠下野后，中央急需派员全面接管广东军事、行政、财政大权，宋子良因有着特殊的背景，成为入驻广东的重要人物之一。如前所述，在中央的大力支持下，宋子良迅速在广东站稳脚跟，并采取一系列措施整理财政，特别是在筹集款项、废除苛捐杂税、整顿税务官吏和机构等方面取得了显著成绩。在整理广东财政期间，宋子良可以毫无障碍地与孔祥熙、蒋介石等中央高层沟通，并能够得到有关部门的协助，这是他能够在广东做出一番事业的根本原因。需要注意的是，整理广东财政的决策并非由宋子良制定，而是经过中央与地方反复博弈后，最终由中央政府确定，再由宋子良贯彻执行。宋子良在执行中央政策和协调中央与广东地方关系的过程中显示出较强的能力，但他在处理券币比率、免征洋米税以及营业税课税标准等重要问题时显得有心无力。究其原因，一方面，当时广东商界通过商会、各业同业公会等商人团体已经形成一支强大的社会力量，致力于维护商人的利益，政府在制定和实施财政政策时必须与其反复较量；另一方面，由于身体健康的原因，宋子良不得不离粤北上接受治疗，甚至长时间请病假，根本无法全身心投入到整理广东财政的事务当中，最终由他人代理广东财政特派员和财政厅厅长之职，使其在广东的事业留下了不少遗憾。宋子良整理广东财政的实践表明，国民政府统一"割据地方"的财政既依赖国家政治权力，也难免受所派财政长官个人因素的影响。如果宋子良身体健康，广东财政整理的结果会有何不同呢？这是一个值得回味的问题。

第二节 抗战前夕广东币制改革

为彻底改变各地币制紊乱的局面和对应日益严峻的国内外政治经济危机，南京国民政府于 1935 年 11 月实施法币改革。除受到英、美、日等西方国家的干预和阻挠外，法币改革还遭到一些地方实力派的反对和抵制，以致影响了全国币制的统一进程。张连红将法币政策实施后地方政府的反应归纳为 3 种类型："完全执行型""部分执行型""抵抗型"。[①] 在此基础上，笔者试图提出的问题是：在全面抗战爆发前，南京国民政府如何在这些"部分执行型"和"抵抗型"的地方推行法币政策？遇到了哪些困难？最终又是如何克服的？这些是目前学术界关注较少、但又值得深入探究的问题。[②]

---

① 根据张连红的研究划分，江苏、浙江、安徽、江西、福建、河南、湖北、四川、贵州等省及上海市属于"完全执行型"；河北、山东、察哈尔、北平、天津、山西、绥远、甘肃、宁夏等省市属于"部分执行型"；广东、广西、云南 3 省属于"抵抗型"。参见《整合与互动：民国时期中央与地方财政关系研究（1927—1937）》，第 139—144 页。

② 关于法币改革的研究成果丰硕，重点探讨法币改革的原因和条件、法币改革的意义和作用、法币改革与白银风潮的关系、法币改革与中国外交的关系、法币改革与通货膨胀的关系、法币与金圆券和银元券的比较等方面。参见徐锋华：《近二十年来法币改革研究综述》，《民国档案》2007 年第 3 期。由于中国幅员辽阔，政治经济形势复杂多变，有学者考察法币改革在地方的推行，揭示中央与地方的关系。参见张连红：《南京国民政府法币政策的实施与各省地方政府的反应》，《民国档案》2000 年第 2 期；唐云锋：《论法币政策在云南推行时国民政府与云南地方政府的金融博弈》，《云南财贸学院学报》2003 年第 4 期；石涛：《抗战前南京国民政府对四川币制的统一———以整理地钞为中心的考察》，《中国经济史研究》2013 年第 4 期。

如果说军事割据是影响地方币制改革的最大障碍，那么当这些地方被纳入国民政府的统治范围以后，法币政策能否顺利施行？就广东而言，自1936年7月陈济棠下野后，广东开始"还政中央"，国民政府随即派要员南下整理广东财政金融，但直至1937年6月，币制改革方案才最终确定。为何广东币制改革如此艰难？事实上，改革广东币制最大的困难在于确定广东毫券与中央大洋法币的兑换率（以下简称"券币比率"）。券币比率的高低直接关系广东币值大小（券币比率越高，粤币币值越小；反之，粤币币值越大），影响广东社会经济甚巨，故受各方高度关注。南京国民政府、广东军政当局、地方商界在币制改革问题上，既有许多共同的利益，也有不同的需求，由此决定了券币比率的确定必然是一个艰难而曲折的过程，其间必定交织着各利益主体间复杂的矛盾与妥协关系。本节拟在既有研究的基础上，利用更为丰富的历史资料，重点探讨广东"还政中央"后到抗战全面爆发前各利益主体围绕券币比率进行的互动及其对广东币制改革进程的影响，以期为法币政策在地方的推行提供一个重要案例，并希望能够深化和拓展法币改革和广东财政金融史研究。[1]

---

[1] 涉及近代广东币制的成果主要有：吴志辉、肖茂盛：《广东货币三百年》，广州：广东人民出版社，1990年；何汉威：《香港领土型币制的演进：以清末民初港、粤的银辅币角力为中心》，《"中央研究院"历史语言研究所集刊》第86本第1分（2015年3月）；邱捷：《1912—1913年广东纸币的低折问题》，《中山大学学报论丛》1994年第1期；张晓辉、李龙：《1920年广东中行纸币贬值案中的官商博弈》，《民国研究》2011年第1期；梁尚贤：《试述1922—1923年广东纸币风潮》，《近代史研究》1995年第3期；王丽：《走向"统一"的广东省货币金融——国民政府法币改革的区域性案例分析》，《暨南学报》2014年第10期；《民国时期广东财政政策变迁》。韩国学者姜抮亚（Kang Jin-A）对20世纪30年代广东财政税收与金融币制改革的研究成果值得关注，与本文选题直接相关的论著是

一、"还政中央"前后改革广东币制的努力

1929—1936 年间，广东处于陈济棠统治之下，形成一个独立于南京国民政府的地方割据政权，特别是经过 1931 年"汤山事件"之后，宁粤关系更加恶化，中央政令难以在广东实施。在金融方面，1928 年 11 月宋子文在南京新立中央银行总行，广东并未遵令将 1924 年在广州成立的中央银行改组为"中央银行广东分行"，反而于 1929 年 3 月将其更名为"广东中央银行"，该行与南京中央银行总行并没有隶属关系。[①]

随着局势的变化发展，该行逐渐演变为纯粹的地方银行，为了使名实相符，广东当局于 1932 年 1 月将其改组为"广东省银行"。[②]在法币改革以前，广东货币以银币为本位，辅之以铜币、镍币，市面上流通中央银行兑换券、广东中央银行兑换券、广东省银行银毫券以及广州市立银行发行的凭票等纸币。[③]

『1930 의중앙 · 지방 · 상인: 광동성의재정과국가건설』（서울대출판부，2005）。该研究侧重于考察南京国民政府、广东政府和商人对于券币比率的"不同意见"。在笔者看来，各方围绕券币比率的"互动"及其"影响"尚有进一步研究的空间，如中央政府和广东当局如何磋商？广东商界如何表达诉求？中央政府和广东地方当局如何应对？各方的态度有何变化？对广东币制改革政策和进程有何影响？这些问题需要进一步探究。

①　《广东货币三百年》，第 264 页。

②　黄毓芳：《广东省银行概况》，政协广东省委员会办公厅、广东省政协文化和文史资料委员会编：《广东文史资料精编》上编第 3 卷《清末民国时期经济篇》，北京：中国文史出版社，2008 年，第 94 页。

③　熊理：《粤币史要》，《广东省银行月刊》第 1 卷第 1 期（1937 年 7 月），第 56 页；熊理：《粤币史要（续）》，《广东省银行月刊》第 1 卷第 3 期（1937 年 9 月），第 65 页。

广东相对独立的金融货币体系，成为南京国民政府改革和统一广东币制的重大障碍。

20 世纪 30 年代前期，中国以银为本位的货币体制深受国际市场上银价的影响，特别是美国实行白银政策以后，中国白银大量外流，国内通货紧缩，入超数额不断增加。① 面对此种困局，南京国民政府财政部于 1935 年 11 月 3 日宣布实施法币政策，规定自次日起"以中央银行、中国银行、交通银行三银行所发行之钞票定为法币"；银本位币或其他银币、生银等"交由发行准备管理委员会或其指定之银行兑换法币"。② 蒋介石"深恐一般人民不明真相，易滋误会，致令不肖分子乘机造谣，扰乱治安"，电令全国各行营主任、绥靖主任、总司令、路总指挥、军长、师长以及省市政府，"对于该项办法，亟应协助实行，以期普及"，"转饬所属军警，对于各地银行妥为保护"。③ 其实，阻碍法币改革的还包括处于"独立"和"半独立"状态的地方割据政权。旨在统一全国货币和强化中央集权的法币改革必然对割据政权原有金融货币体系形成冲击，故难免遭到这些地方的反对和抵制。

南京国民政府实施法币改革对广东金融市场影响巨大，出现了"白银外流，物价飞涨，香港投机活跃，大量收购银元"的突发状况，陈济棠、林云陔、区芳浦等不得不召开紧急会

---

① 张宪文等：《中华民国史》第 2 卷，南京：南京大学出版社，2013 年，第 160—162 页。

② 《孔祥熙关于改革币制实施法币政策发表之宣言》（1935 年 11 月 3 日），《中华民国史档案资料汇编》第 5 辑第 1 编《财政经济（四）》，第 316—317 页。

③ 《蒋介石要求各地协助推行法币政策电》（1935 年 11 月 3 日），《中华民国史档案资料汇编》第 5 辑第 1 编《财政经济（四）》，第 318—319 页。

议，商量对策。① 1935 年 11 月 6 日，广东省财政厅颁布《管理货币办法》6 项，主要内容有：以广东省银行的银毫券、大洋券及广州市立银行的凭票为法定货币，所有完粮纳税及一切公私款项收付概以法币为限；所有银毫或大洋由省市银行及其指定机关兑换毫券，规定 1 元银毫兑换 1.2 元毫券，1 元大洋兑换 1.44 元毫券；法币准备金保管与发行事宜由广东省政府和人民共同组织的发行准备管理委员会办理。② 很明显，与财政部明令指定以中央银行、中国银行、交通银行所发行钞票为法币不同，广东以省、市银行发行的纸币作为法币，收回的白银亦不交由南京国民政府统一保管。广东省政府在布告中强调，此次货币改革的目的在于，"安定物价，供求相剂"，"保全省内现银调剂金融"；在方法上，"发行纸币，绝对公开，以供求相剂为原则，无论如何，决不采用膨胀政策"。③ 但《管理货币办法》公布以后，银号任意抬高外币和金银价格，加之日本银行派出浪人四处高价收购白银，以致广州银价飞涨，毫券价值大跌，广东金融依然极其混乱。④ 后经广东当局多方维持，毫券币值渐趋稳定，"持银换券者日多，竟至无银元券可换"。⑤ 广东币制改革的实质是与南京国民政府法币政

---

　　① 广东省立中山图书馆编纂：《民国广东大事记》，广州：羊城晚报出版社，2002 年，第 510 页。

　　② 《粤行来电》（1935 年 11 月 8 日），《中华民国史档案资料汇编》第 5 辑第 1 编《财政经济（四）》，第 325—326 页。

　　③ 《粤省颁布管理货币办法》，《中行月刊》第 11 卷第 5 期（1935 年 11 月），第 179—180 页。

　　④ 《民国广东大事记》，第 510 页。

　　⑤ 周斯铭：《五十年来的广东金融概况》，《广东文史资料精编》上编第 3 卷《清末民国时期经济篇》，第 16 页。

策相抗衡，以加强对地方金融货币体系的控制。

政治统一是币制统一的前提。在广东"还政中央"前，南京国民政府与广东当局就改革和统一粤币多次磋商，因受政治因素影响而无法取得实质性的进展。1936年5月12日，广东与南京国民政府对抗的"精神领袖"、国民党元老胡汉民在广州突然病逝。此时，如何处理与南京国民政府的关系，广东当局面临重大抉择；南京国民政府也希望借此机会改善与广东的关系，以推动各项改革。财政部部长孔祥熙派该部高级顾问兼江海关监督唐海安赴粤，一方面为吊唁；另一方面与广东当局洽商币制改革问题。唐海安是广东香山人，与广东省政府里的许多重要人物联系密切，而且唐此前曾多次代表财政部赴粤商议缉私和发展农工商业问题，并得到广东省农林局局长冯锐的热情接待。[1] 5月18日，唐海安抵达广州后，即将财政部改革粤币方案向陈济棠、林云陔等提出磋商。[2] 广东当局对该方案表示"原则上"赞同，但认为具体施行办法尚待详细研究："粤省向来以小洋为本位，公私按揭及债项均属粤币，一旦改用大洋，纷争必多。将来如改用大洋，则粤省现在流通之法币如何收回，发行大洋券手续应如何，关系全省金融甚大，须慎重考虑。"[3] 广东当局的表态使唐海安对币制改革前景持乐观态度。5月19日，唐海安致函孔祥熙称："陈（济棠）、林

---

[1] 《江海关监督唐海安氏日前奉中央命赴粤调查工商业农业及税务状况》，《时事月报》第13卷第4期（1935年10月），第4页。

[2] 《粤省改大洋制问题》，《银行周报》第20卷第21号（1936年6月2日），第14—15页。

[3] 《改大洋制粤对原则赞同》，《金融周报》第1卷第22期（1936年5月），第27—28页。

（云陔）、区（芳浦）三公确已表示诚意接受新币制改革。"①

　　随后唐海安与广东当局展开了多轮谈判，并及时将谈判结果向孔祥熙汇报。② 经孔祥熙准许，由唐海安偕冯锐北上作进一步磋商。③ 1936 年 6 月 18 日，冯锐在上海先后拜见孔祥熙、徐堪，提出广东方面对于币制改革的意见：（1）中央拨特别经费 1,000 万元予粤省，以弥补因调换纸币所受之损失，同时广东省银行纸币继续流通。（2）粤省存银交由纸币发行监督委员会保管，该委员会有权用银圆 3,000 万元，向中央政府之银行购买同数"大元"纸币，粤省行将逐渐收回其本省纸币。（3）俟本省纸币收回后，仅认"大元"纸币为法币，辅币票则由地方银行发行之。④ 经双方磋商后，财政部重拟粤币改革详尽方案，并决定派唐海安再次南下磋商。7 月 8 日，唐海安抵达广州，在冯锐的陪同下分别向陈济棠、林云陔报告财政部改革粤币方案，并与广东方面反复磋商。⑤ 但很快便传出谈判中止的消息，唐海安不得不提前离粤返港。⑥ 7 月 14 日，唐海安在致徐堪的信函中表达了对广东当局的严重不满："粤当局不但无诚意接纳及接洽各件，反决欲将所得人民血膏之白银售

---

　　① 《唐海安致孔祥熙函》（1936 年 5 月 19 日），《中华民国史档案资料汇编》第 5 辑第 1 编《财政经济（四）》，第 676 页。

　　② 《唐海安在粤续商改大洋制》，《金融周报》第 1 卷第 23 期（1936 年 6 月 3 日），第 29 页。

　　③ 《唐海安偕冯锐今晨同轮莅沪》，《申报》1936 年 6 月 15 日第 10 版。

　　④ 《粤当局准备采用"大元"为货币单位　冯锐晋谒孔财长请示改制具体办法》，《金融周报》第 1 卷第 26 期（1936 年 6 月），第 30 页；《粤改大洋制》，《申报》1936 年 6 月 19 日第 3 版。

　　⑤ 《唐海安昨晨抵省　财厅开会商改币制》，《香港工商日报》1936 年 7 月 9 日第 2 张第 3 版。

　　⑥ 《唐海安将北返　粤改大洋制已搁浅》，《申报》1936 年 7 月 12 日第 15 版。

与外商，图为个人之利益。"① 7 月 15 日，陈济棠在致孔祥熙的电文中为准备金去向问题竭力辩护："粤省毫券准备金，早已悉数交由商民团体推选代表组设之法币准管会接收保管，数目按月查点公布，丝毫并无变动。政府既无法提回出售，商民代表又何敢私擅出售，更何至丧心病狂售与某国商人。"②

1936 年 5—7 月，唐海安先后两次奉命南下与广东当局商谈粤币改革问题，第一次较为顺利，第二次则无果而终。导致谈判破裂的最主要原因是 1936 年 6 月爆发的"两广事变"以及南京国民政府与广东关系的恶化。6 月 1 日，广东联合广西等西南省份，举起"反蒋"大旗，史称"两广事变"。蒋介石对两广采取分化的策略。7 月 10—14 日，国民党五届二中全会在南京召开，全会决定免去陈济棠所兼各职；任命余汉谋为广东绥靖主任兼第四路军总司令，李宗仁、白崇禧分别为广西正、副绥靖主任；任命林云陔为广东省政府主席，黄旭初为广西省政府主席。③ 西南方面随即作出回应，于 7 月 15 日开会决定，否认五届二中全会决议，任命陈济棠为抗日救国联军总司令。④ 在这种政治局势下，广东币制改革谈判破裂并不意外。

需要说明的是，唐海安与广东当局的谈判是秘密进行，不仅双方谈判具体事宜不对外公开，就是唐海安在广州的行踪也

---

① 《唐海安致徐堪函》（1936 年 7 月 14 日），《中华民国史档案资料汇编》第 5 辑第 1 编《财政经济（四）》，第 677—678 页。

② 《陈济棠电呈广东省毫券准备金已交法币准管会接收保管按月查点毫无变动》（1936 年 7 月 15 日），台北"国史馆"藏，典藏号：001-084001-0001，第 4 页。

③ 《民国广东大事记》，第 528 页。

④ 广东省档案馆编：《陈济棠研究史料》，广州：广东省档案馆，1985 年，第 366 页。

极其保密。① 至谈判破裂后，这份财政部改革粤币方案才公之于众。该方案规定，广东境内流通的毫券暂可照常行使，但对外汇兑须以中、交两行法币为本位；准备委员会就市面情形规定毫券与中交两行法币兑换率，由广东省银行依照买卖稳定之；广东省银行不得增发毫券；广东省银行继续收换大洋、毫洋、生银，统交准备委员会按照规定价格调换中、交两行法币；禁止携带外国货币出境；按照中央定章，将准备委员会改组为发行准备管理委员会广州分会。② 该方案旨在由南京国民政府控制广东货币的发行权和管理权，逐渐以中央法币取代广东毫券。然而，在陈济棠的统治下，广东当局绝不可能轻易交出货币发行权和管理权，所谓的币制改革谈判很大可能是广东当局与南京国民政府讨价还价的一种策略而已。随着双方关系的彻底破裂，广东当局断然拒绝了财政部的改革方案，并公开提出 3 点不能接受的理由：一是认为广东行使毫洋已成习惯，骤然改用大洋本位，会对政府财政收支和国民生计造成重大影响；二是认为禁止外币出境及强制兑换不易执行，而且会造成"在外资金不返，而人民持有外币者，益珍藏不露"的后果；三是认为广东发行准备管理委员会是以商民代表为主体，有保管准备和审定纸币发行的权限，关系广东法币信用，应予维持，不能改组。③

广东当局拒绝接受财政部改革粤币方案不到 3 天，因精锐

---

① 《唐海安抵省行动秘密》，《香港工商日报》1936 年 7 月 10 日第 2 张第 2 版。

② 《中央交来改革粤币制案原文》，《香港工商日报》1936 年 7 月 16 日第 2 张第 3 版。

③ 《粤方不能接受之理由》，《香港工商日报》1936 年 7 月 16 日第 2 张第 3 版。

部队倒戈，陈济棠不得不于 7 月 18 日宣布下野。① 以此为标志，广东"还政中央"，南京国民政府亟须派员南下接收广东军事、行政、财政大权。7 月 20 日上午，蒋介石电令孔祥熙，"请速派财政专员，由港入粤，筹划整个财政计划"②。随后，国民政府任命宋子良为广东财政特派员兼广东省财政厅厅长。③ 改革广东币制是宋子良赴粤的重要使命之一。7 月 25 日，孔祥熙在致宋子良、邹琳的电令中强调："整理金融，统一币制，尤为当务之急……迅即查明详细情形，会同中、中、交三行派往人员，妥商具体整理办法，呈复核定施行。"④ 7 月 25、26 日，宋子良与邹琳、唐海安等 10 余人开会商议整理广东财政金融的办法。⑤ 会议确定了整理广东金融的具体步骤：调查广东财政金融状况，集中白银存贮，积极稳定外汇，筹设中央分行。⑥

要改革广东币制必须将陈济棠组建的广东省法币发行准备管理委员会改组为法币发行准备管理委员会广州分会。1935年 11 月 3 日，南京国民政府财政部公布《发行准备管理委员会章程》，设立发行准备管理委员会，其主要职能为"遵照政

---

① 《陈济棠十八日晚离省经过详情》，《香港工商日报》1936 年 7 月 20 日第 2 张第 2 版。

② 《蒋中正"总统"档案：事略稿本》第 37 册，第 532 页。

③ 《财政部整理粤省财政 宋子良任粤财派员》，《申报》1936 年 7 月 21 日第 6 版；《行政院决议派宋子良兼粤财政厅长》，《申报》1936 年 7 月 22 日第 6 版。

④ 《孔部长电令邹宋》，《申报》1936 年 7 月 26 日第 11 版。

⑤ 《邹琳召商整理粤省金融》，《申报》1936 年 7 月 26 日第 3 版。

⑥ 《贝唐等抵省后商定整理财政步骤》，《香港工商日报》1936 年 7 月 26 日第 2 张第 3 版。

府法令，保管法币准备金，并办理法币之发行、收换事宜"①。
11 月 9 日，财政部决定在广州、天津、汉口设立分会。同日，
广东省政府修正通过了《广东省法币发行准备管理委员会组
织章程》，以与南京"中央"相抗衡。② 根据规定，该委员会
的最主要职能为"保管准备金及办理法币发行额审定事宜"，
"法币发行额，应斟酌物价指数，以供求相应为原则"。③ 经过
1 个多月的筹备，广东省法币发行准备管理委员会于 12 月 28
日正式成立，但实际上该委员会并不能有效地行使职权，"所
谓掌握发行情况，也不过是看一看省银行收兑白银的数字，有
时也看看纸币发行的数字而已……实无监管之权，成为陈济棠
掠夺民间财富的虎伥"④。自广东"还政中央"后，国民政府
决定重设法币发行准备管理委员会广州分会。1936 年 7 月 28
日，财政部指派 16 人任该分会委员：宋子良为主席委员，委
员包括邹敏初、胡继贤、沈载和、温万庆、贝祖诒、邹殿邦、
熊少康、周叔亮、陈仲璧、陈佐璇、梁定蓟、陈玉潜、朱汝
铨、卢衍明、道仲陶。⑤ 广州分会接收了前广东省法币发行准
备管理委员会，全面负责广东省发行准备的管理事务，为改革

---

① 《财政部公布之发行准备管理委员会章程（1935 年 11 月 3 日）》，《中华
民国史档案资料汇编》第 5 辑第 1 编《财政经济（四）》，第 318—319 页。

② 《民国广东大事记》，第 511 页。

③ 《广东省法币发行准备管理委员会章程》，《广东省政府公报》第 313 期
（1935 年 11 月 20 日），第 53 页。

④ 邵仲池：《广东收购白银前后见闻忆述》，《广东文史资料精编》下编第 3
卷《清末民国时期经济篇上》，第 148 页。

⑤ 《广东省政府关于财政部派宋子良等为发行准备管理委员广州分会委员等
情的令（1936 年 7 月 31 日）》，广东省档案馆藏，档案号：004-002-0023，第
84 页。

广东币制做了必要的准备。

二、官商互动与券币比率的初步确定

改革广东币制，须将原有毫券收回，代之以中央法币，那么如何确定券币比率成为关键的问题。社会舆论也认为："今后对于本省改制，大小洋折合率已成为中心问题矣。"① 如果券币比率过低，提高了毫券币值，势必影响中央法币的信用基础；如果券币比率过高，贬低了毫券币值，则给广东民众造成经济损失。关于券币比率，广东社会各界站在不同的立场上自然有不同的看法："有主张加二五，有主张加三，有主张加四四，有主张加五六之间，有主张加七五，竟有主张加九三五而至二元换一元者，亦有主张平换者。"② 这里所讲的"加三"即 100 元中央法币兑换 130 元广东毫券，"加四四"即 100 元中央法币兑换 144 元广东毫券。

广东商界因不愿承受毫券贬值所带来的经济损失而要求尽量低定券币比率，提高毫券币值，其主要有两种不同的意见：一是主张"平换"。③ 8 月 10 日，广州各行商议决请政府规定大洋与粤币平换。④ 二是主张"不超过加三"，这种主张影响最大。8 月 11 日，广州市银业同业公会致电中央政府，认为

---

① 《粤改革币制大小洋折合率之中心问题》，《香港工商日报》1936 年 8 月 1 日第 2 张第 3 版。

② 《关于呈请采纳粤币改制办法的文（1936 年 8 月 26 日）》，广东省档案馆藏，档案号：004-001-0237，第 92—93 页。

③ 姜抮亚教授较为详尽地分析了咸鱼业、橡胶业等同业公会的"平换"主张。参见姜抮亚：『1930 년대중국의중앙·지방·상인：광동성의재정과국가건설』，第 358—359 页。

④ 《改善粤省币制案　邹琳电孔核示》，《申报》1936 年 8 月 12 日第 9 版。

"粤省历次发生纸币风潮，其结果粤民必遭损失，故对于政府财政与社会经济，务须双方兼顾，其比率实不宜超过加三之数"①。同日，广州市商会致电蒋介石和孔祥熙，提出券币比率"不能超过加三"的3点理由：（1）改换大洋比率，原根据准备金额，但政府现尚继续收买白银，则准备金数量未能截计。就目前而论，除已收集白银1亿元外，其余省市银行资产及糖厂、纱厂、土厂等建设价值，连同公债借款等，约计达2亿元以上，将来再收白银，准备金益多。（2）粤省小洋券向由毫银现兑而来，粤人所有毫银，凡存放交收，均系照毫银数得回法币，其数量较诸政府收买者，何止超过数倍。可见一般人民，并未得有加二换币之利益。（3）粤省国税所收大洋，20余年来，最高者只照毫银加三伸算，即普通市价亦在加二三之间，不能以反常之变态为论据。②尽管广东商界在券币比率问题上有"平换"和"不超过加三"两种主张，但其最终目的均是向政府力争提高粤币币值，减少商民损失。

广东商界"不超过加三"的主张，主要基于市场习惯及民众的利益需求，当时一些经济学者对毫券发行额与准备金的统计也为他们的诉求提供了一定依据。根据时任广东省立勤勤大学商学院院长李泰初的统计，截至1936年7月24日，省银行发行大洋券2,538.69余万元，小洋券23,638.57余万元，市银行发行市券850万元，扣除旧中央纸1,255.06余万元，

①　《银业公会意见》，《香港工商日报》1936年8月12日第2张第3版。

②　《商会致蒋孔电》，《香港工商日报》1936年8月12日第2张第3版；《粤省改大洋制问题：大洋与小洋比价在讨论中》，《银行周报》第20卷第32号（1936年8月18日），第1—2页。

广东法币流通额为 25,772.20 余万元；在白银准备方面，毫洋实数 8,399 万元，大洋为 1,955 万元，前者银量 5,000 万盎司，后者银量 1,600 万盎司，合计白银 6,600 万盎司。李泰初推算，根据中美白银协定，每盎司白银可得美金 5 角，即可换得美金 3,300 万元；根据中美汇率，可得法币 10,400 万—11,000 万元；根据"银六债四"标准，可发行中央法币约 20,000 万元。李泰初认为："今以二万万国币之发行，而逐渐更换二万万五千之广东法币，则除去各种偶然损耗，运输运用，等等，每元国币，与每元广东法币之比率，实最高不能超过加三之数！"① 在当时经济学界，尽管有学者质疑李泰初的推算和观点②，但其"不超过加三"的最终结论为广东商界低定券币比率和提高毫券币值的诉求提供了依据。

商界的要求是财政部和广东当局决策时不得不考虑的问题。1936 年 8 月 12 日，孔祥熙召集宋子良、徐堪、贝祖诒、陈光甫、顾翊群等到牯岭商议粤币改革方案。财政部提出将券币比率定为"加五"，广东方面则有异议，宋子良、吴健陶等均建议"加三"。③ 广东当局担心比率过高，会加重民众负担，影响广东经济："人民缴纳国省捐税均依照大洋法币计算，这对于广东人的财富岂非凭空损失三成！广东年来的经济已告困竭，如果这样，则经济活力当然是减缩的……税制则以大洋征

---

① 李泰初：《广东省币制改进之商榷》，《金融物价月刊》第 1 卷第 8 期（1936 年 8 月），第 12—13 页。

② 谭秉文：《整理粤币之关键》，《金融物价月刊》第 1 卷第 8 期（1936 年 8 月），第 22 页。

③ 《吴健陶向财部建议以加三计算》，《香港工商日报》1936 年 8 月 13 日第 1 张第 2 版。

收，而人民原有的钱财却要打折扣。"① 鉴于财政部和广东当局未能达成一致意见，孔祥熙决定再派徐堪赴粤进一步调查。8月15日，宋子良与贝祖诒、徐堪、陈光甫、陈行等财政金融专家返粤后即向蒋介石、黄慕松②汇报。蒋介石对券币比率问题也非常关注，一再召集宋子良、贝祖诒、唐寿民等研讨，并邀孔祥熙来粤商议。③

在国民政府与广东当局商议券币比率之际，广东商界积极行动起来继续表达诉求。8月17日，广东省商会联合会召开常务会议，决议"小洋改换大洋比率最高不宜超过加三"④。广州市各行商成立研究币制改革办事处，专门负责吁请事宜，并推定谭棣池等15人为该办事处之委员，其最终目标是："务求当局体顺粤省人民之意，确定比率平换，庶不致民众有所损失。"⑤ 广东商界注意到，如果孔祥熙应蒋介石之邀来粤商议，将很有可能最终敲定粤币改革方案及券币比率。研究币制改革办事处为此推定谭棣池等委员为全权代表，"届时晋谒孔部长，对于将来本省改制，务争比率平换"⑥。孔祥熙后因公未能抽身来粤，即电召徐堪携带向蒋介石、黄慕松等请示之结果

---

① 《当局急于整理广东财政》，《香港工商日报》1936年8月16日第1张第1版。

② 1936年7月28日，行政院在庐山召开例会，任命黄慕松为广东省政府委员兼主席，任命林云陔为蒙藏委员会委员长。《庐山会议之结果　粤省府决彻底改组》，《香港工商日报》1936年7月29日第1张第2版。

③ 《宋子良返省后　粤改制问题再紧张　蒋电邀孔祥熙来粤研商一切》，《金融物价月刊》第1卷第8期（1936年8月），第86—87页。

④ 《省商会对整理财政有重要商决》，《香港工商日报》1936年8月18日第2张第2版。

⑤ 《粤民力争比率平换》，《香港工商日报》1936年8月19日第2张第3版。

⑥ 《粤商准备派员环谒》，《香港工商日报》1936年8月20日第2张第2版。

返回牯岭，再次商议改革币制方案和券币比率问题。①

在券币比率问题上，中央政府既需要维护中央法币的信用，又不希望独自承担陈济棠滥发货币所造成的"恶果"。陈济棠统治广东时期，为筹集战费与南京国民政府抗衡，滥发纸币，以致毫券信用基础薄弱。唐寿民等的报告显示，截至1936年6月30日，广东毫券发行额达24,958万元，现金准备仅10,745万元，现金准备比例约43%，与南京国民政府规定六成准备标准尚差4,229余万元。② 据唐寿民等估算，券币比率定为"加三""加四四""加五"时，南京国民政府需要分别填补3,073万元现金准备和7,679万元保证准备、1,954万元现金准备和6,930万元保证准备、1,538万元现金准备和6,655万元保证准备。也就是说，券币比率越低南京方面需要填补的资金越多；反之，则越少。在"不动摇中央法币信用"和"顾念粤省人民经济"的原则下，唐寿民等建议财政部将券币比率定在"加五"至"加五五"之间。③

参考唐寿民等人的意见并权衡各方利益，孔祥熙于1936年8月20日就整理广东币制发表谈话："今日整理粤币之道，自应以粤民全体之利害为重，毋着眼于少数人之损益，更应严防过去滥发钞币及不正当之买卖。若币值过低，则持有毫券者，其购买力将因而减少，但若币值过高，则粤省入超，必然增加，侨胞汇款，因而停滞，资金乘机逃避，对外收支，更蒙

---

① 《徐堪飞赣谒孔　商洽改革粤币制案》，《申报》1936年8月20日第3版；《徐飞牯系报告蒋黄意见》，《香港工商日报》1936年8月21日第2张第2版。

② 《唐寿民等缮具整理广东省金融报告（1936年8月）》，《中华民国史档案资料汇编》第5辑第1编《财政经济（四）》，第690页。

③ 《唐寿民等缮具整理广东省金融报告（1936年8月）》，《中华民国史档案资料汇编》第5辑第1编《财政经济（四）》，第691—693页。

不利。"① 出于以上考虑，财政部决定放缓改革广东币制的步伐，暂时维持毫券流通，将改革的重点放在确定毫券本身信用和维持币值的稳定上，南京国民政府为此需要设法"筹拨基金，发行债券，补足准备"②。在此期内，财政部暂定办法两项：（1）"广东省、市两银行原有毫券，在粤省境内一切收付仍照常行使"。（2）"粤省一切税收，其向以中央法币为本位者，仍照旧办理，如无法币，应按当日市价，折合抵缴，但不得超过加五计算。"③ 财政部这种渐进式的币制改革方案得到了蒋介石的支持，蒋对该方案寄予厚望："此后毫券之准备既已充实，持券人之利益得有保障，物价稳定，社会经济发展可期。俟应办手续完成，再由财政部妥定收换办法，实行法币，俾全国币制归于统一，全粤民众之福利亦得永久保障矣。"④

实际上，南京国民政府将广东币制改革分为两步实施：第一步旨在巩固毫券信用，充实准备，稳定物价；第二步实现币制的统一。但是，财政部将券币比率暂定为"不超过加五"，与广东商界"不超过加三"的要求仍有较大距离。研究改革币制办事处于 8 月 22 日召开临时会议，决议公告全粤同胞，

---

① 《整理粤省币制孔部长发表政见》，《金融物价月刊》第 1 卷第 8 期（1936 年 8 月），第 88 页。

② 《孔部长发表审慎改革粤币制谈话》，《金融周报》第 2 卷第 9 期（1936 年 8 月 26 日），第 24—26 页。

③ 《关于财政部整理粤币办法的训令（1936 年 8 月）》，广东省档案馆藏，档案号：006-003-0548，第 7—8 页。

④ 高素兰编注：《蒋中正"总统"档案：事略稿本》第 38 册，台北："国史馆"，2010 年，第 141—142 页。

陈明此次争议的利害关系。① 广东省商会联合会、广州市商会召开谈话会，决定电呈"国民党中央党部"、国民政府各院部以及省政府、财政特派员公署、财政厅等有关部门进行呼吁。② 在此情形下，广东省政府一方面须贯彻和执行财政部所订办法，另一方面亦须兼顾商界的利益和诉求，经详加考虑之后，特于 8 月 26 日正式公布《整理粤省毫洋券暂定办法》。根据规定，"凡国税省税以大洋定额者，须一律缴纳中央法币，如无法币，则以毫券按当日市价折合抵缴，但不得超过加五"；"凡有省银行或分行的地方，每日由省行将中央法币调换毫券价悬牌，作为标准，如无省行的地方，每半月内由财政特派员公署、财政厅参照广州近数月市价，定为每毫券一元四角八分，换中央法币一元"；"凡无省行的地方，九月十五日前，如以毫券缴纳大洋，定额国税省税，用此比率折合"。③

较之财政部所定的比率，广东省政府将券币比率稍减低为"加四八"，但广东各商仍认为比率过高。研究币制改革办事处于 8 月 27 日再次召集临时紧急会议，决议仍坚决力争比率平换，否则请政府采取缓进办法，取消暂定"加四八"之议；同日，广州市商会召集各行商代表开谈话会，一部分行商代表极力主张"平换"，一部分则主张不予超过"加三"，双方争

---

① 《改制比率尚有问题 粤商作进一步争议》，《香港工商日报》1936 年 8 月 23 日第 2 张第 3 版。

② 《各行商积极争请比率平换》，《香港工商日报》1936 年 8 月 24 日第 2 张第 3 版。

③ 《财厅规定粤钞折合大洋价》，《香港工商日报》1936 年 8 月 27 日第 2 张第 3 版；《财特署财厅会衔布告整理毫券暂定办法》，《香港工商日报》1936 年 8 月 28 日第 2 张第 3 版。

论异常激烈。① 8 月 28 日，广州市商会会长邹殿邦与胡颂棠等委员赴广东省财政厅拜见宋子良，请求再降低比率，宋答应加以考虑并转呈省政府、财政部核示。② 对于广东商界的不满情绪，财政部当局不以为意。8 月 29 日，孔祥熙向记者谈话时就对粤商进行批驳："于改革币制时主张提高票面价值，希图目前一时小利，而忽视其将因此使货物成本增加、社会购买力薄弱、营业上所受之重大损失，岂非前后自相矛盾。"③

值得注意的是，自财政部公布暂行办法以后，广东当局与南京国民政府在券币比率问题上的态度由牯岭会议时的分歧而趋于一致。宋子良在谈话中对改革币制暂行办法表示支持："从此粤省币制金融可以趋向安定，而树立经济建设之根基，不胜愉快之至。"④ 8 月 31 日，广东省银行行长顾翊群向记者发表意见称："当局此次所定（券币）比率，实系依据粤省经济情形及社会实情而定。须知社会民生经济，欲求其安定，则须稳定货币，斤斤而求低定比率。从目前稍见其利，将来前途则深受其害也。"⑤ 不可否认，广东当局确实有为地方商界争取利益的愿望，但由于财政部公布的暂行办法得到蒋介石首

① 《粤商坚决反对加四八比率 行商谈话会有争论》，《香港工商日报》1936 年 8 月 28 日第 2 张第 3 版。

② 《粤商仍积极谋议 商代表昨谒送厅长未见结果完满 当局加紧改制进行恢复收买白银》，《香港工商日报》1936 年 8 月 29 日第 2 张第 2 版。

③ 《孔祥熙昨抵沪 谈整理粤省金融》，《香港工商日报》1936 年 8 月 30 日第 1 张第 2 版。

④ 《对整理币制之重要谈话》，《金融物价月刊》第 1 卷第 8 期（1936 年 8 月），第 89 页。

⑤ 《粤商努力争议券币比率问题 顾翊群昨发表意见》，《香港工商日报》1936 年 9 月 1 日第 2 张第 3 版。

肯，要在遵从中央政令与维护商民利益之间做出选择时，广东当局明显倾向前者。

在南京国民政府与广东当局立场趋于一致时，广东商界内部关于券币比率的不同主张亦趋于以"不超过加三"为主流。8月31日，广州市商会召开执行委员会常务会议，将各方交来所陈意见逐一审核，认为"请勿予超过加三"最为恰当，仅研究改革币制办事处则力争"平换"。[①] 这种分歧不利于商界向政府有关部门表达诉求。后经激烈争论，大多数行商认为，"原平换之议，大都认为过事之求，且与实际情形相距甚远"，"请求勿予超过加三为恰当"。[②] 对于商界"不超过加三"的要求，政府当局坚称，券币比率"不得超过加五"是依照实际情形与不损粤民的原则而定，"无论一部分人如何反对，亦当不予接纳，盖亦不欲为一部分人得以从中逐其利益之愿"[③]。

广东券币比率亦受南京国民政府改革桂钞的影响。自广西政局平定后，南京方面即派员与广西当局磋商统一桂省币制办法。当时传出，自1936年11月1日起，"桂省改用大洋法币为本位，而以桂钞为辅币，法币与桂钞比价定为加六"[④]。广东商界对此尤感不满，"以桂币值向低粤币值十分之二强，今竟获加六伸比，与吾粤所定加五之数相差十分之零五……为请

① 《券币比率潮势将扩大　粤商反对高定决进一步表示》，《香港工商日报》1936年9月2日第2张第3版。

② 《加三与平换又有争持》，《香港工商日报》1936年9月4日第2张第3版。

③ 《当局对所定比率表示坚决》，《香港工商日报》1936年9月6日第2张第2版。

④ 《桂省改用法币本位办法　法币与桂钞折合比率定为一六计算》，《金融周报》第2卷第20期（1936年11月11日），第26页。

免将粤币值压低以致影响广东商业经济起见，继续请求减低比率，免粤币值过于低折"①。11 月 1—3 日，研究改革币制办事处连续召开会议商讨对策。② 该办事处决议电呈南京国民政府和广东省政府各部门进行呼吁："广西省银币向值粤省币值在八成以下，如果桂币与国币比率为加六，则粤币应固定为加二八，转换国币，仍无畸轻畸重之嫌。"③

为协助改革两广币制，全国经济委员会常委宋子文于1936 年 11 月 20 日奉命南下。④ 广东商界认为这是向南京国民政府表达诉求的大好机会。广东省商会联合会和广州市商会联合致电财政部和宋子文，对粤桂比率提出异议："桂币大洋比率既定为加六，粤币大洋比率若定为加五，实不公平。"⑤ 宋子文在香港招待中外记者时则指出："粤币大洋比率极公允，粤商反对实所不解。"⑥ 他认为，券币比率"不得超过加五"是经国民政府财政部专家研讨而确定，虽有进一步之考虑可能，但不能草率变更。⑦ 鉴于两广币制有直接联系，宋子文抵

① 《券币比率之争又起　行商明日开会讨论》，《香港工商日报》1936 年 11 月 1 日第 2 张第 3 版。

② 《粤市行商今日讨论券币比率》，《香港工商日报》1936 年 11 月 2 日第 2 张第 2 版。

③ 《粤商人请改订毫券比率》，《银行周报》第 20 卷第 45 号（1936 年 11 月 7 日），第 4—5 页。

④ 《粤官商各界准备欢迎宋子文》，《香港工商日报》，1936 年 11 月 22 日第 2 张第 2 版。

⑤ 《粤商会电财部争大洋比率》，《金融周报》第 2 卷第 23 期（1936 年 12 月 2 日），第 33 页。

⑥ 《宋子文在港招待中西新闻界》，《申报》1936 年 11 月 21 日第 4 版。

⑦ 《全经会委长宋子文在港发表谈话》，《金融周报》第 2 卷第 22 期（1936 年 11 月 25 日），第 29—30 页。

广州后表示，将在视察广西金融后才发表对于券币比率的意见。① 然他考察广西后却发现两广分歧甚大，亦未敢贸然表态："粤桂向属行使小洋省份，而币值不同，其与大洋比率当亦有异。此中关系粤桂金融经济商场甚大，万不能草率发表意见，以引起双方商场之彼此发生特殊状态。"② 宋子文北返后不久便发生了"西安事变"，直至事变解决后，他才将考察两广金融意见交孔祥熙参考。③ 在财政部再次公布改革币制办法以前，广东券币比率继续维持不变。

事实上，在初步确定券币比率以后，南京国民政府和广东当局注重充实毫券准备金，在宋子良的大力推动下，立法院于1936 年 9 月 11 日审议通过《民国廿五年整理广东金融公债条例》。条例规定，自 10 月 1 日起发行整理广东金融公债12,000 万元；发行此次金融公债的目的是"整理广东金融，充实毫券准备"④。为调剂广东金融及配合币制改革，南京国民政府决定设立中央银行广州分行，孔祥熙先是派该行业务局副局长周守良、国库局副局长李惕生赴粤视察金融情形⑤，后又派

---

① 《宋对大小洋比率意见暂缓发表》，《香港工商日报》1936 年 12 月 5 日第 2 张第 3 版。

② 《宋对币券比率意见回京发表》，《香港工商日报》1936 年 12 月 8 日第 2 张第 3 版。

③ 《粤大小洋比率宋意见交财部》，《香港工商日报》1936 年 12 月 24 日第 2 张第 3 版。

④ 《广东省建设厅关于抄发一九三六年整理广东金融公债条例等情的训令（1936 年 12 月 2 日）》，广东省档案馆藏，档案号：006-003-0548，第 87—89 页。

⑤ 《财部决整理广东省银行财产 并积极筹设中央银行广州分行》，《金融周报》第 2 卷第 6 期（1936 年 8 月 5 日），第 27 页。

汉口分行经理钟锷赴粤，"拟于最短时期内，筹备开幕"①。
1936 年 12 月 1 日，中央银行广州分行正式开张，其重要职能
是吸收毫洋，以稳定毫券币值。经过多种努力，广东毫券币值
得以稳定。受政治军事局势影响，1936 年 6、7 月，粤币价格
大幅下跌，港纸 1,000 元折算毫券的价格分别为 1,771 元和
1,764 元；申纸 1,000 元折算毫券的价格分别为 1,633 元和
1,644 元；自初步确定券币比率以后，广州汇价渐趋稳定，港
纸 1,000 元折算毫券的价格在 1,537—1,549 元间；申纸 1,000
元折算毫券的价格在 1,486—1,497 元间，具体见表 5-1。

表 5-1　1936 年 1—12 月广州市外汇市价指数表

月份	港纸 1,000 元伸合毫券		申纸 1,000 元伸合毫券		总指数	
	价格	指数	价格	指数	每月数	各月增减
1	1,372	95.6	1,252	96.6	95.1	—
2	1,435	100.0	1,296	100.0	100.0	+4.9
3	1,507	105.0	1,380	106.5	105.8	+5.8
4	1,527	106.4	1,398	107.9	107.3	+1.5
5	1,561	108.8	1,428	110.2	109.5	+2.2
6	1,771	123.4	1,633	126.0	125.4	+15.9
7	1,764	122.9	1,644	126.9	126.2	+0.8
8	1,541	107.4	1,486	114.7	113.4	-12.8
9	1,543	107.5	1,488	114.8	112.5	-0.9

① 《中央银行积极筹设广州分行》，《金融周报》第 2 卷第 12 期（1936 年 9
月 16 日），第 30 页。

续表

月份	港纸 1,000 元伸合毫券		申纸 1,000 元伸合毫券		总指数	
	价格	指数	价格	指数	每月数	各月增减
10	1,549	107.9	1,497	115.5	106.9	-5.6
11	1,537	107.1	1,494	115.3	106.0	-0.9
12	1,543	107.5	1,494	115.3	106.4	+0.4

资料来源：广东省财政科学研究所、广东省立中山图书馆、广东省档案馆编：《民国时期广东财政史料》第 3 册，广州：广东教育出版社，2011 年，第 309—310 页。

三、多方角力与券币比率的最终确定

券币比率的初步确定，除稳定毫券币值外，也在一定程度上稳定了物价。时任国立中山大学经济系主任的黄元彬教授对 1936 年 8—12 月广州物价指数与国内外其他大都市进行比较后发现，"比率安定后五个月间广州市物价最为安定"[①]。但这种物价稳定的状态自 1937 年 1 月以后被打破。由表 5-2 的统计数据可见，除衣料外，米类、其他食品、燃料、金属及建筑、杂项的价格均出现了大幅增长的态势；米类物价指数由 1936 年 12 月的 113.64 增至 1937 年 3 月的 129.03；其他食品物价指数 1937 年 1 月达 127.68，此后始终维持在 130.00 以上；物价总指数增至 118.00 左右，银元购买力则由 91.00 以上降至 84.00 左右。由于物价上涨，广东民众生活成本大幅增

---

① 黄元彬：《大小洋比率安定后半年来之检讨与释疑》，《广东经济建设月刊》第 4 期（1937 年 4 月），第 162 页。

加。统计显示，自 1936 年 12 月以后，广州工人生活费用呈现直线上升的趋势，工人生活费指数由 70.00 大幅增至 105.00 左右；1937 年 4 月至 5 月间，广州工人生活费水平已接近或超过上海、北平、天津。①

表 5-2　1936 年 6 月—1937 年 6 月广州批发物价指数表

时间	米类	其他食品	衣料	燃料	金属及建筑	杂项	总指数	银元购买力
1936.6	114.65	121.01	92.87	125.90	98.95	127.62	110.49	90.51
1936.7	109.40	124.64	94.80	128.58	102.26	132.06	112.92	88.56
1936.8	111.11	123.25	89.49	119.60	99.49	124.35	109.48	91.34
1936.9	109.63	123.85	91.04	119.56	95.56	124.12	108.94	91.79
1936.10	110.46	122.60	94.40	121.94	94.45	119.68	108.85	91.87
1936.11	112.95	119.37	97.16	122.40	98.26	119.49	109.63	91.21
1936.12	113.64	121.05	98.54	119.50	102.08	120.68	111.31	89.84
1937.1	125.92	127.68	98.90	119.31	105.91	123.21	115.73	86.41
1937.2	127.29	131.42	98.17	120.45	110.74	124.06	118.04	84.72
1937.3	129.03	130.05	96.06	118.88	111.69	124.62	117.50	85.11
1937.4	118.06	133.17	99.19	123.68	115.14	127.12	119.78	83.49
1937.5	121.63	133.15	99.68	121.16	114.97	126.42	119.81	83.47
1937.6	114.97	131.50	102.30	121.12	111.71	126.17	118.73	84.22

注：以 1926 年的物价指数为基数 100.00。

资料来源：《广州市疋售物价指数表》，《广东省银行月刊》第 1 卷第 3 期（1937 年 9 月 15 日），第 163 页。

———————

①　《上海北平天津广州工人生活费指数图（1933—1937）》，《实业部月刊》第 2 卷第 8 期（1937 年 8 月），第 308—309 页。

广东社会各界将物价上涨及生活成本增加归咎于毫券贬值，于是减低券币比率的呼声再起。1937 年 2 月 23 日，广州市商会会长邹殿邦致电南京各粤籍"中央委员"，请其向南京国民政府转达重订券币比率的请求。① 鉴于券币比率已影响到普通民众的生活，广东当局对此极为重视。在南京参加国民党五届三中全会的广东代表余汉谋、黄慕松积极与孔祥熙协商，希望国民政府将券币比率减为"加四四"。② 余汉谋、黄慕松的建议得到在南京的粤籍中委的响应，他们表示"力请中央将大洋比率重行复议"③。3 月 1 日，广东旅沪同乡会、广肇公所、粤侨商业联合会、潮州会馆等团体在上海新亚酒店举行欢迎余汉谋及粤籍中委宴会。宴会上，粤籍中委一致认为："过去粤币一元二角换大洋一元，现在因粤币贬价，粤币一元五角始换大洋一元。广东为入超的省份，三千万粤民的日常用品，每靠国外供应，因此物价抬高，人民生活亦日感困难。故币价问题，亦为目前急待解决的问题。"④ 此时社会上一度传出国民政府同意将券币比率改定为"加四"的消息。3 月 2 日，粤籍中委梁寒操致电广州市商会："（券币比率）现已复议，有定为加四标准之议，俟日内决定，即行公布。"⑤ 受此影响，广州金融市场发生突变，"港纸由加五三五跌至四八，大洋法

① 《大小洋比率争持再起》，《香港工商日报》1937 年 2 月 24 日第 2 张第 3 版。

② 《粤币价涨》，《申报》1937 年 2 月 24 日第 4 版。

③ 《粤籍中委力争大洋率》，《香港工商日报》1937 年 3 月 2 日第 2 张第 2 版。

④ 《旅沪广东四团体昨欢宴余汉谋等》，《申报》1937 年 3 月 2 日第 14 版。

⑤ 《中央接纳粤委请求 复议券币比率》，《香港工商日报》1937 年 3 月 3 日第 2 张第 3 版。

币亦由加五而跌至加四六，广西纸币随之上升"①。为平息金融风潮，广东省财政厅出面辟谣："关于中央减低粤币比率一节，本厅未有接到此项电告，外传改为加四一点，料是忖测之词……余主任在京沪与京中当局商洽此事，目前尚未有具体决定。"②

面对来势汹汹的金融风潮，广东方面希望南京国民政府尽快实施第二步改革，确定券币比率。1937年3月4日，广东省银行行长顾翊群在呈孔祥熙的电文中指出："（粤币风潮）来势汹汹，挟申汇、港汇两重势力以俱来，比价一日未定，风潮一日不息。"顾翊群认为，"自维持比率以后，信用日见增进，现金准备经继续补充，亦达到百分之六十，其中且有相当之生金与外汇。确定比率公布，似已到适当时机。"③顾翊群向孔祥熙建议："从速确定比率，公布国币与粤币一体照定率行使；如比率一时未便公布，仍须由职行继续维持，则请准职行短期间内赶印新币一万万元，以应亟需。"④然广东方面的建议并未得国民政府的准许，财政部坚持维持原比率。为稳定金融市场和维护民众的切身利益，广东当局又致电财政部，提出改定券币比率的3项办法：（1）"由财部速行法定国币与粤币之比率，以为统一币制所应立取之进行步骤"。（2）"以后

① 《粤金融市情突变中》，《香港工商日报》1937年3月1日第2张第2版。

② 《余汉谋在京沪分头磋商》，《香港工商日报》1937年3月4日第2张第3版。

③ 《顾翊群呈报广东币制风潮及处理意见电（1937年3月4日）》，《中华民国史档案资料汇编》第5辑第1编《财政经济（四）》，第699—700页。

④ 《顾翊群电请速定国币与粤币比率或准广东省银行印新纸币一亿元应急（1937年3月4日）》，台北"国史馆"藏，典藏号：001-084001-0001，第40—41页。

汇率与国税加水，即按照此法定比率执行"。（3）"所定比值，应依据未行法币以前大洋与毫券之平均比值定之"。①

此时广东商界方面积极联合起来行动，准备做最后的抗争。② 广州市商会派代表晋京请愿，要求"降低粤币大洋比率，以减轻物价，解除粤人痛苦"③。广州市商会呈文南京国民政府，对财政部以广东毫券保证准备金不足为理由而确定券币比率进行批驳。其认为，广东现有毫券准备金加上将来继续收买的白银，将超过所发行的毫券数额。④ 5 月 17 日，广州市商会召开会议，将米价上涨的原因归于券币比率过高，会议除讨论再发通电呼吁外，并商议由全市 120 余行商公会联衔发电响应。⑤ 与之前广东商界内部在券币比率问题上存在分歧不同，此时商界显得更加团结，希望通过集体力量争取最大的利益。

1937 年 5 月，广东军事当局亦参与进来，使券币比率之争出现了新态势。第四路军师旅长叶肇、李汉魂、莫希德等人向来粤主持吴铁城⑥主席就职仪式的司法院副院长覃振请愿，

① 《粤当局对大小洋比率确定问题 主张依据未改之前比值》，《香港工商日报》1937 年 5 月 8 日第 2 张第 3 版。

② 《券币比率问题再见紧张 商人扩大运动货币市情转坚》，《香港工商日报》1937 年 5 月 13 日第 2 张第 2 版。

③ 《粤商请愿减低粤币比率》，《申报》1937 年 5 月 12 日第 4 版；《减低粤币比率粤商呼吁声》，《申报》1937 年 5 月 14 日第 4 版。

④ 《市商会亦继军政当局后请提高毫券比率价值》，《香港工商日报》1937 年 5 月 12 日第 2 张第 2 版。

⑤ 《粤市商会请另定比率》，《申报》1937 年 5 月 18 日第 4 版。

⑥ 1937 年 3 月 20 日，广东省政府主席黄慕松在广州病逝。3 月 24 日，国民政府任命吴铁城为广东省政府委员兼省政府主席。参见《民国广东大事记》，第 548 页。

痛陈券币比率过高，影响士兵伙食："从前每月六元可足，今增至七八元尤未足，故请转陈中央将粤币大洋比率降为不超过加三，则军民两利。"① 覃振对此事颇为重视，5 月 11 日离粤抵达湖南时，特致电广东军事当局："一俟返抵首都，则向中央代为请命。"② 为敦促南京中央变更券币比率，第四路军各师旅长联合致电南京国民政府："三中全会开幕之际，诚有此项案件（券币比率）提出讨论。故请饬令财部，讯将奉令草拟内容，及其不能立即减低理由转示，俾资释疑。"③ 第四路军在平息"两广事变"中发挥了重要作用，所以南京国民政府和广东省政府对各师旅长的意见不得不加以重视。鉴于官兵对券币比率的不满情绪不断高涨，新任广东省政府主席吴铁城派代理财政厅厅长曾养甫进京活动。5 月 17 日，吴铁城在复曾养甫的电文中强调："各师旅长于回省报告所编之便，联向弟暨覃副院长请求转陈中央减低券币比率……闻委座不怿，颇为不安，惟望善为解释，鼎力斡旋。"④ 很明显，吴铁城一方面希望曾养甫能够打消南京方面对广东军事当局的疑虑，另一方面则希望他能够请求国民政府减低粤币比率。

在广东军政当局与商界的呼吁下，关于中央将降低券币比

---

① 《四路师长昨谒覃振》，《申报》1937 年 5 月 11 日第 3 版。

② 《覃振途次来电决代为请命》，《香港工商日报》1937 年 5 月 20 日第 2 张第 3 版。

③ 《大小洋比率未见明令改善　粤师旅长拟再电请接纳》，《香港工商日报》1937 年 5 月 23 日第 2 张第 3 版。

④ 《广东吴主席复筱电（1937 年 5 月 17 日）》，台北"国史馆"藏，典藏号：001-084001-0001，第 45 页。1937 年 5 月 18 日，行政院任命宋子良为广东省财政厅厅长，在其到任前由曾养甫代理。《行政院决议改组广东省政府》，《申报》1937 年 5 月 19 日第 3 版。

率的传闻不胫而走，因此而引发广东金融市场震荡。5 月 14
日，顾翊群致电宋子良："各报连日登载粤券抬高消息，同时
银市复开，期货投机者大肆活动，成交数额甚巨，港纸、申汇
均跌，申汇已至一四九。本行今日已复出维持购进申钞数十万
元……本行维持现状较前益感困难。"[①] 宋子良此时仍在上海
休假养病，故将该电转交在上海活动的曾养甫。曾养甫次日复
电顾翊群，请其"负责查明各行汇兑交易数量及真实户名，
由厅严厉处置，以绝奸人投机渔利"[②]。同时曾养甫致电广东
省财政厅秘书桂兢秋、李崇诗，令其与顾翊群一起查处投机行
为，"拟定有效办法以便核准施行"，"尽力协助省行维持市
面，安定金融"。[③] 券币比率悬而未决，影响金融市场稳定，
这坚定了广东省政府彻底改革粤币的决心。5 月 18 日，曾养
甫和宋子良联名呈文蒋介石："对于港粤奸商投机操纵毫券汇
兑，已施有效制止办法，可暂告一段落。惟职等思虑再三，若
比率问题不早彻底解决，深恐金融币制不得安定。"[④] 曾养甫
和宋子良在上海的活动显然是有效的。根据曾养甫从上海发回
的电告，广东省财政厅方面表示，"经粤省官民既认定比率过
高为痛苦之一，一致要求减低，中央必能予以相应接纳，故曾

---

① 《广州顾行长翊群寒电（1937 年 5 月 14 日）》，台北"国史馆"藏，典
藏号：001-084001-0001，第 46 页。

② 《复广东省银行顾行长删电（1937 年 5 月 15 日）》，台北"国史馆"藏，
典藏号：001-084001-0001，第 47 页。

③ 《致广东财政厅删电（1937 年 5 月 15）》，台北"国史馆"藏，典藏号：
001-084001-0001，第 48 页。

④ 《宋子良曾养甫呈蒋介石文（1937 年 5 月 18 日）》，台北"国史馆"藏，
典藏号：001-084001-0001，第 44 页。

代厅长此次北上会商之结果甚为圆满"①。

经各方共同努力争取，券币比率似乎有了松动的迹象。财政部方面终于表示，"有重订（券币）比率之必要，拟具意见呈行政院核示"②。既然南京方面已经有意重订券币比率，那么到底定为多少才合适？这是南京当局亟待解决的问题。为完成广东币制改革，国民政府于1937年5月底派曾参与法币改革的意籍财政部顾问史丹法尼赴粤考察，一方面传达南京中央改革粤币的意旨，另一方面听取广东军政当局的意见，以供中央决策参考。③ 在粤期间，史丹法尼就券币比率高低对官兵生活、人民生计、实业发展与华侨投资的影响，与广东军政当局余汉谋、吴铁城交换了意见。④ 余汉谋特别指出，"（第）四路军各师旅长所请提高粤币币值，与军饷问题截然两事。盖其一则为民请命，其一则为士兵之给养"⑤。

蒋介石本人也一直密切关注广东券币比率问题。针对1937年5月上旬广东发生的金融风潮，当时社会传言某些政府官员也参与其中，蒋介石为此致电吴铁城密令广东省财政

① 《中央及委长切念粤民生活　曾养甫电告会商结果完满》，《香港工商日报》1937年5月20日第2张第3版。

② 《粤请重订粤币与大洋比率》，《金融周报》第3卷第22期（1937年6月2日），第28页。

③ 1937年3月30日，史丹法尼向蒋介石建议，"整理财政和金融，似应采用由部分及于全体，由一省推及全国之办法，按步实行"。王正华编注：《蒋中正"总统"档案：事略稿本》第40册，台北："国史馆"，2010年，第311页。

④ 《国府财政顾问会吴余后北返》，《香港工商日报》1937年5月29日第2张第3版。

⑤ 《征询四项意见余吴就全民立场答复》，《香港工商日报》1937年5月29日第2张第3版。

厅,"切实查明,限一星期内详报"①。经财政厅侦查,发现广东省政府委员邹敏初等人涉案,"当时沽出港币、期货、现货共六百余万元"。蒋介石即电令将邹等押解到京,并电司法院秘书长魏道明将其交军法处审判。② 这显示出蒋介石对金融投机行为的痛恨和维护广东金融市场稳定的决心。为了解广东金融情况,蒋介石电令广州行营办公厅主任、代参谋长罗卓英就近调查及搜集材料,罗奉令于 6 月 4 日召集广东金融专家李泰初、黄元彬等人到行营谈话,听取专家的意见。③ 罗卓英又聘请有关专家组织"广东经济金融研究会",定期召集会议讨论券币比率问题,并将各方见解及时提供蒋介石及中央机关参考采纳。④

表 5-3　1937 年 1 月—6 月 19 日广东毫券流通状况表

时间	毫券发行额（元）	现金准备（元）	现金准备率（%）
1 月	266,180,000	149,720,000	56.25
2 月	282,140,000	165,680,000	58.72
3 月	293,180,000	176,720,000	60.28
4 月	308,159,000	191,699,000	62.28

① 《蒋中正电吴铁城密令财厅限期查报粤币风潮及期货交易（1937 年 5 月 30 日）》,台北"国史馆"藏,典藏号:002-010200-00175-086,第 1 页。

② 《蒋中正电令将邹敏初等拿解来京（1937 年 6 月 13 日）》,台北"国史馆"藏,典藏号:002-060100-00123-099,第 1 页。

③ 《广州行营奉令研究券币问题》,《香港工商日报》1937 年 6 月 5 日第 2 张第 3 版。

④ 《行营金融研究会积极工作,安定币值并求合理化》,《香港工商日报》1937 年 6 月 10 日第 2 张第 3 版。

续表

时间	毫券发行额（元）	现金准备（元）	现金准备率（%）
5 月	314, 189, 000	197, 729, 000	62. 93
6 月	329, 189, 000	212, 729, 000	64. 62

资料来源：《省券流通状况》，《广东省银行月刊》第 1 卷第 1 期（1937 年 7 月），第 76—77 页。

各种调研活动有助于南京国民政府更全面地了解广东社会经济以及各界的诉求，为进一步改革广东币制提供依据。事实上，此时改革广东币制的条件更加成熟，困扰政府的现金准备不足问题已经得以解决。由表 5-3 的统计可见，广东毫券发行额由 1937 年 1 月的 26,618 万元增至 6 月的 32,918.9 万元；现金准备由 14,972 万元增至 21,272.9 万元；因现金准备增幅大于毫券发行额，所以现金准备率逐月提高，自 3 月以后均超过了现金准备的 60%。加之中日关系日益紧张，统一和改革广东币制成为南京国民政府亟须解决的问题。1937 年 6 月 17 日，宋子文奉命再次南下广东，其最重要的任务就是改革粤币。[①] 早在 5 月 12 日，宋子文呈文蒋介石，提议尽快整理广东金融："为统一全国币制，运用白银安定外汇，并为防止未来纠纷计，亟应规定毫券与法币之法定比价，由中央公告定期施行。"[②] 宋子文还拟定《统一广东币制所应采取之步骤》共 11 条，其中指出，"决定比率公布之前应严守秘密"，"准备充分

[①] 《宋子文昨日抵港，主要任务整理粤桂金融并计划开发琼崖等事宜》，《申报》1937 年 6 月 18 日第 3 版。

[②] 《宋子文呈蒋中正整理广东金融旧债问题与办法（1937 年 5 月 12 日）》，台北"国史馆"藏，典藏号：002-080109-00014-003，第 1 页。

之法币存于广州备用", "与中央财政当局及广东负责当局事先商谈决定统一币制条件及便宜行使方法"。① 可以说，宋子文奉命来粤之前对改革广东币制已经做了比较充分的准备。

宋子文抵达广州后，即与余汉谋、吴铁城、曾养甫及银行界负责人接洽。6月19日，余汉谋、吴铁城、曾养甫、宋子文4人联名致电蒋介石，提出整理广东金融的办法："拟先将省银行库存现银转移中中交三行管理，俟法定比率公布后至本年年底止，国币与毫券暂照法价并用……自民国廿七年一月一日起，一律只准通用国币。庶中央统一粤省币制之办法，可望于短期内完成，而在地方人心亦较可安定，免滋纷扰。"② 同日，宋子文电蒋介石称："幄奇（余汉谋）对于钧座统一粤省币制方案确能诚意拥护，毫无地方观念。"③ 可见南京国民政府改革粤币得到了广东当局的大力支持。6月20日上午，宋子文在中央银行广州分行召集金融界负责人开会，重点讨论改革粤币、大小洋比率、白银收集及保管办法、安定金融等问题。会后宋子文与余汉谋、吴铁城再次会商，并汇集各方意见，将改革广东币制最终方案呈请南京方面核准。④

经国民政府高层批准，宋子文于6月20日下午以财政部

---

① 《统一广东币制所应采取之步骤（1937年5月12日）》，台北"国史馆"藏，典藏号：002-080109-00014-003，第4—5页。

② 《余汉谋等呈整理广东省币制问题拟将省银行库存现银移中中交银三行管理（1937年6月19日）》，台北"国史馆"藏，典藏号：001-084001-0001，第51—52页。

③ 《宋子文电呈余汉谋确能诚意拥护统一广东省币制方案（1937年6月19日）》，台北"国史馆"藏，典藏号：001-084001-0001，第59页。

④ 《宋子文来粤第一度重要工作，昨晨在中央分行开重要会议》，《香港工商日报》1937年6月21日第1张第2版。

名义发表改革广东币制训令：（1）自民国二十七年一月一日起，所有粤省公私款项及一切买卖交易收付与各项契约之订立，均应以国币为本位，如再以毫券收付或订立者，在法律上为无效。（2）广东省银行、广州市银行所发毫券……自六月二十一日起，以一四四（加四四）为法定比率折合国币，在本年年底以前，按比率照常行使。但以国币照法定比率交付者，不得拒收，违者严惩。（3）广东省银行、广州市银行所发毫券，自即日起由中央银行、中国银行、交通银行及广东省银行按照法定比率，负责以国币陆续兑回销毁。（4）发行准备管理委员会广州分会，对于尚未收回之毫券，应随时保持原有比例之现金准备。① 宋子文在谈话中强调，广东券币比率的确定经政府高层缜密研讨，尽量兼顾民众负担和地方经济发展，对广东乃至全国均有重大影响："今比率定为照加四四权衡，示为平允。此后粤省币制，即一律以国币为本位，从此全国货币统一。"② 其后，宋子文召集广东和香港银行界负责人开会，说明政府统一币制的决心、改革广东币制的意义以及详细实施办法。③

财政部公布改革币制方案以后，广东政要纷纷表示支持，对社会经济发展充满信心。6 月 21 日，吴铁城电蒋介石称："币制统一案本日宣布后，人心安定，金融益形巩固，工商百

---

① 《关于财政部确定国币毫券办法（1937 年 6 月）》，广东省档案馆藏，档案号：004-001-0226，第 25 页。

② 《宋子文氏发表谈话》，《申报》1937 年 6 月 21 日第 4 版。

③ 《统一币制政策完成 粤币比率决定加四四》，《香港工商日报》1937 年 6 月 21 日第 1 张第 2 版。

业从此日臻繁荣，百粤人民额手相庆。"① 顾翊群向新闻媒体
谈话时表示："从此本省各种货币，将于短期内趋于统一，货
币政策，即告完成。本行对此过去之努力，今日得到圆满之结
果，深觉异常庆幸。"② 曾养甫认为："粤民生活费用及纳税担
负，亦得略微减轻……财政因货币统一，而收支易跻于平衡，
不致因金融变动，影响税收。同时，因货币稳定，根绝投机者
操纵金融之机会，而使正当资本，得以源源输入本省，对经济
建设前途，尤为乐观。"③ 广东当局的支持是币制改革能够在
地方顺利实施的重要保障。

广东币制改革阻力很大程度来自商界。广东商界此前对中
央所订券币比率持有异议，且力争券币比率"不超过加三"，
严重影响了币制改革的进程。但自财政部将券币比率减为
"加四四"以后，广东各商业组织负责人均表示接受："财政
部为统筹兼顾，平衡此项比率。既经公布决定，惟有遵照明令
法定比率，从此不再作争议比率之运动。"④ 6 月 22 日，广东
省财政厅召开金融界会议，决定银行和银号分别自 8 月 1 日和
9 月 1 日起，所有存款和汇款以国币支付。⑤ 广东金融界认为
"加四四比率公允"，并表示支持和配合币制改革。⑥ 6 月 22

① 《吴铁城电呈币制统一案宣布后人心安定金融巩固（1937 年 6 月 22
日）》，台北"国史馆"藏，典藏号：001-084001-0001，第 71—72 页。

② 《顾翊群谈话》，《香港工商日报》1937 年 6 月 21 日第 1 张第 2 版。

③ 《曾养甫谈话》，《香港工商日报》1937 年 6 月 21 日第 1 张第 2 版。

④ 《粤商不再争议比率》，《香港工商日报》1937 年 6 月 22 日第 2 张第 2 版。

⑤ 《粤财厅召银行界会议存款汇款决以国币支付》，《申报》1937 年 6 月 23
日第 3 版。

⑥ 《银行银业公会分别会议决自七一起以大洋入账》，《申报》1937 年 6 月
22 日第 4 版。

日，曾养甫在致宋子良的密电中也透露出广东各界对券币比率的认可："法币与毫券比率，经委座核定为加四四，并限年内悉数收回毫券……各界对于中央德意均极感戴。"[1] 同日，曾养甫致电蒋介石称："下午召集省市两商会及各同业公会代表，指示实施步骤，均表示极端拥护。"[2] 广东商界之所以接受券币比率的调整方案，一方面，由于当时券币市价为"加四八"左右[3]，政府减为"加四四"已属不易，再做让步的可能性已经很小；另一方面，由于券币比率迟迟未能确定，造成广东金融市场动荡，物价持续上涨，直接影响广大商民的利益，尽快完成币制改革成为广东各界的共同愿望和一致追求。

为早日完成币制改革，广东省财政厅根据财政部训令制定《广东省促进币制统一办法》，要求存汇款项、市场交易等行为必须按期改用国币，按照法定比率进行折算。[4] 但是，在改革过程中仍有许多问题亟待解决。

一是物价问题。按照规定，各项物价应按"加四四"比率改为大洋，不准提高致影响人民生活。[5] 广东市场上商品种

---

[1] 《曾养甫为收回广东毫券确定与法币比率致宋子良密电（1937年6月22日）》，《中华民国史档案资料汇编》第5辑第1编《财政经济（四）》，第700页。

[2] 《曾养甫电呈广东省民众感戴中央实行统一币制德意（1937年6月22日）》，台北"国史馆"藏，典藏号：001-084001-0001，第75页。

[3] 《各种货币市价表》，《广东省银行月刊》第1卷第1期（1937年7月），第79—80页。

[4] 《广东省政府财政厅关于改用国币统一规定办法的布告（1937年6月24日）》，广东省财政科学研究所、广东省立中山图书馆、广东省档案馆编：《民国时期广东财政史料》第6册，广州：广东教育出版社，2011年，第264页。

[5] 《广东省财政厅关于各种物价按照法定比率先期改用大洋一事的训令（1937年7月）》，广东省档案馆藏，档案号：004-001-0218，第101页。

类繁多，有本地产品、省外产品与舶来商品之别，物价起跌无常，如何划定折算办法也是困难之所在。[①] 又因各行商业情形不同，以何日开始为宜，尚需各商与政府当局详加研讨。[②]

二是工资问题。按照财政部规定，公务员、店员、工人等工资一律按照原额七折发给大洋（即 1 元广东毫券折算 0.7 元中央法币），但市面物价未必按照比率回跌，必然造成工薪阶层吃亏，而且广东公务员工资如何与全国一致，店员、工人工资如何同一标准，均需进一步磋商。[③] 三是军费问题。第四路军每月经费已减为小洋 350 万元，照"加四四"比率折合大洋约 270 万元，一般士兵每月发 10 元左右，折算后生活必受影响。余汉谋为此召集各师军需处长、旅团军需主任开会，对军费问题进行研究，并准备赴庐山参加座谈会时向蒋委员长请示。[④] 可见，抗战前券币比率的重新确定是一段纷争的结束，也是另一段纷争的开始，完成广东币制改革还需要各方进一步的努力。

近代中国货币制度大致经历了从无序到有序、从区域到统一、从银本位到纸币本位的发展和演变过程。广东毗邻港澳，在金融货币方面有许多独特性。韩国学者姜抮亚指出，陈济棠统治时期，广东市场将小洋作为支付的标准，小洋须按照行市

---

① 《经济专家研究物价》，《香港工商日报》1937 年 6 月 23 日第 1 张第 2 版。

② 《广州市商会关于全省各县一律依期实行物价按照法定比率先期改用大洋的函（1937 年 7 月）》，广东省档案馆藏，档案号：004-001-0218，第 106 页。

③ 《物价薪俸官商分头研究》，《香港工商日报》1937 年 7 月 7 日第 2 张第 3 版。

④ 《总部今召会议商大洋薪饷问题》，《香港工商日报》1937 年 7 月 8 日第 2 张第 2 版。

兑换为港币，再兑换成上海大洋。① 事实上，广东长期受香港金融市场的控制，"港币控制了华南的进出口贸易和货币金融，又是粤人的交易媒介、保值手段和投机对象"②。港币乘内地政局不稳和粤币贬值之机而大量流入③，使广东成为投资家的乐土，普通百姓则深受其害。且不说"两广事变"时，就是在广东"还政中央"以后，金融风潮仍频频发生，如1936 年 8 月间投机家大量抛出毫券换取港币和国币，11 月间投机家又放出国币与港币以换取毫券。④ 要摆脱港币控制，必须进一步改革和统一广东币制。当时有人指出："目前华南流通之港纸，为额在一万万港币以上，均散在中国人民之手中，中央银行苟欲以法币替代港纸，则必先安定粤省币制，使粤人均认中央法币之信用，殊不下于港纸。"⑤ 稳定广东金融市场，涉及南京国民政府、广东省政府与商民的共同利益，也是改革广东币制的重要动力。特别是经过 1937 年 3 月、5 月的金融风潮，各方似乎更看重大局而不斤斤计较比率之高低，这是券币比率能够最终确定的重要条件。自财政部重订券币比率后，广东物价马上趋向平稳，港钞接着狂跌，打破了数月来的纪录。

---

① 姜抟亚：《20 世纪 30 年代广东省的货币统一政策的崩溃过程——外汇危机与小洋券》，张东刚等主编：《世界经济体制下的民国时期经济》，北京：中国财政经济出版社，2005 年，第 45 页。

② 张晓辉：《香港近代经济史（1840—1949）》，广州：广东人民出版社，2001 年，第 267 页。

③ 严显郁：《银元本位制的恢复——银元券和广东省大洋票的发行》，《广东文史资料精编》下编第 3 卷《清末民国时期经济篇上》，第 137—138 页。

④ 杜梅和：《广东毫券之比率问题》，《广东省银行季刊》第 1 卷第 1 期（1941 年 3 月 31 日），第 103 页。

⑤ 《安定广东币制意见书（1936 年 11 月 4 日）》，《中华民国史档案资料汇编》第 5 辑第 1 编《财政经济（四）》，第 698 页。

正如时人所言："这种现象，不仅是中国币制统一后而使粤民享受到幸福，并且是中国的统一政局更进一步趋向稳固的表示。"①

政治和军事统一是实现金融币制统一的前提。长期处于陈济棠统治之下的广东是南京国民政府统一进程的一大障碍。1936 年 6 月爆发的"两广事变"使蒋介石下定决心，采取"先专对粤""收买""分化"等手段解决两广问题。② 随着陈济棠宣布下野，广东开始"还政中央"，广东与南京国民政府的关系发生了根本性变化，即由陈济棠统治时期的割据势力转变为南京国民政府统治下的一个省。如此一来，南京方面既要给予广东一定好处，又不能有损国民政府及其他省市的利益；广东当局既要服从南京国民政府政令，也要兼顾民众的利益和地方社会经济的发展。广东币制改革中的券币比率之争，正是这一时期南京国民政府与广东地方关系的集中反映。在此过程中，广东当局的态度是有所变化的，即从刚开始充当南京方面和地方商界的媒介向南京中央转达意见，到牯岭会议上尽力争取降低比率。但自财政部公布暂行办法后，广东当局唯有奉行国民政府的政令，与南京方面保持一致。1937 年 1 月以后，券币比率对广东社会经济的影响愈加严重，涨价风潮、金融风潮接踵而至，普通百姓深受其害。余汉谋、黄慕松、吴铁城、曾养甫等广东政要均利用其关系，竭尽所能地争取地方利益的最大化。南京国民政府在改革广东币制和确定券币比率过程中也并非仅仅考虑自身利益的得失，如何稳定广东社会经济、尽

---

① 蒋乔坻：《粤币整理后的中国币制统一问题》，《新学识》第 1 卷第 11 期（1937 年 7 月 5 日），第 530 页。

② 罗敏：《蒋介石与两广六一事变》，《历史研究》2011 年第 1 期，第 92—95 页。

快统一全国币制才是最终的目标，适当牺牲某些利益在所难免。财政部发言人向记者谈话时指出："（券币比率）现已由原有至多不得超过一五（加五）之弹性规定，改为一四四（加四四）之硬性规定。政府为顾全粤人利益，自未便再将比率减低于一四四（加四四）。政府因此虽已受相当损失，但为统一国家币制计，亦所愿为也。"①

值得注意的是，商界在广东币制改革中扮演着不可或缺的角色。陈济棠统治时期，由于政府控制力增强，商人团体的力量一度处于弱势。自"还政中央"以后，广东商人团体的势力得以迅速恢复和壮大，能够充分表达诉求，维护自身利益。在改革币制过程中，以广东省商会联合会、广州市商会、各业同业公会为代表的广东商界与政府（南京国民政府和广东省政府）围绕券币比率进行反复较量，不断开会商议，发表宣言，致电政府有关部门，为降低券币比率而奔走呼号。在券币比率问题上，商界内部最初有两种不同主张，后出于维护共同利益的需要，趋于以"不超过加三"为主。这既是广东商界内部妥协的结果，也是与政府当局较量的必要前提。商界利用南京方面和广东当局在币制改革问题上利益的差异性，努力争取地方当局的支持和同情，共同向南京国民政府施加压力。事实上，商界并不局限于券币比率之高低，也希望政府当局尽快完成改革，稳定金融秩序。对广东商界来说，尽管最终未实现"不超过加三"的目标，但券币比率改订"加四四"，一定程度上减少毫券贬值而造成的损失，维护了民众利益，所以他们对改革持支持和配合的态度，这使持续近1年的券币比率之争得以暂时平息。广东券

① 《财部发言人谈话》，《申报》1937年6月23日第3版。

币比率的最终确定实质上是各方经过反复博弈后在国家与地方利益之间达成的一种平衡，这表明在中央强化集权、垄断金融的态势下，地方仍有争取利益的空间。

第三节　战时广东省国防公债的筹募

抗日战争不仅是中日两国军事的较量，亦是两国财政能力的比拼。1937 年 7 月，全面抗战爆发以后，中国由平时财政进入战时财政阶段。非常时期，各项支出浩大，如何筹集抗战经费，是摆在国民政府面前的一道难题。随着华北、华东等大片国土相继沦陷，沿海地区税源几乎丧失殆尽，发行公债是国民政府筹集抗战经费的重要途径之一。目前学界重点关注抗战时期国民政府财政政策。[1] 事实上，各省战时财政政策存在很大差异，地方公债各具特色，有许多值得深入探讨的问题。

全面抗战爆发以后，日本军舰对中国沿海地区进行军事封锁，企图切断中国与国外的联系。由于毗邻港澳，在其他海岸几乎全部被日军封锁的情况下，广东成为抗战初期中国最主要的外援物资通道。[2] 面对日军的疯狂轰炸及对沿海各县的不断

---

[1]　崔国华主编：《抗日战争时期国民政府财政金融政策》，成都：西南财经大学出版社，1995 年；[美] 阿瑟·N. 杨格著，陈冠庸译校：《中国的战时财政和通货膨胀（1937—1945）》，广州：广东省社会科学院原世界经济研究室，2008 年；王磊：《抗战时期国民政府内债研究》，《中国经济史研究》1993 年第 4 期；杨斌：《抗战时期国民政府发行公债政策述评》，《江西社会科学》2001 年第 1 期；谢敏荣：《抗战初期救国公债研究》，华中师范大学 2011 年硕士学位论文。

[2]　广州市文化广电新闻出版局（版权局）编：《广州抗战史》，广州：广东人民出版社，2015 年，第 130 页。

侵犯，广东当局如何筹措经费以巩固国防？1938 年发行广东省国防公债是广东省政府筹集战费的重要举措。目前关于广东财政政策的研究尚未专门论及国防公债问题。[①] 广东当局为何要发行国防公债？如何开展宣传和劝募工作？社会各界有何反响？劝募效果如何？本节拟利用有关历史资料，对这些问题进行专门探讨，以期能够推进战时广东财政史和广东抗战史研究。

一、广东危局与国防公债的发行

1937 年 7 月，日军悍然发动全面侵华战争，华北、华东等大片国土相继沦陷。为切断广东与国外的联系，日军自 8 月 31 日始对广东各地实施野蛮的无差别轰炸。[②] 据上海文化界国际宣传委员会统计，1937 年 7 月至 1938 年 6 月，全国各地被炸 2,472 次，投弹 33,192 枚，受伤 25,752 人，死亡 16,532人，其中，广东被炸情况最为严重，被炸 903 次，投弹数 11,801 枚，受伤 8,901 人，死亡 4,845 人。[③] 据广东官方不完全统计，截至 1938 年 6 月，日军飞机空袭广东各地 1,400 余次，投弹约 10,692 枚，炸毁民房 5,027 栋，炸死平民 4,595人，炸伤 8,551 人。[④] 可以说，广东是抗战初期遭日军轰炸最猛烈、损失最惨重的地区。日军在轰炸广东各地的同时，其军

---

① 张晓辉：《广东近代地方公债史研究（1912—1936 年）》，《暨南学报》（哲学社会科学版）1992 年第 2 期；《民国时期广东财政政策变迁》；《民国以来广东财政政策探析》；朱晓秋：《购买救国公债：广东人民对抗战的一大贡献》，《文物天地》2015 年第 8 期。

② 《华南抗战史》，第 8 页。

③ 《我全国各地被敌滥炸统计》，《申报》（汉口版）1938 年 7 月 25 日第 2 版。

④ 《凶暴敌机袭粤统计》，《中山日报》1938 年 6 月 18 日第 1 张第 3 版。

舰频频袭击沿海各县。据不完全统计，抗战全面爆发后 1 年间，日军分别袭击中山（19 次）、东莞（9 次）、台山（7 次）等县，并造成重大财产损失和人员伤亡。[①]

面对日军不断的侵犯和挑衅，广东当局亟须加强华南地区的国防建设。早在 1937 年 5 月就有人指出："日人在南进政策的推动之下，势必控制我华南沿海重要港口与岛屿，以造成对华南的包围势力，并巩固其太平洋上的防御。我国为维护国防，保卫华南计，非准备实力，以谋抵抗不可。"[②] 国防建设需要大量的财力支持，但当时广东的财政收支规模已由全面抗战前的六七千万元，减至全面抗战后的两三千万元。[③] 各项税收收入锐减是广东财政收支规模大幅度减小的根本原因。在广东地方税中，舶来农产专税和营业税受战事影响最大，前者因海岸线被日军封锁，农产品难以输入，税收损失严重；后者因敌机轰炸市区，市民逃难，商业萧条，税收亦大幅减少。[④] 1937 年 12 月，广东省税收机关报告称："本省税收，目前收入较平时几减十分之六。"[⑤] 1938 年 3 月 7 日上午，广东省财政厅厅长曾养甫在省府纪念周上作财政报告时指出："因抗战时期，工商衰落，以致税源短涩，实收仅达预算百分之五三，

---

① 黄菊艳：《抗战时期广东经济损失研究》，广州：广东人民出版社，2005 年，第 63—64 页。

② 张宪秋：《保卫华南海疆》，《礼拜六》第 688 期（1937 年 5 月 1 日），第 757 页。

③ 黄耀棠：《抗战以来之广东财政》，《财政知识》第 2 卷第 3—4 期（1943 年 2 月 1 日），第 78—79 页。

④ 《粤省财政概况税收锐减赖救债挹注》，《申报》（汉口版）1938 年 3 月 7 日第 1 版。

⑤ 《粤当局整理财政》，《银行周报》第 21 卷第 48 号（1937 年 12 月 7 日），第 2—3 页。

支出则反因非常时期临时费特别增加，以致收支状况，竟成背道而驰之象，积亏达七百四十余万元之巨。"①

抗战时期，军费开支浩大，税收大幅减少，发行公债是政府当局弥补财政赤字重要途径之一。1937 年 9 月，国民政府发行救国公债 5 亿元，广东省奉令派销 2,000 万元。在曾养甫看来，"军需的接济是非常的逼切，本省是革命策源地，对于国家的贡献，应该特别伟大，派销的公债，最好能超越定额，最低限度，也要足额"②。因受敌机敌舰肆扰的影响，加之财政部命令提前停止征募，广东全省共收到债款 1,608 万元，经中央核准，此项救国公债大概有 2/3 债款划拨广东备战之用。③ "粤省自全面抗战开始后，应付国防建设费者，厥惟救国公债款。"④ 救国公债债款收入虽一定程度上弥补了广东军费缺口，但对于不断增加的军费开支仍不敷用。1938 年 2 月14 日，广东省政府主席吴铁城在省府纪念周上号召全省同胞奋起抗战："我们广东省三千五百万同胞要一致团结起来，有钱出钱，有力出力，把自己所有的一切，直接间接都贡献给抗战，一致为全面抗战而努力，一致作保卫广东的一切准备。这是目前每一位广东人无所可逃避的一个天职。"⑤

———————————

①　《曾养甫报告粤省财政概况》，《申报》（香港版）1938 年 3 月 8 日第 3 版。

②　《曾厅长报告劝募救国公债经过》，《广东财政公报》第 36 期（1938 年 3月），第 1 页。

③　《本省经收救国公债解拨数目》，《中山日报》1938 年 2 月 27 日第 1 张第4 版。

④　《粤省财政概况税收锐减赖救债挹注》，《申报》（汉口版）1938 年 3 月 7日第 1 版。

⑤　《广东全省人民应一致为全面抗战努力》，《广东省政府公报》第 394 期（1938 年 2 月 20 日），第 3 页。

为巩固国防及增强广东省防空设备，在吴铁城的提议下，广东省政府委员会决议发行广东省国防公债1,500万元，主要用于第四路军加强国防各费，[①] 并拟定各项章程呈请国民政府核准。[②] 为设置机构专门负责办理国防公债，广东省政府决定成立国防公债劝募委员会（简称"劝募会"），在广州设总会，在省内外各地设分会。[③] 余汉谋、吴铁城和曾养甫分别任名誉会长、会长和副会长，广东省政府聘缪培南等10余人为委员。[④] 总会下设总干事、总务组、经募组、宣传组、会计组，每组设主任1人，副主任1—2人。[⑤] 2月26日，劝募会举行成立大会，余汉谋、吴铁城、曾养甫等相继发表演讲，阐述建设国防的重要性及劝募公债的方法。[⑥] 劝募总会成立后，

---

① 包括预备战时需要费用五六百万元，保安队及沿海警备补充必要武器费用约100万元，民众自卫团增援费用120万元，补助增开飞机场数处费用70万元，壮丁常备队补充武器费用约20万元，战时费用准备金200万元。《关于发行广东省国防公债的提案（1938年2月）》，广东省档案馆藏，档案号：006-006-0055，第117—118页。

② 《广东省政府关于发行国防公债的训令（1938年3月5日）》，广东省档案馆藏，档案号：089-001-001，第12页。

③ 《广东省国防公债劝募委员会组织章程（1938年3月）》，广东省档案馆藏，档案号：089-001-001，第18页。

④ 《函聘广东省国防公债劝募委员会名誉会长及委员》，《广东省政府公报》第397期（1938年3月20日），第49—50页。

⑤ 《聘定国防公债劝募会各级主任及总干事顾问》，《广东省政府公报》第396期（1938年3月10日），第99—100页。

⑥ 《充实本省国防，发行公债千五百万》，《中山日报》1938年3月1日第1张第4版；《粤国防公债今日开始劝募》，《申报》（香港版）1938年3月1日第3版。

电令各县筹备成立劝募分会。① 分会设主任委员 1 人，副主任委员 1—2 人，前者主管分会事务，后者襄助之。② 劝募总会和分会的成立为广东省国防公债的劝募提供了重要的组织保障。

1938 年 3 月 1 日，国民政府正式公布《民国廿七年广东省国防公债条例》。根据该条例规定，广东省国防公债发行总额为国币 1,500 万元，于 1938 年 3 月 1 日起照面额十足发行；年息 4 厘，自 1939 年起每年 2 月底一次付给；自 1941 年 2 月起还本，每年抽签还本 1 次，第 1—9 次每次还本 2%，第 10—17 次每次还本 3%，第 18—24 次每次还本 4%，第 25—30 次每次还本 5%，至 1970 年 2 月底全数偿清。③ 与广东此前发行的公债不同，此次国防公债的一个重要特点是注意维护信用，并以稳定的税收作为还本付息的基金。3 月 2 日，吴铁城在救国公债劝募委员会广东分会闭会典礼上致辞强调："此次本省国防公债之发行，不特规定还本给息，且以可靠之本省营业税为担保，并成立基金保管委员会。"④ 根据公债条例规定，由广东省政府指定营业税收入作为还本付息的基金，如有不敷，以所征他项税收补拨；每年应还本息数目，按月平均拨交

---

① 《粤国防公债开始劝募，设各县劝募分会》，《中山日报》1938 年 3 月 2 日第 1 张第 4 版。

② 《广东省国防公债劝募委员会组织章程（1938 年 3 月）》，广东省档案馆藏，档案号：089-001-001，第 27 页。

③ 《民国二十七年广东省国防公债还本付息表（1938 年 3 月）》，广东省档案馆藏，档案号：089-001-001，第 30—31 页。

④ 《救国公债劝募分会昨举行闭会礼》，《中山日报》1938 年 3 月 3 日第 1 张第 4 版。

保管。① 营业税是广东省地方税的大宗。1937 年度广东省营业税收入为 300 万元，经整理之后，预计可增至 500 万元。② 应该说，以营业税作为国防公债的担保是相对可靠的。为监督按期还本付息，广东省政府成立国防公债基金保管委员会（简称"保管会"）。该会设保管委员 9 人：省政府、省银行、商会、银行公会各派代表 1 人，省政府聘请社会有声望者 5 人。③ 3 月 25 日，保管会举行成立典礼，保管委员宣誓就职。④ 成立保管会旨在消除公众对广东省国防公债信用存在的疑虑。

1938 年 3 月 4 日，广东省政府委员会决议通过劝募会拟订的摊销国防公债办法，规定各劝募机关分 5 次缴清：3 月底解缴总额 1/5，4 月 15 日以前解缴总额 1/5，4 月底解缴总额 1/5，5 月 15 日以前解缴 1/5，5 月底以前悉数解清。⑤ 在债款的分配上，各县负责劝募约 1,000 万元，广州市商界约 300 万元，银行界约 100 万元，香港、澳门各界约 100 万元。⑥ 各县派销公债数额按经济发展情形而定，较多者为汕头 70 万元，新会 60 万元，中山 50 万元，南海（包括佛山）45 万元，东

① 《国府公布广东国防公债条例》，《中山日报》1938 年 3 月 7 日第 1 张第 4 版。

② 《广东省国防公债基金（1938 年 3 月）》，广东省档案馆藏，档案号：006-006-0470，第 43—44 页。

③ 《广东省国防公债基金保管委员会章程（1938 年 3 月）》，广东省档案馆藏，档案号：089-001-001，第 22 页。

④ 《粤国防公债基金保管会成立》，《中山日报》1938 年 3 月 26 日第 2 张第 1 版。

⑤ 《广东省政府第八届委员会第八十次会议议事录》，广东省档案馆编：《民国时期广东省政府档案史料选编 5（第八、九届委员会会议录）》，1988 年，第 139 页。

⑥ 《第八十次省务会议通过摊销广东国防公债办法》，《中山日报》1938 年 3 月 7 日第 1 张第 4 版。

莞 40 万元，番禺 35 万元，顺德 30 万元；最少者为琼州属保亭、白沙等 3 县，每县仅 3,000 元。[1] 各县是派销国防公债的主力，行政长官责任重大，余汉谋、吴铁城、曾养甫为此联合致函各县市局长称："粤地濒海，门户洞开，敌国楼船，狁焉思逞，摩空铁翼，日肆凭凌，势将伺隙南侵，倾师临我……非谋军实之充创不足以保疆圉，非赖资源之接济又何以供度支。此举实系存亡，有众谅当踊跃，执事为亲民之官，尤望共体斯旨，设法劝导以期完成。"[2] 根据《广东省国防公债推销办法》规定，除各县、各银行分别派定债额外，党政军警学各机关职员捐薪半个月购债，国省市税捐承商按照饷额半个月派销，省市税捐及烟酒税委办机关照纳税数额搭销二成。[3] 可见，广东省国防公债采用摊销、派销、搭销、劝销等多种方式，旨在尽快筹得抗战经费。

二、国防公债的宣传与劝募

广东省国防公债的推销需要得到民众的理解和支持，所以宣传工作是筹募公债的重中之重。在劝募会成立之时，余汉谋就强调，劝募公债需要协力宣传，以鼓励人民踊跃购债。[4] 余俊贤就任宣传组主任后，在宣传组下设编纂、新闻、演讲、艺

---

① 《粤国防公债积极劝募中，各县派销公债额亦已规定》，《申报》（香港版）1938 年 3 月 8 日第 3 版。

② 《余吴曾会长致各县市局长函》，《民国时期广东财政史料》第 1 册，第 567—568 页。

③ 《广东省国防公债推销办法》，《民国时期广东财政史料》第 1 册，第 572—573 页。

④ 《粤国防公债昨开始发行》，《香港工商日报》1938 年 3 月 2 日第 2 张第 2 版。

术、事务 5 股，于 1938 年 3 月 3 日起开始办公。① 为使全省人民踊跃购买公债，劝募会决定扩大宣传工作，拟具宣传大纲、告全省民众书及各种宣传小册子等，分发各县市分会、各机关，令其遵照要求，积极宣传。② 宣传组无疑是宣传工作的主力。为使人民明了充实国防的必要性和重要性，宣传组主任余俊贤决定组织劝募宣传队。③ 宣传组联络广州市抗敌团体、学生团体、妇女团体，组成 21 支宣传队，于 3 月 16 日始在汉民路、惠爱路、西关等繁华路段宣传。④ 除在广州市区宣传外，劝募会还组织宣传队下乡宣传，由广州市学生抗敌救亡会担任第一批，于 3 月 19 日赴三元里一带宣传。⑤ 宣传组聘请广州市药贩业职业工会会员 200 余人在省港、省澳、都省、肇省、江门、石岐等各乡轮渡演讲，该工会常务理事吴健之被聘为宣传队队长，"取售得之药费，抽取十分之一，购买公债"⑥。宣传组积极组织宣传队赴各县繁盛区演讲，或指导各县劝募分会组织宣传队开展工作，同时与电台联系，聘请各界名流轮流在广州市播音台演讲。⑦

为早日完成广东省国防公债推销任务，劝募会决定在扩大

---

① 《本省国防公债劝募会宣传组昨开始办公》，《中山日报》1938 年 3 月 4 日第 1 张第 4 版。

② 《劝销公债扩大宣传》，《中山日报》1938 年 3 月 10 日第 1 张第 4 版。

③ 《组劝募宣传队》，《香港工商日报》1938 年 3 月 2 日第 2 张第 2 版。

④ 《分区宣传地点》，《中山日报》1938 年 3 月 15 日第 2 张第 1 版。

⑤ 《国防公债劝募会宣传队赴乡工作》，《中山日报》1938 年 3 月 19 日第 2 张第 1 版。

⑥ 《国防公债劝募会扩大募债宣传》，《中山日报》1938 年 5 月 20 日第 2 张第 1 版。

⑦ 《国防公债会编宣传队扩大募债宣传》，《中山日报》1938 年 3 月 14 日第 1 张第 4 版。

宣传的同时，组织 100 支劝募队，劝募队每队设队长 1 人，由劝募会聘请各界领袖、社会名流担任；每队设参谋、顾问和秘书各 1 员，队员若干人。① 各劝募队于 3 月 23 日出发劝募，并"分日由各劝募队队长，在市播音台演讲，俾于劝募进行能收事半功倍之效"②。为使一般民众彻底认识募捐意义及鼓励各界踊跃认购，劝募会定 3 月 28 日至 4 月 3 日为国防公债宣传周。③ 举办宣传周期间，宣传队分别在广州市内各繁华地段分发宣传大纲，张贴标语横幅，邀请省市党政名流在广州市播音台演讲。④ 3 月 28 日，广东省政府秘书长欧阳驹在市播音台发表演讲，强调国防公债的意义："因为要保身，因为要护省，因为要卫国，人人都应有尽力购买公债的责任。国家若使不幸而沦亡，则身家性命终成泡影。"⑤ 宣传组还邀请社会名流到广州各区作"保卫大广东与国防公债"的演讲。⑥ 劝募会宣传组举办宣传周，以多种形式进行宣传，将国防公债的劝募活动推向高潮。

劝募会在宣传和劝募的过程中特别强调购买公债与国防建设的联系："要保卫中国，就要保卫华南，要保卫华南，就要保卫大广东，要保卫大广东，就要巩固本省的国防，巩固本省

---

① 《国防公债劝募工作加紧，一百队劝募队昨成立》，《香港工商日报》1938 年 3 月 12 日第 2 张第 3 版。

② 《国防公债劝募队明日总动员劝募》，《中山日报》1938 年 3 月 22 日第 2 张第 1 版。

③ 《国防公债会举行劝募公债宣传周》，《中山日报》1938 年 3 月 24 日第 2 张第 1 版。

④ 《购债宣传周定期举行》，《申报》（香港版）1938 年 3 月 24 日第 3 版。

⑤ 欧阳驹：《劝募国防公债的意义》，《新政周刊》第 1 卷第 13 期（1938 年 4 月 4 日），第 1—2 页。

⑥ 《扩大宣传》，《中山日报》1938 年 3 月 25 日第 2 张第 1 版。

的国防，即是充实本省的海防、空防、陆防，要充实本省的海防、空防、陆防，就要购飞机、大炮、炸弹，要购飞机、大炮、炸弹，就要巨量的金钱，所以，凡是广东人，就要出钱来买本省国防公债。"① 劝募会宣传组制定很多宣传标语，或在繁华地段张贴，或在各大报刊刊载。如"购买国防公债，即可保存自己的家财！""要保存身家性命，就要购买国防公债！""人人将逃难费买国防公债，即能使本省绝对安全！""发挥广东精神，踊跃购买国防公债！"② 再如"要为被炸惨死同胞复仇，必须充实本省空防！""充实本省国防，粉碎倭寇进侵大广东的迷梦！"③ 这些标语有助于广东民众了解抗战的形势，认识个人与国家的关系。

劝募会是办理广东省国防公债的组织机关，对宣传工作不遗余力。早在 1938 年 3 月 9 日，劝筹会就发表《告广东民众书》，揭露日本侵略者在沦陷区的种种罪恶行径，阐述巩固国防的重要性，呼吁人民踊跃购买公债："凡我粤民，自当踊跃购销，发挥广东精神，使短期间内突破原额。这样则东北战场的悲剧，可不重演于粤疆，全国抗战的动脉，也不致于中断！最后的胜利，终必属于我们。"④ 3 月 24 日，余汉谋、吴铁城、曾养甫发表《告吾粤同胞书》，指出保卫广东与购买国防公债的关系："求所以保卫吾粤者，熟计详思，舍却集合民众力量一法，再无他道可循……庶借公债之推销，俾民众力量得有效

---

① 《劝募国防公债扩大宣传今开始》，《中山日报》1938 年 3 月 16 日第 2 张第 2 版。

② 《劝募国防公债标语》，《中山日报》1938 年 5 月 20 日第 2 张第 1 版。

③ 《劝募国防公债标语》，《中山日报》1938 年 6 月 17 日第 1 张第 3 版。

④ 《国防公债劝募会昨发表告广东民众书》，《香港工商日报》1938 年 3 月 10 日第 2 张第 3 版。

之发抒，分而举之，合而成之，众志成城，巩固国防，胥是道也。"① 作为广东主要长官，余汉谋、吴铁城、曾养甫的影响力不言而喻，他们出面宣传国防公债，阐明购买国防公债的意义，无疑可以起到事半功倍的作用。

值得注意的是，劝募会宣传组特别注意借助新闻界扩大宣传。1938 年 3 月 5 日，劝募会召开省港新闻界代表会议，余俊贤在报告中强调："此项国防公债与粤省历来所发公债不同，完全用于建设粤省国防，其效用甚大……保乡保家，亦即保卫整个中国。"② 会议决定，由各报刊发表关于国防公债的社论，刊登劝募会的宣传材料和劝募会详细章则、新闻消息等，以增强宣传力度与社会影响力。③ 4 月 10 日，日军再次猛烈轰炸广州市区，"在西关居民繁密而绝无武装装备之地，炸毁大利工厂，死伤男女工人二百余人，酿成广东自遭受空袭以来的一大惨案"④。在此种形势下，宣传和推销国防公债更为迫切。余汉谋发表谈话指出："本人深觉今后吾粤空防有迅速加强之必要，而且深信经此次浩劫，本省同胞必能加紧自卫工作，踊跃认购本省国防公债，以与暴敌作最后之周旋。"⑤ 直属国民党中央宣传部的《中山日报》也积极配合广东当局宣

---

① 《国防公债会劝募同胞踊跃购债》，《中山日报》1938 年 3 月 25 日第 2 张第 1 版。

② 《发行国防公债意义》，《香港工商日报》1938 年 3 月 6 日第 2 张第 3 版。

③ 《本省国防公债基金绝对可靠，公债劝募会昨招待省港新闻界报告》，《中山日报》1938 年 3 月 6 日第 1 张第 4 版。

④ 《大利工厂灾场，昨继续发掘尸体》，《中山日报》1938 年 4 月 12 日第 1 张第 1 版。

⑤ 《敌机惨炸市中心区与充实广东国防》，《新政周刊》第 1 卷第 15 期（1938 年 4 月 18 日），第 16 页。

传和劝募国防公债。4 月 12 日,《中山日报》发表社论,呼吁广东民众购买国防公债:"要保卫革命策源地,保卫国家民族,保卫自己的生命财产,就要增强空防与海防的武器。要增加武器,我们于出力之外,还要出钱,这就是购买国防公债一千五百万元,以为购机购炮之用。"① 5 月 6 日,《中山日报》再发社论,强调购买国防公债的重要意义:"人人要自动的上前线去杀凶暴的日寇,或出钱买国防公债,助政府集款以购买兵器,来抵抗凶暴的日寇……现在当兵和购买国防公债也就是中国人最光荣的举动。"②

除扩大宣传外,如何调动劝募人员的积极性也是劝募会需要重视的问题。为奖励劝募出力人员及惩办玩忽官吏,劝募会拟订《广东省各县市长官募集广东省国防公债奖惩办法》规定:劝募足额者嘉奖,超过定额者记功,超过一成者记大功,超过二成者升级,并呈请国民政府明令嘉奖;不及八成者罚一个月薪俸 40%,不及七成者罚一个月薪俸 50%,不及六成者酌量情形降级或撤职。③ 劝募会对积极承购国防公债的团体和个人也制订了相应的奖励办法。按照规定,团体承购国防公债 200 万—500 万元,或劝募国防公债 500 万—1,000 万元,分别"照令褒奖并颁给匾额""颁给匾额";个人承购国防公债 1 万—200 万元,或劝募国防公债 5 万—500 万元,相应"明

---

① 《以踊跃购买国防公债来以答复敌机疯狂轰炸》,《中山日报》1938 年 4 月 12 日第 1 张第 1 版。

② 《以购债当兵来对抗日本的总动员》,《中山日报》1938 年 5 月 6 日第 1 张第 1 版。

③ 《本省各县市长官募集广东省国防公债奖惩办法》,《民国时期广东财政史料》第 1 册,第 571 页。

令褒奖并给勋章""颁给勋章""给予奖章"。① 劝募会特制购债纪念章，章面上刻有"卫国卫家""巩固国防"等字样。② 根据规定，劝募 5—100 元给予蓝色纪念章；劝募 100—1,000 元给予绿色纪念章；劝募 1,000—5,000 元给予红色纪念章；劝募 5,000—10,000 元给予银色纪念章。③

由上所述，广东当局对于宣传和劝募国防公债不遗余力，成立了专门的劝募会，组织宣传队、劝募队，并发动政府机关及社会团体进行协助；采用散发宣传品、张贴标语、街头宣讲、电台演讲等宣传手段，宣传范围由城市延伸至郊区及各县；注意宣传购买公债与保卫华南、巩固国防的联系，以激发民众的爱国热情。值得注意的是，中国共产党领导的抗日救亡团体也积极参与广东省国防公债的宣传和劝募。1938 年 3 月 16 日，广东青年抗日先锋队临时工作委员会发布通告强调："我们应该自身执行有钱出钱、有力出力、有知识出知识的原则。尽自己的能力购买债券，致力劝募宣传，努力劝募工作。"④ 在广东妇女抗敌同志会的领导下，各厂女工发起捐薪三天购买国防公债活动。⑤

----

① 《募债总会昨公布奖励办法》，《申报》（香港版）1938 年 3 月 8 日第 3 版。

② 《指定奖章赠劝募队》，《中山日报》1938 年 4 月 30 日第 1 张第 4 版。

③ 《购买国防公债人颁给纪念证章》，《中山日报》1938 年 5 月 6 日第 1 张第 4 版。

④ 《广东青年抗日先锋队临时工作委员会通告第五号（1938 年 3 月 16 日）》，广州青年运动史研究委员会编：《广东青年抗日先锋队文献选编》，1983 年，第 43 页。

⑤ 伍坤顺：《在广东"妇抗会"的战斗岁月》，中共广东省委党史资料征集委员会、中共广东省委党史研究委员会编：《广东党史资料》第 13 辑，广州：广东人民出版社，1988 年，第 116 页。

三、社会各界的支持与响应

广东省国防公债发行的关键是让民众乐于购买。唯有如此，才能够达到筹集战费、巩固国防的目的。作为商人的组织，广州市商会及各业同业公会在国防公债筹募过程中发挥了重要作用。1938 年 3 月 13 日，广州全市行商代表开会，决定成立广州市商会劝募广东省国防公债委员会（简称"商劝会"），负责办理劝募国防公债事宜。① 商劝会附设于广州市商会内，除以市商会整理委员 15 人为当然委员外，另行推定何辑屏等 24 人为委员。② 商劝会成立后，派定各行销额，令各业从速依额分销。4 月 4 日，商劝会通告各同业公会，限 4 月 10 日前将各行认销公债额款分配完竣并负责督促缴款。③ 为扩大宣传，商劝会决定 5 月 8 日下午举行广州全市行商领袖代表大巡行。④ 5 月 8 日，商劝会发表大巡行宣言强调："我们既不能参加前线与敌相搏，则尽力购买本省国防公债，责任在我有资力之商人……购买国防公债，才可以固我国防，即保障自家的生命财产。"⑤ 当天下午，大巡行队伍 2,000 余人在广州市商会集合，广州市市长曾养甫训话后，社会局局长刘石心领导商劝会全体委员先行出发巡行，参加巡行代表人员均持各

① 《市商会成立劝销公债会》，《中山日报》1938 年 3 月 14 日第 1 张第 4 版。

② 《行商代表会议续详，成立商劝委会劝销国债》，《香港工商日报》1938 年 3 月 15 日第 2 张第 3 版。

③ 《市商募债会督促行销债缴款》，《中山日报》1938 年 4 月 5 日第 2 张第 1 版。

④ 《粤行商领袖定期大巡行，扩大推销国债宣传》，《申报》（香港版）1938 年 4 月 27 日第 3 版。

⑤ 《广州市商界今日举行大巡行，发表宣言》，《申报》（香港版）1938 年 5 月 8 日第 3 版。

种标语，沿途高呼"劝募公债""巩固国防""抗敌"等口号，引吭高唱救国歌曲。① 这次大巡行声势浩大，体现了商界支持国防公债的决心。

在扩大宣传的同时，广州市商会拟具奖惩办法，如期清缴债款，或溢缴债款者，由商会贴荣誉告示于该店门首；逾期不缴款者，分次予以警告，倘再不理，即登报公布，并执行惩处。② 5月8日举行大巡行之后，商会对于各行销债限期缴纳，"日来商人到会交款者颇为踊跃，但惜多属小额债款，故巨额之筹集，尚待努力进行"③。至5月中旬，实收之债款只得3万余元，于是商会决定依照奖惩办法，分别清查执行，"倘在本周内仍不依限缴款，即呈请当局执行有效制裁办法，决不宽贷"④。商界购买进展缓慢主要受战事影响。在日军的疯狂轰炸中，商劝会推销国防公债仍不遗余力，该会于6月23日召开全体委员会会议，决议限于7月内集足债款，除受敌机轰炸之商店准免承销外，其余各点均须按期承销公债。⑤ 为鼓励商人购债以应国防需要，商劝会于6月27日开会决定：在7月10日以前缴交者，照派额九折核计认销；自7月11日起至7月底止，照派额十足缴款；逾期仍不缴者，决定照额加一追

<hr>

① 《本市各行商昨日举行劝销公债巡行》，《中山日报》1938年5月9日第2张第1版。

② 《市商会鼓励市商购债》，《中山日报》1938年4月28日第1张第4版。

③ 《国防公债劝募期展限两月》，《中山日报》1938年5月10日第2张第1版。

④ 《商界销债分别奖励警告》，《中山日报》1938年5月18日第2张第2版。

⑤ 《市商募债会掀起缴集国防债款》，《中山日报》1938年6月24日第1张第3版。

收，并送由政府按号严追。① 该项办法公布后，"连日来商人缴款者甚为踊跃"②。7 月 1—3 日共收到债款达 10,000 元，4日收到债款 9,000 余元，5 日可收 12,000 余元。③ 可见商劝会的奖惩办法在短期内还是取得了一定效果。

除商会外，其他团体和个人也积极支持和响应。中国银行广州分行经理陈玉潜表示："倘国民能早一日将所有供献国家，则抗战胜利之期亦早一日到达。且本省国防公债专指定为本省巩固国防，购买飞机大炮，以保卫华南，保卫我们自己家乡之用，与本省民众实有切身利害之关系。"④ 至 4 月底，劝募会收到银行界购买公债款，计有广东省银行 30 万元，中国银行 25 万元，市立银行 5 万元，交通银行 20 万元，其中，广东省银行原定派 20 万元，该行自动增购 10 万元。⑤ 广东省工会抗敌联合会开会决议劝募国防公债 4 万元，"认销多少以会员人数为比例，但因工人收入短少，认购二三毫不等之数，则由各该会贮存银行，积存整数缴交"⑥。3 月 22 日，广州市医师公会召开董事会会议，决议各会员每人认销不得少于 10元。⑦ 广东中医公会执行委员会致函各会员呼吁："尽力认购，

---

① 《市商会订定市商销债奖惩办法》，《中山日报》1938 年 6 月 30 日第 1 张第 4 版。

② 《商界认销债额直接派销》，《中山日报》1938 年 7 月 5 日第 1 张第 4 版。

③ 《市商踊跃缴纳债款》，《中山日报》1938 年 7 月 7 日第 2 张第 1 版。

④ 《陈玉潜谈购国防公债意义》，《中山日报》1938 年 4 月 29 日第 1 张第 4 版。

⑤ 《银行界购债跃踊》，《申报》（香港版）1938 年 5 月 3 日第 3 版。

⑥ 《工抗联会销债办法》，《中山日报》1938 年 3 月 24 日第 2 张第 1 版。

⑦ 《医师公会通告销债》，《中山日报》1938 年 3 月 24 日第 2 张第 1 版。

俾众擎易举，集腋成裘，聊表我中医界爱国之热忱。"① 广东鼎湖山庆云寺僧主持发起全寺僧人每周节食一日，将节食存之款购买公债。② 为筹款购买国防公债，音乐家马思聪决定4月23日晚在长堤青年会大礼堂举行小提琴演奏会，门票收入将全部拨购国防公债。③ 各团体和个人以各种途径支持广东省国防公债，反映出极大的爱国热情。

更难能可贵的是，广东省国防公债的劝募得到广州各校学生的响应。广州市小学生为募捐汇购国防公债，决定于5月1日和2日沿途售卖由社会局制发的布质小旗，以吸收零碎捐款。根据售旗方案，广州全市划分为20区，设20大队，每大队下设6—12小队，每小队5—10人，每小队分配小旗150面，每面小旗售价最低定毫券1角。④ 广州市立第一中学学生自治会为发动同学购买国防公债，召开全体同学大会，议决每人将其向学校所缴保证金（入学时缴给学校，毕业时发还）移购公债，并电请全国中上学校同学一致行动。⑤ 为响应广州市立一中移保证金购债运动，广州学生抗敌救亡会"发动全体会员，各返本校，联络同学，积极响应""派遣代表与各校当局及学生抗敌后援会联络，期于最短期间促其实现""发告

---

① 《中医会劝募队函劝同业认销》，《申报》（香港版）1938年5月25日第3版。

② 《寺僧节食购国防公债》，《中山日报》1938年3月23日第2张第1版。

③ 《提琴演奏会筹款购公债》，《中山日报》1938年4月17日第2张第1版。

④ 《市小学生举行售旗募捐购公债》，《中山日报》1938年4月30日第1张第4版。

⑤ 《市一中自治会提倡移保证金购债》，《中山日报》1938年5月25日第2张第2版。

全省同学书""通电全国中上学校全体同学"。① 中山大学附属中学 1938 级同学于 5 月 24 日下午开会，决议将该年级同学所缴保证金 6/7 购买国防公债。② 广州市市立第一职业学校学生自治会，于 5 月 26 日召开全体大会，通过两项议案：（1）通电响应本市学联会号召移保证金购债；（2）将全体同学所有保证金移作购买国防公债。③ 广东学生移保证金购债的行动得到教育厅厅长许崇清的赞许。许崇清表示："如果各界人士皆能仿照学生，仍移保证金购公债办法，分头设法扩大购债范围，则区区一千五百万元公债，当不难突破也。"④ 尽管学生的购买公债的能力有限，但却起到了表率作用。

广东毗邻港澳，华侨众多，国防公债的劝募也得到港澳同胞的积极支持和响应。香港广肇客栈行广联商会主席林培生表示："现在处此国难时期，我们后方民众，必要尽其国民责任，有钱出钱，有力出力……鄙人当视其力之所能及，以购国防公债。"⑤ 3 月 13 日，旅港鹤山商会表示响应："以本会立场而言，当尽力量之所能及而认购。"⑥ 4 月 1 日，香港保安商会主席陈鉴坡致信吴铁城称："（推销公债）事关巩固国防，桑

---

① 《学抗会派员策动移保证金购债》，《中山日报》1938 年 5 月 27 日第 2 张第 1 版。

② 《中大附中廿七年级响应拨保证金购债》，《中山日报》1938 年 5 月 27 日第 2 张第 1 版。

③ 《催促各地分会报缴债款》，《中山日报》1938 年 5 月 28 日第 2 张第 1 版。

④ 《许厅长鼓励学生移保证金购债》，《中山日报》1938 年 6 月 3 日第 2 张第 1 版。

⑤ 《林培生示尽力购销国防公债，广联商会同人亦当踊跃认销》，《申报》（香港版）1938 年 3 月 11 日第 4 版。

⑥ 《粤发行国债侨团表示踊跃认销》，《申报》（香港版）1938 年 3 月 14 日第 4 版。

梓责无可卸，义不容辞……除本人尽力认销，仍一面积极劝募。"① 4月20日下午，香港华商总会举行常委茶话会，林培生提议由总会现存捐款项下拨出1万元购买国防公债。② 4月26日，华商总会筹赈会全体委员大会决议通过拨款购买国防公债案。③ 据统计，自5月中旬至8月中旬，香港共销广东省国防公债60余万元。④ 值得注意的是，不少外国人也不满日本侵略者在华南的野蛮行径，纷纷认购国防公债。⑤ 各外商轮船公司对派销国防公债事，"一致表示乐意接纳"。⑥ 港澳同胞大力支持抗战事业，踊跃购买国防公债，反映出粤港澳民众同心协力，共同抵抗日本侵略者的决心和勇气。

尽管得到社会各界的积极支持和响应，但广东省国防公债的实际筹募效果不及预期。广东当局原以3个月为限，筹募1,500万元，后因债款筹集进展缓慢，劝募会不得不一再延迟总结算期限。⑦ 至6月下旬所筹债款仅"五分之二强之成绩"。⑧ 后经广东省政府决定，未募足之余额交由人民购机抗

---

① 《陈鉴坡致吴铁城的信（1938年4月1日）》，广东省档案馆藏，档案号：089-001-002，第51页。

② 《华商总会常会议决拨捐万元购粤公债另拨存捐五千元赈济难民》，《申报》（香港版）1938年4月21日第4版。

③ 《粤国防公债港分会主席，商会推举郭泉担任，商会筹账会会行全体大会》，《申报》（香港版）1938年4月27日第4版。

④ 《港销粤债共达六十万》，《大公报》（香港版）1938年9月1日第6版。

⑤ 《港英人认购粤国防公债》，《申报》（香港版）1938年3月25日第2版。

⑥ 《外国航商认销债额》，《中山日报》1938年4月7日第2张第1版。

⑦ 《劝募国防公债第三期结算决延期》，《中山日报》1938年7月5日第1张第4版。

⑧ 《国防公债决定募足千五百万元》，《中山日报》1938年6月27日第1张第4版。

敌会继续劝募收款。① 国防公债移交后，经努力劝募，最终实收债款 1,100 余万元。② 国防公债的筹募主要受以下因素的制约和影响：一是在日军的狂轰滥炸之下，广东民众伤亡惨重，财产损失重大，商业经济萧条。③ 特别是 1938 年 5—6 月间日军飞机对广东进行空前猛烈的轰炸，广州变成了"死城"。④二是中央政府先后发行了救国公债和国防金公债，各种税捐接踵而至，广东商民负担已经很重，购买国防公债的能力大减。三是在筹募国防公债的过程中，不少商人观望推诿，"工会方面向其劝销时，则谓缴与商会，商会方面向其劝销时，则谓缴与工会，结果则工商两方均未派缴"⑤，同时也存在一些舞弊行为，"于抗战前途，影响不少"⑥。

公债是近代新出现的一种财政收入形式。晚清以后，地方政府为以弥补财政亏空发行了大量公债，但由于战乱频繁、政权更迭、通货膨胀等种种原因，地方公债出现了严重的信用危机，政府强行摊派亦往往成效不彰。在抗战的特殊历史条件下，由于军费支出大增，各项税收收入锐减，无论中央政府还是地方政府均面临严重的财政困难，发行公债成为政府筹集抗

---

① 《国防债月底结算后劝募有购机会接办》，《中山日报》1938 年 6 月 22 日第 1 张第 3 版。

② 《抗战以来广东省政概况》，《广东统计汇刊》第 1 期（1939 年 10 月），第 26 页。

③ 《廿六年度广州市工商业变动概况》，《中山日报》1938 年 3 月 4 日第 1 张第 4 版。

④ 《在日本飞机野蛮屠杀下广州已成死城》，《中山日报》1938 年 6 月 7 日第 2 张第 1 版。

⑤ 《工商协力劝销公债》，《中山日报》1938 年 5 月 20 日第 2 张第 1 版。

⑥ 《严防派销公债流弊》，《中山日报》1938 年 5 月 16 日第 2 张第 2 版。

战经费的重要手段之一。

与其他地方公债相比，广东筹募国防公债的意义和特点主要体现在以下3点：一是广东省国防公债是在日军步步紧逼之下发行，旨在加强广东国防建设，以抵御日军的侵袭，具有保家卫国的性质。二是广东当局采取多种形式宣传和劝募，并得到社会各界的支持和响应，港澳同胞认购公债极为踊跃，体现出强烈的爱国热情和抵抗日本侵略的决心。三是中国共产党领导的抗日救亡团体（如前文所提及的广东青年抗日先锋队、广东妇女抗敌同志会、广东省工会抗敌联合会、广州学生抗敌救亡会等）在劝募国防公债的过程中发挥了积极作用。

广东当局发行国防公债的主要目的在于筹集经费以巩固国防，抵御日军侵略华南。"此次发行的广东省国防公债……全部用于沿海工事及防控之建设。所收债款，悉交第四路军总司令部支用。"① 经过劝募机关和广东社会各界的共同努力，广东省国防公债实际筹募1,100余万元，在当时的条件下实属难能可贵。1937年度广东省地方财政支出为3,000余万元，② 因而这笔国防公债收入在一定程度上弥补了广东财政之缺口，对广东军费开支和国防建设具有十分重要的意义。遗憾的是，由于国民党中央和广东军政当局战略上的失误，国民党军队最终未能阻挡日军的侵略，广州于1938年10月沦陷。广东当局亦未能完全兑现还本付息的承诺。据笔者查阅历史资料，广东省

---

① 《余汉谋商准吴铁城，省行借拨粤国防建设费》，《香港工商日报》1938年4月7日第2张第2版。

② 《广东经济年鉴》（二十九年度下册），第R51页。

国防公债仅有 1939 年 3 月和 1940 年 3 月两次派息。[①] 受时局影响，此后便无付息及偿还之事。但实际上，广东民众购买国防公债并非只图回报，更多的是要尽其所能，为抗战贡献力量。

_____

① 《粤国防公债首次付息》，《新闻报》1939 年 3 月 16 日第 2 张第 8 版；《粤国防公债分发二次息金》，《新闻报》1940 年 3 月 14 日第 1 张第 3 版。

结　语

　　近代以后，中国开启了财政现代化的历史进程，逐步建立了国地财政分权体制，形成了各具特色的地方财政税收体系。民国时期，广东长期游离于中央政权的控制之外，其财政现代化进程具有明显的地方特色。民国初年，广东境内军阀林立，战乱频仍。各路军阀为获取军费，肆意盘剥，致使财政混乱无序。1923 年，孙中山在广州建立陆海军大元帅大本营。革命政府积极整顿盐税等传统税制，以筹措统一革命根据地及北伐所需的经费。这一时期，广东各项财税制度更迭频繁，政府对税源的控制逐渐集中，财税状况从纷乱趋于有序。有学者指出，革命政府已将所辖范围建设为区域性的"财政—军事政权"；集中、高效的财政体制，有助于充分汲取经济资源，为各项军事行动提供有力支持。① 在战争不断的特殊时期，各项财政改革多以迅速筹集军费为主要目的，竭泽而渔的现象在所难免，长期的制度建设也相对缺失，这也影响了广东经济的长期发展与现代化建设。

　　南京国民政府成立后，陆续实施裁厘改税、法币改革等政策，推动财税制度的现代化转型。同时期的广东，也遵照中央命令，裁撤厘金等旧税，开征营业税、统税等新税。但此时的广东先后由李济深、陈济棠等地方实力派控制，长期处于

---

　　① 李怀印：《现代中国的形成：1600—1949》，桂林：广西师范大学出版社，2022 年，第 246—247 页。

"半独立"状态。因此，广东地方当局执行中央政策的过程，也往往伴随着中央与广东地方当局的利益博弈。而在博弈的过程中，这些政策的具体规定与实施进度也与中央本来的设计有所出入。除选择性地执行中央政策之外，广东地方当局往往还擅自截留税款，自行制订财政政策，开征舶来物产专税等具有"地方关税"性质的税项。大体而言，20 世纪 30 年代是广东各项政策相对稳定的历史时期，广东多项财政制度的现代化建设均取得一定成效。而这些制度建设，又多是地方当局综合考虑自身利益与地方建设需求，进行政策选择的结果，具有鲜明的"割据性"[①]与地方主义色彩。

当广东地方当局与国民政府的关系发生变化时，广东财政的面貌也随之改变。1936 年 7 月，陈济棠于"反蒋"失败后宣布下野，广东开始归政中央。南京国民政府委派宋子良等人入粤，逐步掌握广东财政大权。这意味着广东的财政现代化建设将被纳入中央的统一施政范畴，相对独立的财政体制逐渐消解。与此前相比，中央各项政策遭遇的政治阻力大大减少。营业税等税制的进一步改革、苛捐杂税的大量裁废、货币金融的陆续统一，显示出广东财政的制度化、规范化建设取得了一定成效。全面抗战爆发后，广东财政转入战时状态，迅速筹军政费用再次成为重点。广东遭受敌伪侵扰，政府屡次播迁，商业环境恶化，财政现代化建设遭受挫折。广东地方当局改革财政制度，集中全省财力，与敌伪展开对峙。抗战中后期，国民政府加强财政集权，将原有的中央、省（市）、县（市）三级财政体制改为国家、自治二级财政体制。广东的田赋、营业税等大宗税源被收归中央，支应着全国抗战。

---

① 《民国时期广东财政政策变迁》，第 26 页。

广东财政税收现代化亦深受政商关系的影响。清末民初，广东就已是国内资本主义工商业最发达的省份之一。发达的工商业，不仅提高了商人的社会地位，也孕育出七十二行、广州总商会等各类商人团体。[①] 民国时期，广东工商业、金融业进一步发展，广东地方税源基础逐渐从农业向工商业转移。在此过程中，广东商人的纳税人主体地位日益凸显，他们多以行业为纽带，组成公堂、商会、同业公会等团体，在各项制度改革中反映商界诉求、争取行业利益，成为足以影响改革走向的重要社会力量。不同行业、不同地域的商人团体，也会为争取共同利益，采取联合呼吁、呈文请愿、罢业罢运等方式，共同对广东当局甚至中央政府施加更大的压力，迫使政府进行政策妥协。当然，商人群体内部会因利益不同而分化，各自采取不同的行动，使广东财政与税制改革呈现出更为复杂的面貌。民国时期广东的财税政策多以筹款为主要目的，各项财政支出中，行政费、军费、债务费长期居高不下。民初 10 余年间，广东的军费开支甚至占到财政支出份额的 50%。[②] 重军政而轻民生的财政支出结构，难以顾及商业发展与民众生计的需求。财政公共性的缺失，使纳税人难以享受实质性的纳税权利，不仅影响政府征税的合理性，更会消解政权的合法性。如何平衡财政需求与社会建设的关系，是处于转型期的地方政府不得不考虑的问题。

除争取有利的税收政策外，广东部分商人还深度参与政府

---

① 邱捷：《近代广东商人团体与广东政府》，《近代史学刊》2001 年第 1 期，第 185 页。

② 《广东财政厅十四个年度支出百分比较图》，《民国时期广东财政史料》第 4 册，第 29 页。

的税收实践。民国时期广东财政运作的特色之一，是包税制盛行。包税制是政府为节约征税成本，将税捐按一定数额承包给商人或商人团体征收的一种制度。民国时期的广东，不论是传统的盐税，还是新开征的营业税、统税、舶来物产专税等，均存在包税现象。包税虽可在一定程度上缓和政府与商民的关系、降低征税成本、提高征收效率，但部分包税商为追求利益最大化，往往垄断经营或私加税款，引起商民不满与税收争端。政府并非不知包税制的弊端，废除包税也一直是广东财政改革的目标之一，但囿于行政能力，有效约束包税商已十分困难，废除包税更是难以真正落实。包税制的长期存在，为部分商人留出参与税政的空间，体现出一些传统税制在近代广东社会仍具有较强的"生命力"。

张晓辉在《民国时期广东财政政策变迁》一书中，将民国时期广东财税政策归纳为三大特征："多样性""开创性"与"割据性"。"多样性"即不同时期、不同区域的政权推行着性质迥异的财税政策；"开创性"即广东在财政政策、制度及措施方面开了不少风气之先；"割据性"即广东长期保持"半独立"态势，"财政基本上自成体系"。① 这三大特征，恰恰是由广东独特的国地政治关系、军事形势及社会力量共同塑造的。通过考察民国时期广东财政税收历史可发现，民国时期地方财政税收现代化进程呈现新旧交织、纷繁复杂的状态，是中央、地方、商民等众多主体基于自身利益，在国家统一与地方发展、财政增长与民众负担等方面进行取舍、博弈的结果，具有明显的地域特色与强劲的内生动力。

① 《民国时期广东财政政策变迁》，第25—26页。

参考文献

一、档案

广东省档案馆藏财政厅全宗（全宗号：004）

广东省档案馆藏建设厅全宗（全宗号：006）

广东省档案馆藏中国银行广州分行全宗（全宗号：043）

广东省档案馆藏中山大学全宗（全宗号：020）

广东省档案馆藏广东国防公债劝募委员会全宗（全宗号：089）

"国史馆"藏国民政府档案（全宗号：001）

"国史馆"藏蒋中正"总统"文物（全宗号：002）

二、报纸

《广州民国日报》

《青岛新民报》

《申报》

《香港工商日报》

《香港华字日报》

《新闻报》

《星岛日报》

《阵中日报》（曲江版）

《中山日报》

三、期刊

《财政部东南区直接税税务人员讲习班第四期结业纪念特刊》

《财政公报（广东）》

《财政公报》

《财政评论》

《财政日刊》

《财政知识》

《到农村去》

《电报》

《工商半月刊》

《公信会计月刊》

《广东财政半月刊》

《广东财政特派员公署财政月刊》

《广东建设公报》

《广东经济建设月刊》

《广东经济建设杂志》

《广东旅沪同乡会月刊》

《广东省财政公报》

《广东省银行季刊》

《广东省银行经济丛刊》

《广东省银行月刊》

《广东省政府公报》

《广东统计汇刊》

《广东直接税导报》

《广州市牙医公会月刊》

《交大季刊》

《金融经济月刊》

《金融物价月刊》

《金融周报》

《经济汇报》

《经济论坛》

《经济学季刊》

《卷烟统税公报》

《军声（广州）》

《礼拜六》

《陆海军大元帅大本营公报》

《旅外岭东周报》

《民鸣》

《南大经济》

《农声月刊》

《农业世界》

《农业周报》

《侨声（广州）》

《侨务月报（广州）》

《全国财政会议日刊》

《汕头市市政公报》

《商业特刊》

《上海潮声月刊》

《申报月刊》

《时事月报》

《实业部月刊》

《苏华商业月报》

《统计月刊》

《现世界半月刊》

《香港华商总会月刊》

《新广东》

《新粤》

《新政周刊》

《行政院公报》

《盐务汇刊》

《盐务月报》

《盐务月刊》

《盐政杂志》

《银行月刊》

《银行周报》

《宇宙旬刊》

《粤醾月刊》

《粤桂闽区统税月刊》

《照明弹》

《针报》

《直接税通讯》

《中国报》

《中国经济》

《中国商业循环录》

《中外经济情报》

《中心评论》

《中行月刊》

《自强杂志》

The Far Eastern Review

四、时人论著

财政部盐务署盐务稽核总所编：《中国盐政实录》第 1 册，上海：财政部盐务署盐务稽核总所，1933 年。

曾仰丰：《中国盐政史》，上海：商务印书馆，1937 年。

程叔度：《卷烟统税史》，南京：财政部卷烟统税处，1929 年。

顾翊群：《广州之米业》，广州：广东省银行经济研究室，1938 年。

广东财政特派员公署、广东省政府财政厅编：《广东财政纪实》，广州：广东省政府，1934 年。

广东经济年鉴编纂委员会编：《广东经济年鉴》（二十九年度下册），韶关：广东省银行经济研究室，1941 年。

广东省银行经济研究室编译股：《抗战四年来之广东省银行》，韶关：广东省银行经济研究室，1941 年。

广东省政府秘书处编译室编印：《广东财政》，韶关：河西印刷工业合作社，1943 年。

广东省政府秘书处编印：《广东省三年施政计划说明书》，广州：东城印务局，1933 年。

广东直接税局编印：《广东直接税局卅一年度工作报告》，韶关：广东直接税局，1941 年。

黄卓豪：《战时广东金融问题》，韶关：广东省银行经济研究室，1942 年。

林振翰：《中国盐政纪要》，上海：商务印书馆，1930 年。

罗玉东：《中国厘金史》，上海：商务印书馆，1936 年。

丘斌存：《广东币制与金融》，上海：新时代出版社，1941 年。

中山大学编：《国立中山大学现状（民国二十四年）》，台北：传记文学出版社，1971 年。

五、回忆录、文史资料

广东省政协学习和文史资料委员会编：《广东文史资料存稿选编》第 4 卷，广州：广东人民出版社，2005 年。

广州市政协文史资料研究委员会编：《广州文史资料》第 37 辑《南天岁月——陈济棠主粤时期见闻实录》，广州：广东人民出版社，1987 年。

政协广东省委员会办公厅、广东省政协文化和文史资料委员会编：《广东文史资料精编》上编第 3 卷《清末民国时期经济篇》，北京：中国文史出版社，2008 年。

政协广东省委员会办公厅、广东省政协文化和文史资料委员会编：《广东文史资料精编》下编第 3 卷《清末民国时期经济篇上》，北京：中国文史出版社，2008 年。

中国人民政治协商会议山东省淄博市博山区委员会编：《山东淄博市博山区政协文史资料》第 5 辑《中国直接税创始人：高秉坊》，1993 年。

中国人民政治协商会议广东省大埔县委员会学习和文史委员会编：《大埔文史》第 28 辑，2010 年。

中国人民政治协商会议广东省广州市委员会、文史资料研究委员会编：《广州文史资料》第 16 辑，广州：广东人民出版社，1965 年。

中国人民政治协商会议广东省广州市委员会、文史资料研究委员会编：《广州文史资料》第 36 辑，广州：广东人民出版社，1986 年。

中国人民政治协商会议广东省委员会文史资料研究委员会

编：《广东文史资料》第 8 辑，广州：广东人民出版社，1963 年。

中国人民政治协商会议广东省委员会文史资料研究委员会编：《广东文史资料》第 9 辑，广州：广东人民出版社，1963 年。

中国人民政治协商会议广东省委员会文史资料研究委员会编：《广东文史资料》第 53 辑，广州：广东人民出版社，1987 年。

中国人民政治协商会议海南省海口市委员会教文史卫体委员会编：《海口文史资料》第 13 辑，1997 年。

朱宗震等编：《陈铭枢回忆录》，北京：中国文史出版社，1996 年。

六、资料汇编、文集

陈真、姚洛合编：《中国近代工业史资料》第 4 辑《中国工业的特点资本结构等和工业中各行业概况》，北京：生活·读书·新知三联书店，1961 年。

高素兰编辑：《蒋中正"总统"档案：事略稿本》第 38 册，台北："国史馆"，2010 年。

广东省财政科学研究所等编：《民国时期广东财政史料》第 1—4 册，广州：广东教育出版社，2011 年。

广东省档案馆编：《陈济棠研究史料》，广州：广东省档案馆，1985 年。

广东省档案馆编：《民国广州要闻录》第 20 册，广州：广东人民出版社，2018 年。

广东省档案馆编：《民国时期广东省政府档案史料选编》第 2—4 册，广州：广东省档案馆，1987—1988 年。

广东省档案馆编：《省情与施政——广东省政府会议录（1925—1949）》第 4 册，广州：广东人民出版社，2020 年。

广东省立中山图书馆编：《华南抗战时期史料汇编》第 1 辑第 3、6 册，广州：广东教育出版社，2019 年。

广东省社会科学院历史研究所、中国社会科学院近代史研究所中华民国史研究室、中山大学历史系孙中山研究室合编：《孙中山全集》第 9 卷，北京：中华书局，1986 年。

广州青年运动史研究委员会编：《广东青年抗日先锋队文献选编》，1983 年。

洪葭管主编：《中央银行史料》上册，北京：中国金融出版社，2002 年。

慧定戒主编：《静泊——崔敬伯纪念文集》，2005 年。

江苏省中华民国工商税收史编写组、中国第二历史档案馆编：《中华民国工商税收史料选编》（全 5 辑），南京：南京大学出版社，1994—1999 年。

马寅初：《马寅初全集》第 4 卷，杭州：浙江人民出版社，1999 年。

南开大学经济研究所经济史研究室编：《中国近代盐务史资料选辑》第 1 卷，天津：南开大学出版社，1985 年。

桑兵主编，曹天忠、敖光旭编：《各方致孙中山函电汇编》第 7 卷，北京：社会科学出版社，2012 年。

上海社会科学院经济研究所编：《英美烟公司在华企业资料汇编》，北京：中华书局，1983 年。

王正华编辑：《蒋中正"总统"档案：事略稿本》第 40 册，台北："国史馆"，2010 年。

叶健青编注：《蒋中正"总统"档案：事略稿本》第 37 册，台北："国史馆"，2009 年。

中共广东省委党史资料征集委员会、中共广东省委党史研究委员会编:《广东党史资料》第 13 辑,广州:广东人民出版社,1988 年。

中国第二历史档案馆编:《中华民国史档案资料汇编》第 5 辑第 1 编《财政经济》(一、二、四),南京:江苏古籍出版社,1994 年。

中国人民银行金融研究所编:《中华民国史料丛稿·中国农民银行》,北京:中国财政经济出版社,1980 年。

中国人民银行总行参事室编:《中华民国货币史资料》第 2 辑,上海:上海人民出版社,1991 年。

中山大学档案馆编:《孙中山与中山大学孙中山关于中山大学(原名国立广东大学)的命令、训令、指令、题词及演讲》,广州:中山大学出版社,1999 年。

中山大学历史系孙中山研究室、广东省社会科学院历史研究室、中国社会科学院近代史研究所中华民国史研究室合编:《孙中山全集》第 8 卷,北京:中华书局,1986 年。

七、地方志

广东省地方史志编纂委员会编:《广东省志·税务志》,广州:广东人民出版社,1995 年。

广东省地方史志编纂委员会编:《广东省志·粮食志》,广州:广东人民出版社,1996 年。

广东省地方史志编纂委员会编:《广东省志·财政志》,广州:广东人民出版社,1999 年。

八、研究专著

[澳] 多尔科姆·沃特斯著,杨善华等译:《现代社会学

理论》，北京：华夏出版社，2000 年。

［韩］姜抮亚：『1930 년대중국의중앙·지방·상인：광동성의재정과국가건설』，서울대출판부，2005。

［美］阿瑟·恩·杨格著，陈泽宪、陈霞飞译：《一九二七至一九三七年中国财政经济情况》，北京：中国社会科学出版社，1981 年。

［美］阿瑟·N. 杨格著，陈冠庸等译校：《中国的战时财政和通货膨胀（1937—1945）》，广州：广东省社会科学院原世界经济研究室，2008 年。

财政部财政年鉴编纂处编：《财政年鉴续编》中册，上海：时事新报印刷所，1945 年。

陈泽泓、胡巧利主编，广州市地方志办公室编：《广州近现代大事典 1840—2000 年》，广州：广州出版社，2003 年。

崔国华主编：《抗日战争时期国民政府财政金融政策》，成都：西南财经大学出版社，1995 年。

戴建兵：《金钱与战争——抗战时期的货币》，桂林：广西师范大学出版社，1995 年。

戴丽华：《民国时期印花税制研究》，南昌：江西人民出版社，2014 年。

冯海波、廖家勤：《民国以来广东财政政策探析》，北京：经济科学出版社，2011 年。

冯祖贻主编，谢本书著：《西南军阀史》第 3 卷，贵阳：贵州人民出版社，1994 年。

广东省立中山图书馆编纂：《民国广东大事记》，广州：羊城晚报出版社，2002 年。

广州市地方志编纂委员会：《广州市志·卷一·大事记》，广州：广州出版社，1999 年。

广州市文化广电新闻出版局（版权局）编：《广州抗战史》，广州：广东人民出版社，2015年。

郭小东：《广东财政百年实践中的思想求索——辛亥革命以来广东财政思想演进历程》，北京：经济科学出版社，2011年。

国家税务总局主编：《中华民国工商税收史——直接税卷》，北京：中国财政经济出版社，1996年。

国家税务总局主编：《中华民国工商税收史——地方税卷》，北京：中国财政经济出版社，2000年。

侯坤宏：《抗战时期的中央财政与地方财政》，台北："国史馆"，2016年。

黄菊艳：《抗战时期广东经济损失研究》，广州：广东人民出版社，2005年。

柯伟明：《民国时期营业税制度的变迁》，北京：社会科学出版社，2020年。

林美莉：《抗战时期的货币战争》，台北：台湾师范大学历史研究所，1996年。

林美莉：《西洋税制在近代中国的发展》，上海：上海社会科学院出版社，2020年。

刘国铭主编：《中华民国国民政府军政职官人物志》，北京：春秋出版社，1989年。

罗敏：《走向统一：西南与中央关系研究（1931—1936）》，北京：社会科学文献出版社，2014年。

马金华：《民国财政研究：中国财政现代化的雏形》，北京：经济科学出版社，2009年。

马寅初：《财政学与中国财政——理论与现实》，北京：商务印书馆，2001年。

潘国旗：《民国浙江财政研究》，北京：中国社会科学出版社，2007年。

邱捷：《孙中山领导的革命运动与清末民初的广东》，广州：广东人民出版社，1996年。

王燕谋编著：《中国水泥发展史》，北京：中国建材工业出版社，2005年。

吴景平：《宋子文评传》，福州：福建人民出版社，1998年。

吴郁文：《广东经济地理》，广州：广东人民出版社，1999年。

吴志辉、肖茂盛：《广东货币三百年》，广州：广东人民出版社，1990年。

项怀诚主编，刘孝诚著：《中国财政通史·中华民国卷》，北京：中国财政经济出版社，2006年。

肖茂盛：《货币文化广东发展研究》，北京：中国书籍出版社，2015年。

肖自力：《陈济棠》，广州：广东人民出版社，2002年。

杨梅：《晚清中央与地方财政关系研究：以厘金为中心》，北京：知识产权出版社，2012年。

杨荫溥：《民国财政史》，北京：中国财政经济出版社，1985年。

姚会元：《日本对华金融掠夺研究（1931—1945）》，武汉：武汉出版社，2008年。

叶振鹏主编，焦建华著：《中国财政通史·中华民国财政史》，长沙：湖南人民出版社，2015年。

张连红：《整合与互动：民国时期中央与地方财政关系研究（1927—1937）》，南京：南京师范大学出版社，1999年。

张宪文等主编：《中华民国史大辞典》，南京：江苏古籍出版社，2001 年。

张宪文等著：《中华民国史》第 2 卷，南京：南京大学出版社，2013 年。

张晓辉：《民国时期广东财政政策变迁》，北京：经济科学出版社，2011 年。

张晓辉：《香港近代经济史（1840—1949）》，广州：广东人民出版社，2001 年。

郑备军：《中国近代厘金制度研究》，北京：中国财政经济出版社，2004 年。

郑泽隆：《军人从政——抗日战争时期的李汉魂》，天津：天津古籍出版社，2005 年。

钟卓安：《陈济棠》，广州：广东省地图出版社，1998 年。

周志初：《晚清财政经济研究》，济南：齐鲁书社，2002 年。

邹琳：《粤鹾纪要》，沈云龙编：《近代中国史料丛刊》第 89 辑，台北：文海出版社，1973 年。

左双文：《华南抗战史》，广州：广东高等教育出版社，2015 年。

九、专题论文

敖光旭：《论孙中山在 1924 年下半年的是是非非》，《近代史研究》1995 年第 6 期。

蔡胜、吴春梅：《抗战前夕广东洋米免税风潮述论》，《中国发展》2010 年第 6 期。

曹必宏：《南京国民政府裁厘改税述评》，《学海》1992 年第 6 期。

曾耀辉：《民国时期所得税制研究》，江西财经大学 2012 年博士学位论文。

陈跃：《近代裁厘运动研究》，安徽师范大学 2007 年硕士学位论文。

丁旭光：《廖仲恺与广东财政》，《廖仲恺研究：廖仲恺国际学术讨论会论文集》，广州：广东人民出版社，1989 年。

杜恂诚：《民国时期的中央与地方财政划分》，《中国社会科学》1998 年第 3 期。

冯小红：《乡村治理转型期的县财政研究（1928—1937）——以河北省为中心》，复旦大学 2005 年博士学位论文。

付志宇：《历史上分税制的产生和形成》，《税务研究》2002 年第 2 期。

高思远：《民国时期江苏省牙税研究》，华中师范大学 2020 年硕士学位论文。

高颖颖：《近代广东省娱乐税研究》，华中师范大学 2022 年硕士学位论文。

韩石：《民国前期黑龙江财政研究（1912—1931）》，哈尔滨师范大学 2019 年硕士学位论文。

何汉威：《香港领土型币制的演进：以清末民初港、粤的银辅币角力为中心》，《"中央研究院"历史语言研究所集刊》第八十六本第一分（2015 年 3 月）。

黄鸿山、王卫平：《厘金源于林则徐"一文愿"考》，《历史研究》2014 年第 1 期。

黄建富：《论南京政府初期的"特种消费税"》，《上海经济研究》2000 年第 4 期。

黄珍德：《国民党训政初期广东筹备自治的财政困境——以中山县为个案》，《民国档案》2013 年第 1 期。

姜抮亚：《1935 年的汕头事件——1930 年代广东地方关税（专税）和日本》，《"1930 年代的中国"国际学术研讨会论文集》上卷，北京：社会科学文献出版社，2005 年。

姜抮亚：《20 世纪 30 年代广东省的货币统一政策的崩溃过程——外汇危机与小洋券》，张东刚等主编：《世界经济体制下的民国时期经济》，北京：中国财政经济出版社，2005 年。

焦建华：《现代化进程中的集权与分权：南京国民政府分税制改革再探讨（1927—1936）》，《中国经济史研究》2015 年第 2 期。

柯伟明：《1934 年第二次全国财政会议与地方税收整理》，《近代史学刊》2018 年第 2 期。

柯伟明：《1936—1937 年广东币制改革的券币比率之争》，《近代史研究》2017 年第 6 期。

柯伟明：《民国时期财政分权体制下田赋归属的变动》，《近代史研究》2021 年第 3 期。

柯伟明：《民国时期地方税收权力的流失——以 1939—1949 年重庆营业税为中心的考察》，《安徽史学》2012 年第 1 期。

柯伟明：《民国时期广东裁厘及其对地方财政的影响》，《暨南学报（哲学社会科学版）》2015 年第 9 期。

柯伟明：《民国时期广东营业税课税标准之争》，《兰州学刊》2015 年第 7 期。

柯伟明：《民国时期税收制度的嬗变》，《中国社会科学》2019 年第 11 期。

柯伟明：《南京国民政府第一次全国财政会议新探》，《广东社会科学》2016 年第 2 期。

柯伟明：《战时政府与商界的税收关系——以四川营业税税率风波为中心的考察》，《抗日战争研究》2012 年第 2 期。

黎浩：《试论南京国民政府的裁厘改税》，《历史教学》1998 年第 8 期。

李晓龙：《民初央地关系走向与广东盐务双轨制的运作》，《近代史研究》2022 年第 1 期。

梁广裁：《论陈济棠与蒋介石的矛盾与斗争》，《民国档案》1991 年第 3 期。

梁尚贤：《试述 1922—1923 年广东纸币风潮》，《近代史研究》1995 年第 3 期。

廖曼莉：《支撑抗战大业：抗战时期广东省国统区财政变革研究》，暨南大学 2017 年硕士学位论文。

林枫：《也谈民国时期中央与地方财政的划分问题》，《中国经济问题》2001 年第 3 期。

林美莉：《抗战时期法币的大小票问题：通货发行与物价上涨史实的一个观察》，《"中央研究院"近代史研究所集刊》，1998 年第 1 期。

刘慧宇：《论南京国民政府时期国地财政划分制度》，《中国经济史研究》2001 年第 4 期。

刘楠楠：《1931 年宁粤对峙期间的广州市商会》，《民国档案》2010 年第 2 期。

刘伟彦：《民国晚期绍兴地区国税征管体制研究（1945—1949）》，厦门大学 2019 年博士学位论文。

卢子正：《民国广东征收田赋方法》，《广东史志》2000 年第 4 期。

罗敏：《蒋介石与两广六一事变》，《历史研究》2011 年第 1 期。

吕芳上：《抗战前的中央与地方——以蒋介石先生与广东陈济棠关系为例（1929—1936）》，《近代中国》第 144 期，台北：近代中国出版社，2001 年。

马军：《1945 至 1949 年上海米商研究》，《史林》2007 年第 6 期。

潘国旗、汪晓浩：《民国时期的浙江营业税述论》，《浙江社会科学》2010 年第 12 期。

潘国旗：《第三次全国财政会议与抗战后期国民政府财政经济政策的调整》，《抗日战争研究》2004 年第 4 期。

潘健：《抗战时期福建财政研究》，《福建论坛（人文社会科学版）》2018 年第 10 期。

潘健：《辛亥革命后的福建财政探析》，《福建论坛（人文社会科学版）》2011 年第 8 期。

邱捷：《1912—1913 年广东纸币的低折问题》，《中山大学学报论丛》1994 年第 1 期。

邱捷：《近代广东商人团体与广东政府》，《近代史学刊》第 1 辑，武汉：华中师范大学出版社，2001 年。

盛波：《20 世纪 20 年代广东省府与广州市府财税权限纠纷——以屠牛捐、牛皮捐为中心的考察》，《鲁东大学学报（哲学社会科学版）》2014 年第 6 期。

盛波：《旧俗、新章与利益——以粤省屠牛、牛皮捐税为个案的考察》，《五邑大学学报（社会科学版）》2015 年第 1 期。

盛波：《民国时期广东的税制革新——以抗战前屠牛、牛皮捐税为中心》，暨南大学 2013 年硕士学位论文。

盛波：《税制调适与利益博弈——以抗战前夕的粤省洋米免税之争为视点》，《鲁东大学学报（哲学社会科学版）》

2012 年第 6 期。

石涛：《抗战前南京国民政府对四川币制的统一——以整理地钞为中心的考察》，《中国经济史研究》2013 年第 4 期。

宋柳：《民国时期湖北省契税研究（1927—1949）》，华中师范大学 2020 年硕士学位论文。

宋美云、王静：《民国时期天津牙税向营业税的过渡——以油行为例》，《史林》2011 年第 6 期。

唐云锋：《论法币政策在云南推行时国民政府与云南地方政府的金融博弈》，《云南财贸学院学报》2003 年第 4 期。

田锡全：《1937 年春洋米免税令在广东的实施及其波折》，《复旦学报（社会科学版）》2018 年第 2 期。

田锡全：《多重利益分歧与广东免征洋米税风潮》，《社会科学》2016 年第 8 期。

王磊：《抗战时期国民政府内债研究》，《中国经济史研究》1993 年第 4 期。

王丽：《走向"统一"的广东省货币金融——国民政府法币改革的区域性案例分析》，《暨南学报（哲学社会科学版）》2014 年第 10 期。

王向前：《抗战后期松滋县财政研究（1942—1945）》，华中师范大学 2019 年硕士学位论文。

吴景平：《宋子文广东理财述评》，《近代史研究》1990 年第 2 期。

武艳敏：《统一财政：1928 年国民政府第一次财政会议之考察》，《史学月刊》2006 年第 4 期。

夏巨富：《"新瓶装旧酒"：1931 年厘金废除与广州市营业税开征》，《中国社会经济史研究》2017 年第 3 期。

夏巨富：《官商博弈：1927 年广州都市土地税的实施及其

困境》，《江西财经大学学报》2017 年第 4 期。

谢敏荣：《抗战初期救国公债研究》，华中师范大学 2011 年 5 月硕士学位论文。

徐锋华：《近二十年来法币改革研究综述》，《民国档案》2007 年第 3 期。

徐毅：《晚清上海的厘金制度与地方社会——以咸丰朝为背景》，《中国社会科学院研究生院学报》2007 年第 6 期。

杨斌：《抗战时期国民政府发行公债政策述评》，《江西社会科学》2001 年第 1 期。

杨华山：《厘金与晚清的早期现代化——湖北个案研究》，《江汉论坛》2002 年第 7 期。

杨丽艳：《南京国民政府裁厘改税研究》，东北师范大学2006 年硕士学位论文。

尹红群：《民国时期的地方政权与地方财政（1927—1945）——以浙江为例》，浙江大学 2005 年博士学位论文。

于广：《1920 年代广东地区的私盐与缉私》，《盐业史研究》2017 年第 1 期。

于广：《1928 年前后卷烟统税开征中的华洋纳税问题》，《史林》2017 年第 3 期。

于广：《孙中山大元帅府时期的盐税纷争初探》，《中山大学研究生学刊》2013 年第 3 期。

于广：《孙中山大元帅府时期的盐税改革》，《盐业史研究》2014 年第 4 期。

袁成毅：《南京国民政府三次"裁厘"述评》，《民国档案》1998 年 2 期。

张海滨：《抗战时期重庆市地方税研究》，西南大学 2019 年硕士学位论文。

张红日：《民国时期宁波财政研究》，宁波大学 2009 年硕士学位论文。

张继云、马金华：《近代中央与地方财政关系的历史变迁》，《中国财政》2019 年第 2 期。

张连红：《南京国民政府法币政策的实施与各省地方政府的反应》，《民国档案》2000 年第 2 期。

张神根：《论抗战后期国民政府对国家与地方财政关系的重大调整》，《历史档案》1997 年第 1 期。

张晓辉、李龙：《1920 年广东中行纸币贬值案中的官商博弈》，《民国研究》2011 年第 1 期。

张晓辉、徐霞辉：《市场与行业：晚清民国时期广东的洋米进口贸易与洋米贸易行业》，《民国档案》2018 年第 1 期。

张晓辉：《广东近代地方公债史研究（1912—1936 年）》，《暨南学报（哲学社会科学版）》1992 年第 2 期。

张晓辉：《民国时期广东的税负与官商博弈》，《广东史志》2012 年第 4 期。

张晓辉：《宋子文与民国时期广东财政金融》，《暨南史学》2015 年第 2 期。

赵磊：《包税制下的民国广州娱乐税捐》，《传承》2011 年第 12 期。

周珅：《清代广东盐业与地方社会》，华中师范大学 2005 年博士学位论文。

周兴樑：《廖仲恺与民初广东财政》，《廖仲恺研究：廖仲恺国际学术讨论会论文集》，广州：广东人民出版社，1989 年。

周育民：《关于清代厘金创始的考订》，《清史研究》2006 年第 3 期。

周育民：《晚清厘金历年全国总收入的再估计》，《清史研究》2011 年第 3 期。

朱晓秋：《购买救国公债：广东人民对抗战的一大贡献》，《文物天地》2015 年第 8 期。

后　记

2002 年，我参加高考，第一志愿填报了中山大学历史学专业，由于发挥不佳，结果被第二志愿的西南财经大学财政学专业录取。本科毕业后，我进入四川大学历史文化学院攻读中国近现代史专业硕士学位。在李德英教授的启发下，我开始关注民国时期四川地方财政税收问题。2009 年，我进入复旦大学历史学系攻读博士学位，师从朱荫贵教授。在朱老师的指导下，我以《营业税与民国时期的税收现代化（1927—1949）》为题完成博士学位论文。在撰写博士论文的过程中，我逐渐意识到，近代中国不同区域的税收现代化进程存在较大差异，地方财政税收问题有进一步研究的空间。

2013 年 7 月到中山大学历史学系任教后，我逐步扩宽研究领域，开始关注民国时期广东地方财政税收问题。非常幸运，我先后获得广东省哲学社会科学规划青年项目"民国时期广东地方税收研究（1911—1937）"和广东省哲学社会科学规划一般项目"抗战时期广东财政政策研究"两项课题的资助。借助这两项课题，我重点对民国时期广东裁厘、营业税开征与课税标准之争、宋子良与广东财政整理、抗战前夕的币制改革、战时国防公债的筹募与社会响应等问题进行了专题研究，部分研究成果在《近代史研究》《广东社会科学》《暨南学报（哲学社会科学版）》等期刊发表。

参加工作以来，我先后指导了 10 余位研究生，其中，于广、庄迎、刘诗敏、宋菲和杨鸿等研究生参加了我的课题。他们对民国时期广东地方财政税收问题颇感兴趣，并以此作为学位论文选题。他们勤奋刻苦，在有限的时间内搜集、整理了不少前人尚未利用，或缺乏系统整理的档案、报刊等史料，顺利完成了硕士学位论文。有的研究生继续深造，逐步走上学术道路。其中，于广在硕士毕业后，赴复旦大学历史学系读博，现任上海社会科学院历史研究所助理研究员；杨鸿目前在中山大学历史学系攻读博士学位。他们的研究时段主要集中在民国时期，研究对象囊括盐税、直接税、舶来物产专税、统税等重要税种，具有一定的学术价值。

本书是我和几位研究生相关研究成果的集合，是我们数年来研究民国时期广东财政税收史的阶段性总结。具体而言，全书主要分工如下：我与杨鸿负责全书的思路策划、大纲拟订与统稿工作；第一章由于广撰写；第二章关于裁厘和开征营业税部分由我撰写，关于统税部分由宋菲撰写；第三章由刘诗敏撰写；第四章由庄迎撰写；第五章由我撰写；绪论与结语由杨鸿撰写。

在本书出版之际，衷心感谢一直支持、帮助我们的诸位师友。感谢广东人民出版社的周惊涛、唐金英两位老师，他们对书稿做了精细的校订工作，提出许多宝贵意见。感谢广东省哲学社会科学规划项目的资助以及各位评审专家对本研究的大力支持。

　　需要说明的是，本书取名"民国时期广东财政税收研究"，名不副实，因为该书未能展现民国时期广东财政税收的历史全貌，仅是对一些我们认为比较重要的税制和财政政策所做的专题性研究。加之由于时间仓促，水平有限，本书的内容难免存在错漏、不足之处，恳请各位专家、学者批评指正。

柯伟明

2023 年 8 月